Henning Steinführer (Hg.)

Die Weimarer Stadtbücher des späten Mittelalters

Veröffentlichungen der
Historischen Kommission für Thüringen

Große Reihe
Band 11

Henning Steinführer (Hg.)

Die Weimarer Stadtbücher des späten Mittelalters

Edition und Kommentar

2005

BÖHLAU VERLAG KÖLN WEIMAR WIEN

Gedruckt mit Unterstützung
des Thüringer Kultusministeriums und der Stadt Weimar.

Bibliografische Information der Deutschen Bibliothek
Die Deutsche Bibliothek verzeichnet diese Publikation
in der Deutschen Nationalbibliografie;
detaillierte bibliografische Daten sind im Internet über
http://dnb.ddb.de abrufbar.

Umschlagabbildung:
Einband: Statutenbuch von 1433, fol. 2r, Detail.
(Foto: Thüringisches Hauptstaatsarchiv Weimar)

Ursulaplatz 1, D-50668 Köln
Tel. (0221) 91 39 00, Fax (0221) 91 39 011
info@boehlau.de

Druck und Bindung: MVR-Druck GmbH, Brühl
Gedruckt auf chlor- und säurefreiem Papier
Printed in Germany

ISBN 3-412-16104-7

Inhalt

Vorwort

Die Vorgeschichte historischer Texteditionen ist nicht selten lang und verwickelt. In einigen Fällen bieten die Wege und Umwege, die beschritten werden müssen, bevor die gedruckte Ausgabe schließlich von der Forschung benutzt werden kann, Stoff für eigene Abhandlungen. Nicht anders verhält es sich bei der vorliegenden Edition der beiden einzigen erhaltenen Weimarer Stadtbücher aus dem Mittelalter. An der Bearbeitung dieser Handschriften – die im Stadtarchiv Weimar verwahrt werden und bei denen es sich um ein 1380 angelegtes Geschäftsbuch des Weimarer Rates sowie um eine 1433 zusammengestellte Sammlung der städtischen Statuten handelt – ist mit kürzeren und längeren Unterbrechungen nahezu ein Jahrhundert gearbeitet worden. Bislang hatte die Ungunst der Zeit verhindert, dass die mehrfach unternommenen Anläufe zu einem erfolgreichen Abschluss gebracht werden konnten. Am weitesten gediehen war die Bearbeitung des Stadtbuchs von 1380 durch den eine Zeitlang in Weimar wirkenden Archivar und Historiker Wilhelm Engel (1905-1964). Jedoch gerieten seine seit den 1950er Jahren vorliegenden Editionsabschriften in der Folgezeit rasch wieder in Vergessenheit. In den letzten Jahren hat die Beschäftigung mit der Biographie Wilhelm Engels, namentlich durch seinen Sohn, Dr. Peter Engel (Ansbach), sowie durch die Herren Professoren Dr. Enno Bünz (Leipzig) und Dr. Volker Wahl (Weimar) die Frage nach dem Schicksal der Editionsmaterialien erneut aktuell werden lassen. Den Bemühungen von Peter Engel ist es zu danken, dass diese Ende der 1990er Jahre im Stadtarchiv Weimar wieder zu Tage gefördert werden konnten. Die wünschenswerte Fortführung der Arbeiten schien aber aus vielerlei Gründen wenig realistisch. Auf diese unbefriedigende Situation wurde ich während meines Archivreferendariats am Thüringischen Hauptstaatsarchiv Weimar aufmerksam und entschloss mich, zunächst die Edition des Stadtbuchs von 1380 zu Ende zu führen. Diese Entscheidung wurde durch den Umstand erleichtert, dass Herr Dipl. Ing. Hubert Erzmann (Weimar) bereits den Versuch unternommen hatte, die Engelsche Transkription elektronisch zu erfassen und freundlicherweise bereit war, mir diese Texte als Grundlage für eine weitere Bearbeitung zur Verfügung zu stellen.

Nach Aufnahme der Arbeiten im Herbst 2002 wurde jedoch schnell offenbar, dass eine isolierte Veröffentlichung des Stadtbuchs von 1380 ohne die 1433 zusammengestellte Statutensammlung Stückwerk bleiben würde. Diese Einsicht führte schließlich zu einer Erweiterung der Edition um dieses zweite Stadtbuch. Daher können nunmehr beide Quellen der stadt- und landesgeschichtlichen Forschung zur Verfügung gestellt werden.

Die vorliegende Edition wäre ohne Hilfe von vielen Seiten kaum möglich gewesen. An erster Stelle ist hier der Direktor des Thüringischen Hauptstaatsarchivs Weimar, Herr Prof. Dr. Volker Wahl, zu nennen, der meine Bemühungen in der großzügigsten Art und Weise unterstützt und befördert hat. Ebenso freundliche Unterstützung erfuhr die Edition durch den Leiter des Weimarer Stadtarchivs, Herrn Dr. Jens Riederer, der am Fortgang der Arbeiten regen Anteil nahm und Schwierigkeiten, sofern sie den Fortgang des Projektes zu behindern drohten, aus dem Weg geräumt hat. Herzlicher Dank gebührt weiterhin dem Vorsitzenden der Historischen Kommission für Thüringen, Herrn Universitätsprofessor Dr. Matthias Werner (Jena), der mir u. a. die Gelegenheit zur Vorstellung und Diskussion des Vorhabens im Oberseminar in Jena gab. Einen ebensolchen Dank möchte ich der Historischen Kommission für Thüringen abstatten, die sich bereit erklärte, die Edition in ihre Veröffentlichungen aufzunehmen. Die Drucklegung des Bandes wurde durch die freundliche Unterstützung des Thüringer Kultusministeriums und der Stadt Weimar ermöglicht, wofür ebenfalls herzlich zu danken ist. Weiterhin bin ich meinen Freunden und Kollegen Markus Cottin (Leipzig), Volker Graupner (Weimar), Dr. Frank-Michael Kaufmann (Leipzig/Weimar) und Dr. Frank Theisen (Limburg/Lahn) für die gewährte Hilfe und Diskussionsbereitschaft zu Dank verpflichtet. Ein besonderer Dank gebührt schließlich meiner Frau, Dr. Annett Steinführer, die mich wie stets zur beharrlichen Weiterarbeit ermutigte und bei den Korrekturen half. Ihr sei dieser Band gewidmet.

Leipzig, im April 2005 Henning Steinführer

I. Einleitung

1. Zur Weimarer Stadtbuchüberlieferung des späten Mittelalters

Stadtbücher gehören zweifellos zu den besonders aussagekräftigen Quellen der mittelalterlichen und frühneuzeitlichen Städtegeschichte. Diese Bücher, die zur Quellengattung der Amts- bzw. Geschäftsbücher gehören, wurden in der Regel in den städtischen Kanzleien geführt und waren ein wichtiges Hilfsmittel bei der zunehmend auf Schriftlichkeit basierenden Verwaltung der Kommunen. Stadtbücher sind in großer Zahl, für zahlreiche Städte und in mannigfachen Formen überliefert. Je nach Entwicklungsstand und Überlieferungslage reichen die Stadtbücher bis ins 14., in Einzelfällen sogar bis in das 13. Jahrhundert zurück. Rechtliche Qualität und inhaltliches Profil können dabei lokal und regional sehr unterschiedlich sein. Allgemein gilt, dass in den nördlichen Reichsteilen Stadtbücher als Beweismittel bevorzugt wurden, während im Süden Notariatsinstrumenten und Siegelurkunden der Vorrang eingeräumt wurde. Mit Blick auf den Inhalt lässt sich generalisierend formulieren, dass am Anfang der Überlieferung neben Rechtsbüchern oft so genannte Mischbücher stehen, die Einträge der unterschiedlichsten sachlichen Betreffe vereinen. Im Laufe der Zeit wurden dann über den Vorgang der so genannten Serienspaltung immer neue Buchreihen mit einem speziellen inhaltlichen Profil angelegt. Aus einem das gesamte Verwaltungshandeln einer Kommune dokumentierenden Stadtbuch konnten auf diese Weise mehrere eigenständige Reihen von Rechnungs-, Steuer- oder Protokollbüchern hervorgehen.[1]

Wegen des großen Quellenwertes der Stadtbücher hat man schon früh begonnen, die Texte vollständig oder auszugsweise zu veröffentlichen. Der dabei erreichte Bearbeitungsstand kann jedoch keinesfalls befriedigen, da zahlreiche an sich publikationswürdige Stadtbücher besonders mittlerer und kleiner Städte bis heute unediert

---

1 Es ist an dieser Stelle nicht der Ort einer eingehenden Analyse der so genannten Stadtbuchforschung, die sich seit dem späten 19. Jahrhundert als Forschungszweig etabliert hat. Hier sei daher nur auf einige grundlegende Arbeiten mit entsprechend weiterführenden Literaturangaben verwiesen: E. PITZ, Schrift- und Aktenwesen der städtischen Verwaltung im Spätmittelalter, Köln, Nürnberg, Lübeck. Ein Beitrag zur vergleichenden Städteforschung und zur spätmittelalterlichen Aktenkunde (Mitteilungen aus dem Stadtarchiv von Köln 45), Köln 1959; H. PATZE, Neue Typen des Geschäftsschriftgutes im 14. Jahrhundert, in: Der deutsche Territorialstaat im 14. Jahrhundert, Bd. 1, hg. von H. PATZE (Vorträge und Forschungen 13,1), Sigmaringen 1970, S. 9-64; J. HARTMANN, Allgemeine Entwicklung des Amtsbuchwesens, in: Die archivalischen Quellen. Mit einer Einführung in die historischen Hilfswissenschaften, hg. von F. BECK und E. HENNING, Köln/Weimar/Wien [3]2003, S. 40-53; J. KLOOSTERHUIS, Mittelalterliche Amtsbücher: Strukturen und Materien, in: ebd., S. 53-73.

geblieben sind. Dieser Befund trifft insbesondere auch auf die Stadtbücher der thüringischen Städte zu.[2]

Nimmt man die Weimarer Stadtbuchüberlieferung in den Blick, so ist zunächst zu konstatieren, dass diese nur als trümmerhaft bezeichnet werden kann. Neben Stadtbränden ist vor allem der schlechte Zustand des kommunalen Archivwesens, der schon in der ersten Hälfte des 18. Jahrhunderts beklagt wurde, für die großen Verluste älterer Archivalien in Weimar verantwortlich.[3] Eine nachhaltige Verbesserung trat erst mit den Ordnungs- und Verzeichnungsarbeiten des Archivars Carl August Hugo Burkhardt (1830-1910)[4] ein. Die bis dahin zu beklagenden Verluste waren jedoch beträchtlich. So repräsentieren beispielsweise die heute noch im Stadtarchiv erhaltenen Urkunden, die überdies erst 1307 einsetzen, nur einen Bruchteil des einstmals Vorhandenen: Aus dem gesamten 14. Jahrhundert sind ganze zehn Stücke und aus dem 15. Jahrhundert weniger als 50 Urkunden überliefert.[5]

Nicht besser als den Urkunden erging es den Weimarer Stadtbüchern. Aus mittelalterlicher Zeit sind nur zwei Bücher erhalten geblieben, die schon allein durch diese Tatsache von großem Wert für die Geschichte der Stadt sind. Dabei handelt es sich zunächst um ein im Jahre 1380 angelegtes Geschäftsbuch des Weimarer Rates.[6] Die Handschrift, die im Folgenden als Stadtbuch von 1380 bezeichnet werden soll, enthält Einträge über Geschäfts- und Rechtshandlungen, die entweder vom Rat selbst vorgenommen oder von Privatpersonen vor den Rat gebracht wurden, um sie im Stadtbuch protokollieren zu lassen. Diese Einträge, die in kontinuierlicher Folge bis in das Jahr 1418 reichen, wurden später durch weitere, sich bis in die Mitte des 15. Jahrhunderts erstreckende Aufzeichnungen, z. B. Ratslisten und Urkundenabschriften, ergänzt. Das zweite Stadtbuch ist eine im Jahre 1433 zusammengestellte Sammlung der städtischen

---

2 Vgl. dazu mit zahlreichen Belegen für Thüringen: A. PETTER, Mittelalterliche Stadtbücher und ihre Erschließung. Grundlagen und Gestaltung quellenkundlicher Arbeiten zur mitteldeutschen Überlieferung, in: Sachsen und Anhalt 24 (2002/3), S. 189-244 (mit weiterführenden Literaturangaben). Zu nennen ist weiterhin die kurz vor dem Abschluss stehende Dissertationsschrift des gleichen Autors, die beispielhaft das administrative Schriftwesen einer thüringischen Kleinstadt behandelt: A. PETTER, Kleinstadt und Schriftgebrauch im späten Mittelalter. Eine Untersuchung zur buchförmigen Schriftgutorganisation in der städtischen Verwaltung, dargestellt am Beispiel der Stadt Pößneck in Thüringen, Phil. Diss. Halle/Saale 2005. Über den aktuellen Stand der Edition mittelalterlicher Quellen in Thüringen informiert jetzt: E. BÜNZ, Die mittelalterlichen Urkunden Thüringens. Überlieferung – Editionsstand – Aufgaben, in: Diplomatische Forschungen in Mitteldeutschland, hg. von T. GRABER (Schriften zur sächsischen Geschichte und Volkskunde 12), Leipzig 2005, S. 317-370.

3 Zu den Beständen und der Geschichte des Stadtarchivs Weimar vgl. G. GÜNTHER/L. WALLRAF, Das Stadtarchiv Weimar und seine Bestände, Weimar 1967; Archivführer Thüringen, bearb. von F. BOBLENZ und B. FISCHER, Weimar 1999, S. 226-228.

4 Zur Person Burkhardts vgl. D. BLAHA/F. BOBLENZ, Carl August Hugo Burkhardt (1830-1910), in: Lebensbilder Thüringer Archivare, hg. vom Vorstand des Thüringer Archivarsverbandes, Rudolstadt 2001, S. 28-37.

5 Die Urkunden des Stadtarchivs sind durch eine Regestenausgabe erschlossen. Vgl. C. A. H. BURKHARDT, Regesten zur Geschichte der Stadt Weimar, Halle 1883.

6 Stadtarchiv (StadtA) Weimar, HA I-1-50.

Statuten.[7] Die Rechtstexte, die dieser im Folgenden als Statutenbuch von 1433 bezeichneten Kompilation zugrunde lagen, waren zumindest partiell erheblich älter – die ältesten Teile datieren von 1348. Auch wurden im Statutenbuch während des 15. und 16. Jahrhunderts laufend Veränderungen und Ergänzungen vorgenommen, die zugleich ein Zeichen für den regen Gebrauch der Handschrift sind. Erst mit einer grundlegenden Überarbeitung der städtischen Statuten im Jahre 1590 scheint das Statutenbuch dann in den Hintergrund getreten zu sein.

Außer diesen beiden Bänden sind an mittelalterlicher buchförmiger Überlieferung lediglich noch ein auf 1495 zu datierendes Steuerregister und ein Geschossbuch aus dem Jahre 1507 zu erwähnen.[8] Nahezu die gesamte übrige Überlieferung aus der Zeit vor 1500 muss als verloren gelten, wobei der Verlust sämtlicher Rechnungen wegen ihres hohen Quellenwertes besonders schwer wiegt. Vor diesem Hintergrund wird die Bedeutung der beiden Weimarer Stadtbücher mit ihren vielfältigen Angaben zur Bürgerschaft, zum geschäftlichen und religiösen Leben der Stadt erst richtig deutlich. Angesichts der zentralen Stellung, die die beiden Bücher innerhalb der mittelalterlichen Überlieferung der Stadt Weimar einnehmen, werden die immer wieder aufs Neue angestrengten Bemühungen um eine Druckausgabe dieser Quellen verständlich. Diese sollen nachfolgend ausführlich behandelt werden.

2. Zur Entstehungsgeschichte der Edition

Im Jahr 1859 veröffentlichte Andreas Ludwig Jacob Michelsen (1801-1881)[9] in seinen „Rechtsdenkmalen aus Thüringen" auch einige Auszüge aus dem Weimarer Stadtbuch von 1380.[10] Michelsen beschränkte sich dabei allerdings auf den Abdruck einiger weniger Textpassagen, die für das stadt- und landesgeschichtlich interessierte Publikum exemplarisch den Wert des Stadtbuchs deutlich machen sollten.[11]

---

7 StadtA Weimar, HA I-1-51.

8 Steuerregister von 1495: Thüringisches Hauptstaatsarchiv Weimar (ThHStAW), Ernestinisches Gesamtarchiv, Reg. Pp 341 Nr. 24a; Geschoßregister 1507: ThHStAW, Ernestinisches Gesamtarchiv, Reg. Bb 96. Eine erste Auswertung bietet: H. EBERHARDT, Die Anfänge und die ersten Jahrhunderte der Stadtentwicklung. 979 bis zum Beginn des 16. Jahrhunderts, in: Geschichte der Stadt Weimar, hg. von G. GÜNTHER und L. WALLRAF, Weimar 1976, S. 65-138, hier S. 93 f.

9 Zu seiner Biographie vgl. E. BÜNZ, Historiker, Jurist, Politiker. Zur Erinnerung an Andreas Ludwig Jacob Michelsen, in: Demokratische Geschichte. Jahrbuch für Schleswig-Holstein 14 (2001), S. 99-109; E. BÜNZ, Vom Antiquar zum Landeshistoriker: Andreas Ludwig Jacob Michelsen, in: 150 Jahre Verein für Thüringische Geschichte (und Altertumskunde). Vorträge zum Vereinsjubiläum 2002, hg. von K. MARWINSKI (Zeitschrift des Vereins für Thüringische Geschichte, Beiheft 34), Jena 2004, S. 51-74.

10 Vgl. A. L. J. MICHELSEN, Auszüge aus einem Weimarischen Stadtbuch des vierzehnten Jahrhunderts, in: Rechtsdenkmale aus Thüringen, Dritte Lieferung, Jena 1859, S. 260-274.

11 Es handelt sich um die folgenden 22 Nummern in der vorliegenden Edition: Stadtbuch von 1380, Nrr. 2, 14, 49-52, 59, 60, 72-74, 126, 132, 136, 139, 142, 146, 150, 158, 804-806.

Interessant ist der Umstand, dass der zu dieser Zeit in Jena als Juraprofessor wirkende Michelsen die Handschrift nicht aus dem Weimarer Ratsarchiv zur Bearbeitung erhielt. Er berichtet vielmehr, dass ihm das Buch durch den Kammerherrn Dr. Wolfgang Maximilian von Goethe, einem Goetheenkel, zur Benutzung überlassen worden sei. Dieser wiederum hatte den Band im September 1843 auf einer öffentlichen Auktion erworben. Als Vorbesitzer wird der Staatsminister Christian Gottlob von Voigt (1743-1819) genannt.[12] Der Band war also – auf welche Weise, ist bislang ungeklärt – dem Ratsarchiv entfremdet worden und in den Besitz des u. a. für sein historisch-bibliothekarisches Interesse bekannten Ministers gelangt. Diese Tatsache ist zugleich ein weiteres Indiz für den oben schon angesprochenen schlechten Zustand des städtischen Archivs in Weimar im 18. und 19. Jahrhundert.

Das Stadtbuch von 1380 sollte jedoch schon bald wieder in die Obhut des Ratsarchivs zurückkehren. In einem von Burkhardt in den 1870er Jahren angefertigten Repertorium ist es unter den städtischen Archivalien ganz selbstverständlich aufgeführt. Die genauen Umstände dieser Rückkehr liegen ebenfalls im Dunkeln.[13] Dem Statutenbuch von 1433 blieb eine solche Odyssee hingegen erspart, es befand sich, soweit man sehen kann, stets in städtischem Besitz.

Die ersten ernsthaften Bemühungen um eine vollständige Textausgabe beider Bücher datieren aus dem Beginn des 20. Jahrhunderts. Der späterhin vor allem durch seine Arbeiten zur Heraldik bekannt gewordene Archivar und Historiker Erich Gritzner (1874-1963)[14] war in den Jahren zwischen 1903 und 1911, unterbrochen durch einen Aufenthalt in Metz 1907, am Staatsarchiv in Weimar beschäftigt, bevor er in die Dienste des sächsischen Innenministeriums nach Dresden wechselte. In seiner Weimarer Zeit – wann genau, ließ sich nicht ermitteln – hatte Gritzner Abschriften von beiden Stadtbüchern angefertigt. Obwohl relativ weit gediehen, sind diese Vorarbeiten jedoch nie zur Druckreife gelangt.[15]

---

12 Vgl. A. L. J. MICHELSEN, Auszüge, S. 262.

13 Vgl. StadtA Weimar, Repertorium für das historische Archiv der Großherzoglichen Residenzstadt Weimar aufgestellt im Jahre 1878, fol. 2v. Mit dem zeitweiligen Verlust des Buches mag in Zusammenhang stehen, dass auf dem mittelalterlichen Pergamenteinband der Handschrift – unter Umständen von Burkhardt selbst, in jedem Falle aber von einer Hand des 19. Jahrhunderts – ein Eigentumsvermerk der Stadt Weimar angebracht worden ist.

14 Zur Biographie vgl. W. LEESCH, Die deutschen Archivare 1500-1945, 2 Bde., München/New York/London/Paris 1985-1992, hier Bd. 2, S. 199.

15 Über die von Gritzner angefertigten Abschriften informiert eine Notiz des Weimarer und späteren Meininger Archivars Walter Müller (1884-1933) aus dem Dezember 1928. Danach hatte Gritzner die Abschriften Müller zur Verfügung gestellt. Möglicherweise hatte dieser selbst an eine Textausgabe gedacht und nahm dann nach seinem Weggang aus Weimar nach Meiningen davon wieder Abstand. Jedenfalls übersandte er die Abschriften Gritzners 1928 an das Weimarer Staatsarchiv, wo sie sich bis heute befinden. Vgl. ThHStA Weimar, Nachlass Willy Flach, Materialsammlung zur Geschichte der Stadt Weimar. Zur Biographie Müllers vgl. K. WITTER, Walter Müller (1884-1933), in: Lebensbilder Thüringer Archivare, hg. vom Vorstand des Thüringer Archivarsverbandes, Rudolstadt 2001, S. 178-183.

Der endgültige Durchbruch auf dem Weg zur Edition der Weimarer Stadtbücher schien im Juli 1934 erreicht zu sein.[16] Damals schloss der Oberbürgermeister von Weimar, Walther Felix Mueller, mit den beiden Thüringer Staatsarchivaren Wilhelm Engel (1905-1964)[17] und Willy Flach (1903-1958)[18] Verträge über die wissenschaftliche Bearbeitung von Themen zur Weimarer Stadtgeschichte ab. Danach sollte Wilhelm Engel die Bearbeitung des Stadtbuches von 1380 übernehmen, während sich Willy Flach der Verfassungsgeschichte der Stadt Weimar zuwenden und in diesem Zusammenhang auch eine Herausgabe des Statutenbuches von 1433 vorbereiten sollte.[19] Obwohl kein fester Zeitplan vereinbart wurde, sollte die Bearbeitung doch zügig vorangehen und möglichst binnen Jahresfrist abgeschlossen sein. Dass es gleichwohl nie zur Ablieferung von fertigen Editionsmanuskripten gekommen ist, hat mehrere Ursachen, die in der Biographie der beiden Bearbeiter begründet sind.

Der ebenso begabte wie ambitionierte Engel verließ nur kurze Zeit nach Abschluss des Vertrages Weimar und wechselte, da er bei der Neubesetzung des Direktorats der Thüringischen Staatsarchive übergangen worden war, in das Reichswissenschaftsministerium nach Berlin.[20] Ermöglicht wurde dieser Wechsel wesentlich durch politische Kontakte zu NS-Funktionären. In Berlin stieg der junge Archivar innerhalb kürzester Zeit in eine leitende Position mit weit reichenden Befugnissen insbesondere

---

16 Zum Folgenden vgl. auch V. WAHL/H. STEINFÜHRER, Edition des ältesten Weimarer Stadtbuchs von 1380 geplant, in: Archive in Thüringen 23 (2002), S. 23 f.

17 Zur Biographie von Wilhelm Engel sind in jüngster Zeit mehrere Arbeiten erschienen. Vgl. V. WAHL, Wilhelm Engel (1905-1964), in: Lebensbilder Thüringer Archivare, hg. vom Vorstand des Thüringer Archivarsverbandes, Rudolstadt 2001, S. 55-64; E. BÜNZ, Ein Historiker zwischen Wissenschaft und Weltanschauung: Wilhelm Engel (1905-1964), in: Die Universität Würzburg in den Krisen der ersten Hälfte des 20. Jahrhunderts. Biographisch-systematische Studien zu ihrer Geschichte zwischen dem Ersten Weltkrieg und dem Neubeginn 1945, hg. von P. BAUMGART, Würzburg 2002, S. 252-318; V. WAHL, Thüringische Archivgeschichte 1933/34. Der Kampf um das Direktorat der Staatsarchive, in: Landesgeschichte und Archivwesen. Festschrift für Reiner Groß zum 65. Geburtstag, hg. von R. WISSUWA, G. VIERTEL und N. KRÜGER, Dresden 2002, S. 565-590; V. WAHL, „Mit der Gründlichkeit und der Findigkeit des geschulten Archivars ...". Wilhelm Engel (1905-1964). Ein Forscherschicksal im 20. Jahrhundert, in: Jahrbuch des Hennebergisch-Fränkischen Geschichtsvereins 17 (2002), S. 9-36.

18 Zur Biographie von Willy Flach, der sich große Verdienste um die thüringische Landesgeschichte und das thüringische Archivwesen erworben hat, vgl. V. WAHL, Willy Flach (1903-1958), in: Lebensbilder Thüringer Archivare, hg. vom Vorstand des Thüringer Archivarsverbandes, Rudolstadt 2001, S. 72-87; V. WAHL, Thüringer Archivar, Landeshistoriker und Goetheforscher Willy Flach (1903-1958) – Ein Lebensbild, in: Willy Flach, Beiträge zum Archivwesen, zur thüringischen Landesgeschichte und zur Goetheforschung, hg. von V. WAHL (Veröffentlichungen aus Thüringischen Staatsarchiven 9), Weimar 2003, S. 10-55.

19 Die städtischen Exemplare der Verträge, die sehr detaillierte Bestimmungen enthielten, befinden sich in: StadtA Weimar, HpA 1933-1945, 123-05/4, Wissenschaftliche Arbeiten über die Stadtgeschichte; vgl. auch ThHStA Weimar, Nachlass Willy Flach, Korrespondenz.

20 Das Direktorat war statt dessen Willy Flach übertragen worden. Vgl. dazu V. WAHL, Thüringische Archivgeschichte, S. 573-579.

auch auf geisteswissenschaftlichem Gebiet auf.[21] Doch bereits 1936 folgte das jähe Ende seiner Berliner Karriere, als ihm dieselben Kräfte, die ihn zunächst auf den hohen Sockel gehoben hatten, ihre Unterstützung versagten. In der Folgezeit wechselte Engel von Berlin auf den Lehrstuhl für Mittelalterliche Geschichte, Historische Hilfswissenschaften und Fränkische Landesgeschichte nach Würzburg. Große Wirksamkeit konnte Engel in dieser Funktion freilich nicht mehr entfalten, da er praktisch mit Kriegsbeginn zur Wehrmacht eingezogen wurde. Das Kriegsende erlebte er in amerikanischer Gefangenschaft, aus der er jedoch bald entlassen wurde. Er kehrte nach Würzburg zurück. Die Wiederbeschäftigung an der Universität wurde Engel allerdings verweigert. Wie sehr er sich in der Folgezeit auch bemühte, seine Anstrengungen, in den bayerischen Hochschuldienst zurückzukehren, schlugen bis zu seinem Tod 1964 fehl.

Mit den Arbeiten an der Edition des Stadtbuches von 1380 hatte Engel zweifellos noch in Weimar begonnen. Trotz der Kürze der Zeit, die ihm vor Ort noch zur Verfügung stand, konnte er einen beachtlichen Arbeitsfortschritt erzielen.[22] Aus einem Bericht an die Weimarer Stadtverwaltung geht hervor, dass bereits zu Ende des Jahres 1934 nahezu zwei Drittel der Quelle abgeschrieben waren und die Fertigstellung des Textes sowie die Bearbeitung von Einleitung und Indizes für das Jahr 1935 in Aussicht gestellt wurde. Durch Engels Wechsel nach Berlin sind die Arbeiten dann aber weitgehend zum Erliegen gekommen. Die Weimarer Stadtverwaltung drängte mehrfach auf die Einhaltung des Vertrages von 1934 und eine baldige Fertigstellung des Manuskriptes. Doch letztlich wurde Engel, der sich mit der übergroßen Fülle seiner Dienstgeschäfte entschuldigte, immer wieder Aufschub gewährt.[23] Erst in Würzburg hat Engel – wie aus seinem Briefwechsel mit Willy Flach hervorgeht – dann die Arbeiten am Weimarer Stadtbuch von 1380 wieder aufgenommen. Er hatte das Original des Stadtbuches vom Stadtarchiv Weimar 1937 nach Würzburg ausgehändigt bekommen und deponierte es nach Ausbruch des Krieges zusammen mit den Abschrif-

---

21 Vgl. dazu neben der in Anm. 17 angeführten Literatur: H. FUHRMANN, „Sind eben alles Menschen gewesen“. Gelehrtenleben im 19. und 20. Jahrhundert, München 1996, S. 59-64.

22 Zum Zeitpunkt der Übernahme der Arbeiten am Weimarer Stadtbuch von 1380 hatte sich Engel bereits in zwei kleineren Arbeiten mit dem ältesten Saalfelder Stadtbuch beschäftigt. Dass er sich außerdem mit über Thüringen hinausgehenden Fragen der Stadtbuchforschung befasste, zeigt sein Habilitationsvortrag, den er 1935 in Marburg zu dem Thema „Die deutschen Stadtbücher des Mittelalters als Quelle geschichtlicher Erkenntnis“ hielt. Vgl. W. ENGEL, Aus dem ältesten Saalfelder Stadtbuch – Saalfelder rechts- und wirtschaftsgeschichtliche Quellen (Saalfelder Weihnachtsbüchlein 79), Saalfeld 1932; W. ENGEL, Das älteste Saalfelder Stadtbuch des 15. Jahrhunderts, in: Festschrift für Valentin Hopf zum 80. Geburtstag, hg. von W. ENGEL und W. FLACH, Jena 1933, S. 137-153; E. BÜNZ, Ein Historiker zwischen Wissenschaft und Weltanschauung, S. 263.

23 Vgl. dazu StadtA Weimar, HpA 1933-1945, 123-05/4, bes. Bll. 40-48. Aus der Akte geht weiterhin hervor, dass Engel das Original des Stadtbuches zunächst mit nach Berlin genommen hatte. Von dort gelangte es im Jahre 1937 zeitweise nach Weimar zurück, da es von Willy Flach für dessen Studien zur Verfassungsgeschichte der Stadt benötigt wurde.

ten und seinen Vorarbeiten für die Indizes im Würzburger Staatsarchiv, wo es den Krieg unbeschadet überdauerte.[24]

Nach Kriegsende ist Engel dann nie wieder zu der Arbeit am Weimarer Stadtbuch zurückgekehrt. Auf Anfrage von Willy Flach übersandte er Stadtbuch und Editionsmaterialien 1951 an das Hauptstaatsarchiv nach Weimar. Von da wurden die Unterlagen 1958 an das Stadtarchiv Weimar abgegeben.

Obwohl Wilhelm Engel das Editionsvorhaben nicht beenden konnte, waren seine Vorarbeiten doch eine willkommene Hilfe und wesentliche Grundlage für die nunmehr vorliegende Edition des Stadtbuches von 1380. Ohne diese Materialien wäre die Fertigstellung des Textes in vergleichsweise kurzer Zeit nur schwer realisierbar gewesen.[25]

Etwas anders stellt sich die Situation mit Blick auf das Statutenbuch von 1433 dar. Bereits unmittelbar nach dem Abschluss des Vertrages mit der Stadt Weimar hatte Willy Flach die Abschrift Erich Gritzners an sich genommen und wohl auch bald mit den Arbeiten begonnen. Mit der Übernahme des Direktorats der Thüringischen Staatsarchive war jedoch auch eine erhebliche Zunahme der dienstlichen Verpflichtungen verbunden, so dass die Studien zur Stadtgeschichte ins Stocken gerieten.[26] Während des Krieges und in der Nachkriegszeit war an einen erfolgreichen Abschluss der Arbeiten gleichfalls nicht zu denken. Aus diesen Gründen konnten die Ergebnisse von Willy Flachs Forschungen zur Weimarer Verfassungsgeschichte erst 1956 im Rahmen der Festschrift für den Leipziger Mediaevisten Heinrich Sproemberg erscheinen.[27] In diesem für die Weimarer Stadtgeschichtsforschung grundlegenden Aufsatz kündigt er auch die bevorstehende Edition des Statutenbuches an.[28] Sein wenig später erfolgter Weggang aus der DDR und sein baldiger Tod 1958 haben dies jedoch verhindert.[29]

---

24 Vgl. ThHStA Weimar, Nachlass Willy Flach, Korrespondenz.

25 Die 1958 an das Stadtarchiv Weimar abgegebenen Materialien bestehen aus einem gebundenen Schreibmaschinenmanuskript, das den sparsam kommentierten Text des Stadtbuches von 1380 ohne Kopfregesten enthält. Hinzu kommt ein erster Entwurf für den Index sowie einige Listen und Konkordanzen. Eine Einleitung bzw. Vorarbeiten dazu fehlen. Vgl. StadtA Weimar, 58-4/78.

26 Vgl. StadtA Weimar, HpA 1933-1945, 123-05/4.

27 Vgl. W. FLACH, Grundzüge einer Verfassungsgeschichte der Stadt Weimar. Die Entwicklung einer deutschen Residenzstadt. Mit einer Übersicht über die Kodifikation der Stadtrechte in Thüringen, in: Vom Mittelalter zur Neuzeit. Zum 65. Geburtstag von Heinrich Sproemberg (Forschungen zur mittelalterlichen Geschichte 1), hg. von H. KRETZSCHMAR, Berlin 1956, S. 144-239.

28 Vgl. W. FLACH, Grundzüge, S. 154, Anm. 7.

29 Die im Nachlass von Willy Flach überlieferten Unterlagen legen den Schluss nahe, dass er eine Ausgabe auf Grundlage der Gritznerschen Abschrift plante. Vgl. ThHStAW, Nachlass Willy Flach, Materialsammlung zur Geschichte der Stadt Weimar.

3. Weimar im späten Mittelalter

Nach der ausführlichen Behandlung der Entstehungsgeschichte der Edition soll nun versucht werden, in aller Kürze einen Überblick über die Geschichte der Stadt Weimar im späten Mittelalter zu geben. Eine Konzentration auf die wesentlichen Entwicklungslinien fällt dabei umso leichter, als vor allem Hans Eberhardt in den letzten Jahrzehnten mehrere Arbeiten zu dieser Thematik vorgelegt hat und ich mich hier auf die Zusammenfassung der wichtigsten Ergebnisse beschränken kann.[30]

Ganz allgemein gilt es zunächst festzuhalten, dass Weimar, das erstmalig zum Jahr 899 als *Vvigmara* in einer Urkunde Kaiser Arnulfs ins Licht der Überlieferung tritt,[31] im Mittelalter noch weit vom Glanz späterer Tage entfernt war. Allerdings kam der Stadt im Kontext der thüringischen Stadt- und Landesgeschichte schon früh eine durchaus beachtliche Bedeutung zu. Zunächst war Weimar einer der zentralen Orte im Herrschaftsbereich der Grafen von Weimar-Orlamünde, die sich häufig in ihrer Burg Weimar aufhielten und die Entwicklung des Ortes nach Kräften förderten. Nach ihrer Niederlage in der so genannten Thüringer Grafenfehde 1346 mussten sich die Grafen von Weimar-Orlamünde allerdings unter die Lehenshoheit der Wettiner begeben. Nach dem Tode des Grafen Hermann VIII. (1372) und dem Aussterben der in Weimar residierenden Linie der Orlamünder traten die Wettiner das Erbe des Grafenhauses an und wählten Weimar zu einem ihrer bevorzugten Aufenthaltsorte. Damit war der Grundstein für die sich im 15. Jahrhundert ausbildende Funktion der Stadt als eine der wichtigsten Residenzen der wettinischen Landgrafen von Thüringen gelegt. Diese Entwicklung ist besonders in der Regierungszeit von Herzog Wilhelm III. (1445-1482) zu beobachten, der sich von Weimar aus ein gut organisiertes Territorium schuf. Nach der Leipziger Teilung (1485) verlor Weimar vorübergehend seine

---

30 Vgl. H. EBERHARDT, Anfänge, S. 65-138; H. EBERHARDT, Die Frühgeschichte der Weimarer Kirchen, in: Laudate Dominum, Festgabe zum 70. Geburtstag von Landesbischof Ingo Braecklein (Thüringer kirchliche Studien 3), Berlin 1976, S. 61-82; H. EBERHARDT, Kirchen, Klöster und Spitäler im alten Weimar, in: Tausend Jahre Kirche in Weimar. Beiträge zur Geschichte des kirchlichen Lebens anläßlich der 1000-Jahr-Feier der Stadt Weimar, Weimar 1980, S. 9-18. Zur Geschichte der Stadt Weimar im Mittelalter vgl. weiterhin: A. TILLE, Die Anfänge der Stadt Weimar, in: Beiträge zur thüringischen und sächsischen Geschichte, Festschrift für Otto Dobenecker zum 70. Geburtstag, Jena 1929, S. 79-90; A. TILLE, Die Anfänge der Stadt Weimar und die Grafen von Weimar-Orlamünde (Neue Beiträge zur Geschichte der Stadt Weimar 2/3), Weimar 1939; W. FLACH, Artikel: Weimar, in: Deutsches Städtebuch, hg. von E. KEYSER, Bd. 2, Mitteldeutschland, Stuttgart/Berlin 1941, S. 388-391; W. FLACH, Grundzüge einer Verfassungsgeschichte; W. HUSCHKE, Artikel: Weimar, in: Thüringen. Handbuch der Historischen Stätten Deutschlands 9, Stuttgart [2]1989, S. 473-487. Weitere Literaturangaben in: Bibliographie zur Geschichte der Stadt Weimar, hg. von G. GÜNTHER und L. WALLRAF, Weimar 1982, S. 14-17, 27-30.

31 Es ist das Verdienst Hans Eberhardts, die in der Forschung lange Zeit vorherrschende These von einer Ersterwähnung Weimars im Jahr 975 widerlegt zu haben. Vgl. H. EBERHARDT, Wechmar oder Weimar? Zur Ersterwähnung von Weimar, in: Zeitschrift des Vereins für Thüringische Geschichte 46 (1992), S. 53-64; H. EBERHARDT, Zur Frühgeschichte von Weimar, in: Zeitschrift des Vereins für Thüringische Geschichte 53 (1999), S. 9-23.

zentrale Funktion und konnte daran erst zu Anfang des 16. Jahrhunderts unter Herzog Johann, der die thüringischen und fränkischen Landesteile im Auftrag seines Bruders, Kurfürst Friedrich der Weise, verwaltete, anknüpfen. Im Jahre 1531 wurde Weimar neben Torgau und Coburg zu einer der drei wettinischen Hauptresidenzen bestimmt. Nach der Niederlage des ernestinischen Kurfürsten Johann Friedrich in der Schlacht bei Mühlberg (1547) und dem darauf folgenden Verlust der Kurwürde wurde Weimar dann zur Residenz eines wesentlich verkleinerten wettinischen Herzogtums. Diese Funktion behielt die Stadt bis 1918 bei.[32]

Während des gesamten Mittelalters blieb Weimar als Stadt jedoch eher bescheiden, wobei die Präsenz des Stadtherrn der Ausbildung einer selbstbewussten, mit weitgehender Autonomie ausgestatteten Stadtgemeinde nicht selten im Wege gestanden haben dürfte. Die Bevölkerungszahl, für die gesicherte Angaben erst aus dem 16. Jahrhundert vorliegen, dürfte die Zahl von 2.000 nicht vor dem Ausgang des 15. Jahrhunderts erreicht haben.[33]

Die Anfänge der Entwicklung Weimars zur Stadt lassen sich nicht genau datieren, sie dürften aber in die erste Hälfte des 13. Jahrhunderts zu setzen sein und sind der Initiative der Grafen von Weimar-Orlamünde zuzuschreiben. Das seit dem 10. Jahrhundert in Thüringen nachweisbare Geschlecht beförderte den Ausbau und die rechtliche Privilegierung der Siedlung in der Nähe eines ihrer wichtigsten Herrschaftssitze.[34] In einer Urkunde des Grafen Herrmann III. von Weimar-Orlamünde für das Zisterzienserinnenkloster Oberweimar aus dem Jahre 1254 heißt es, dass die Ausstellung in *civitate nostra Wimare* vorgenommen worden sei.

Die Stadt, die sich zu Füßen der gräflichen Burg allmählich entwickelte, entstand neben bereits bestehenden Siedlungen um die Jakobskirche, wo nicht die Grafen,

---

32 Zur Entwicklung zur Residenz vgl. B. STREICH, Zwischen Reiseherrschaft und Residenzbildung. Der wettinische Hof im späten Mittelalter (Mitteldeutsche Forschungen 101), Köln/Wien 1989; zuletzt D. BLAHA, „... in civitate nostra Wimare ...“. Die Entwicklung Weimars zum Residenzort, in: Residenzkultur in Thüringen vom 16. bis 19. Jahrhundert, hg. von R. JACOBS, Bucha bei Jena 1999, S. 43-59; D. BLAHA, Artikel: Weimar, in: Höfe und Residenzen im spätmittelalterlichen Reich. Ein dynastisch-topographisches Handbuch, hg. von W. PARAVICINI, bearb. von J. HIRSCHBIEGEL und J. WETTLAUFER, Ostfildern 2003, S. 615 f.

33 Vgl. dazu H. EBERHARDT, Anfänge, S. 110 f.

34 Zu den Grafen von Weimar-Orlamünde und ihren Städtegründungen vgl. A. TILLE, Die Anfänge und die Grafen; Geschichte Thüringens, hg. von H. PATZE und W. SCHLESINGER, Bd. 2: Hohes und spätes Mittelalter, II. Teil (Mitteldeutsche Forschungen 48/II/1), Köln/Wien 1974, S. 155-162, 310-330; H. PATZE, Recht und Verfassung thüringischer Städte (Thüringische Archivstudien 6), Weimar 1955, S. 162-167; H. EBERHARD, Anfänge, S. 67 f. Zu den Anfängen des Städtewesens in Thüringen im Allgemeinen vgl. W. FLACH, Land und Städte in Thüringen, in: Deutsches Städtebuch, hg. von E. KEYSER, Bd. 2, Mitteldeutschland, Stuttgart/Berlin 1941, S. 255-262; W. FLACH, Die Entstehungszeit der thüringischen Städte, in: Zeitschrift des Vereins für Thüringische Geschichte 44 (1942), S. 52-111; C. MÜLLER, Landgräfliche Städte in Thüringen. Die Städtepolitik der Ludowinger im 12. und 13. Jahrhundert (Veröffentlichungen der Historische Kommission für Thüringen, Kleine Reihe 7), Köln/Weimar/Wien 2003, bes. S. 27-63.

sondern die Herren von Weimar besessen waren,[35] und im späteren Oberweimar, wo die Grafen mit der Ansiedlung der oben genannten Zisterzienserinnen um 1240 ihr Hauskloster gegründet hatten.[36]

Die Stadt war zunächst von geringer Ausdehnung. Ihr Zentrum lag im Areal um die Peterskirche, wo der Markt abgehalten wurde, Gerichtsverhandlungen stattfanden und auch der Standort des ältesten Rathauses vermutet werden darf. Durch einen Stadtbrand im Jahre 1299 wurde Weimar schwer geschädigt. Der Wiederaufbau führte zu einer Ausdehnung der Stadt in Richtung Süden. Damit erreichte Weimar in etwa die Größe, die es bis zum 18. Jahrhundert beibehielt. Einen erneuten Rückschlag erlitt die Stadtentwicklung durch einen zweiten großen Brand im Jahre 1424.

Bereits im 14. Jahrhundert war Stück für Stück der Bereich um den heutigen Markt erschlossen worden, wohin sich das Zentrum der Stadt allmählich verlagerte. Am Ende dieses Prozesses stand die Errichtung eines neuen Rathauses und eines Kaufhauses am Markt in der ersten Hälfte des 15. Jahrhunderts.[37] Überhaupt verfestigte sich die bauliche Gestalt und Stadtstruktur. Die Befestigung mit den vier Stadttoren – dem Frauentor im Süden, dem Jakobstor im Norden, dem Kegeltor im Osten und dem Neuen oder Erfurter Tor im Westen –, die sich noch bis in die Mitte des 15. Jahrhunderts in einem wenig ansehnlichen Zustand befunden haben muss, wurde verbessert und ausgebaut.[38]

Da Weimar abseits größerer Handelsstraßen lag, waren die Bedingungen für die Entwicklung eines am Fernhandel orientierten Marktes und die Ansiedlung von Kaufleuten ungünstig. Die Stadt blieb so auf eine Nahmarktfunktion beschränkt und behielt über lange Zeit einen ländlichen Charakter bei.[39] Dementsprechend ist auch die Zahl der nachweisbaren Handwerke vergleichsweise gering; beim Absatz ihrer Pro-

---

35 Die Siedlung um die Jakobskirche, die später auch als *alte stadt* bezeichnet worden ist, wurde nie in die Weimarer Stadtbefestigung einbezogen, obwohl ihre Bewohner zumindest im 14. Jahrhundert Bürger waren und ihre Grundstücke vom Rat zu Lehen gingen. Vgl. H. EBERHARDT, Anfänge, S. 81; Stadtbuch von 1380, Nr. 32.

36 Zur Geschichte des Klosters vgl. F. FACIUS, Das Zisterzienserinnenkloster Oberweimar, 1935, Ms. im ThHStA Weimar. Die größtenteils ungedruckten Urkunden des Klosters, die sich ebenfalls im Hauptstaatsarchiv in Weimar befinden, sind auch für die Geschichte der Stadt Weimar von großer Bedeutung.

37 Vgl. H. EBERHARDT, Anfänge, S. 95 f.

38 Zur Anlage der Stadt vgl. W. FLACH, Grundzüge, S. 159; H. WEIDHAAS/K. SCHWARZKOPF, Weimar. Karte zur Geschichte der Stadt von der Gründung bis etwa Mitte des 15. Jahrhunderts, Weimar 1975, sowie die auf einen Entwurf von Willy Flach zurückgehende Karte im Anhang zu dieser Edition.

39 Als Indiz dafür mögen die zahlreichen Mühlen gewertet werden, die in und um die Stadt nachweisbar sind. Die Bornmühle lag in der Stadt, an der Ilm befanden sich die Burg- und Niedermühle, die Lotten- und die Federwischmühle lagen westlich von Weimar. Vgl. dazu zuletzt die einschlägigen Artikel in: Weimar. Lexikon zur Stadtgeschichte, hg. von G. GÜNTHER, W. HUSCHKE und W. STEINER, Weimar 1998.

duktion werden die Weimarer Handwerker nicht weit über den regionalen Kontext hinausgegriffen haben.[40]

Mit der Verwaltung der Stadt beauftragten die Grafen von Weimar-Orlamünde zunächst Schultheißen, die von 1289 an bis in die zweite Hälfte des 14. Jahrhunderts belegt sind.[41] Mit der Entwicklung einer Ratsverfassung wurde der Einfluss des Schultheißen immer mehr auf eine richterliche Funktion beschränkt. Letztmals wird ein Schultheiß 1370 genannt, die richterliche Gewalt lag seit der Mitte des 14. Jahrhunderts in den Händen eines gräflichen Richters bzw. eines gräflichen Hauptmanns.[42]

Erstes Anzeichen für eine beginnende Selbstorganisation der Bürgerschaft ist die Erwähnung eines Stadtsiegels im Jahre 1262.[43] Die Entwicklung der Ratsverfassung liegt in Weimar weitgehend im Dunkeln. Aus den wenigen überlieferten Nachrichten ist zu schließen, dass sie sich in der ersten Hälfte des 14. Jahrhunderts herausbildete. Erstmals genannt wird ein Rat 1348, doch wird die Entstehung des Ratskollegiums schon etwas früher anzusetzen sein.[44] Der Weimarer Rat setzte sich aus drei Ratsdritteln mit jeweils zwei Ratsmeistern und vier Ratsmannen zusammen, die im jährlichen Wechsel die Amtsgeschäfte versahen. Das jeweils amtierende Drittel wurde als „sitzender Rat“ bezeichnet. In seiner Gesamtheit umfasste das Weimarer Kollegium also sechs Ratsmeister und zwölf Ratsmannen, die aber nur bei wichtigen Entscheidungen zusammentraten. Sofern die wenigen Angaben aus den Weimarer Stadtbüchern Aussagen darüber erlauben, ist es nicht zur Ausbildung einer patrizischen Oberschicht gekommen. Die überlieferten Ratslisten dokumentieren vielmehr eine erhebliche Fluktuation der Ratsmitglieder.[45] Nachweisbar sind ferner bestehende Verbindungen zwischen Amtsträgern der gräflichen bzw. wettinischen Stadtherren und dem Rat.

---

40 Vgl. H. EBERHARDT, Anfänge, S. 124-126.

41 Für 1338 und 1341 ist ein Siegel des Schultheißen überliefert. Vgl. R. DIEZEL, Siegel und Wappen der Stadt Weimar, in: Geschichte der Stadt Weimar, hg. von G. GÜNTHER und L. WALLRAF, Weimar ^{2}1976, S. 840-847 (Abb. 274/4).

42 Vgl. H. EBERHARDT, Anfänge, S. 92.

43 Die Urkunde des Grafen Hermann III., die von den Weimarer Bürgern mit besiegelt wurde, ist nur abschriftlich überliefert. Der älteste erhaltene Siegelabdruck stammt erst aus dem späten 14. Jahrhundert. Zu den Weimarer Stadtsiegeln vgl. R. DIEZEL, Siegel und Wappen, S. 840-842.

44 Als Indiz dafür kann die Erwähnung eines Weimarer Stadtschreibers in einer Urkunde des Klosters Kapellendorf von 1326 Februar 24 gewertet werden. Vgl. J. MÖTSCH, Fuldische Frauenklöster in Thüringen. Regesten zur Geschichte der Klöster Allendorf, Kapellendorf und Zella/Röhn (Veröffentlichungen der Historischen Kommission für Thüringen, Große Reihe 5), München/Jena, 1999, S. 258, K 110.

45 Zur Entwicklung der Ratsverfassung vgl. H. HABBICHT, Die Ratsverfassung der Stadt Weimar im 14. Jahrhundert, in: Thüringer Monatsblätter 17 (1909/10), S. 147-150; W. HUSCHKE, Bürgermeister im alten Weimar, in: Der Heimatfreund. Beilage zum Kulturspiegel Weimar 2 (1958), S. 141-146; H. EBERHARDT, Anfänge, S. 113-115; W. HUSCHKE, Die Ratslisten der Stadt Weimar von 1348 bis 1810 (Schriftenreihe der Stiftung Stoye 15), Neustadt an der Aisch 1986, hier S. 6-25.

Deutlich wird dies an den Beispielen von Friedrich Risinbutel[46] und Johannes Brandenhain[47], die sowohl in stadtherrlichem Dienst standen als auch Mitglieder des Weimarer Rates waren.

Einige Jahrzehnte nach der Ersterwähnung des Rates tritt 1370 eine Gemeindevertretung (*vier von der gemeinde*) in das Licht der Überlieferung, die in Weimar einen nicht unerheblichen Einfluss auf die Führung der Stadt ausübte. Das Verhältnis zwischen Rat und Gemeindevertretung lässt sich anhand der wenigen erhaltenen Quellen dabei jedoch nur schwer genauer bestimmen.[48]

Das Maß an Autonomie, das der Weimarer Rat erreichen konnte, blieb während des ganzen Mittelalters beschränkt. Nachdem die Grafen von Weimar-Orlamünde noch kurz vor dem Ende ihrer Herrschaft der Stadt die Hoheit über die Finanzwirtschaft übertragen hatten,[49] folgte eine Reihe weiterer Privilegierungen durch die Wettiner. Diese versuchten zum einen, die wirtschaftliche Wohlfahrt Weimars zu fördern und zum anderen die Rechtsverhältnisse jenen in den anderen wettinischen Städten anzugleichen. In diesen Kontext gehören die 1407 erfolgte Ablösung älterer Frondienste durch die Verpflichtung zur Zahlung einer Jahrrente,[50] die Übertragung des Rechts der Stadt Weißensee 1410,[51] ein 1421 verliehenes Brau- und Schankprivileg[52] und die großzügige Förderung der Stadt nach dem verheerenden Brand von 1424.[53] Den Höhepunkt dieser Entwicklung bildeten zwei Urkunden aus den Jahren 1431 und 1432. Darin wurde das neu erbaute Rathaus am Markt von allen Abgaben befreit und der Stadt die niedere Gerichtsbarkeit zugesprochen. Schließlich erhielten die Bürger zur Errichtung eines Kaufhauses von ihrem Stadtherrn ein Grundstück am Markt.[54]

Im Mittelpunkt der kirchlichen Organisationsstruktur Weimars stand im Spätmittelalter die Stadtkirche St. Peter.[55] Die älteste Nachricht ist zu 1249 überliefert, als in einer Urkunde des Klosters Oberweimar ein *Conradus plebanus de Wimare* erscheint.

---

46 Friedrich Risinbutel ist zunächst als Schultheiß nachweisbar, bevor er seit 1380 an der Spitze des Weimarer Rates bezeugt ist. Vgl. O. FRANKE, Das Rote Buch von Weimar (Thüringisch-Sächsische Geschichtsbibliothek 2), Gotha 1891, S. 13-15; H. EBERHARDT, Anfänge, S. 90 f.

47 Auf Johannes Brandenhain geht wohl die Anlage des sogenannten Roten Buches von Weimar zurück, in dem im Zusammenhang mit dem Übergang der Herrschaftsrechte der Grafen von Weimar-Orlamünde auf die Wettiner 1372, sämtliche Einkünfte in der Pflege Weimar zusammengestellt worden sind. Vgl. O. FRANKE, Das Rote Buch, S. 10-12.

48 Ausführlich zur Gemeindevertretung: H. EBERHARDT, Anfänge, S. 113-118.

49 Vgl. H. EBERHARDT, Anfänge, S. 92.

50 Vgl. C. A. H. BURKHARDT, Regesten, Nr. 15.

51 Vgl. C. A. H. BURKHARDT, Regesten, Nr. 17; FLACH, Grundzüge, S. 237; zum Recht der Stadt Weißensee vgl. neuerdings Ch. MÜLLER, Landgräfliche Städte, S. 60 f.

52 Vgl. C. A. H. BURKHARDT, Regesten, Nr. 18.

53 Vgl. C. A. H. BURKHARDT, Regesten, Nr. 20.

54 Vgl. H. EBERHARDT, Anfänge, S. 92-94; C. A. H. BURKHARDT, Regesten, Nrr. 21, 26; Statutenbuch von 1433, Nrr. 52, 53.

55 Zur Weimarer Kirchengeschichte im Mittelalter vgl. H. EBERHARDT, Frühgeschichte; H. EBERHARDT, Kirchen, Klöster und Spitäler.

1284 übertrugen die Grafen von Weimar-Orlamünde das Patronatsrecht an den Deutschen Orden, der es dann bis zum Ausgang des Mittelalters innehatte. Daneben ist als zweite wichtige Kirche die Jakobskirche vor der Stadt zu nennen, deren Patronatsrecht beim Nonnenkloster Oberweimar lag. Ein Kloster hat in Weimar bis in die Mitte des 15. Jahrhunderts nicht bestanden.[56] Die Franziskaner ließen sich erst 1453 auf Betreiben von Herzog Wilhelm III. im nördlichen Stadtgebiet nieder.[57] Zumindest seit der Mitte des 15. Jahrhunderts dürfte auch die ehemalige Burgkapelle St. Martin von einigem Einfluss auf das religiöse Leben der Stadt gewesen sein. Herzog Wilhelm III. verfolgte nachdrücklich den Plan, die Kapelle in eine Stiftskirche umzuwandeln. Die Kapelle wurde ausgebaut und 1468 neu geweiht. Auf Dauer konnte die Schlosskirche den Charakter als Kollegiatkirche jedoch nicht wahren. Vor der Stadt bestanden zwei Hospitäler, eines im Süden in der Nähe der Falkenburg und ein zweites nördlich der Stadt, am Asbach gelegen, das dem heiligen Nikolaus geweiht war und im 14. und 15. Jahrhundert wohl die größere Bedeutung besaß. Schließlich wurde 1386 unmittelbar an der Ilm ein Laurentius-Hospital eingerichtet.[58]

Nur kurze Zeit nach der Ansiedlung des Deutschen Ordens ist zu 1307 eine Schule bezeugt, über die der Orden die Aufsicht führte. Im Zuge des Ausbaus der städtischen Autonomie versuchte der Rat im 15. Jahrhundert einen stärkeren Einfluss auf die Schule geltend zu machen. Dies gelang, indem die Stadt zumindest ein Mitspracherecht bei der Besetzung der Schulmeisterstelle erreichte.[59]

4. Die Weimarer Stadtbücher des 14. und 15. Jahrhunderts

4.1 Das Stadtbuch von 1380

4.1.1 Beschreibung der Handschrift

Das Weimarer Stadtbuch von 1380 ist in einen modernen Einband mit Pappdeckeln und braunem Leinenüberzug im Format 23 x 33 cm eingebunden.[60] Der Rücktitel lautet: *Ratshandelbuch 1381-1418*. Darin befindet sich das eigentliche Stadtbuch, eine Papierhandschrift im Format 19 x 28 cm in einem gelben Pergamenteinband (vgl. Abb. 1). Auf der Vorderseite des Einbandes sind im unteren linken Viertel die eingedrückten Umrisse eines Wappenschildes mit angedeuteter Mauerkrone erkennbar. Der vordere Einbanddeckel zeigt zwei Aufschriften: erstens im oberen Drittel von einer Hand des späten 19. Jahrhunderts den Vermerk *Eigenthum der Stadt Weimar*,

---

56 Zu erwähnen ist in diesem Zusammenhang jedoch eine kleine Gemeinschaft von Beginen, über deren Wirken aber nahezu nichts bekannt ist. Vgl. H. EBERHARDT, Kirchen, Klöster und Spitäler, S. 16 f.; H. EBERHARDT, Frühgeschichte, S. 75 f.

57 Vgl. H. EBERHARDT, Frühgeschichte, S. 75 f.

58 Zu den Weimarer Hospitälern vgl. H. EBERHARDT, Frühgeschichte, S. 76-78.

59 Vgl. dazu H. EBERHARDT, Anfänge, S. 136; Statutenbuch von 1433, Nrr. 43, 56.

60 Eine kurze Beschreibung findet sich bei A. L. J. MICHELSEN, Auszüge, S. 262.

zweitens mittig den Titel *Rathshandelbuch vom Jahre 1381*. Noch von einer spätmittelalterlichen Hand stammt die ebenfalls mittig angebrachte Jahreszahl: *1381*.[61] Die Innenseiten des Pergamenteinbandes sind, wie in dieser Zeit häufig anzutreffen, für Eintragungen genutzt worden.[62]

Die Handschrift befindet sich insgesamt in einem guten Erhaltungszustand. Allerdings haben die Blätter 1-31 am oberen Rand durch Wassereinwirkung Schaden genommen. Die Lesbarkeit des Textes ist jedoch nicht beeinträchtigt.

Das Stadtbuch umfasst insgesamt 99 Blätter, die mehrfach foliiert worden sind. Die älteste Zählung gehört noch dem 16. Jahrhundert an und ist am oberen Blattrand mit Tinte vorgenommen worden. Sie endet mit Blatt 55 und wurde von einer jüngeren Hand mit Bleistift bis zum Blatt 92 fortgesetzt. Da beide Foliierungen Fehler aufweisen,[63] ist die Handschrift nochmals am unteren Blattrand durchgezählt worden. Sämtliche Angaben der Edition beziehen sich auf diese jüngere Zählung.

Das Stadtbuch von 1380 besteht aus mehreren Teilen, die man in der städtischen Kanzlei erst nachträglich zu einem Buchblock zusammengebunden hat. Den Kern der Handschrift bilden die Blätter 1-63, die Einträge bis ins Jahr 1418 enthalten. Der Rest des Stadtbuches gliedert sich wiederum in mehrere, später hinzugefügte Teile. Diese geben Eintragungen aus den Jahren 1402 bis 1445 wieder. Der Codex besteht aus 13 ungezählten Lagen, die Lagenformel lautet: $5\ (\mathrm{VI} - 2)^{58\ \mathrm{Bll.}} + (\mathrm{III} - 1)^{63\ \mathrm{Bll.}} + \mathrm{IV}^{71\ \mathrm{Bll.}} + \mathrm{I}^{73\ \mathrm{Bll.}} + 2\ \mathrm{II}^{81\ \mathrm{Bll.}} + (\mathrm{II} + 1)^{86\ \mathrm{Bll.}} + (\mathrm{IV} - 1)^{93\ \mathrm{Bll.}} + (\mathrm{I} + 4)^{99\ \mathrm{Bll.}}$. Die 10. Lage besteht aus zwei halbbrüchigen Doppelblättern und einem eingeklebten Zettel. Weitere eingeklebte Zettel sind: Blatt 94 (Format: 22 x 12 cm) und Blatt 98 (Format: 31 x 42 cm, gefaltet). Hinzu kommen drei aufgeklebte Brieffragmente auf Blatt 99.[64]

Die Handschrift zeigt vier verschiedene Wasserzeichen. Das Zeichen mit der größten Häufigkeit zeigt zwei Kreise, darüber Stern und Beizeichen Kreis, das in den Lagen 1-6 vorkommt.[65] Die 7. Lage hat einen Ochsenkopf mit einkonturiger Stange mit

---

61 Heute nicht mehr zu erkennen ist eine weitere Aufschrift, die von Erich Gritzner wie folgt gelesen wurde: *W. M. v. Goethe studiosus juris, Berlin 24ten Dec. 1843*. Vgl. ThHStA Weimar, Nachlass Willy Flach, Materialsammlung zur Geschichte der Stadt Weimar.

62 Diese Eintragungen sind im Editionsteil mitgeteilt. Vgl. Stadtbuch von 1380, Nrr. 931-933.

63 Z. B. sind die Blätter 3 und 5 bei der ältesten Foliierung übersehen worden.

64 Diese nur noch teilweise lesbaren Fragmente aus dem späten 15. Jahrhundert sind in der Edition unberücksichtigt geblieben.

65 Das Wasserzeichen ist bislang nicht identifiziert. Die Mehrzahl ähnlicher Belege in der Online-Datenbank zur Wasserzeichenkartei Piccard (Bestand J 340) im Hauptstaatsarchiv (HStA) Stuttgart legt eine Herkunft aus Norditalien nahe.

Stern.[66] Darüber hinaus sind zwei weitere Wasserzeichen, ein Ochsenkopf (fol. 74)[67] sowie ein Kreis, darüber und darunter Stern (fol. 76)[68], nachweisbar.

Die Blätter des Stadtbuches sind in der Regel nicht vorgerichtet, d. h. sie sind weder mit einer Liniierung noch mit einer Randeinteilung versehen. Die Schreiber ließen an den Rändern zumeist etwa 2-4 cm Raum für Bemerkungen und Verweise, die in der Regel am linken Rand eingetragen wurden. Diese Vermerke sollten dem Benutzer die Orientierung in der Handschrift erleichtern. Je nach Art des behandelten Rechtsgeschäfts geben die Randbemerkungen entweder in Stichworten den Inhalt des Eintrags wieder oder nennen, insbesondere bei Privatrechtssachen, die beteiligten Personen. Hinzu kommt bei einer Anzahl von Einträgen der Vermerk *nota bene*. Das überwiegend gleichmäßige Schriftbild und die geringe Zahl von Korrekturen lassen darauf schließen, dass die Eintragungen in das Stadtbuch von 1380 Reinschriften sind, die erst im Nachhinein vorgenommen wurden (vgl. Abb. 2 und 3).

Die Sprache im Stadtbuch von 1380 ist mehrheitlich Deutsch. Der lateinischen Sprache bedienten sich die Schreiber seltener, jedoch sind u. a. zahlreiche Bürgerrechtsverleihungen bis zum Jahre 1410 in Latein ausgeführt, wobei die Sprachkenntnisse teilweise zu wünschen übriglassen. Darüber hinaus fand Latein in Kanzleivermerken und vor allem bei Datierungen Verwendung, die für nahezu jeden Eintrag vorliegen und sich entsprechend der Gewohnheit der Zeit nach dem christlichen Festkalender richteten.

Einträge, deren Gültigkeit abgelaufen war (z. B. bei Ableistung einer Schuld bzw. Buße oder bei Rückkauf eines Zinses), wurden entweder mit einem Ablösungsvermerk versehen oder die Tilgung erfolgte, indem man den Eintrag durchstrich. Zahlreiche Nachträge und Ergänzungen legen Zeugnis davon ab, dass das Stadtbuch bis ins 16. Jahrhundert in lebhaftem Gebrauch der Ratskanzlei war. Auf Grund dessen und weil die Handschrift erst nachträglich aus mehreren Teilen zusammengesetzt wurde, ist eine ursprünglich vielleicht einmal vorhandene chronologische Ordnung an vielen Stellen verloren gegangen.

4.1.2 Zum Inhalt

Der Inhalt des Weimarer Stadtbuches von 1380 hat bislang noch keine umfassende Würdigung erfahren. Eine Auslese aus dem Inhalt boten neben Michelsen vor allem Burkhardt und Otto (v.) Franke, ohne freilich den Reichtum des Materials auch nur

66 Vgl. Die Ochsenkopf-Wasserzeichen, 3 Teile: Findbuch II, 1–3 der Wasserzeichenkartei Piccard im Hauptstaatsarchiv Stuttgart, bearb. von G. PICCARD (Veröffentlichungen der Staatlichen Archivverwaltung Baden-Württemberg. Sonderreihe, Die Wasserzeichenkartei Piccard im Hauptstaatsarchiv Stuttgart, Findbuch II, 1.–3. Teil) Teil 3, Stuttgart 1966, hier Teil 2, ähnlich Abteilung VI, Nr. 143.

67 Bislang nicht identifiziert.

68 Ähnlich zur Nr. 22043 der Online-Datenbank zur Wasserzeichenkartei Piccard (Bestand J 340) im HStA Stuttgart.

annähernd wiedergeben zu können.[69] Für die Stadtgeschichte liegt der besondere Wert der Handschrift in der Fülle der Einzelangaben zur Stadt, zu ihrer Topographie sowie ihrer Bürgerschaft, welche die urkundliche Überlieferung an wesentlichen Punkten ergänzen. Wie oben erwähnt, handelt es sich bei dem Stadtbuch von 1380 um ein so genanntes Mischbuch, in welchem Eintragungen zu den verschiedensten Sachbetreffen zusammengeführt wurden und das die vielfältige Tätigkeit des Weimarer Rates widerspiegelt. Unter den 933 Einträgen wechseln Bürgerrechtsverleihungen, Ratslisten, Willküren und Satzungen zur Regelung und Aufrechterhaltung der städtischen Ordnung, Schuldanerkenntnisse, Erb- und Ehesachen, Zinsgeschäfte, Verpachtungen oder Verpfändungen einander ab. Dabei lassen sich zwei Gruppen unterscheiden: zum einen Ratsgeschäfte, die Zeugnis über die Tätigkeit des städtischen Führungsgremiums ablegen, etwa Ratsbeschlüsse, Bürgerrechtsverleihungen oder die Verhängung von Bußen[70]; zum anderen Privatrechtsgeschäfte, etwa Schuld- und Pfandsachen oder Erbregelungen. Neben originären Stadtbucheinträgen ist aus beiden Bereichen auch eine ganze Reihe von Urkundenabschriften überliefert. Unter den Ratsgeschäften nehmen die Bürgerrechtsverleihungen mit über 500 Eintragungen aus den Jahren 1398-1418 einen dominierenden Raum ein. Die große Zahl an Bürgeraufnahmen zeigt, dass die Stadt um 1400 eine gewisse Attraktivität zumindest für das nähere Umland besessen haben muss, woher die meisten Einwanderer kamen. Nur selten ist eine Herkunft aus einem weiter entfernten Ort wie Kahla, Erfurt oder Weißensee dokumentiert.[71] Der Beruf der Neubürger, die sich in der Regel bei Strafe verpflichten mussten, drei Jahre in der Stadt zu bleiben (*maneat tres annos* bzw. *auf das her dry jare buwelich sicze*), ist nur ausnahmsweise mitgeteilt.[72]

Bei der zweiten großen Gruppe von Einträgen, den Privatrechtssachen, erschienen die beteiligten Parteien vor dem Rat, um entweder bereits getroffene Vereinbarungen protokollieren zu lassen und oder den Rat zu ersuchen, eine Entscheidung in einem strittigen Fall herbeizuführen. Hier dominieren eindeutig Erb- und Schuldsachen. Bei einer Reihe von Schuldgeschäften finden Juden Erwähnung, die um die Wende zum 15. Jahrhundert häufiger in Weimar nachzuweisen sind.[73]

---

69 Vgl. C. A. H. BURKHARDT, Aus dem Gemeindeleben Weimars vor 500 Jahren, in: Allgemeine Thüringische Landeszeitung Deutschland, Heft 47 (7.2.1896), Heft 48 (8.2.1896); O. v. FRANCKE, Ein Streifzug durch das mittelalterliche Weimar, in: Wartburg-Herold, Mitteilungen über Thüringer Land und Leute, Weimar 1 (1896), S. 7-11, 25-28, 45-47.

70 Die Rechtsbrecher wurden in der Regel zunächst in einem der vier Stadttore gefangengesetzt und dann zur Leistung einer Geldbuße oder von Steinfuhren verpflichtet.

71 Vgl. Stadtbuch von 1380, Nrr. 609 (Kahla), 302 (Erfurt), 459 (Weißensee).

72 Vgl. etwa die Bürgerrechtsverleihung an den Goldschmied Johann von Magdeburg aus dem Jahre 1394 (Stadtbuch von 1380, Nr. 308). Zu den Bürgerrechtsverleihungen insgesamt vgl. H. EBERHARD, Anfänge, S. 88; W. HUSCHKE, Bürgerrechtsverleihungen der Stadt Weimar von 1389 bis 1418, in: Mitteldeutsche Familienkunde 1 (1962), S. 73-80.

73 Zu den in Weimar bezeugten Juden vgl. H. EBERHARDT, Anfänge, S. 128; Germania Judaica Band III/2 (1350–1519), hg. von A. MAIMON, M. BREUER, Y. GUGGENHEIM (Hgg.), Tübingen 1995, S. 1562 f. In absehbarer Zeit sind durch zwei derzeit im Entstehen begriffene Dissertationsschriften von Maike Berkler (Jena) und Reinhold Ruf (Trier), die sich mit der Geschichte der

Schließlich sei noch auf drei Handwerksordnungen aufmerksam gemacht, deren Text das Stadtbuch von 1380 überliefert. Es sind dies die Ordnungen der Schneider (1370), der Leineweber (1392) sowie der Tuchmacher und Gewandschneider (1433).[74]

4.2 Das Statutenbuch von 1433

4.2.1 Beschreibung der Handschrift

Das Statutenbuch von 1433 ist eine insgesamt 44 Blätter umfassende Handschrift im Format 19 x 30 cm, eingebunden in einem spätmittelalterlichen Holzdeckeleinband mit rot gefärbtem Pergamentüberzug, beschlagen mit je fünf Buckeln aus Messing und Resten einer abgerissenen Schließe auf der Rückseite. Der augenscheinlich restaurierte Einband zeigt keine Aufschrift (vgl. Abb. 4).[75] Auf seiner Innenseite befinden sich drei durch Wasserschaden nicht mehr vollständig lesbare Einträge auf einem eingeklebten Papierblatt.[76] Die nur teilweise beschriebene[77] Handschrift besteht überwiegend aus Pergamentblättern (Blatt 1-25, 32, 33 sowie das an die Reste eines Papierblattes angeklebte Blatt 29), die im zweiten Teil durch Papierblätter ergänzt worden sind (Blatt 26-29, 30-31, 34-44). Die Blätter 1 bis 23 sind von einer Hand des 16. Jahrhunderts in Tinte foliiert, dann fährt die Zählung mit Bleistift fort.

Das Statutenbuch von 1433 besteht aus fünf ungezählten Lagen. Die Lagenformel lautet: $(\mathrm{VII} + 1)^{15\ \mathrm{Bll.}} + 2\ \mathrm{II}^{23\ \mathrm{Bll.}} + (\mathrm{VI} - 1)^{34\ \mathrm{Bll.}} + \mathrm{V}^{44\ \mathrm{Bll.}}$. In der Handschrift befinden sich insgesamt vier eingeklebte Zettel: nach Blatt 8 (Format: 21 x 16 cm), Blatt 15 (Format: 20 x 28,5 cm), nach Blatt 18 (gefaltet auf das Format: 16 x 22 cm) und vor Blatt 37 ein eingeklebter Chirograph.

Die Papierblätter des Statutenbuchs zeigen zwei verschiedene Wasserzeichen. Das Zeichen mit der größten Häufigkeit ist ein Mohrenkopf mit Stirnband, der in den Lagen 4 und 5 vorkommt.[78] Der später eingefügte Chirograph von 1480 zeigt einen Ochsenkopf mit einkonturiger Stange und zwei Kreuzen.[79]

Die Handschrift ist bis einschließlich Blatt 28 nicht vorgerichtet. Eine Vorrichtung durch senkrechte Linien zeigen die Blätter 29-41. Auf den nicht vorgerichteten Blät-

---

Juden in Thüringen bzw. in Erfurt im Mittelalter befassen, bedeutende Erkenntnisfortschritte zu erwarten.

74 Vgl. Stadtbuch von 1380, Nrr. 139 (Schneider), 158 (Leineweber), 931 (Tuchmacher).

75 Wie aus Notizen Erich Gritzners hervorgeht, sind bei der Restaurierung sowohl die Reste der Schließe auf der Vorderseite als auch die Aufschrift entfernt worden. Die von einer Hand des 16. Jahrhunderts stammende Aufschrift lautete: *Das Rothe Buch, das ist der stat gesecze und rente.* Vgl. ThHStA Weimar, Nachlass Willy Flach, Materialsammlung zur Geschichte der Stadt Weimar.

76 Diese Eintragungen und ein Textfragment (vor fol. 44) sind in der Edition nicht berücksichtigt.

77 Unbeschrieben sind die Blätter 11, 12, 26-29, 33, 39-44.

78 Ähnlich zu Nr. 20097 der Online-Datenbank zur Wasserzeichenkartei Piccard (Bestand J 340) im HStA Stuttgart.

79 Vgl. Die Ochsenkopf-Wasserzeichen, ähnlich Abteilung VI, Nr. 2.

tern ließen die Schreiber an der linken Seite einen Rand von durchschnittlich 3-5 cm. Dadurch gewann man Raum für Bemerkungen und Verweise, die sich zahlreich im Statutenbuch finden und auf den Inhalt der jeweiligen Texte hinweisen sollen. Vielfach wurden außerdem Hinweise wie *lege* oder *nota bene* sowie in einem Falle eine hinweisende Hand angebracht (vgl. Abb. 5).

Die deutschsprachige Handschrift ist von zahlreichen Korrekturen, Ergänzungen und Nachträgen aus dem 15. und 16. Jahrhundert durchzogen, so dass ihr ursprüngliches Erscheinungsbild kaum noch zu rekonstruieren ist.

4.2.2 Zum Inhalt

Die Anlage des Statutenbuches von 1433 steht wahrscheinlich im Zusammenhang mit den Privilegierungen der Stadt durch die Wettiner zu Beginn der 1430er Jahre, als durch die Übertragung der niederen Gerichtsbarkeit eine neue Qualität bei der Ausprägung der Ratsverfassung erreicht war und eine Zusammenführung der städtischen Statuten notwendig erschienen sein könnte. In jedem Falle griff man bei der Anlage des Buches auf ältere Texte zurück, die bis in das Jahr 1348 zurückreichen. In der Vorrede des Statutenbuches heißt es, man habe: *lassen uszcehen der stat gesetzce und der stat zcinse und lassen bischriben in disz nuwe statbuch.*[80] Hans Eberhardt hat allerdings völlig zu Recht darauf aufmerksam gemacht, dass es nicht möglich ist, die zeitliche Abfolge der Entstehung der einzelnen Statuten zu rekonstruieren. Ebenso wenig ist bekannt, welche älteren Stadtbücher neben dem von 1380 den Aufzeichnungen zu Grunde lagen. Die Texte des Statutenbuches spiegeln zum überwiegenden Teil die Verhältnisse der ersten Hälfte des 15. Jahrhunderts wider und zeigen den zu dieser Zeit bei der Entwicklung der Ratsverfassung und der städtischen Selbstverwaltung erreichten Stand.[81]

Für die Weimarer Stadtgeschichtsforschung stellen die im Statutenbuch aufgezeichneten Texte eine erstrangige Quelle dar, die wie das Stadtbuch von 1380 noch keine systematische Auswertung erfahren hat.[82] Die insgesamt 62 Einträge der Handschrift bieten eine breite Auswahl an normativen Quellen: Eide von Rat und Bürgern,[83] eine Reihe von Festlegungen über Markt, Handel und Handwerk,[84] mehrere Satzungen, die die Aufrechterhaltung der öffentlichen Ordnung gewährleisten sollten[85], und nicht zuletzt Festlegungen in Bezug auf das geistliche und gesellschaftliche

---

80 Statutenbuch von 1433, Nr. 1.

81 Vgl. H. EBERHARDT, Anfänge, S. 113.

82 Zum Inhalt vgl. C. F. WALCH, Erstes Weimarisches Stadtrecht vom Jahre 1410, in: Vermischte Beytraege zu dem deutschen Recht, zweiter Teil, Jena 1772, S. 79-86; C. A. H. BURKHARDT, Die ältesten Rechtsgewohnheiten Weimars, in: Allgemeine Thüringische Landeszeitung Deutschland, Nr. 379 (26.11.1891), Nr. 380 (27.11.1891), Nr. 385 (1.12.1891).

83 Vgl. Statutenbuch von 1433, Eide der Ratsherren Nrr. 2, 3; Eide der Bürger Nrr. 4, 5.

84 Vgl. z. B. Statutenbuch von 1433, Marktrecht Nr. 7; Waidhandelsordnung Nr. 51.

85 Vgl. z. B. Statutenbuch von 1433, Verbot des Waffentragens Nr. 20.

Leben der Stadt.[86] Insgesamt bleibt festzuhalten, dass es sich in erster Linie um polizeiliche Vorschriften handelt. Der Bereich des Privatrechts, etwa Schuld-, Erb- oder Vormundschaftsregelungen, fehlt völlig, wodurch das Weimarer Statutenbuch auch nicht unter die städtischen Rechtsbücher im engeren Sinne gerechnet werden darf.

Neben Ordnungen und Gesetzen hat schließlich auch eine Reihe von Urkundenabschriften Eingang in das Statutenbuch gefunden. An erster Stelle sind hier die beiden wichtigen Privilegien Landgraf Friedrichs von 1431 und 1432[87] sowie vier Urkunden, die die Eventualhuldigung der Stadt gegenüber den Landgrafen von Hessen in den Jahren 1487 und 1520/21 betreffen, zu nennen.[88]

Wie die zahlreichen Korrekturen und Ergänzungen belegen, war die Handschrift bis ins 16. Jahrhundert hinein in Gebrauch und verlor ihren Wert für den Rat erst mit der Neufassung der Statuten von 1590, die 1702 im Druck erschienen und um den im Statutenbuch von 1433 fehlenden Bereich des Privatrechts erweitert sind.

4.3 Die Schreiber der Weimarer Stadtbücher

Die beiden ältesten Weimarer Stadtbücher sind von verschiedenen Schreibern geführt worden. In beiden Büchern lassen sich insgesamt zehn charakteristische Handschriften unterscheiden. Im Stadtbuch von 1380 sind das: Hand A (1380-1387),[89] Hand B (1388-1393/1395), Hand C (1390-1408),[90] Hand D (1408-1410), Hand E (1410-1418), Hand F (1443-1445, 1456)[91] sowie Hand G (1433).

Im Statutenbuch von 1433 sind fünf verschiedene Handschriften erkennbar. Die Hand, von der die Anlage des Buches vorgenommen worden ist, kann mit Hand G aus dem Stadtbuch von 1380 gleichgesetzt werden.[92] Eine Reihe von Ergänzungen und Überarbeitungen aus der Mitte des 15. Jahrhunderts stammen von Hand F, die damit ebenfalls in beiden Büchern nachzuweisen ist. Dem 15. Jahrhundert gehören außerdem die Hände H (1431-1437) und K (1456-1487) an. Zahlreiche Ergänzungen und Nachträge aus dem 16. Jahrhundert können einer Hand I zugeordnet werden.

Von einer weitergehenden Analyse der Handschriften und der Kanzleiverhältnisse musste abgesehen werden, da zum einen nicht in ausreichendem Maße Vergleichsma-

---

86 Vgl. z. B. Statutenbuch von 1433, Hochzeitsordnung Nr. 36; Schulordnung Nr. 43.

87 Vgl. Statutenbuch von 1433, Nrr. 52, 53.

88 Vgl. Statutenbuch von 1433, Nrr. 57-60.

89 Diese Hand tritt auch in einer Urkunde von 1387 auf. Vgl. StadtA Weimar, Urkunden, Nr. 8.

90 Von dieser Hand stammen Ratsurkunden von 1398 und 1404. Vgl. StadtA Weimar, Urkunden, Nrr. 10, 12. Unter demselben Datum wie Nr. 12 (1404, Juni 7) wurde eine weitere Ratsurkunde ausgestellt (Nr. 13). Dieses Stück stammt allerdings von anderer Hand. Das legt den Schluss nahe, dass es sich entweder um eine Empfängerausfertigung handelte (beide Urkunden betreffen das Hospital St. Nikolai am Asbach), oder die Weimarer Ratskanzlei beschäftigte zu Beginn des 15. Jahrhunderts zumindest zeitweise mehrere Schreiber.

91 Ausstellende Hand einer Ratsurkunde von 1458. Vgl. StadtA Weimar, Urkunden, Nr. 42.

92 Auch nachgewiesen in einer Ratsurkunde von 1434. Vgl. StadtA Weimar, Urkunden, Nr. 27.

terialien zur Verfügung stehen. Zum anderen ist die Quellenlage vor allem durch den Verlust der Stadtrechnungen so dürftig, dass sichere Aussagen über die Schreiber oder gar die Ratskanzlei nicht getroffen werden können.[93] Man wird sich daher mit der Vermutung begnügen müssen, dass beide Stadtbücher wohl von den Weimarer Stadtschreibern geführt worden sind.[94] Von diesen sind allerdings bislang nur wenige namentlich bekannt. Nach der frühesten Erwähnung eines Weimarer Stadtschreibers mit Namen Heinrich Jeresen im Jahr 1326[95] schweigen die Quellen für Jahrzehnte. Erst 1402 wird mit Dietrich Stal (Ticzko Stael)[96] wieder ausdrücklich ein Stadtschreiber genannt. Unter den zahlreichen Personen, die zu Anfang des 15. Jahrhunderts das Weimarer Bürgerrecht erlangten, finden sich dann in kurzen Abständen zwei weitere Stadtschreiber: Nikolaus von Creuzburg (1408)[97] und Heinrich Funcke (1410)[98]. Weitere Angaben über die Herkunft der Schreiber, ihre Ausbildungs- und Karrierewege fehlen, so dass eine eingehende Untersuchung der Weimarer Kanzlei nicht möglich ist.

5. Editionsgrundsätze

Sowohl das Weimarer Stadtbuch von 1380 als auch das Statutenbuch von 1433 sind in ihrer Gesamtheit unediert, lediglich kleinere Auszüge aus beiden Bänden wurden bislang von der Forschung zum Abdruck gebracht. Aus diesem Grunde bietet die Edition der Weimarer Stadtbücher des späten Mittelalters die Texte durchgängig als Vollabdruck. Auf Regestierungen, auch von Urkundenabschriften, wurde verzichtet. Bei der Bearbeitung der Stadtbücher haben folgende Grundsätze Anwendung gefunden:

1) Der Text ist jeweils in fortlaufend gezählte Einträge gegliedert, deren Gesamtzahl 995 beträgt. Davon entfallen auf das Stadtbuch von 1380 insgesamt 933 und auf das Statutenbuch 62 Nummern.
2) Jeder Eintrag ist mit einer Kopfzeile versehen. Diese Zeile enthält die laufende Nummer, das – sofern möglich – nach dem modernen Kalender aufgelöste Datum, die Schreiberhand und die jeweilige Blattnummer unter Angabe der Vorder- (*r*) und Rückseite (*v*). Erschlossene Daten werden in eckige Klammern gesetzt.

---

93 Zu den Möglichkeiten einer solchen Untersuchung vgl. H. STEINFÜHRER, Das älteste erhaltene Leipziger Ratsbuch (1466–1489) und seine Vorläufer. Ein Beitrag zum spätmittelalterlichen Kanzleiwesen der Stadt Leipzig, in: Archiv für Diplomatik 44 (1998), S. 43-88.

94 Zum Aufbau und zur Arbeitsweise einer städtischen Kanzlei im späten Mittelalter vgl. H. STEINFÜHRER, Urkunden- und Kanzleiwesen der sächsischen Städte im Spätmittelalter, in: Diplomatische Forschungen in Mitteldeutschland, hg. von T. GRABER (Schriften zur sächsischen Geschichte und Volkskunde 12), Leipzig 2005, S. 163-184.

95 Vgl. J. MÖTSCH, Regesten, S. 258, K 110.

96 Vgl. Stadtbuch von 1380, Nr. 10 (vielleicht identisch mit Hand C).

97 Vgl. Stadtbuch von 1380, Nr. 724 (vielleicht identisch mit Hand D).

98 Vgl. Stadtbuch von 1380, Nr. 786 (vielleicht identisch mit Hans E).

3) Es folgt ein Kopfregest, das den Benutzer auf den wesentlichen Inhalt des jeweiligen Eintrages hinweist und so die Orientierung erleichtern soll. Die Schreibweise der Namen in den Kopfregesten wurde der Namensform im Index angeglichen.
4) Der anschließende Quellentext ist in Normaldruck wiedergegeben, während alle Zusätze des Bearbeiters kursiv gedruckt sind. Hinzufügungen des Editors im Text stehen in eckigen Klammern.
5) Die Textbearbeitung lehnt sich eng an die von Walter Heinemeyer herausgegebenen „Richtlinien für die Edition mittelalterlicher Amtsbücher" an.[99] Die Textwiedergabe erfolgt weitgehend buchstabengetreu, dennoch wurden, um die Lesbarkeit zu verbessern, die folgend aufgeführten Eingriffe vorgenommen:
6) Die Groß- und Kleinschreibung ist vereinheitlicht. Mit Großbuchstaben beginnen nur Satzanfänge und Eigennamen. Im Zweifelsfall – etwa bei Berufsbezeichnungen, die auch als Personennamen verstanden werden können – wird Kleinschreibung vorgezogen.
7) Die Interpunktion sowie die Getrennt- und Zusammenschreibung ist zurückhaltend der heutigen Praxis angeglichen.
8) In deutschen Texten sind die Buchstaben *u* und *i* stets vokalisch, *v* und *j* immer konsonantisch gebraucht. In lateinischen Texten folgt die Edition der Vorlage.
9) Eindeutige Kürzungen sind kommentarlos aufgelöst.
10) Bloße Schreibfehler, etwa Wortdoppelungen, sind stillschweigend verbessert.
11) Vom Schreiber vorgenommene Streichungen und Emendationen von Relevanz sind in den textkritischen Anmerkungen ausgewiesen.
12) Vom Schreiber nicht ausgefüllte Lücken oder abgebrochene Einträge sind durch ... gekennzeichnet und, wenn erforderlich, mit einer Anmerkung versehen.
13) Blattwechsel im Text ist durch | angezeigt.
14) Alle römischen Zahlen, außer bei Datumsangaben, sind durch arabische Ziffern ersetzt. Datumsangaben werden entsprechend der Vorlage wiedergegeben.
15) Streichungen von Einträgen, die die Ungültigkeit anzeigen sollen, sind in den textkritischen Anmerkungen ausgewiesen.
16) Randbemerkungen finden sich in den textkritischen Anmerkungen.
17) Auf ungewöhnliche oder fehlerhafte Schreibweisen wird mit [!] hingewiesen.
18) Drucke werden unmittelbar im Anschluss an den Eintrag ausgewiesen. Die bibliographischen Angaben zu den einzelnen Quellenwerken sind über das Quellen- und Literaturverzeichnis zu erschließen.
19) Textkritische und Sachanmerkungen sind dem Eintrag, auf den sie sich beziehen, angefügt.
20) Die textkritischen Anmerkungen enthalten Angaben zu Korrekturen, Hände- und Tintenwechsel, Randbemerkungen und haben einen Buchstabenindex *a), b), c), ... aa), bb), cc)* usw. Bezieht sich die Anmerkung auf ein einzelnes Wort, so wird die Note nachgestellt: *rath*[a)]. Bezieht sich die Anmerkung auf zwei oder mehr

---

99 Vgl. Richtlinien für die Edition mittelalterlicher Amtsbücher, in: Richtlinien für die Edition landesgeschichtlicher Quellen, hg. von W. HEINEMEYER, Marburg/Hannover ^{2}2000, S. 19-25.

Worte, so steht die Note am Anfang und am Ende der jeweiligen Textpassage: *(a-der rath a)*.

21) Sachanmerkungen enthalten historische Erläuterungen, Verweise auf andere Einträge sowie Literaturhinweise und haben einen Zahlenindex: *1), 2), 3)*.

22) Im Text vorkommende Ortsnamen sind über den Index zu erschließen und werden in den Anmerkungen nur ausgewiesen, wenn sie nicht eindeutig zu identifizieren sind.[100]

[100] Neben den gängigen Ortsverzeichnissen sei verwiesen auf: W. FUHRMANN, Die Ortsnamen des Stadt- und Landkreises Weimar, Phil. Diss., Ms., Leipzig 1962; G. HÄNSE, Die Flurnamen des Stadt- und Landkreises Weimar (Deutsch-slawische Forschungen zur Namenkunde und Siedlungsgeschichte 24), Berlin 1974; M. SALZMANN, Der Landkreis Weimar. Eine Heimatkunde. Städte & Gemeinden (Weimarer Schriften zur Heimatgeschichte und Naturkunde 41/42), 2 Bde., Weimar 1982; G. HÄNSE, Die Flurnamen im Weimarer Land. Bedeutung und siedlungsgeschichtlicher Wert, Gehren ^{2}2001.

6. Quellen- und Literaturverzeichnis

6.1 Quellen

6.1.1 Ungedruckte Quellen

Stadtarchiv Weimar:

Akten: HpA 1933-1945, 123-05/4; 58-4/78

Repertorium für das historische Archiv der Großherzoglichen Residenzstadt Weimar aufgestellt im Jahre 1878

Stadtbuch (1380-1445), HA I – 1 – 50 (Historisches Archiv, Abteilung I, Locat 1, Nr. 50)

Statutenbuch (1433), HA I – 1 – 51

Urkunden

Thüringisches Hauptstaatsarchiv Weimar:

Geschoßregister 1507, Ernestinisches Gesamtarchiv, Reg. Bb 96

Nachlass Willy Flach, Korrespondenz

Nachlass Willy Flach, Materialsammlung zur Geschichte der Stadt Weimar

Steuerregister von 1495, Ernestinisches Gesamtarchiv, Reg. Pp 341 Nr. 24a

6.1.2 Gedruckte Quellen

BURKHARDT, Carl August Hugo: Regesten zur Geschichte der Stadt Weimar, Halle 1883.

MICHELSEN, August Ludwig Jacob: Auszüge aus einem Weimarischen Stadtbuch des vierzehnten Jahrhunderts. In: Rechtsdenkmale aus Thüringen, Dritte Lieferung, Jena 1859, S. 260-274.

MÖTSCH, Johannes: Fuldische Frauenklöster in Thüringen. Regesten zur Geschichte der Klöster Allendorf, Kapellendorf und Zella/Röhn (Veröffentlichungen der Historischen Kommission für Thüringen, Große Reihe 5), München / Jena 1999.

MÜLLER, Johannes: Vor- und frühreformatorische Schulordnungen und Schulverträge in deutscher und niederländischer Sprache, 2 Teile (Sammlung selten gewordener pädagogischer Schriften früherer Zeiten 12-13), Zschopau 1885-1886.

REITZENSTEIN, Carl Chlodwig Freiherr v.: Regesten der Grafen von Orlamünde aus Babenberger und Ascanischem Stamm, Bayreuth 1871.

Statuta der Fürstlich Sächsischen Residentz-Stadt Weimar, Weimar 1702.

Urkunden der Markgrafen von Meißen und Landgrafen von Thüringen 1381–1395, hg. von Hubert Ermisch (Codex diplomaticus Saxoniae regiae I, B, 1), Leipzig 1899 (= CDS I B 1).

Urkundenbuch der Erfurter Stifter und Klöster, bearb. von Alfred OVERMANN, Bd. 1-3 (Geschichtsquellen der Provinz Sachsen, N. F. 5, 7, 16), Magdeburg 1926, 1929, 1934.

WALCH, Carl Friedrich: Erstes Weimarisches Stadtrecht vom Jahre 1410. In: Vermischte Beytraege zu dem deutschen Recht, zweiter Teil, Jena 1772, S. 79-86.

6.2 Literatur

Archivführer Thüringen, bearb. von Frank BOBLENZ und Bettina FISCHER, Weimar 1999, S. 226-228.

BLAHA, Dagmar / BOBLENZ, Frank: Carl August Hugo Burkhardt (1830-1910). In: Lebensbilder Thüringer Archivare, hg. vom Vorstand des Thüringer Archivarsverbandes, Rudolstadt 2001, S. 28-37.

BLAHA, Dagmar: „... in civitate nostra Wimare ...“. Die Entwicklung Weimars zum Residenzort. In: Roswitha JACOBS (Hg.): Residenzkultur in Thüringen vom 16. bis 19. Jahrhundert, Bucha bei Jena 1999, S. 43-59.

BLAHA, Dagmar: Artikel: Weimar. In: Werner PARAVICINI (Hg.): Höfe und Residenzen im spätmittelalterlichen Reich. Ein dynastisch-topographisches Handbuch. Bearbeitet von Jan Hirschbiegel und Jörg Wettlaufer, Ostfildern 2003, S. 615 f.

BÜNZ, Enno: Historiker, Jurist, Politiker. Zur Erinnerung an Andreas Ludwig Jacob Michelsen. In: Demokratische Geschichte. Jahrbuch für Schleswig-Holstein 14 (2001), S. 99-109.

BÜNZ, Enno: Ein Historiker zwischen Wissenschaft und Weltanschauung: Wilhelm Engel (1905-1964). In: Peter BAUMGART (Hg.): Die Universität Würzburg in den Krisen der ersten Hälfte des 20. Jahrhunderts. Biographisch-systematische Studien zu ihrer Geschichte zwischen dem Ersten Weltkrieg und dem Neubeginn 1945, Würzburg 2002, S. 252-318.

BÜNZ, Enno: Vom Antiquar zum Landeshistoriker: Andreas Ludwig Jacob Michelsen Jena. In: Konrad MARWINSKI (Hg.): 150 Jahre Verein für Thüringische Geschichte (und Altertumskunde). Vorträge zum Vereinsjubiläum 2002 (Zeitschrift des Vereins für Thüringische Geschichte, Beiheft 34), Jena 2004, S. 51-74.

BÜNZ, Enno: Der niedere Klerus im spätmittelalterlichen Thüringen. Studien zu Kirchenverfassung, Klerusbesteuerung, Pfarrgeistlichkeit und Pfründenmarkt im thüringischen Teil des Erzbistums Mainz, 3 Teile, Habilschrift Jena 1999 (erscheint in: Quellen und Abhandlungen zur mittelrheinischen Kirchengeschichte 99, Mainz 2006).

BURKHARDT, Carl August Hugo: Die ältesten Rechtsgewohnheiten Weimars. In: Allgemeine Thüringische Landeszeitung Deutschland, Nr. 379 (26.11.1891), Nr. 380 (27.11.1891), Nr. 385 (1.12.1891).

BURKHARDT, Carl August Hugo, Aus dem Gemeindeleben Weimars vor 500 Jahren. In: Allgemeine Thüringische Landeszeitung Deutschland, Heft 47 (7.2.1896), Heft 48 (8.2.1896).

DIEZEL, Rudolf: Siegel und Wappen der Stadt Weimar. In: Gitta GÜNTHER / Lothar WALLRAF (Hgg.): Geschichte der Stadt Weimar, Weimar ^{2}1976, S. 840-847.

EBERHARDT, Hans, Die Anfänge und die ersten Jahrhunderte der Stadtentwicklung. 979 bis zum Beginn des 16. Jahrhunderts. In: Gitta GÜNTHER / Lothar WALLRAF (Hgg.): Geschichte der Stadt Weimar, Weimar ^{2}1976, S. 65-138.

EBERHARDT, Hans: Die Frühgeschichte der Weimarer Kirchen. In: Laudate Dominum. Festgabe zum 70. Geburtstag von Landesbischof Ingo Braecklein (Thüringer kirchliche Studien 3), Berlin 1976, S. 61-82.

EBERHARDT, Hans: Kirchen, Klöster und Spitäler im alten Weimar. In: Tausend Jahre Kirche in Weimar. Beiträge zur Geschichte des kirchlichen Lebens anläßlich der 1000-Jahr-Feier der Stadt Weimar, Weimar 1980, S. 9-18.

EBERHARDT, Hans: Wechmar oder Weimar? Zur Ersterwähnung von Weimar. In: Zeitschrift des Vereins für Thüringische Geschichte 46 (1992), S. 53-64.

EBERHARDT, Hans: Zur Frühgeschichte von Weimar. In: Zeitschrift des Vereins für Thüringische Geschichte 53 (1999), S. 9-23.

EICHLER, Ernst / WALTHER, Hans: Städtenamenbuch der DDR, Leipzig 1986.

ENGEL, Wilhelm: Aus dem ältesten Saalfelder Stadtbuch – Saalfelder rechts- und wirtschaftsgeschichtliche Quellen (Saalfelder Weihnachtsbüchlein 79), Saalfeld 1932.

ENGEL, Wilhelm: Das älteste Saalfelder Stadtbuch des 15. Jahrhunderts. In: Wilhelm ENGEL / Willy FLACH (Hgg.): Festschrift für Valentin Hopf zum 80. Geburtstag, Jena 1933, S. 137-153.

FACIUS, Friedrich: Das Zisterzienserinnenkloster Oberweimar. 1935, Ms. im ThHStW.

FLACH, Willy: Artikel: Weimar. In: Erich KEYSER (Hg.): Deutsches Städtebuch, Bd. 2: Mitteldeutschland, Stuttgart, Berlin 1941, S. 388-391.

FLACH, Willy: Land und Städte in Thüringen. In: Erich KEYSER (Hg.): Deutsches Städtebuch, Bd. 2: Mitteldeutschland. Stuttgart, Berlin 1941, S. 255-262.

FLACH, Willy: Die Entstehungszeit der thüringischen Städte. In: Zeitschrift des Vereins für Thüringische Geschichte 44 (1942), S. 52-111.

FLACH, Willy: Grundzüge einer Verfassungsgeschichte der Stadt Weimar. Die Entwicklung einer deutschen Residenzstadt. Mit einer Übersicht über die Kodifikation der Stadtrechte in Thüringen. In: Hellmut KRETZSCHMAR (Hg.): Vom Mittelalter zur Neuzeit. Zum 65. Geburtstag von Heinrich Sproemberg (Forschungen zur mittelalterlichen Geschichte 1), Berlin 1956, S. 144-239.

FRANKE, Otto: Das Rote Buch von Weimar (Thüringisch-Sächsische Geschichtsbibliothek 2), Gotha 1891.

FRANKE, Otto v.: Ein Streifzug durch das mittelalterliche Weimar. In: Wartburg-Herold, Mitteilungen über Thüringer Land und Leute, Weimar 1896, Bd. 1, S. 7-11, 25-28, 45-47.

FUHRMANN, Horst: „Sind eben alles Menschen gewesen". Gelehrtenleben im 19. und 20. Jahrhundert, München 1996.

FUHRMANN, Wilhelm: Die Ortsnamen des Stadt- und Landkreises Weimar. Phil. Diss., Ms. Leipzig 1964.

GATZ, Erwin (Hg.) unter Mitwirkung von Clemens BRODKORB: Die Bischöfe des Heiligen Römischen Reiches 1198 bis 1448. Ein biographisches Lexikon, Berlin 2001.

GÜNTHER, Gitta / HUSCHKE, Wolfram / STEINER, Walter (Hgg.): Weimar. Lexikon zur Stadtgeschichte, Weimar 1998.

GÜNTHER, Gitta / WALLRAF, Lothar: Das Stadtarchiv Weimar und seine Bestände, Weimar 1967.

HABBICHT, Heinrich: Die Ratsverfassung der Stadt Weimar im 14. Jahrhundert. In: Thüringer Monatsblätter 17 (1909/10), S. 147-150.

HÄNSE, Günther: Die Flurnamen des Stadt- und Landkreises Weimar (Deutsch-slawische Forschungen zur Namenkunde und Siedlungsgeschichte 24), Berlin 1974.

HÄNSE, Günther: Die Flurnamen im Weimarer Land. Bedeutung und siedlungsgeschichtlicher Wert, Gehren ^{2}2001.

HARTMANN, Josef: Allgemeine Entwicklung des Amtsbuchwesens. In: Friedrich BECK / Eckart HENNING (Hgg.): Die archivalischen Quellen. Mit einer Einführung in die historischen Hilfswissenschaften, Köln, Weimar, Wien ^{3}2003, S. 40-53.

HEINEMEYER, Walter: Richtlinien für die Edition mittelalterlicher Amtsbücher. In: ders. (Hg.): Richtlinien für die Edition landesgeschichtlicher Quellen, Marburg, Hannover ^{2}2000, S. 19-25.

HUSCHKE, Wolfgang: Bürgermeister im alten Weimar. In: Der Heimatfreund. Beilage zum Kulturspiegel Weimar 2 (1958), S. 141-146.

HUSCHKE, Wolfgang: Bürgerrechtsverleihungen der Stadt Weimar von 1389 bis 1418. In: Mitteldeutsche Familienkunde 1 (1962), S. 73-80.

HUSCHKE, Wolfgang: Die Ratslisten der Stadt Weimar von 1348 bis 1810 (Schriftenreihe der Stiftung Stoye 15), Neustadt an der Aisch 1986.

HUSCHKE, Wolfgang: Artikel: Weimar. In: Thüringen. Handbuch der Historischen Stätten Deutschlands IX, Stuttgart ^{2}1989, S. 473-487.

KLOOSTERHUIS, Jürgen: Mittelalterliche Amtsbücher: Strukturen und Materien. In: Friedrich BECK / Eckart HENNING (Hgg.): Die archivalischen Quellen. Mit einer Einführung in die historischen Hilfswissenschaften, Köln, Weimar, Wien ^{3}2003, S. 53-73.

LEESCH, Wolfgang: Die deutschen Archivare 1500-1945, 2 Bde., München, New York, London, Paris 1985/1992.

MÜLLER, Christine: Landgräfliche Städte in Thüringen. Die Städtepolitik der Ludowinger im 12. und 13. Jahrhundert (Veröffentlichungen der Historische Kommission für Thüringen, Kleine Reihe 7), Köln, Weimar, Wien 2003.

Die Ochsenkopf-Wasserzeichen, 3 Teile: Findbuch II, 1–3 der Wasserzeichenkartei Piccard im Hauptstaatsarchiv Stuttgart, bearb. von Gerhard PICCARD (Veröffentlichungen der Staatlichen Archivverwaltung Baden-Württemberg. Sonderreihe, Die Wasserzeichenkartei Piccard im Hauptstaatsarchiv Stuttgart, Findbuch II, 1.–3. Teil), Teil 3. Stuttgart 1966.

PATZE, Hans: Recht und Verfassung thüringischer Städte (Thüringische Archivstudien 6), Weimar 1955.

PATZE, Hans: Neue Typen des Geschäftsschriftgutes im 14. Jahrhundert. In: DERS. (Hg.): Der deutsche Territorialstaat im 14. Jahrhundert, Bd. 1. (Vorträge und Forschungen 13,1), Sigmaringen 1970, S. 9-64.

PATZE, Hans / SCHLESINGER, Walter (Hgg.): Geschichte Thüringens. Bd. 2: Hohes und spätes Mittelalter, II. Teil (Mitteldeutsche Forschungen 48,II), Köln/Wien 1974.

PETKE, Wolfgang: Oblationen, Stolgebühren und Pfarreinkünfte vom Mittelalter bis ins Zeitalter der Reformation. In: Hartmut BOOCKMANN (Hg.): Kirche und Gesellschaft im Heiligen Römischen Reich des 15. und 16. Jahrhunderts (Abhandlungen der Akademie der Wissenschaften in Göttingen. Philologisch-Historische Klasse, 3. Folge, Nr. 206), Göttingen 1994, S. 26-58.

PETTER, Andreas: Mittelalterliche Stadtbücher und ihre Erschließung. Grundlagen und Gestaltung quellenkundlicher Arbeiten zur mitteldeutschen Überlieferung. In: Sachsen und Anhalt 24 (2002/03), S. 189-244.

PETTER, Andreas: Kleinstadt und Schriftgebrauch im späten Mittelalter. Eine Untersuchung zur buchförmigen Schriftgutorganisation in der städtischen Verwaltung dargestellt am Beispiel der Stadt Pößneck in Thüringen. Phil. Diss. Halle/Saale 2005.

PITZ, Ernst: Schrift- und Aktenwesen der städtischen Verwaltung im Spätmittelalter, Köln, Nürnberg, Lübeck. Ein Beitrag zur vergleichenden Städteforschung und zur spätmittelalterlichen Aktenkunde (Mitteilungen aus dem Stadtarchiv von Köln 45), Köln 1959.

SALZMANN, Manfred: Der Landkreis Weimar. Eine Heimatkunde. Städte & Gemeinden (Weimarer Schriften zur Heimatgeschichte und Naturkunde 41/42), 2 Bde., Weimar 1982.

SCHMIDT-HÄNDEL, Astrid: Der Erfurter Waidhandel an der Schwelle zur Neuzeit (Europäische Hochschulschriften III/998), Frankfurt/M. u. a. 2004.

STEINFÜHRER, Henning: Das älteste erhaltene Leipziger Ratsbuch (1466–1489) und seine Vorläufer. Ein Beitrag zum spätmittelalterlichen Kanzleiwesen der Stadt Leipzig, in: Archiv für Diplomatik 44 (1998), S. 43-88.

STEINFÜHRER, Henning: Urkunden- und Kanzleiwesen der sächsischen Städte im Spätmittelalter. In: Tom GRABER (Hg.): Diplomatische Forschungen in Mitteldeutschland (Schriften zur sächsischen Geschichte und Volkskunde 12), Leipzig 2005, S. 163-184.

STREICH, Brigitte: Zwischen Reiseherrschaft und Residenzbildung. Der wettinische Hof im späten Mittelalter (Mitteldeutsche Forschungen 101), Köln, Wien 1989.

TILLE, Armin: Die Anfänge der Stadt Weimar. In: Beiträge zur thüringischen und sächsischen Geschichte, Festschrift für Otto Dobenecker zum 70. Geburtstag, Jena 1929, S. 79-90.

TILLE, Armin: Die Anfänge der Stadt Weimar und die Grafen von Weimar-Orlamünde (Neue Beiträge zur Geschichte der Stadt Weimar 2/3), Weimar 1939.

WAHL, Volker / STEINFÜHRER, Henning: Edition des ältesten Weimarer Stadtbuchs (1380-1445) geplant. In: Archive in Thüringen 23 (2002), S. 23 f.

WAHL, Volker: Wilhelm Engel (1905-1964). In: Lebensbilder Thüringer Archivare, hg. vom Vorstand des Thüringer Archivarsverbandes, Rudolstadt 2001, S. 55-64.

WAHL, Volker: Willy Flach (1903-1958). In: Lebensbilder Thüringer Archivare, hg. vom Vorstand des Thüringer Archivarsverbandes, Rudolstadt 2001, S. 72-87.

WAHL, Volker: „Mit der Gründlichkeit und der Findigkeit des geschulten Archivars …". Wilhelm Engel (1905-1964). Ein Forscherschicksal im 20. Jahrhundert. In: Jahrbuch des Hennebergisch-Fränkischen Geschichtsvereins 17 (2002), S. 9-36.

WAHL, Volker: Thüringische Archivgeschichte 1933/34. Der Kampf um das Direktorat der Staatsarchive. In: Renate WISSUWA / Gabriele VIERTEL / Nina KRÜGER (Hgg.): Landesgeschichte und Archivwesen. Festschrift für Reiner Groß zum 65. Geburtstag, Dresden 2002, S. 565-590.

WAHL, Volker: Thüringer Archivar, Landeshistoriker und Goetheforscher Willy Flach (1903-1958) – Ein Lebensbild. In: FLACH, Willy: Beiträge zum Archivwesen, zur thüringischen Landesgeschichte und zur Goetheforschung, hg. von Volker Wahl (Veröffentlichungen aus Thüringischen Staatsarchiven 9), Weimar 2003, S. 10-55.

WEIDHAAS, Hermann / SCHWARZKOPF, Katrin: Weimar. Karte zur Geschichte der Stadt von der Gründung bis etwa Mitte des 15. Jahrhunderts, Weimar 1975.

WIESSNER, Heinz: Das Bistum Naumburg, Bd. 1/2: Die Diözese (Germania Sacra, N. F. 35,2), Berlin, New York 1998.

WITTER, Katharina: Walter Müller (1884-1933). In: Lebensbilder Thüringer Archivare, hg. vom Vorstand des Thüringer Archivarsverbandes, Rudolstadt 2001, S. 178-183.

7. Abkürzungsverzeichnis

Abb.	Abbildung
Anm.	Anmerkung
AP	Landkreis Weimarer Land
b.	bei
bearb.	bearbeitet
bes.	besonders
Bg.	Bürger
Bgg.	Bürger
Bgn.	Bürgerin
d	denarius
d.	der/die/das (und deklinierte Formen)
d. A.	der Alte
d. Ä.	der Ältere
d. J.	der Jüngere
Dr.	Doktor
fl.	Gulden
Gf.	Graf
Gff.	Grafen
gr.	Groschen
GRZ	Landkreis Greiz
GTH	Landkreis Gotha
hg.	herausgegeben
Hg.	Herausgeber
Hgg.	Herausgeber
Hz.	Herzog
Hzz.	Herzöge
IK	Landkreis Ilm-Kreis
Kf.	Kurfürst
Kff.	Kurfürsten
KYF	Landkreis Kyffhäuser-Kreis
Ldgf.	Landgraf
Ldgff.	Landgrafen
Mgf.	Markgraf
Mgff.	Markgrafen
Ms.	Manuskript
NDH	Landkreis Nordhausen
N.F.	Neue Folge
Nr.	Nummer
Nrr.	Nummern
OT	Ortsteil
Pfgf.	Pfalzgraf
r	recto
SHK	Landkreis Saale-Holzland-Kreis
SLF	Landkreis Saalfeld-Rudolstadt
SÖM	Landkreis Sömmerda
ST	Stadtbuch von 1380
St.	Sankt
STB	Statutenbuch von 1433
StadtA	Stadtarchiv
ß	Schilling
ThHStW	Thüringisches Hauptstaatsarchiv Weimar
UH	Landkreis Unstrut-Hainich-Kreis
v	verso
v.	von
vgl.	vergleiche
†	Wüstung

II. Die Weimarer Stadtbücher des späten Mittelalters

1. Das Stadtbuch von 1380

1. *1380 Dezember 4* *(Hand A) fol. 1r*

Der Rat bestätigt eine zwischen Heinrich Beme und seinem Stiefsohn Hans Walther getroffene Vereinbarung über Ansprüche des Stiefsohnes gegen den Stiefvater.

Wir[a)] ratismeystere der stad Wymar bekennen, daz sich Heinrich Bem gesundert unde geeynt hat myt Hanse Walthere, sime stifsone, alzo, daz ym Heinrich Beme hat gegebin vor[b)] eyn rechten teyl vyrcig phunt phenge. Factum est anno domini m°ccc°[c)] lxxx° [feria] tercia in die Barbare virginis.

a) *am oberen Blattrand: die Jahreszahl* 1381, *die Majuskel* A *sowie ein nicht mehr lesbares Wort* b) *folgt gestrichen:* allis ane gevelle c) *folgt getilgt:* feria

2. *1381* *(Hand A) fol. 1r*

Verzeichnis der Ratsherren und Inhaber der Ratsämter im Geschäftsjahr 1381.[1)]

Anno domini m° ccc° lxxx° primo fuit magister consulum Fredericus Risinbutel et Theodericus Canter, Johannes Drastete, Hermannus Eringestorf, Johannes Nuwert[a)], Hermannus Bornman consules cum eiis [!]. Nota quod Johannes Brandenhain fuit theolonarius. Nota quod Johannes Nuwert fuit magister braxaturae. Nota quod Johannes Drastete recepit iura de civibus. Nota quod Hermannus Eringestorf recepit iura de vinis. Nota qu[o]d Nicolaus Berger et Hermannus Achelstete fuerunt scheffin coram iudicio. Nota quod Petrus Eckebrecht et [Nicolaus] Reinbote fuerunt magistri pistorum. Nota quod Conradus Blankenhain et Fredericus Solis fuerunt magistri angesin[2)].

Druck: A. L. J. MICHELSEN, Auszüge aus einem Weimarischen Stadtbuche, S. 267.

a) *folgt gestrichen:* Johannes Diestorf

1) *Vgl. W. HUSCHKE, Ratslisten, S. 27 f.*

2) *Die Bedeutung dieses Wortes ist nicht eindeutig zu klären, wahrscheinlich handelt es sich um die* magistri carnificum *(Aufseher über die Fleischhauer). Vgl. H. EBERHARDT, Anfänge, S. 118.*

3. *1381 Februar 23* *(Hand A) fol. 1r*

Torhaft für Dietrich Slusinger und Johann Smalcz wegen zu Unrecht erfolgten Weinausschanks.

Sabbato[a)] post catedra Petri da hisin unser hern Theoderich Slusinger unde Hansin Smalczin uff sente Jacofs[b)] tor gen, daz sů hatten wyn geschangt unde vorwechselt ungesaczt.

a) Slusingere *am linken Rand* b) *folgt gestrichen:* tag

4. *1381 März 1* *(Hand A) fol. 1v*

Reinhard Achelstet führt Klage gegen Hans Uthe und Heinrich Beme.

Feria[a)] sexta post dominica[m] este michi, do schuldigete Reinhard Achelste Hansin Uthin unde Heinrichen Bemen, daz sů entseczt hetten von ere unde von gute unde von sime guten lůmunde. [(b]Da hat her zchen fuder steyne vor gefurd uff gnode.[b)]

a) Achelstete *am linken Rand* b-b) *Nachtrag*

5. *1381 März 8* *(Hand A) fol. 1v*

Verkauf und Kauf einer halben Hufe sowie Kauf eines Pferdes durch Hecstete.

Sexta[a)] post[b)] invocavit[c)] venit Hecstete et fuit confessus, quod ipse vendidit ½ mansum pro 14 talentis Kotenhain; idem emit ½ mansum pro 29 talentis 5 solidis ad Ketendorf; idem emit 1 ecūm pro 10 talentis ad Ketindorf; non preiuravit; propterea dedit 30 ß.

a) Heczstete *am linken Rand* b) *folgt gestrichen:* reminissere c) *über der Zeile*

6. *1381* *(Hand A) fol. 1v-2r*

Hermann Ammann bittet den Rat zu Weimar um eine Zueignung, sofern eine Entscheidung in dieser Sache nicht durch eingesetzte Schiedsleute erfolgen sollte.

Dit[a)] is dy schuld, dẙ ich Herman Amman zcuspreche von mynere swester kindis wegen, daz da noch lebit, Johann Strůbinge und siner elichin wertin unde den, dy sich mit ym yn dy gut gesatzt habin der kindere, dy da gewest sind kindere Johann Trutingez unde Margretin, siner elichin wertin, dy da der kindere muter ersten unde letztin gewest ist, dy da tot sind und ouch[b)] noch lebin; nů bit uch, daz ir daz kint lezzet komen zcu den guten, dy dy ym zcu gestorbin sind von gotis wegen unde von sinre geswisterde, dy da tot sind, den got gnode, dez ich hoffe, daz daz kint, daz da noch lebit, besser recht habe zcu den guten, dy do gewest sinde siner swistere von dere muter, den dy eilder muter eder wer sich von der eilder muter wegende dar zcu haldin woilde. Dez bit ich uch liber herre, er Ditherich Scheczel[1)] und er Ditherich Teppher, mich zcu entscheiden mit deme rechtin eder myt frintschaft, wan ichs zcu uch gainge an dem ersten tage, wann ich umme keins mer teidinge, dan[c)] umme daz daz von myn vatere unde von myner swester, | dez kindis muter, dar komen ist unde waz den kinden noch eris vater tode zcugetilt ist mit rechte. Nů bit ich uch, ir libin heren ratismeistere zcu Wymar, mich der sache zcu entscheiden mit rechte eder mit frintschaft, wan ys er Ditherich Scheczel unde er Ditherich Teppher dez nicht gescheidin habin unde daz vor uch geleit habin, dez bete ich uch, mich[b)] zcu enscheidin mit rechte, daz wel ich uch gerne gehorsam sẙ etc. etc. etc.

a) Amman *am linken Rand* b) *über der Zeile* c) *korrigiert aus:* wan d) *über der Zeile*

1) *Dietrich Scheczel war Vogt und Hauptmann unter Hermann VIII. von Weimar-Orlamünde. Vgl. O. FRANKE, Das Rote Buch von Weimar, S. 12.*

7. *1390 Juni 10* *(Hand B) fol. 2r*

Die Nickelczen überträgt ihrem Neffen Friedrich Herczer ihren gesamten Besitz, dieser verpflichtet sich zur Pflege und zur leiblichen Unterstützung.

Sexta[a)] post domine in tua quam dy Nickelczen vor unser hern unde hat willeclichen mit wolbedachtem [mute] unde mit wiszen em sictzenden rate Frederich Herczere, erme swester sone, gegeben[b)] alles, daz suͤ hat, huz unde hof unde wu su daz hat, gesucht unde ungesucht alzo bescheidelich, daz Frederich Herczer siner mumen sal vor syͤ mit eszene unde mit trinkene unde er phlege czuͤ er lib notdorft, wez su darf, dy wile su lebet ane allerleige argelist; noch erme tode sal sich[b)] nimant czuͤ deme gute halde noch ner syͤ wan Frederich vorgenant.

a) dy Nickelczen, anno lxxxx *am linken Rand* b) *über der Zeile*

8. *1390 Juni 10* *(Hand B) fol. 2r*

Apetz von Schwarza und Hans Beme legen einen Streit um eine Abflussrinne bei.

Uf [a)] den selben tag, quam Apecz von Swarcza unde Hanz Beime umme czweitracht einer troife czwuszen ern huzern unde haben sich dez geeint alzo: ab Hannes Beime eder sine erbin eder weme har daz vorkoifte, vorseczte eder gebe, buwe wolden, der sal hart buwe an Apeczen vorgenant unde sullen beide sich berinne unde eine ayczust fertige czwuszen em beiden uf er beider koste unde erbeit unde haben daz gelobit gutlich czuͤ haldene ane allerleige wederrede unde argelist.

a) Apecz von Swarcza *am linken Rand*

9. *1402 Februar 1* *(Hand C) fol. 2v*

Conrad Hammerstet verkauft ein Haus an Heinrich Smed von Gelmeroda.

Item feria quarta in vigilia purificationis Marie anno cccc° secundo sint komen vor unse hern Conrad Hamerstet unde Heynrich Smet von Germenrode, unde der genante[b)] Conrad hat sich vorczegin dez klein huses, daz er ynne habin solde czu sime libe mit gutem willin, dorumme daz ers om abegekouft hat unde hat ez om williklichen vorczegen unde uffgelaszin unde alle sinen erbin nimmer czu forderne, unde ist alle vorgeschriben rede, alz ez vor in der stad buche[1)] stet, domete abegetan, daz ez czu dren libin sten solden.

a) Conrad Hamerstet *links über dem Eintrag* b) *über der Zeile*

1) *Vgl. Stadtbuch von 1380, Nr. 270.*

10. *1402 Februar 1* *(Hand C) fol. 2v*

Schenkung auf den Todesfall durch Claus Ozmestet an Katharina Rüdiger.

Item ez ist geschen uff dem selbin tag, daz Claws Ozmestet uff dem steynwege hat geseszin uff syme stule geruweklich in keynwertikeit Hans von Jhene, ratismeisters, Hans Roͤrnsen, kemmerers, Berlt Schillinges, czolners, allez uff daz jar, Ticzken Staels, stadschribers, Hans [Lange], der stad knecht, unde had die alle gebetin czu hore unde had do mit gutem willin unde mit wolbedochten mute williklichen g[e]gebin Katherin Rudigers, sines bruder elichen[a)] wibe, Hans, deme got gnade, alle sine habe, die er noch had, husz, hoeff, erbe unde gut unde dornoch, waz er had, ez sie gesucht edir ungesucht, unde allez daz, daz hinder o̊m ersterbet, dorumme, daz die genante frouwe sin williklichen unde wol warten sol, die wile er lebet, alz sie gethan had biszher, unde sal daz basz thun unde nicht erger, unde er[a)] had ouch daz angesehin, daz die frouwe, sin geswige, mit o̊m ore habe had czugesaczt unde noch czuseczt unde seczin musz, also verre alz sie sin warten sal, alz vorgeschriben stet. Wenne er doch selbir gesprochin had, in keinwertikeit der obgeschriben aller, die do von eynes rathes wegin dorczu geheyschin sint, er habe nicht mer weyn daz blosze unde muste groszin kummer liden, were die genante frouwe nicht.[b)]

a) *über der Zeile* b) *Eintrag durchgestrichen*

11. *[1381]* *(Hand A) fol. 3r*

Übereinkunft über die Fahrnis der Barbara, Witwe des Dietrich von Herfin.

Wir[a)] ratismestere bekennen, daz wir enscheidin hab[i]n in eyner gutin frintschaft Barbaren[b)], dy da waz wertin Ditherichen von Herfin, mit erme kinde unde eris kindes frinden Hanns[c)] Monstarg, alzo daz dy vorgenante Barbare sal behalde alle varnde habe, dy er bleib noch dez vorgenanten Ditherich, eris mannis, tode unde eyne ků, dy zcu der zcit hatte zcu eyner mite Hans[c)] Monstarg, unde eyn malder korns, wan sů daz habe wil, unde funf phunt phenge unde daz kint halde, dy wile su uff erme wetewenstule siczt.

a) Barbera *über dem Eintrag* b) *in der Vorlage:* Brabaren c) *korrigiert aus:* Heinrich

12. *1402* *(Hand C) fol. 3r*

Lucia Schuncke, ihre Mutter und ihre Kinder verpachten vier Acker an den Rat.

Item[a)] Lucia Schuncken unde ore muiter unde kinder habin unsen hern gelaszin 4 ackere obir sommer, daz sie der geniszen sullin uff disz jar, dorumme daz sie orre bathe uff Michaelis[b)] unde Walpurgis czukunnftig unde czinse sullin ledig unde losz sin; daz macht 1 schog 8 ß unde sullin Mych[ae]lis wedir an schosze.

a) die Schunckin *am linken Rand* b) *in der Vorlage:* Muchaelis

13. *1381 März 9* *(Hand A) fol. 3r*

Heinrich vom Hain und sein Geselle verkaufen zu Unrecht Fische und ein Pferd.

Sabbato[a)] post invocavit Heinrich vome Hayn mit sine gesellen habin hechte unde andere vissche vorkouft achtage unvorrecht; ouch hat[b)] Heinrich[s] geselle vome Hayn eyn phert vor funf phunt vorkouft unvorrecht Apecze von Oberwymar; der buse vorhub man su dorch ern Ditherich Scheczels bete.

a) vome Hayn *am linken Rand* b) *folgt gestrichen:* sin

14. *[1381]* *(Hand A) fol. 3v*

Eid der Ratsherren.[1)]

Desin[a)] eyt sal eyn rad thun mit allen adern retin, dyͤ, dy in den rad gesullen gen unde vorsteere sullen sy einer ganzcin gemeyne, unde eyn schriber mit en, unde ouch eyn knecht, unde iclich rad bysundern sal dy hende uff dy heilgen lege unde der schriber sal en dese wort vorspreche, dy sullen su ym eigintlich nochspreche. Der eyt ist alzo: Daz wir eynen rad nicht wullen meilde unde swigen, waz sich gebert zcu swigin in eime rate unde uz eime rate, ich si an deme rate eder kome von dem rate und getruwe unde gewer zcu sine unsern hern den margraven, und der stad Wymar[b)] unde eyner ganczin gemeyn, arm unde richin, jungen unde aldin, unde dez nicht lazin dorch lib, dorch leit, dorch gebe, dorch[c)] gift, dorch haz, dor[ch] nyt, dorch wip, dorch kint, dorch keynerleige mage, heimelich noch uffinbar, daz uns got helfe[d)] unde alle heilgen, unde got helfe uns, daz wir den eit wol halden.

Druck: A. L. J. MICHELSEN, Auszüge aus einem Weimarischen Stadtbuche, S. 267.

a) den eyt *am linken Rand* b) *folgt gestrichen:* wy c) *folgt gestrichen:* do d) *am rechten Rand von späterer Hand nachgetragen; folgt gestrichen:* alzo
1) *Zu späteren Fassungen des Eides vgl. Statutenbuch von 1433, Nrr. 2, 3.*

15. *1402 März 29* *(Hand C) fol. 3v*

Der Rat trifft eine Übereinkunft zwischen Peter Eckebrecht und Heinrich Waltmann von Magdala in einer Schuldsache.

Item[a)] feria quarta pasche had sich Petir Egkebrecht vorkoͤrt, key[n] Heinrich Waltmanne von Madela unde habin unse hern nemelich geteydinget: gebt om Peter Egkebrecht sin gelt unde czins 16 talenta pfenge unde 20 modios frumenti, daz sal Heinrich gutlich neme vor sentte Walpurge tage; gebt er om abir daz genante gelt nicht vor Walpurgis, so sal er Heinrich unde sinen erbin vorgenant daz husz gelegen bie Heinrich Tostorffe kein der badestoben noch uzwisunge sines briefes rume unde uzczien unde sal ez Heinrich vorgenant antworte vor sin gelt, alse daz er sin gebruchen sal czu nucze unde czu gute, ab ers nicht vorsecze noch verkoufen kann, bisz also lange, daz er om sin gelt unde czins, alz obegeschriben stet, wedirgebt. Anno cccc° secundo.

a) Eckebrecht *am linken Rand*

16. *1381* *(Hand A) fol. 4r-4v*

Zahlungsverpflichtungen verschiedener Personen gegenüber dem Rat.

Primo Wetige Walther tenetur 10 talenta ad stipam [!], super quo tenetur dare 1 maldrum frumenti ad festum Michaelis de 14 agris, sitis in canpis [!] Wymare.

Item Gotschalcus Hamerstete tenetur 10 talenta, super quo tenetur dare 1 maldrum frumenti ad festum Michaelis de ½ mansis [!], sitis in canpis [!] Wimare.

Item ydem Gotschalcus tenetur 5 talenta; super hoc tenetur dare ½ maldrum frumenti ad festum Martini de uno quartale terreno.

Item Johannes Salczman tenetur 10 talenta; super hoc dabit ipse 1 maldrum frumenti ad festum Michaelis de ½ mansis [!] in campis Wymare.

Item Johannis Martin de Ulrishalbin tenetur 5 talenta ([a]super hoc[a)] [tenetur dare] ½ maldrum frumenti de[b)] ½ mansis [!] in Ulrishalbin, de quo [!] consules tenentur dare plebanis in Wymare 3 modios.

Item Ditherich[c)] Frelich tenetur 10 talenta, super quo dabit 1 maldrum frumenti ad

festum Kiliani de ½ mansis in canpis [!] Wymare.
Item Hermannus Eringistorf tenetur 10 talenta, super quo tenetur dare 1 maldrum frumenti ad festum Michaelis de omnis bonis[d] [!] suwis [!] in canpis [!] Wymare.
Item Matheus Herregot tenetur ½ maldrum frumenti et ½ maldrum ordei.
Item Johannes Franke [tenetur] ½ maldrum frumenti et ½ maldrum ordei ad festum Michaelis de duabus [!] mansis in canpis [!] Deinstete; ordeum expectat ad balneum.
Item Matheus[e] Sartor de Voilsp[e]rg tenetur 5 talenta, super quo dabit 10 solidos zcu deme stege uber die Ilmene. |
Item dominus Dytmar dedit 2 talenta, (a habet proconsul a), cum quo debent emere 2 solidos perpetue, de illis duobus solidis debent annuatim dare 1 solidum cappellano et 1 solidum socio plebani; proconsul tenetur dare anuatim 2 solidos.
Item uxor Johannis Barbere dedit ad stipam [!] 5 solidos.
Item dictam dy Ecken te tenetur 5 talenta ad stipam [!].
Item[f] Hermanus Brot tenetur 100 vecturas lapidarum [!], daz her hat ane geharsam geseszin eyn gantz jar by Hanse Uthing[g] und by ern Frelichs; secunda post[h] letare.
Item[i] Theodericus Slusinger tenetur 20 fexturas lapidorum [!], quaz ipse debet duci; sexta post letare.

a-a) *über der Zeile* b) *folgt gestrichen:* di[midio] c) *über der Zeile; darunter gestrichen:* Friderich d) *folgt gestrichen:* su e) *folgt gestrichen:* Sass f) Brot *und der Ablösungsvermerk* dedit *am linken Rand* g) *folgt gestrichen:* unde ouch vor by deme richter h) *folgt gestrichen:* Judica i) Slusinger *und der Ablösungsvermerk* dedit *am linken Rand*

17. *1381* *(Hand A) fol. 4v*

Bestrafung des Heinrich Pheffelbich wegen Fernbleibens von der Huldigung.[1]

Item[a] Henricus Pheffelbich tenetur ducere[b] 10 fecturas[c] lapidorum [!], daz her nicht quam, do man holde solde.

a) Pheffelbich *am linken Rand* b) *über der Zeile* c) *davor* fex *gestrichen*

1) *Es handelt sich wohl um die nach dem Tode des Markgrafen Friedrich III. (1381) gegenüber seinen drei unmündigen Söhnen Friedrich IV., Wilhelm II. und Georg sowie deren Oheimen Balthasar und Wilhelm I. geleistete Huldigung.*

18. *1381* *(Hand A) fol. 4v*

Bestrafung des Johann Smalcz wegen zu Unrecht erfolgten Weinverkaufs.

Item[a] Johannes Smalcz tenetur ducere 10 fexturas, daz her wyn vorkoufte ungesaczt.

a) Smalcz *am linken Rand*

19. *1381 April 5* *(Hand A) fol. 4v*

Torhaft für Dietrich Thyme wegen zu Unrecht erfolgten Weinverkaufs.

Sexta post Judica, da lis man Theoderich Tymen uff sente Jacofs tor gen[b], daz her wyn vorkouft hatte, der ym nicht gesaczt waz.

a) Tÿme *am linken Rand* b) *über der Zeile*

20. *1381 April 5* *(Hand A) fol. 4v*

Torhaft für Claus Berdach wegen Verstoßes gegen die Brauordnung.

Eodem[a)] die, da lis man Clauwesin Berdachs uff daz Kegel tor gen, daz her eyns halbin birs zcu vel hatte gebruwen. [(b]Tenetur ducere 10 fecturas lapidarum [!].[b)]

a) Berdach *und Ablösungsvermerk* dedit *am linken Rand* b-b) *Nachtrag*

21. *1381 April 30* *(Hand A) fol. 4v*

Torhaft für Hermann Brot wegen Ungehorsams.

Feria[a)] tertia[b)] post[c)] misericordia domini, do his man Herman Brotin uff daz nuwe tor gen, umme dy sache, dy her unde Hans Uthe hatten uffgegebin, waz su unse hern hisin, dez louknede her unde strofte eyn rad.

a) Brot *am linken Rand* b) *davor gestrichen:* sexta c) *folgt gestrichen:* qua[simodogeniti]

22. *1381 April 30* *(Hand A) fol. 5r*

Torhaft für Siegfried Swertfeger wegen Beihilfe zur Schädigung des Johann an Berge.

Eodem[a)] die, da his [man gen] Syverd[b)] Swertfeger uff sente Jacofs tor, daz her rad unde tat hat gegebin, daz Dietherich Gorre, der junge, Johann an Berge beswerte hat umme recht erbe mit geistlichim gerichte; 10 fecturas lapidarum [!] [ducere tenetur].

a) Swertfegere *am linken Rand* b) *über der Zeile; darunter gestrichen:* Dith[erich]

23. *1381 Mai 3* *(Hand A) fol. 5r*

Torhaft für Gotschalk Hammerstet wegen Ungehorsams.

Feria[a)] sexta post dominicam misericordia domini, da his man Gotschalcum Hammerstete uff unser frowen thor gen, daz her nicht gehorsam wolde thů deme ratismeistere.

a) Hammerstete *am linken Rand*

24. *1393 Februar 21* *(Hand B) fol. 5r*

Torhaft für mehrere Bürger wegen Verleumdung des Rates.

[(a]Anno lxxxxiii^{o} [a)] sexta[b)] post esto michi[c)] haben unse hern uff dy tore gesaczt Clausen Branden, Erharten Ffedderwischen, Herman Bechsteten umme daz, daz su eyn rad geafftirkost hatten czu deme bire, daz wedder der stad geseczte ist.

a-a) *in der Mitte über dem Eintrag* b) 1393 *am linken Rand* c) *folgt gestrichen:* hissen uns

25. *1401 Januar 21* *(Hand C) fol. 5r*

Hermann Ehringsdorf und weitere Personen vereinbaren ein Verkaufs- und Verpfändungsverbot über das Erbe seines Enkels bis zur Mündigkeit.

Sexta[a)] post Sebastiani anno domini m^{o} cccc^{o} primo sint komen vor unse hern Herman Eringestorff unde Heynrich Můnen unde Gunther Trepenicz unde habin sich miteynander geeynt umme dez genanten Herman Eringestorffs sons kint, daz der genante Gunther Trepenicz unde sin muter bie[b)] on habin, also daz om Herman Eringestorff bewist hat unde bewist dem kind 20 pfunde wert erbiz noch sime tode an 2 gelengen, eyne gelegin bie der Waldindorffer mo̊l unde eyne gelegin in dem felde czu Waldindorff, die beide czu lehene gen von deme junge von Meldingen[c)] unde behalden 6½ acker also[d)], daz der genante Herman Eringestorff dez ackers nicht vorkouffen noch vorseczin sal, die wile er unde daz kint lebit, unde sal om daz erbe enthalde biz also lange, daz daz kint mundig wert unde sin erbe selbiz wol erheischin mag.

a) Eringistorff *am linken Rand* b) *folgt gestrichen:* om c) *folgt gestrichen:* also d) *folgt gestrichen:* wen der

26. *1401 Juni 10* *(Hand C) fol. 5v*

Peter Eckebrecht verkauft Dietrich Voit von Schkölen 1½ Acker Land.

Item[a)] sexta post domine in tua misericordia sint komen vor eyn rath Petir Egkebrecht unde hat bekant, daz er Dytherich Voyte von Scoln unde sin erbin vorkouft hat 1½ acker vor 3 schog, unde sal om den acker ledeklichin antwerte uff Michaelis; tete er dez nicht, werden der vorgenante Dytherich also vel ackers mytte, den solde Petir Egkebrecht[b)] an sinre beczalunge abeslan an dem gelde, daz er om noch schuldig ist. Anno cccc° primo.

a) Eckebrecht *links über dem Eintrag* b) *folgt gestrichen:* o̊n

27. *1401 Juni 17* *(Hand C) fol. 5v*

Nicolaus Topfer aus Synderstedt, Claus Wetige und Conrad Fleischauer sowie die Ehefrauen der beiden Letzteren anerkennen ihre Schulden gegenüber dem Ratsmeister Hans Jeger.

Nota[a)]: an dem fritage noch Viti anno cccc° primo sint komen [(b]vor uns[b)] in eynen[c)] siczinden rath Claws To̊pfer von Sinderstet unde Clåws Wetigen unde Conrad Fleischouwer, Elze unde Angnese, der obgeschriben Claws unde Conrad eliche werttin unde ore erbin unde habin vor uns gebetin Hansen Jeghern, iczunt ratismeistern, daz er unde sine erbin vor den genanten Clawsen Topfern unde sine erbin selbschuldig wordin sint keyn dem erbern pristere ern Nicklawse von Frangkinhusen[1)], vicario unser libin frouwen kerchin czu Erfortte, vor 12 schog groschen unde eyn malder korns unde gerstin unde eyn halbin scheffil erweys unde 36 ß denariorum unde vor eyn halb schog groschin uff desin nestin sente Michels tag czu beczalne. Unde die obegeschriben Claws Topfer unde Claws[d)] Wetigen unde Conrad Fleischouwer unde ore eliche werttin und alle o̊re erbin habin gerett unde globt, redin unde globin mit gesampter hant, den obgenanten Hansen Jeghern unde alle sine erbin dez schulde unde selbschult gutlichin abe[e)] czu nemene unde dez czu entledigene ane alle oren mogelichin schadin. Unde sint dez so̊mptlich mit alle oren erbin selbschuldigen wordin kein dem obgenanten Hansen Jeghern unde alle sinen erbin ane arge, sie dez gutlich abe czu nemen, alz obegeschriben stet.

a) Claus Thoppher *links über dem Eintrag* b-b) *rechts neben der Zeile nachgetragen* c) *folgt gestrichen:* vo d) *folgt gestrichen:* sal e) *folgt gestrichen:* czue

1) *Zu Nicolaus von Frankenhausen vgl. Urkundenbuch der Erfurter Stifter und Klöster 2, Nr. 960.*

28. *1381* *(Hand A) fol. 6r*

Zahlungsverpflichtungen des Wittigo Walther und des Johann Salczmann.

Nota, quod Wittigo Walther tenetur adhuc dare 3[a)] maldra frumenti pro censu debitum et[b)] negelectum.

Item Johann Salczman tenetur [dare] ½ maldrum frumenti census debitus negelectum.

a) *korrigiert aus:* 4 b) *folgt gestrichen:* neglitum

29. *1399 Dezember 31* [1)] *(Hand C) fol. 6r*

Hans Holczschuer verpfändet dem Juden Lewin sein Haus.

Nota[a)]: Feria sexta in vigilia circumcisionis domini anno domini m° cccc° sint komen vor unse hern Hans Holczschůer unde Lewe, jůde, unde der genante Hans Holczschuer hat bekant, daz er sin huz williklich gesaczt habe vor 9 mandel groschen dem genanten Lewin, jodin, czu eyme willigen pfande.

a) Holczschuer *am linken Rand*

1) *In der Weimarer Ratskanzlei wurde nach dem Weihnachtsstil datiert.*

30. *1401 Januar 7* *(Hand C) fol. 6r*

Vereinbarung zwischen Hans Schilling und dessen Frau einerseits sowie Dietrich Speter aus Reißen und dessen Frau andererseits wegen einer Güterteilung.

Nota[a)]: Feria sexta post epiphanie domini anno cccc° primo sint komen vor unse hern Hans Schilling, Margaretha, sine eliche werttin, unde Dytherich Speter von Rysen, sin eydin, unde Kunne, sin eliche werttin, unde habin bekant uff beyde siten, daz sy sich under eynander gůtlich gesaczt habin, also daz sich der genante Ditherich[b)] Speter unde Kunne, sin eliche werttin, [(c]und alle sine erbin[c)] williklichin vorczogin habin unde vorczien alle der habe, die der vorgenante Hans Schilling unde sin eliche werttin iczunt habin odir ymmermer gewinnen, dorumme daz er dem genanten sime eydem unde sinre tochter gegebin hat eyne halbin hufe czu Ulla unde eyn halbin wingartin doselbins unde 15 schog an dem hoffe, den er Clawse Wymare abegekouft hat, unde hat[d)] sich dez williklich vorczogen, alz obgeschriben stet, ane argelist von sin unde alle sinre erbin wegin.

a) Hans Schillinge *am linken Rand* b) *folgt gestrichen:* von c-c) *über der Zeile*

31. *1410 Mai 30* *(Hand D) fol. 6r*

Hans Schoffendorff verpfändet sein Haus an Houwinge.

Nota: anno x° feria sexta post aktava [!] trinitatis es kommen Hans Schoffendorff in eyn siczenden rad unde had gesaczet Houwinge synen hoff, gelegin nebin Heinrich an Berg, vor 10 sexagenas der alden groschen unde sal ome die czehin sexagenas beczalle von deszme nesten zcůkůnfftigen sentte Michels tage obir eyn jar anne schaden unde sal ome uff die genanten czehin sexagenas gebe eyn sexagenam.

32. *1402 Februar 17* *(Hand C) fol. 6v*

Schuldanerkenntnis des Hermann Hockelei gegenüber Hans Rothe.

Item[a)] feria sexta post invocavit anno cccc° secundo ist komen in eynen rath Herman Hogkeley unde hat bekant Hanse Rothen, daz er om 4 schog groschen [(b]schuldig sii[b)] an sime hoefe unde huse, gelegen in der alden stad, unde von der stad czu lene get, bie Conrade Ledirsnitere unde hat o̊m die globet czu beczalne uff den nestin sentte Michels tag. Gesche ez, daz er o̊n nicht beczalte uff sentte Michels[c)] tag, so solde er sich dez geldez an dem genanten hofe [erhole] ane arglist.

a) Hockeley *links über dem Eintrag* b-b) *über der Zeile* c) *in der Vorlage:* Muchels

33. *1402 Februar 17* *(Hand C) fol. 6v*

Sophia Voit und ihre Kinder stimmen einer Vereinbarung über das weitere Vorgehen in der Streitsache wegen der Geschosspflicht von Conrad Voits Erbe zu.

Item[a)] eadem die sint komen vor unse hern Sophia Voyten, Ticzel, or son, Elze, or tochter, unde habin sich dez obirgebin, als daz vor[b)] myns hern rathe geteydinget ist umme daz erbe, daz Conrad Voyten waz czu Waldindorff unde in myns hern geschosz geho̊rt, daz daz stet uff den hofemeister[1)] und ern Schicken[2)], uzczusprechene in rechte, ab man die gut vorschoszin sal edir nicht, unde sal geschen czwischin pfingestin; were ez, daz daz nicht gesche, so sal sich die frouwe unde ore kindere dorumme mitt der stad richten umme o̊r geschosz unde hat dovor gesaczt czu borgen Clawsen Vedirwisch unde Petir Schrickeln, die dovor redin unde globin unde dovor halden sullen, unde sullen sich dez ouch erhole an der frouwen erbe vorgenant, ob dez not gesche; ouch habin unse hern ouch noch czolbusze an den vorgenanten guten.

a) Voiten *links über dem Eintrag* b) *über der Zeile*

1) *Dietrich von Bernwalde ist bis 1408 als Hofmeister des Landgrafen Balthasar und seines Sohnes Friedrich bezeugt. Vgl. B. STREICH, Reiseherrschaft und Residenzbildung, S. 138-140.*

2) *Heinrich Schick von Magdala, Hofdiener des Landgrafen Balthasar.*

34. *1402 Februar 18* *(Hand C) fol. 6v*

Vereinbarung zwischen Hans Boler und seiner Frau einerseits und Margaretha Waynknecht andererseits wegen eines Erbes.

Item[a)] sabbato quatuor temporum [in vigilia] reminiscere sind kommen yn eynen rath Hans Boel unde sin eliche werttin uff eyne siiten, Margreta Way[n]knechten von ores wertez wegin, Nickels, uff die andern siiten, unde mit o̊n Hans Hewig, Claws Reynbote, unde habin bekant, daz sie die frouwen, Hans Boels werttin, abegeleit habin den anefal, dez sie wartenden waren, noch lute unsers hern briefes, den sie dorobir unde der genante Hans Boel unde sin werttin habin, sich dez erbez und gutes verczogen unde vorczien sich dez an desen stad unde an allen stetin, dez nummer mer czu forderne, geistlich noch werltlich, wez sie myns hern dorobir[b)] habin.

a) Boel *am linken Rand* b) *über der Zeile*

35. *1381 März 24* *(Hand A) fol. 7r*

Schiedsvereinbarung über die Aufteilung des Erbes der verstorbenen Eheleute Heinrich Brampach und Käthe Sulczbach.

Wir ratismeistere bekennen, daz wir in eyner guten frintschaft geteydinget habin, daz Heinrich Brampachs gut unde Keten Solczbachs, siner elichin wertin, gute, waz sů der gelosin habin, erbe eder varnde habe, hemelich eder uffinbar, phenge eder zcinse, waz der were gliche halbe sulen gevalle dez vorgenanten Heinrich Branpichs[b] nesten ane weder unrechte sprache[c] dominica[d] letare; unde daz andere halbe teyl Ketin Sulczbachs nesten eodem die.

a) Brampach *links über dem Eintrag;* consules *am linken Rand* b) *folgt gestrichen:* tochter kinder c) *folgt gestrichen:* feria secunda d) *folgt gestrichen:* Judica

36. *1401 Februar 25* *(Hand C) fol. 7r*

Der Rat verpfändet dem Juden Lewin den Hof des Peter Eckebrecht.

Item sexta post invocavit habin unse hern gesaczt Lewin, jodin, Petir Eckebrechcz hoff, gelegin by Heinrich Tostorffe keyn der badestobin, vor 3 schog unde 48 groschen unde vor den gesuch von dez bern wegin unde habin deme genanten jodin unde sin erbin globt vor eyne rechte were von myns hern wegin, also daz die schult von dem genanten hofe sal gegoldin werde unde vorgen vor allin schulden, die der genante Petir schuldig ist, unde ist geschen mit sime unde sinre werttin guten wiszin unde willin. Actum anno domini m° cccc° primo.

a) Lewen judin *links über dem Eintrag*

37. *1401 Juli 8* *(Hand C) fol. 7r*

Albrecht Oler bringt vor den Rat, dass Hans Döbritschen die in ihrer Streitsache durch den Rat getroffene Rechtsentscheidung nicht anerkenne.

Item[a] feria sexta in die Kiliani brachte Albrecht Oler sine frůnde vor uns in eynen rath Hansen vom Hayn, Clawsen Salczman, Hansen Keysern von Erfoͤrte in den sachen Hans Doberczschen unde Albrecht Olers, die sie wedir eynander habin von erbekoufs wegin, den om Albrecht abegekouft hat[b], unde hatten sich dez williklich vorkort vor eynem rath czu derkennen oͤr beyder recht unde or unrecht, dez om Hans Doberschen uzging uff den tag unde wolde dez nicht also halde. Actum anno cccc° primo.

a) Albrecht Oler *am linken Rand* b) *über der Zeile*

38. *1381 Mai 10* *(Hand A) fol. 7v*

Torhaft für Hans Hammer von Mölsen wegen Betruges und Verbalinjurien.

Feria[a] sexta post Gothardi da his man Hansin Hammere von Melhusen uff daz Kegeltor [gen], daz her deme voite phenge wiste unde unser hern zcu rede saczte in eyme frevele der stad zcu schadin. Tenetur ducere 10 fecturas lapidarum [!].

a) Johann Hammer *am linken Rand*

39. *1381 Mai 10* *(Hand A) fol. 7v*

Torhaft für Claus Frelich wegen Münzbetrugs.

Uffe[a] den selbin tag, da his man Clauwesin Frelichin uff unser fruwentor [gen], daz her hatte unser heren geaftterkost mit der muncze unser hern unde der stad zcu schadin; domini miserunt; gratis.

a) Frelich *am linken Rand*

40. *1381 Mai 10* *(Hand A) fol. 7v*

Torhaft für Heinrich von Lohma wegen Münzbetrugs.

Uff den selbin tag his man Heinrich von Lome uff das nuwe tor ge[n], daz her unser hern geafterkost hat umme dy muncze unser hern unde der stad zcu schadin. Dovor lonte her eyme knechte eyn wochin.

a) Lome *am linken Rand*

41. *1381 Mai 10* *(Hand A) fol. 7v*

Torhaft für Heinrich Gusserstete wegen Betrugs.

Uff[a] den selbin tag hys man Heinrich Gussersteten uff sente Jacofs tor gen umme daz, daz her zcol hat uff gehabin von eyme fremden gaste unde hat den nicht gegebin alvel al sichs geberte.[b] Darumme hilt her ein knech[t] achtage.

a) Gusserstete *am linken Rand; darunter von einer Hand des 16. Jahrhunderts:* zoll b) *folgt gestrichen:* eyn darumme hilt her ein knecht[t]

42. *1381 Mai 10* *(Hand A) fol. 7v*

Torhaft für Martin Kulker wegen des Backens zu kleiner Brote.

Feria[a] sexta[b] ante Suffe da his [man] Mertin Kulker uff daz nuwetor [gen], umme daz [her] daz brot zcu cleine hat gebocken unde der stad kermol hat gebrochin. Davor hilt her ein knecht vir wochin an deme rathuse.

a) Kulker *am linken Rand* b) *das ursprünglich folgende* post *getilgt*

43. *1381 Mai 10* *(Hand A) fol. 7v*

Torhaft für Wissinse wegen des Backens zu kleiner Brote.

Uff[a] den selbin tag his man Wissinse uff unser frowentor [gen], daz her brot zcu kleine hat gebacken unde der stad kermol gebrochin[b]. Dovor sal her vircen tage erbeite uff gnade.

a) Wissinse *am linken Rand* b) *folgt gestrichen:* ouch; *über der Zeile ebenfalls gestrichen:* der sol

44. *1381 Mai 10* *(Hand A) fol. 7v*

Torhaft für Hennenberg wegen des Backens zu kleiner Brote.

Uff[a] den selbin tag his man Hennenbergen uff sente Jacofs tor [gen], daz her brot zcu cleine hat gebacken unde der stad kermol gebrochin hat. Darume sal her achtage erbeite.

a) Hennenberg *am linken Rand*

45. *1381 Mai 24* *(Hand A) fol. 7v*

Bestrafung des Heinrich Phifer wegen Verbalinjurien gegen den Rat.

Feria[a)] sexta post assensionem[b)] domini bekante Heinrich Phifer, daz her dy angisere hatte mit wortin o̊ble gehandel[t] unde gab sich darumme in unser hern gnade. Eyne vure kein Berka.

a) Phifer *am linken Rand* b) *korrigiert aus:* ascen-

46. *1381 Mai 26* *(Hand A) fol. 8r*

Torhaft für Reinhard Achelstet wegen Verbalinjurien gegen den Rat.

Dominica[a)] post Urbani da saczte man[b)] Reinhard Achelstete in den torm by unser frowen tor, umme daz, daz her hat gesprochin, her terre wol rede, waz ym nod sẙͤ, andere, die smechere sin und slechte zcungen habin, di terren nicht rede, daz sint vor hite koczensone, dy wisse der ratismeister wol. Davor brach her zcehn fuder steyne uff gnade.

a) Achelstete *am linken Rand* b) *folgt getilgt:* C

47. *1381 Mai 26* *(Hand A) fol. 8r*

Eberhard von Karlstadt, der zu Unrecht Wein verkauft hatte, verpflichtet sich, zur Verhandlung vor dem Rat zu erscheinen.

Uff[a)] den selbin tag globete Eberhard von Karlstat zcu unsin hern zcu komene, wan sů noch ym senten umme daz, daz her wyn vorkouft hat, der ym nicht gesatzt waz, unde daz her sich phandez werte unde unser hern en pot her weilden eyne hundese vede sende[b)], da seyldin su uz trincke.

a) Karlstad *am linken Rand* b) *über der Zeile*

48. *1381 Juni 3* *(Hand A) fol. 8r*

Hans an Berge überträgt dem Rat eine halbe Hufe bei Wallendorf.

Feria[a)] secunda [(b]in septimana[b)] post penthecostes da quam Hans an Berge in eyn siczindin rad unde[c)] hat deme recht unde redelich gegeben eyne halbe hufe landis, gelegin in deme veylde Waldindorf, lutterlich dorch got unde allen gleybien seln zcu troste zcu der ewigen jerlichin spende; dy selbin halbe hufe get zcu erbe von ern Frederich, Katherin sone, von Bechstete.

a) Johann an Berge *am linken Rand* b-b) *über der Zeile* c) *über der Zeile*

49. *1381 Juni 7* *(Hand A) fol. 8r*

Die Gemeindevertretung der Zwölf fordert zur Verkündigung ihrer Beschlüsse gegenüber dem sitzenden Rat einen Fürsprecher.[1)]

Feria[a)] sexta[b)] post penthecostes da werdin dy zcwelf man eyn, daz su seyldin eynen vorreder habe unde waz dy stad antrift eder ander gescheffede, da sů eyn rad zcu heischt, wuln sů sich darumme bedenke, so sullen sů uz gen, die zcwelf man, daz zcwene rete sind, und ein iclich rad sal uff ein ende trete unde sal ein werde an sin gedunken noch siner sawiczigkeit, wez suͤ denne alle zcwelfe eyn werden, daz sal er vorreder zcu wortin brengen vor den siczenden rat; der vorreder waz er Ditherich Frelich.

Druck: A. L. J. MICHELSEN, Auszüge aus einem Weimarischen Stadtbuche, S. 267; H. EBERHARDT, Anfänge, S. 116.

a) zcwelf man *am linken Rand* b) *davor gestrichen:* secunda

1) *Zur Funktion des Fürsprechers und zum Verhältnis zwischen Rat und den Vier Mannen vgl. H. EBERHARDT, Anfänge, S. 115 f.*

50. *1381 Juni 7* *(Hand A) fol. 8v*

Ratsbeschluss über den Weinhandel.

Eodem[a] dy [!] da werdin dry rete eyn, daz man nicht mer[b] sal wyne hervure[c]; waz gereite lant[d] weins hi ist, den sailde man vor keyfe unde nicht tarre gebe den umme acht phenge. Ist her nicht der phenge ward, man sal en ner seczce; wenne der wyn vorkouft werd, wer darnoch mer wyne herfurd eder kouft, wel her dy schenke, dy sal her schenke in der stad kelre unde sal von deme vudere gebiͤn dry schillinge von deme halben vudere 18 denarios zcu kelre mite.

Druck: A. L. J. MICHELSEN, Auszüge aus einem Weimarischen Stadtbuche, S. 268.

a) consules *am linken Rand* b) *folgt über der Zeile getilgt:* lant c) *folgt gestrichen:* vor sente Michels, Jocofs tage d) *über der Zeile*

51. *1381 Juni 7* *(Hand A) fol. 8v*

Heinrich Carnifex bekennt, dem Pfarrer zu Tiefurt ein falsches Waidmaß vermietet zu haben.

Uffe[a] den selbin tag da bekante Heinrich Carnifex, daz her deme pherrere zcu Dyverte hatte eyn weit maz vormit, daz zcu gros waz unde nicht der stad kermol hatte, unde wolde, daz ein rad lose erkenne.

Druck: A. L. J. MICHELSEN, Auszüge aus einem Weimarischen Stadtbuche, S. 268.

a) carnifex *am linken Rand*

52. *1381 Juni 7* *(Hand A) fol. 8v*

Ratsbeschluss über das Verbot des Würfelspiels.[1]

Uffe[a] den selbin[b] tag wordin dry rete eyn, daz kein burger noch burgers kinde[c] keyn werffelspel tuͤ sullen noch in ern husern lase[d] spele noch hulfe, rad unde tad darczu nicht thun, keyͤn arme noch keyͤn richin. Wer daz besaget werd mit der worheit, der sal eyne marg an die stad gebe, wer da vorbet, der sal zcwu marg gebin.

Druck: A. L. J. MICHELSEN, Auszüge aus einem Weimarischen Stadtbuche, S. 268.

a) consules *am linken Rand; über dem Eintrag die Jahreszahl* lxxx° primo *(die Zehner sind gestrichen) daneben von einer Hand des 17. Jahrhunderts:* wurffelspiel b) -s *am Wortausgang getilgt* c) *folgt gestrichen:* noch burger jerlich myte gesinde d) *davor* lase *gestrichen*

1) *Vgl. O. FRANKE, Mittelalterliches Weimar, S. 46.*

53. *1381 Juni 21* *(Hand A) fol. 8v*

Torhaft für Dietrich Slusinger wegen zu Unrecht gehandelten Weines.

Sexta[a)] post Viti da his man Ditherich Slusinger uff unser vrowen[b)] thor [gen] umme daz, daz her wyn vorkouft unde vorwechzelt hat ungesaczt.

a) Slusinger *am linken Rand* b) *in der Vorlage:* vorwen

54. *1381 Juni 28* *(Hand A) fol. 9r*

Ratsbeschluss über das Braugeld des Heinrich Kubach.

Feria[a)] sexta post Johannis baptiste da herkantin unsern hern, hette dy bruwern Heinrich Kubache syne phenge gebetin uff sente Walporen tag unde phenge[b)] nicht vorbotin worn, hat her deẙ phenge nicht genomen, her neme sů noch billich.

a) Kubach *am linken Rand* b) *über der Zeile*

55. *1381 Juni 28* *(Hand A) fol. 9r*

Entschädigung des Gernod von Oberweimar durch Hermann Brot.

Uffe[a)] den selbin tag erkånten unser hern, daz Herman Brod ern Gerenode von Oberwymar syne ard unde weyt somen megelich abelege soylde, do her dy gelenge in brache kos unde dy[b)] geard unde gesewit[c)] fand, da ym er Gernod eyne hufe vorkoufte.

a) Brot *am linken Rand* b) *folgt gestrichen:* geard ard c) -se- *über der Zeile*

56. *1381 Juni 28* *(Hand A) fol. 9r*

Hans und Heinrich Beme vergeben Reinhard Achelstet das ihnen zugefügte Unrecht.

Uffe[a)] den selbin tag bat Reynhard Achelstete Hansin und Heinrich Bemen, ab he sich kein enich vorbrechin hette[b)], daz sů ym daz vorgebin dorch got[c)] unde unser frowen ere, her hette en unrecht getan; daz totin sů.

a) Achelstete *am linken Rand* b) -n *am Wortausgang gestrichen*

57. *1381 Juni 28* *(Hand A) fol. 9r*

Reinhard Achelstet bittet Friedrich Risinbutel um Vergebung für zugefügtes Unrecht.

Uffe[a)] den selbin tag bat Reynhard Achelstete ern Frederichen Risinbutel, waz her gered hette, da hette her en nicht mete gemeynt unde bat, daz hers ym vorgebe dorch got unde dorch unser frowen ere.

a) Achelstete *am linken Rand*

58. *1381 Juni 29* *(Hand A) fol. 9r*

Ratsbeschluss über die Aufnahme des Hans Jeger als Vormund in geistlichen Sachen.

Sabbato[a)] in die Petri et Pauli da korn unser hern Hansin Yeger zcu eyme vormunden in geistlichin sachin, daz her aller burgere gescheffede unde burgere kindere getruwe unde gewer zcu sine by syme geswern eyde.

a) Yeger *am linken Rand*

59. *1381 Juni 29* *(Hand A) fol. 9r*

Ratsbeschluss über die Lohgerber.

Uffe[a)] den selbin tag worden unser hern eyn, daz dy lowere er leder fertig[b)] sullen mache unde daz uffhenge, daz is tracken werde unde daz man derkenne mege, ab daz leder gut sy; wer dez nicht en tut, der sal funf schillinge unser hern gebe; dez sind obersehere Kil[ian] unde Apecz Schuchworte.

Druck: A. L. J. MICHELSEN, Auszüge aus einem Weimarischen Stadtbuche, S. 268.

a) lo̊were *am linken Rand*

60. *1381 Juni 29* *(Hand A) fol. 9v*

Vereinbarung zwischen dem Rat und dem Handwerk der Schneider.

Uffe[a)] den selbin tag wordin unser hern eyn myt den schretern, daz keyn schreter keyme burgere noch burgere kinden noch gesinde [(b]erbeite sal[b)], her sy den burger. Unde wer ere ynnunge habe wel, der sal en[c)] gebe zcu den kerczin eyn phunt wachs unser lybin frowen unde eyn halbin eymer birs[d)] deme hantwerke; unde eyn lerjunge sal ouch ein phunt wachs gebe. Dez sind oberseere[e)] Ludewig Voit, Conrad von Kranchfeild by erme eyde, wo dy icht ungelichs erkenten, daz suln [sie] fertige noch unser hern rate.

Druck: A. L. J. MICHELSEN, Auszüge aus einem Weimarischen Stadtbuche, S. 268.

a) consules *und von späterer Hand ein* M *am linken Rand* b-b) *über der Zeile* c) *über der Zeile* d) *folgen mehrere getilgte und nicht mehr lesbare Worte* e) *folgt gestrichen:* ap

61. *1381 Juli 5* *(Hand A) fol. 9v*

Matheus Schreter und sein Knecht werden der Beihilfe zum Diebstahl beschuldigt.

Feria[a)] sexta post Petri et Pauli da schuldiete Meynhard Matheum Schretern von Foulsborg, daz her rad unde tad darzcu hette getan myt sime knechte, daz syme wibe der rak ward gestoln, unde wel daz war mache mit hand unde mit munde unde wolde sins rechten da vor nicht neme.

a) Meynhard *am linken Rand*

62. *1381 Juli 12* *(Hand A) fol. 9v*

Haushaft für Hermann Brot bis zur Verhandlung der gegen ihn erhobenen Vorwürfe.

Feria[a)] sexta post Kiliani, da his man Herman Brotin in sime huse sicze, bis daz man noch ym sente umme daz, daz her nicht dez tagez worte kein Johann Uthin unde daz her sprach unser hern leiten fremden luten zcu unde ym abe.

a) Herman Brot *am linken Rand*

63. *1381 Juli 12* *(Hand A) fol. 9v*

Torhaft für Hermann Rediestorf wegen Verbalinjurien gegen den Rat.

Eodem[a)] die his man Herman Rediestorfen uff sente Jacofs tor [gen] umme daz, daz her unser hern strafte unde sprach, is were nicht recht, daz sů gesprochin hetten unde libelez darumme werde.

a) Rediestorf *am linken Rand*

64. *1381 Juli 19* *(Hand A) fol. 10r*

Der Rat entscheidet über einen Hans Luczindorf zustehenden Anteil.

Feria[a)] sexta post divisionem apostolorum da sprochin unse hern vor recht umme dy beszerunge Hans Luczindorf, daz dy Herman Amans swesterkinde[b)] megelich gliche halb sal gevalle, daz andere halbe teil Johan Strubinge, da had en beyden walan genuget.

a) Amman *am linken Rand* b) *in der Vorlage:* swerterkinde

65. *1381 Juli 26* *(Hand A) fol. 10r*

Apel Wissense zu Taubach verpflichtet sich, die Alka Franke und Jacob Amman für die auf neun Jahre begrenzte Nutzung ihres Besitzes zu Taubach zu entschädigen.

Feria[a)] sexta post Jacobi apostoli da bekante Apele Wysz[i]nse zcu Toubich, daz here zcu Alken Frenken had bestanden alle ere gud, dy zcu Toubich legen, wo dy sind, dy yr unde[b)] erres kindis, dez jungen Jacofen Ammons, sind, daz her davon jerlich gebin in den nů̊n jarn uff ixlich jar bysundern dry malder zcins, eynundezcwenczig scheffele korns unde funfzchen scheffele gersten; wan dy nů̊n jare uzkomen, so sal her dy gut lase, alher sů̊ funden had myt zcwen acker wicken unde wo her dy gud semerd, da sal her sů̊ beszere unde waz her an den haf leyd, daz sal man ym noch megelichin dingen abelege unde allis daz sich geberd von den guten zcu thune, daz sal Apele Wissinse unde sine erbin geben, sundern erbezcins unde teczman sal Alken Frenken gebe eder ere erbin et cetera.

a) Apele Wyszinse *am linken Rand* b) *folgt gestrichen:* siner

66. *1381 Juli 26* *(Hand A) fol. 10r*

Torhaft für Apetz Smeling wegen Verbalinjurien.

Uffe[a)] deme selbin tag[b)] his man Apeczin Smeling uff daz Kegeltor [gen], daz her sprach, Eringerstorf hette Landman sin wyn gesaczt, thurre den her werd waz unde wolde sin wyn nicht seczce, daz her werd were, unde unser hern teten ym ungnode. Tenetur 10 vacturas lapidarum [!].

a) Smeling *am linken Rand; darunter von einer Hand des 16. Jahrhunderts:* nota bene b) *über der Zeile, darunter getilgtes, unleserliches Wort*

67. *1381 Juli 26* *(Hand A) fol. 10r*

Der Rat legt einen Streit zwischen Johann Nuwert und Nicolaus Tanrode bei.

Uff[a)] den selbin tag[b)] eynden unser hern Johann Nuwerd unde Nicolaus Tanroden umme dy rede, dy geschach zcu Drasteten huse, fruntlich.

a) Nuwerd *am linken Rand* b) *folgt gestrichen:* his

68. *1381 Juli 26* *(Hand A) fol. 10r*

Der Rat legt einen Streit zwischen Heilewoge und Nicolaus Risinbutel bei.

Uffe[a)] den selbin tag eynden unser hern den ratismeister unde Heilewogen myt Nicolaus Rysinbutele fruntlich.

a) Nicolaus Rysin *am linken Rand*

69. *1381 Juli 26* *(Hand A) fol. 10r*

Der Rat entscheidet einen Streit über den Kauf eines Hofes für Hermann Scheffel.

Uffe[a)] den selbin tag erkanten unser hern, daz Herman Scheffel ern Neyldiners hafe ner were, den koufe zcu behaldene, den Johan Stal.

a) Scheffel *am linken Rand*

70. *1381 Juli 26* *(Hand A) fol. 10v*

Torhaft für Johann Nuwert wegen zu Unrecht verkauften Weines.

Uffe[a)] den selbin tag his man Johann Nuwerd uff unser frowen tor [gen], daz her wyn vorkouft hatte ungesaczt.

a) Nuwerd *am linken Rand*

71. *1381 September 3* *(Hand A) fol. 10v*

Torhaft für Dietrich Vicker wegen Verleumdung des Rates.

Feria[a)] tertia post [de]collacionis sente Johannis da his man Ditherich Vicker uff sente Jacofs tor gen, daz her sprach: Unser hern, dy wuln uns gehige unde wulle unser hern eyn[b)] cers bete, unde lebete frevelich vor unsern hern unde eyner ganczin gemeyne et cetera.

a) Vicker *am linken Rand* b) *folgt gestrichen:* zcechere

72. *1381 September 27* *(Hand A) fol. 10v*

Ratsbeschluss über den Schoss.

Feria[a)] sexta ante Michaelis da ward eyn gancz rad eyn myt eyner gemeyne, daz eyn iclich man, her were riche eder arm, seylde gebe von jeder marg eyn schilling zcu jeder zcit unde seilde swere, daz her daz sine vorschoste, wo her daz hette.

Druck: A. L. J. MICHELSEN, Auszüge aus einem Weimarischen Stadtbuche, S. 269.

a) consules *am linken Rand; darunter von einer Hand des 17. Jahrhunderts:* schosz *und ein* m

73. *1381 September 27* *(Hand A) fol. 10v*

Ratsbeschluss über den Weinschank.

Uff[a)] den selbin tag wordin eyn rad unde eyn gemeyne eyn, daz ich hein burgere noch nymand sal wyne noch moste schenke noch in sime huse vorkoyufe noch vorwechsele, sunder wel man wyne hŷͤ habe, dy sal ein rad lase schenke in eyner stad kelre unde suln den lase schenke uff dy åme.

Druck: A. L. J. MICHELSEN, Auszüge aus einem Weimarischen Stadtbuche, S. 269.

a) consules *am linken Rand*

74. *1381 September 27* *(Hand A) fol. 10v*

Ratsbeschluss über einen neuen Hopfenscheffel.

Uffe[a)] den selbin tag verkundiete man eyner gemeyne, daz man eyn nuwen hophenscheffel hette ingesaczt, den seylde eyn hepphener[b)] selbere lose ynschete, darnoch [(c]sal en[c)] der keyfer selber huffe ungedrucket, ab her wel.

Druck: A. L. J. MICHELSEN, Auszüge aus einem Weimarischen Stadtbuche, S. 269.

a) consules *am linken Rand* b) *folgt ein durchgestrichenes, unleserliches Wort* c-c) *über der Zeile*

75. 1381 September 27 (Hand A) fol. 11r

Torhaft für Heinrich Eiliger wegen Beleidigung des Apetz Schuchwort.

Uffe[a)] den selbin tag his man Heinrich Oliger uff unser frowen tor [gen] umme daz, daz her sprach weder Apeczin[b)] Schuchwerchtin vor eyme rate: dů lůgest, al du wol kanst. Tenetur 10 vacturas.

a) Eyliger *am linken Rand* b) *folgt gestrichen:* Nuwert

76. 1381 September 27 (Hand A) fol. 11r

Peter Eckebrecht vermietet einen Hof am Markt an Claus Sprungel.

Uff [a)] den selbin tag ist Peter Eckebrecht komen in eyn siczinden rad unde hat bekant, daz her sin hof uff deme margte myt alle siner zcugehoͦre recht unde redelich vormit hat Clauwese Sprungele, Gerderude, siner wertin, zcwey gancze jar, al nu werd uff sente Michel tage ober zcwey jare, vor 16 talenta, dẙ sů beczalt habin. Ouch ist gered, were daz Sprungel unde sin wertin daz hus eyme andern vormitte eder wen su darin seczten, deme seylde dy mitte volge dy zcwey jar ane ydermellichs ansprach.

a) Eckebreh *am linken Rand*

77. 1381 Oktober 4 (Hand A) fol. 11r

Johann Vicker verpfändet seinen Besitz an mehrere namentlich genannte Personen.

Sexta post Michaelis, da saczte Johann Vicker Frederich Risinbutel, Johann Nuwerd, Ditherich Vickere, Heinrich Carnifex, Katinhain, er Nicolaus Becherer alle sine gut, wo her dy hat, erbe, hus unde hof vor 24 schok groschcz [!] groschin und waz saczunge Ditherich Vicker hatte an den guten, dy sal den burgen gemeinlich zcu hulpe komen unde sal sů nicht beschedie.

78. 1381 Oktober 8 (Hand A) fol. 11r

Torhaft für Dietrich Papan wegen Verbalinjurien.

Feria[a)] tertia post communes da his man Ditherich Papan uff sente Jacofs thor gen, ume daz her sprach: wern unser hern unde dy burgere von Rosla gerecht, der voit hette gen nicht zcu geleit noch er Scheczel. Pro hoc tenetur 10 vacturas lapidorum.

a) Papan *am linken Rand*

79. 1381 November 15 (Hand A) fol. 11v

Torhaft für Dietrich Gumprecht wegen Verbalinjurien gegen den Rat.

Feria[a)] sexta post Martini da his man Ditherich Gumprecht uff [b)] sente Jacofs tor gen, umme daz her sprach: he gebe uff unser hern buch ein zchers. Tenetur 8 vacturas [lapidum].

a) Gumprecht *am linken Rand* b) *folgt gestrichen:* unser frowen

80. *1381 November 18* *(Hand A) fol. 11v*

Dietrich Slusinger verpfändet ein Haus.

Feria[a)] secunda in vigilia Elisabeth da bekante Ditherich Slusinger, daz er[b)] Herman Achelsteten unde Conrad Richin sin haf hat gesaczt vor 32 talenta, der sten 12 zcu den juden.[c)]

a) Slusingere *am linken Rand* b) *über der Zeile* c) *Eintrag durchgestrichen*

81. *1381 Dezember 14* *(Hand A) fol. 11v*

Peter Eckebrecht verpfändet einen Hof auf dem Markt an Gertrud Sprungel.

Sabbato post Lucie da quam Peter Eckebrecht vor eyn rad unde bekante, daz her sin haf uff deme margte recht unde redelich frowen Gerdruden [Sprungele], der muncze meisterin, vorsaczt hat vor sechcen phund guter lant phenge also bescheidelich, wo Peter Eckebrecht der vorgenanten frowen unde ern erbin dy megenanten sechcen phund nicht bezcalte uff den nesten zcukunftigen unser frowen tage lichtewyͤ, so seilde der hof der frowen unde ern erbin erblichin blibe an allerleige ansprache Peter Eckebrecht eder siner erbin.[a)]

a) *Eintrag durchgestrichen*

82. *1382 Januar 10* *(Hand A) fol. 11v*

Vorkaufsrecht der Stadt für die Anteile des Hartung Müller an der Bornmühle.

Feria sexta post Erhardi da vorwillekerte sich Hartung Muller, wanne her sin teil weilde vorkeyfe an der Bornmel, daz seilde her der stad vormunde vor byte unde seil dez en ner gebe, den ymande andern.

83. *1382 Januar 9* *(Hand A) fol. 12r*

Dietrich Giseler bestimmt das Leibgedinge für seine Frau Katharina.

Feria quinta[a)] [(b]post Erhardi[b)] da quam Ditherich Giseler unde bewiste siner elichin wertin Katherin, Peterz Salczman tochter von Melhusen, zcu eyme libgedinge an[c)] eyme halbin hafe uff deme margte unde an eyner halbin hufe, gelegen zcu Wenigenredie, 20 talenta phenge.

a) *folgt gestrichen:* ante Fabiani et Sebastiani b-b) *über der Zeile*

84. *1382 Januar 31* *(Hand A) fol. 12r*

Torhaft für Siegfried Beiger wegen Verbalinjurien gegen den Rat.

Feria[a)] sexta[b)] ante purificationis Marie da his man Siferden Beygern uff unser frowen thor [gen] umme daz her sprach, is were nicht recht, daz der ratismeistere seyte.

a) Beyger *am linken Rand* b) *folgt gestrichen:* post

85. *1382 Februar 4* *(Hand A) fol. 12r*

Torhaft für Hans Kremer wegen Verstoßes gegen die Brauordnung.

Feria[a)] tercia post[b)] purificationis Marie dy [!] his man Hansin Kremern uff daz

Kegeltor gen umme daz, daz her virdewis birs zcuveel gebruwet hatte unde daz her vor sine tochter gebruwet hatte.

a) Kremer *am linken Rand* b) *folgt gestrichen:* nativitatis

86. *1382 Februar 9* *(Hand A) fol. 12r*

Torhaft für Hermann Brot wegen Ungehorsams.

Dominica[a)] die post[b)] purificationis Marie da his man Herman Brot uff unser vrowen thor [gen], daz her nicht gehorsam walde halde in Hans Uthin sache.

a) Brot *am linken Rand* b) *folgt gestrichen:* nativitatis

87. *1382 März 8* *(Hand A) fol. 12r*

Fürsprache des Friedrich Risinbutel für Hermann Kotendorf.

Sabbato[a)] post remi[ni]ssere da bat Frederich Rysinbutel, der alde ratismeyster, vor Herman Ketindorfe, also her rat hatte getan zcu spelne.

a) vacat *am linken Rand; unter dem Eintrag durchgestrichen:* item Herman

88. *1382* *(Hand A) fol. 12v*

Verzeichnis der Ratsherren für das Geschäftsjahr 1382.[1)]

Anno domini m° ccc° lxxxii° fuit proconsul Nicolaus Suldorf, Frederich Voit, Johann Eydiestorf, Nicolaus Pheffelbich, Johann Kapelndorf, Theoderich Phulsporn, nota ac eorum infra serti.

1) *Vgl. W. HUSCHKE, Ratslisten, S. 28.*

89. *1382* *(Hand A) fol. 12v*

Hermann Kotendorf leistet eine wegen verbotenen Spiels verhängte Buße.

Item Hermann Ketindorf tenetur 15 vatturaz lapidar[um] ex quo, quod ipse lusit cum teszuriz.

90. *1382* *(Hand A) fol. 12v*

Torhaft für Hans Kremer wegen Verstoßes gegen die Waid- und Brauordnung.

Eodem[a)] die, da his man Hansin[b)] Kremer uff unser [vrowen] tor gen umme daz, daz her nůn halb[c)] weit[d)] gebruwet hatte unde daz her siner tochter bir liz bruwe unde santez ir in dy stad.

a) Johan Kremer *am linken Rand* b) *folgt gestrichen:* Krel c) *auf Rasur* d) *über der Zeile*

91. *1382 April 11* *(Hand A) fol. 12v*

Torhaft für Hermann Alczmer wegen Verbalinjurien gegen den Rat.

Feria[a)] sexta pasce da hys man Herman Alczmer uff unser vrowen thor gen umme daz, daz her sprache, man kende nicht baz getu, den daz sů in dy kelre lifen unde zcu higetten beyde truchtere unde waz da were, unser hern machtin also vel der ge[se]cze, daz man nicht wuste, wy man deme were.

a) A[l]csmere *am linken Rand*

92. *1382 April 11* *(Hand A) fol. 12v*

Hermann Brot verspricht die Ableistung einer Buße.

Eodem[a)] die promisit Herman Brot[b)] quod ipse volt ducere 20 vatturas lapidum.

a) Brot *am linken Rand* b) *in der Vorlage:* Bort

93. *1382 April 11* *(Hand A) fol. 12v*

Bestrafung des Johann Nuwert wegen zu Unrecht ausgeschenkten Weins.

Eodem[a)] die worden unser hern eyn, daz Johann Nuwert sal vure unde breche 50 vuder steyne umme dy sache, da her uff unser vrowen thor umme lag unde noch wine[b)] geschenkt hat; umme daz andere sal her swere vor sich unde sine bort esen.

a) Nuwert *am linken Rand* b) *folgt gestrichen:* waz

94. *1382 April 11* *(Hand A) fol. 12v*

Torhaft des Bartholomeus Diverte wegen zu Unrecht ausgeschenkten Weins.

Eodem[a)] die da his man Barlthmus Diverte ge uff sente Jacofs tor[b)], daz her wyn schancte zcu Diverte.

a) Bartholomeus Diverte *am linken Rand* b) *am linken Rand*

95. *1382 Juni 20* *(Hand A) fol. 13r*

Vermietung der Bornmühle an Hermann Obeser von Ilmenau.[1)]

Feria[a)] sex[ta] post Viti da lisin unser hern Herman Obeser von Ylmene dy Bornmel halb uff den nesten sente Jacofs tage ober zcwey jar also, daz her unsern [hern], den marcgraven, sal gebe 2½ malder malcz [(b]zcu Walporis[b)] unde achczcen ß phenge uff wynnachtin, unde sal gebe der stad 2 malder korns, eyn halb malder malcz achtage vor aller zcwelfbotin tage, alzo zcusand wordin, unde sal dy mel antwerte, al her su had vunden.

a) Bornmuel *von einer Hand des 16. Jahrhunderts am linken Rand* b-b) *über der Zeile*

1) *Die Schreibung des Ortsnamens lässt auch eine Herkunft aus dem heutigen Stadtilm zu.*

96. *1382 Juni 20* *(Hand A) fol. 13r*

Torhaft für Claus Ozmestet wegen Ungehorsams.

Eodem[a)] die da his man Clauwesin Asmeste uff sende Jacofs thor [gen] umme daz her zchen jar nicht gehorsam getan hatte noch sin lot unde sine habe nicht vorscho[ss]t hatte. Tenetur centum vecturas lapidum et debet ducere et frangere.

a) Asmestete *am linken Rand;daneben von einer Hand des 16. Jahrhunderts* nota

97. *1382 Juni 20* *(Hand A) fol. 13r*

Torhaft für Johann Blume wegen Ungehorsams.

Eodem[a)] die da his [man] Johan Blumen uff daz nuwe thor gen umme daz her dry gehorsame vorseszin hatte.

a) Blume *am linken Rand*

98. *1382 Juli 26* *(Hand A) fol. 13r*

Johann Kothenhain verspricht die Ableistung einer Buße.

Sabbato[a] post Jacobi promisit Johannes Katinha[i]n ducere 10 plaustra lapidum[b] ex quo, quod flascula sua fuit nimis magna.

a) Katinhain *am linken Rand* b) *folgt gestrichen:* daz

99. *1382 August 1* *(Hand A) fol. 13r*

Bestrafung des Papan wegen Ungehorsams.

Feria[a] sexta post Jacobi da vorvil Papan 40 vuder steine umme daz, daz her dy heise nicht[b] haldin had, daz en unser hern hisin in Herman Broten sache.

a) Papan *am linken Rand* b) *folgt gestrichen:* geladin hat

100. *1382 Oktober 27* *(Hand A) fol. 13r*

Vorweggenommene Erbteilung zwischen den Brüdern Heinrich und Dietrich Uthe sowie ihrer Mutter.[1]

Heinrich[a] Uthe unde Ditherich sind komen in eyn rat unde habin gesprochin: Wisset, ir liben hern, daz wir sind eyn worden mit unser muter unde ouch under uns selber unde habin uns geteilt mit einander unde habin daz getan mit wolbedachtin mute unde mit guten willen unde met rathe unser frunde, daz ist geschen an deme montage an sente Semon Jude abende, unde begern daz von uch, daz ir daz laset seczce in der stad buch umme daz, daz kein zweitracht under uns hynoch werde. Daz ist unser muter gebert zcu erme teile: der haf uff dem marcte unde eyn vhirteil landez zcu Trebistorf unde acht ackere zcu Waldendorf. | Ditherich ist gebert der haf by deme nuwen tore unde eyn hufe zcu Waldendorf. Heinrich ist gebert der hof in der Windeschin gazze unde anderhalbe hufe landis zcu Trebistorf. Daby ist gewest Apecz von Oberwymar, Hans Oydiestorf, Erhart von Trebistorf, Anderewez von Jhene, Johan Heldere.

a) Uthen *am linken Rand*

1) *Vgl. O. FRANKE, Mittelalterliches Weimar, S. 27.*

101. *1382 November 28* *(Hand A) fol. 13v*

Die Eheleute Jutta Walther und Hans Vester verzichten auf Ansprüche an Ackerland.

Feria[a] sexta post Katherine ist vor uns komen Jutte, Wettigen Walthers tochter, unde Hans Vester, er wert, unde habin sich beyde vorczegen acht ackere landis in deme veylde Wymar, dy da gewest sind Wetigen Walther, vor 22 talenta unde vhyr malder korns, dy er Conrad von Matstede unde Ditherich Kerstans daran hatten, daz sů der numermer gevordern woln geistlich noch werltlich.

a) Kerstans *am linken Rand*

102. *1382 November 28* *(Hand A) fol. 13v*

Die Eheleute Jutta Walther und Hans Vester verzichten auf Ansprüche an Ackerland.

Eodem[a] die hat sich dy vorgenante Jutte Walther unde Hans [Vester], er wert, haben vorczegen drycen ackere, dy gelegen sind in deme veylde Wymar, dy da beswert wordin unde gekouft von der stad Wymar unde von Gunther Karpen unde von Ludewig Voite vor 35 talenta, daz sů dy ackere nummer mer wullen gevordere, weder geistlich noch werltlich.

a) Karpe *am linken Rand*

103. *1390 März 9* *(Hand A) fol. 13v*

Der Rat verpfändet dem Juden Lewin das Haus des Berthold Botener.

Quarta[a)] post oculi quam Berlt Botener unde Ditherich, sin son, unde haben unse hern gebeten, daz su Lewen, juden, leyn daz hus vor unser frowen tore, da Berlt Bothener selber inne sachcz, cz[u] eime phande vor 25 ß, daz von der stad czu leine geit unde alle jar jherlich czinsit der stad 8 ß czu sente Walporgen[b)] unde sente Michaelis tag unde czwey hunre Michaelis, 2 pullos carnis brefium. Daz phant sal ste uff sente Michaelis, noch der tageczit suln su uf dy summa geldes 5 denarios gebe czu gesuche in ixlicher wachen bysundern.

a) anno lxxxx *und* Lewe *am linken Rand* b) *über der Zeile*

104. *1385 Januar 20* *(Hand A) fol. 14r*

Hermann Brot verpflichtet sich, keine Einwände gegen einen Kauf vorzubringen.

Feria[a)] sexta in die Fabiani da sprach Herman Brot vor dren retin, daz her[b)] Clauwesin Reinboten noch sine wertin noch[c)] sin swer nicht hindere weilde[c)] an deme oven noch huse noch in den kouf nicht rede unde ouch nicht mete zcu schickene habe, her weilde sů libir fordere wan hindere. Anno domini m° ccc° lxxxv°.

a) Brot *am linken Rand* b) *über der Zeile* c) *korrigiert aus:* nicht

105. *1385 Februar 9* *(Hand A) fol. 14r*

Schuldanerkenntnis des Hermann Ehringsdorf.

Feria qui[n]ta post purificationis Marie da quam Herman Eringestorf unde bekante, daz her schůldig were mit sin erbin sebin scheffele korns.

106. *1389 Februar 19* *(Hand B) fol. 14r*

Die Älterleute von St. Marien kaufen einen Zins zugunsten der Kapelle.

Anno[a)] lxxxxix sexta post Valentini, da ist vor unnz komen dẙͤ alterlute unde vormunden unser liben frowen [uf dẙͤ eine siten] unde (bConrad Voit unde sin erbin[b)] uf dẙͤ andere siten von sin wein unde alle siner erbin unde haben unnz gebeten wiszene, daz dy genanten formunde haben gekoift ein phunt geldez von deme genanten Ditherich Krebiz[1)] unde alle sin erben an eyner halben hufe artlandez, gelegen in deme felde czu Waldendorf, dẙͤ von sente Mertinz uf deme huze czu leine geit unde ẙͤm alle jar czinsit 18 denarios uf Walpurgis, 18 denarios uf Michaelis unde 2 hunre. Daz vorgenante phunt geldez haben su gekoift umme czen phunt guter phenge uf ein wederkoif alzo, daz dẙͤ genanten vorkoyfere den kofern alle jar sullen reche unde gebe ein phunt phenge uf sente Michaelis ane allen vorczog, biz daz suz weder abe gekoifen, alze ir hoitbrif uzwist. [(c]Der wederkoif sal von den vorkoifern gesche byͤ czwein jar ane wedderrede unde ane arglist.[c)]

a) Krebiz *am linken Rand* b-b) *von gleicher Hand auf Rasur* c-c) *Nachtrag von gleicher Hand*
1) *Der Wiederkauf war ursprünglich mit Dietrich Krebis abgeschlossen worden. Später übernahm Conrad Voit die Verpflichtungen. Bei der Überarbeitung des Eintrages hat der Schreiber es dann versäumt, die zweite Erwähnung des Dietrich Krebis zu tilgen.*

107. *1390 April 22* *(Hand B) fol. 14v*

Hans Topfer verzichtet auf die nach dem Tode des Vaters angefallenen Sachen.

Sexta[a)] post misericordia domini quam Ditherich Topher, Katheri[n]a, sin eliche wertin, Johannes, er son, unde haben mit einander ein worden alzo, daz Hanz, vorgenanten Ditherich Topherz son, sich vorczen hat in eyme siczene rate vor unser hern alle dez anefalles, den her czu sinz vater guten gehat hat eder ummer gewunne noch sinz vater tode. Der anefal, der Hanze mochte gebore noch sinz vater tode, der sal sy unde gefalle Katherin, sine stifmuter, darin sal Hanz vorgenant unde sin eliche wertin unde sine kindere nummer gespreche weder geistlich noch werl[t]lich, ane allez geferde.

a) Theoderich Toppher *links über dem Eintrag*

108. *1390 April 29* *(Hand B) fol. 14v*

Hans Beme vermietet seinen Hof an den Juden Salomon von Weißensee.

Sexta post jubilate quam Hanz Beyme, schroter, Salomon von Wiszense, jude, unde haben sich mit einander geeint, daz Hanz Beime hat deme selbin juden unde sin erbin sin hof vormit czwey[a)] jar umme czen phunt phenge; darczu lit der vorgenante jude Hanze Beimen acht phunt, je ein phunt umme ein phennig gesuchiz in jeder wochen, der vorgenanten acht phunde sal sich der jude unde sine erbin irhole an deme vorgenanten hafe. Den hof sal der jude inne habe czu deme czinse, alze Beime davor gegein hat unde vorwache sin anczal alze ein ander jude tut.

a) *folgt getilgt:* phunt

109. *1383 März 6* *(Hand A) fol. 15r*

Johann Kotendorf verspricht die Ableistung einer Buße wegen verbotenen Spiels.

[(a]Anno domini mº cccº lxxxiiiº [a)] feria sexta post letare promisit Johan Ketindor[f], quod vellet ducere et frangere 50 vecturas lapidorum de quo, quod lusit in pretorio; de predictis factis sedit super novum valvam.

a) *links über dem Eintrag;* Ketendorf *am linken Rand*

110. *1383 März 6* *(Hand A) fol. 15r*

Bestrafung des Erhard Federwisch wegen Ungehorsams gegen den Rat.

Eodem[a)] die iusserunt domini nostri Erhardum Vederwusch, quod debet frangere et ducere et persedere et debet omnia preciari propteria, quod fuit rebellus in causa Ecstete; de predictis factis sedit super valvam domina nostra et cetera.

a) Vederwusch *am linken Rand*

111. *1383 März 6* *(Hand A) fol. 15r*

Torhaft für Johann Erhart wegen Verbalinjurien.

Eodem[a)] die iusserunt domini nostri Johannem Erhartz super valvam domina nostra ex quo, quod ipse male molestavit magistri [!] aque.

a) Erhartz *am linken Rand*

112. *1383 Mai 8* *(Hand A) fol. 15r*

Torhaft für Heinrich Eiliger wegen Ungehorsams gegen den Rat.

Sexta[a)] post invencio[n]em sancte crucis da his man Heinrich Eiliger uff sente Jacofs thor [gen], umme daz her wolde obe lozze, da her Frelich slug in Spangenbergen huse unde daz nicht wolde lazze dorch unser hern bete willen.[b)] [(c]Tenetur 20 vecturas lapidorum.[c)]

a) Eyliger *am linken Rand* b) *folgt gestrichen:* nicht wolde c-c) *Nachtrag am rechten Rand*

113. *1383 Mai 8* *(Hand A) fol. 15r*

Torhaft für Johann Weise wegen Ungehorsams gegen den Rat.

Eodem die da his man Hansen Weisin uff daz nuwen tor ge[n] umme daz, daz her sprach unser hern zcweyne eder drÿ. [(a]Tenetur 40 vecturas lapidum.[a)]

a-a) *Nachtrag*

114. *1383* *(Hand A) fol. 15r*

Torhaft für Conrad Zschepener wegen Nichteinhaltung einer Verpflichtung gegenüber Hans Brampach.

Conrad Zschepenere uff sente Jacofs thor ge[n] umme daz, daz her nicht enhylt, alzo her Hanse Brampach gelobite vor unsern her[n]. [(a]Tenetur 10 vecturas lapidum.[a)]

a-a) *Nachtrag*

115. *1383 Oktober 23* *(Hand A) fol. 15v*

Heinrich Gorre kauft von der Lukardis Hug einen Hof in der Windischengasse.

Feria sexta post Galli da quam Heinrich Gorre unde bezcalte[a)] Luchardin Hoykin 13[b)] talenta phenge vor eine rechte gnuge er unde erre kindere von deme hafe unde habe in der Windischin gazze, da her[c)] inne saz[d)], ouch suln dy megenanten Luchart unde ere erbin[e)], were sy vor Conrad von Elcsleibin, ern stifvater, ein rechte were sy; alza habin unser hern dy fruntschaft gemacht.

a) *folgt gestrichen:* Aken, Alkin b) *über der Zeile; darunter* 16 *gestrichen* c) *über der Zeile,* su *gestrichen* d) *am Wortausgang* -en *gestrichen* e) *folgt gestrichen:* Heinrich

116. *1383 November 13* *(Hand A) fol. 15v*

Bestätigung einer Geldzahlung an Johann Erhart in Sachen seiner Frau Katharina.

Feria[a)] sexta post Martini da quam vor uns Hans Erhartz unde Hans von Jhene unde bekanten, daz deme genanten Hanse Erharcz were worden 36 talenta phenge von

Hans[b] von Jene guten unde vor siner brudere wegen vor eyne rechte gnuge Katherin, Hans Erhartz wertin, usgeslozzen alle rechte ane gevelle von tode weyn eder wy dy werden mechten.

a) Johan Erharcz *am linken Rand* b) *folgt gestrichen:* weyn

117. *1383 November 13* *(Hand A) fol. 15v*

Johann Henne sagt zu, eine ihm auferlegte Buße zu bezahlen.

Eodem die promisit Johannes Henne, quod vellet dare 1 markam de penis, quod ipse fecit in novo falvam [!]; fideiussores: Theodericus Grosze, Hermannus Scherapel.

a) Johan Henne *am linken Rand*

118. *1383* *(Hand A) fol. 15v*

Torhaft für Nicolaus Richenbach wegen Verbalinjurien gegen den Rat.

Nicolaus Richenbachem[a] his man uff unser vrowen tor [gen], umme[b] daz her sprach[c]: unse hern trunken zweycz allen dyn win alleine. Tenetur 10 vacturas [lapidum], datum est.

a) Nicolaus Richenbach *am linken Rand* b) *in der Vorlage:* unde c) *folgt gestrichen:* hern

119. *1390 Oktober 7* *(Hand B) fol. 16r*

Die Eheleute Hermann und Barbara Steindorf verpfänden einen Hof vor der Stadt.

Anno[a] lxxxx sexta post communes quam Herman Steindorf, Barbara, seine wertin, unde haben unser hern gebeten, daz su lin unde gelegen haben den sedelhof, den su haben von der stad, gelegen in der alden stad, Heinrich Hokeleygen, sinem bruder, czu eynem phande unde bekennen ym dez mit alle der habe, dy in deme hofe ist, gesucht unde ungesucht unde mit alle siner czuherunge czu sotan czinse, also darvon geit, vor 20 talenta, dy her vor su stet unde vor andere schult, dy su ym damete schuldig sin, etc.

a) Steyndorf *über dem Eintrag*

120. *1390 Dezember 13* *(Hand B) fol. 16r*

Claus Becherer verpfändet seinen Besitz.

Item anno lxxxx° tercia in die Lucie quam Clauweiz Becherer vor unse hern unde hat bekant, daz her vorsaczt hat Hanzen Kappilndorffen, Heinrich Hophefuern vor acht phunt phenge vor eyne kufe winz gein ern Heinrich von Halle, borgere czu Jhene; dy selbe kufe winz ist worden der stad Wimar unde hat gelobit vor unser hern, dy genanten sine borgen dez vorgeczogez gutlich abeczunemene ane alle ern schaden unde seczt on davor alle sine gut in der stad unde uf dem felde, gesucht unde ungesucht, unde daz genczlich czu haldene ane argelist unde ane geverde uf sente Michaelis tag, der nest czukunftig wert.[a]

a) *Eintrag durchgestrichen*

121. *1391 Januar 17* *(Hand B) fol. 16r*

Heinrich Kruse verzichtet auf Ansprüche gegen seine Ehefrau an einem Erbe.

Anno[a] lxxxx° ([b]tercia in die Antonii[b]) quam Hanz Krummestorf unde Clauweiz, sin bruder, unde Heinrich Kruze mit voller macht siner wertin, erre[c] swester, der vorgenanten Krummestorfe, alzo daz sich der genante Heinrich Kruze mit macht siner wertin sich vor czon hat, alles dez, daz ym[d] werde machte von siner wertin wein von den guten, dy su an reichten Conrad von Jhene, dy hinder Heinrich Krummestorfe, seligen, erstorben sint, ab en got unde daz recht darczu hilft, daz en daz worde, unde vorczoch sich dez willeklichen von siner wein unde siner wertin wein nummer czu heizhene nach czu vorderne, weder geistlich noch werltlich et cetera.

a) Hanz Krummestorf *am linken Rand* b-b) *über der Zeile* c) *über der Zeile* d) *folgt gestrichen:* daz ym

122. *[1383]* *(Hand A) fol. 16v*

Abgaben zugunsten der Peterskirche.

Liching hat gegebin 2[a] modios ordei et 1 modium frumenti ad ecclesiam sancti Petri.

a) *über der Zeile; darunter* 3 *gestrichen*

123. *1390 April 18* *(Hand B) fol. 16v*

Vereinbarung über das Leibgedinge der Thele, Frau des Nicolaus von Jena.

Secunda post misericordia lxxxx° quam Clauweiz von Jhene, Thele, sin wertin, mit er beider frunden unde haben geteidinget, daz Clawez wertin vorgenant sal warte einz libgedingez an sime sedelhofe, gelegen in der Windizchen gasze nest sin brudere. Were, daz her abeginge, wer danne dy frowe sal abelege, der sal su mit drizig phunden abelege. Daby sint gewest Hanz Freder, Hanz Bule, Hanz Guntherz, Lodewig Voit, Hanz Spengenberg, Herman Tastorf unde er muter.[b]

a) Clauwez von Jhene *am linken Rand* b) *Eintrag durchgestrichen*

124. *1391 Januar 21* *(Hand B) fol. 16v*

Peter Eckebrecht verpfändet dem Spitalmeister Dietrich Topfer einen Hof.

Anno[a] lxxxxi° sabatho in die Agnetis quam Peter Eckebrecht unde Ditherich Topfer, der spetalmeister, vor unser hern alzo, daz Peter Eckebrecht deme vorgenanten Ditherich Topfere mit wolbedachtem mute hat gesaczt sin hof uf deme margte vor fumfz phunt phenge, daruf her ym alle jar sal reiche[b] unde gebe ein halb malder guten kornz Wimarz maz uf sente Michaelis tag, dy wile her ym dy genanten fumfz phunde phenge nicht en gebit; och sint su eyn worden unde haben vor unser hern geret, wanne der genante Ditherich Topfer sine phenge wel wederhabe unde nicht lenger stein wel laze, daz su ym Peter Eckebrecht sine phenge mit deme czinse sal wedergebe ane argelist unde ane schaden. Wo dez nicht gescheit, so sal sich Ditherich Topfer an sime hofe irhole hotgutis unde czins unde sal en davor vorsecze eder vorkoife, darin[c] sal im nicht spreche Peter Eckebrecht weder mit geistlichen noch werltlichen gerichte ane argelist unde ane wederrede unde ane geferde et cetera.

a) Peter Eckebrecht *am linken Rand* b) *über der Zeile* c) *in der Vorlage:* darim

125. *1384* *(Hand A) fol. 17r*

Verzeichnis der Ratsherren im Geschäftsjahr 1384.[1)]

Anno domini m° ccc° lxxx quarto sederunt Fredericus Risinbutel, Theodericus Krebis, proconsules, Eringestorf, Burnman, Drastete et Henricus Uthin.

1) *Vgl. W. HUSCHKE, Ratslisten, S. 28.*

126. *1384 April 24* *(Hand A) fol. 17r*

Satzung über die Höhe der Opfergelder.[1)]

Ouch[a)] ist ein geseczce, daz kein burger noch burger [vrowe] noch alle, dy einer gemeine gebruche wullen, dy sullen nicht mer opphere wen ein guldin. Wer da mynre ophert, der gebit ein marg an dy stad, usgeslassen dy rechtin opphertage, daz sint ostern, phingesten, allerheilgen tage[b)], unser vrowen tag werte wẙͤ kermesse, allerheilgen tag, winnachten, [(c]unser frowen lichtewi,[c)] so oppher jdermellich, waz ym ebene ist. Wer dez nicht thut, der sal myme hern unde der stad eine marg gebe.

Ouch sind drẙͤ rethe ein wordin, daz kein burger noch burger vrowe eder ymand, der der stad gehorsam wel halde, zcu keinerlich sal mer hopphere, denne zcůͤ einer mesze, wern ouch zcwůͤ lich eder dry, so sal abir nymant mer opphere wan zcu eynir eynigen messe. Wer darobir mer hopphert, wert hers beseen unde besait, is sy man eder wip, der gebit eyn marg an dy stad unde lit dy buse.

Ouch sal nymand hopphe in eyme jare wan dy sebin opphertage, daz sind phingesten, wynnachtin unde ostern unde dy vir vrowentage, so sal ydermellich opphere, der zcu sinen jarin komen ist, zcwelfbotin, mertere, juncvrowentage[d)], allerleigen[e)] heilge tage, dy in deme jare mogen werde; wel denne j[e]mant hopphere[f)], der sal nicht mynre opphere wan eyn guldin; hoppheret her mynre, der gebit eyne marg an dy stad unde lit dy busz, ys sy man eder wip, dy burger, burgerinne unde ore kindere. G[e]gebin am sontage nach Jeorii.[g)]

Teilweiser Abdruck: A. L. J. MICHELSEN, Auszüge aus einem Weimarischen Stadtbuche, S. 269.

a) *von einer Hand des 16. Jahrhunderts über dem Eintrag:* das man nicht zuviel opffere b) *folgt gestrichen:* dy kerme[s] c-c) *über der Zeile* d) *folgt gestrichen:* noch keinerleigen e) *über der Zeile* f) *folgt gestrichen:* von ein guldin g) *Eintrag durchgestrichen*

1) *Vgl. Stadtbuch von 1380, Nrr. 143, 146. Zur Problematik im Allgemeinen vgl. W. PETKE, Oblationen, Stolgebühren und Pfarreinkünfte.*

127. *1384 April 29* *(Hand A) fol. 17v*

Heinrich und Dietrich Uthe verpfänden Besitz.

Am[a)] fritage nach sente Jergen tage da quam[b)] Heinrich unde Ditherich Uthin unde saczten Frederich Risinbutel, Johan Blankinhain alle ere erbe unde gut, wo sue dy habin in velde, steten eder dorfern, vor achciig phund phenge unde schadin, ab der daruff getan werde, uff sente Michelz tag dorch dez willen, daz su dy genanten vorsat habin kein Gunthere von Krespelebin.

a) frates dicti Uthin *links über dem Eintrag* b) *in der Vorlage:* qman

128. *1384 Mai 22* *(Hand A) fol. 17v*

Vereinbarung mit dem Pleban Heinrich von Cobstädt wöchentlich eine Messe in Wallendorf zu halten.

Dominica post vocem iocundidatis, da wart Heinrich von Kobinstete mit eime rathe eyn, daz man alle wochin an der mittewochin eine mesze sal halde zcu Waldindorf.

a) plebanus von Kabinstete *am linken Rand*

129. *1384 Juli 18* *(Hand A) fol. 17v*

Torhaft für Eiliger wegen Ungehorsams.

Feria secunda post divisionem apostolorum da hisen unse hern Eylingern ge[n] uff daz nuwe thor gen, umme daz her nicht einhilt, daz her geheisen ist in Spangenbergs sache.

130. *1384 Juli 18* *(Hand A) fol. 17v*

Torhaft für Siegfried Beiger wegen Verstoßes gegen die Brauordnung.

Uff den selbin tag hisin unse hern Siverdin Beigern uff sente Jacofs thor [gen], umme daz her lute had lasin bruwe in sime bruwe huse, dy nicht burger sind.

131. *1384 Dezember 9* *(Hand A) fol. 17v*

Die Eheleute Peter und Katharina Franke übertragen ihren Besitz im Todesfalle an das Hospital St. Nikolai.

Feria[a)] sexta post concepcionis Marie da q[u]am Peter Franke, frawe Kathrin, sine wertin, unde habin den haf, da sů wanhaftig inne sind, gegebin zcu sente Nicolao in daz spetal[1)]; wan sů lenger nicht sy, so sal is volge deme spetal; davon get ein halb malder kese uff dy burg.

a) Peter Franke *links über dem Eintrag*
1) *Zum Hospital St. Nikolai am Asbach vgl. H. EBERHARDT, Weimarer Kirchen, S. 77 f.*

132. *1384 Dezember 17* *(Hand A) fol. 17v*

Ratsbeschluss über das Verbot des Kaufs von Wein und Bier in Oberweimar.[1)]

Sabbato post Lucie worden dri rete ein mit einer gemeine, daz kein burger kein Obirwymar ge sal zcu wyne noch zcu byre noch kein rat noch tat darzcu gebe sal, daz er getrenke her in dy stad kome, daz man da kouft. Ouch sal kein burger husgnuszen noch gesunde in sime huse halde, dy daz thun. Wer dez besaget eder besen wert, der sal der stad funf schillinge phenge gebe unde daz gefese, da der wyn inne ist. Daz sal ein iclicher halde, damit der stad gebruche wel waszer unde weide et cetera et cetera.

Druck: A. L. J. MICHELSEN, Auszüge aus einem Weimarischen Stadtbuche, S. 269 f.

a) das gesetzce von fromden getrencke *über dem Eintrag*
1) *Vgl. Stadtbuch von 1380, Nr. 137.*

133. *1391 Oktober 6* *(Hand B) fol. 18r*

Peter Eckebrecht sagt die Zahlung ausstehender Abgaben zu.

(aAnno lxxxxi^{o} a) sexta[b)] post dominicam salus populi[c)] do quam Peter Eckebrecht unde gelobete unser herrin by alle siner habe, dy her hir in der stad hat, daz he[r] wel dy vorseszin sente Walpurge bate gebe 10 ß unde is lot unde ouch sente Michels[d)] bate 10 ß[e)] ante Martini.

a-a) *über dem Eintrag* b) *am Beginn des Blattes ein durchgestrichener und abgebrochener Eintrag:* Ouch ist ein gesetzce, daz czwene burger ... c) *über der Zeile* Borchardi, *daher auch die Datierung auf 1391 Oktober 13 möglich* d) *folgt gestrichen:* tag e) *folgt gestrichen:* 5

134. *1391 November 3* *(Hand B) fol. 18r*

Conrad Wolfferam wird für seine Beteiligung am städtischen Aufgebot entschädigt.[1)]

Sexta[a)] post omnium sanctorum do quam Conrad Wolfferam vor unse herrin unde mande unse herrin unde sprach, daz ome nicht gelont were, daz her gewest was vor deme Scharffensteyne met sime armborste met anderen nackeburen eyn teils; do gabin su ome syner vrouwen korszen wedder, dy stunt an phandis vor eyne wedderstate unde vor eyne gnuge; des danckte her unsin herrin gutlichen unde lis ome daran gnuge.

a) Conrad Wolferam *links über dem Eintrag*
1) *Vgl. O. FRANKE, Mittelalterliches Weimar, S. 47.*

135. *1402 Mai 26* *(Hand C) fol. 18r*

Vereinbarung über die Rückzahlung von Schulden an Hans Rothe.

Sexta[a)] post corporis Christi anno cccc^{o} secundo sint komen in eynen rath Hans Buntschuch, Hartman von Oberingen, Gerlacus von Dreforte, Hans Ilmenicz, Hans Knůszel der junge unde Hans Wedeler (bunde Gerlacus[b)] unde mit on Heinrich Plagk unde habin bekant, daz sie sich mit Hanse Roten gůtlich geeynt habin umme die 40 schog, die om Hans Wedeler schuldig ist, do die obegenanten vire: Buntschuch, Hartman, Ilmenicz unde Knuszel, vor gerett haben, die habin sich nů also geeynt, daz sie semptlich mit eynander, alz sie obegeschriben sten, uzgesloszin Heinrich Plagk, in eyme rathe geredt unde globet habin bie oren guten truwen, daz sie Hansen Rothen sullen beczale 10 schog groschen bynnen acht tagen unde die oberigen 30 schog groschen haben sie om semptlich globet, gutlich czu beczalne uff desin nestin czukunnftigen sentte Mychels tag ane alle argelist unde geverde, also daz Hans Rothe dorumme nicht mer[c)] klagen sal wedir vor gerichte noch vor eyme rath, sundern sie sullen om semptlich halden mit sime guten willin, ane alle argelist.

a) Buntschuch et Hartman *links über dem Eintrag* b-b) *über der Zeile* c) *folgt gestrichen:* darumme

136. *1385 Februar 10* *(Hand A) fol. 18v*

Verzeichnis der Ratsherren und Inhaber der Ratsämter im Geschäftsjahr 1385.[1)]

Feria sexta post Dorothee anno domini m^{o} ccc^{o} lxxxv^{o} da gingin Frederich[a)] Voit, Nicolaus Pheffelbich, ratismeistere, Hans Kappelndorf, Ditherich Phulsporn, Conrad

Riche, Erhard Vederwusch ratislute. Theolonarius est Johannes Brandenhain; magister braxature est Conrad Riche; Erhard Vederwusch recipit iure [!] civium.

Druck: A. L. J. MICHELSEN, Auszüge aus einem Weimarischen Stadtbuche, S. 270.

a) *folgt gestrichen:* Risinbute[l]
1) *Vgl. W. HUSCHKE, Ratslisten, S. 28.*

137. *1385* *(Hand A) fol. 18v*

Ratsbeschluss über das Verbot des Kaufs von Wein in Oberweimar.[1]

Ouch ist ein gesecze, daz kein burger noch burgerinnen noch er gesunde kein Obirwymar ge sullen dorch wins willen, den sů keyfe wullen[a] unde ere phenge dorumme gebe weildin, noch nymande rat noch tat darczu sal gebe noch nymand syn gefesze darczu lyͤ sal. Wer dez besaget unde besen wert mit der werheit, der gebit der stad funf schillinge unde daz gefesze.

a) *folgt gestrichen:* noch nymand
1) *Vgl. Stadtbuch von 1380, Nr. 132.*

138. *1401 April 12* *(Hand C) fol. 18v*

Vereinbarung wegen eines Erbes zwischen den Eheleuten Hans und Margaretha Trebistorff sowie den Eheleuten Heinrich und Metze Kalplacz.

Nota. Feria tertia post quasimodogeniti anno domini m° cccc° primo sint komen vor uns in eynen siczinden rath Hans Trebistorff, Margaretha, sin eliche werttin, Ticzko, o̊r son, Gerlacus von Dreforte uff eyne siiten, Heynrich Kalplacz, Mecze, sin eliche werttin, Peter Egkebrecht, Theoderich Stol uff die andern siiten unde habin vor uns bekant, daz sie die vorgenante Margarethan unde Meczin, geswisterde, frůntlich geeynt habin uz huse unde hoffe unde erbe uff dem felde, also daz Hans Trebistorff vor der genanten Margarethan, sinre elichin werttin, wegin unde orre erbin, Meczin, orre swester, von willeko̊r g[e]gebin habin czu orme teile eyne halbe huffe czu Waldindorff, unde drie ackere czu Obirwimar unde eyn husz, czu unser libin frouwen gelegin bie Clawse Ilmenicze, unde hat vor eyn teil genomen von sinre werttin unde orre erbin wegin unde sines swagers, Heynrich Torwarten, der iczunt in dem lande nicht en ist, die husunge, gelegin an dem margte czu Wymar czwischin Syfarte Rothin unde Heinrich Smede, also ab Heynrich vorgenant qweme, so solden o̊m sin swester Margaretha[a] vorgenant unde ore erbin sinen teil an deme hofe lasze volgin geruweklich unde sal om den halde in redelichim gebuwe unbeschediget unde sal daz vor sten myn hern unde der stad mit allen rechtin bisz also lange, daz beide erfarn in der warheit, ab der genante Heinrich lebe edir tot sie; wer es abir, daz sie erfuren, daz er tot were, so solden sich die vorgenanten swestere beide unde ore erbin uz deme selbin teile teilin glicher wiz als an desem hutigen tage unde sullin alle wiszintlichen schult gliche geldin.

a) *über der Zeile*

139. *[1370 Mai 3]* [1)] *(Hand A) fol. 19r-19v*

Ordnung für das Schneiderhandwerk.[2)]

[(a]Anno m° ccc° lx[x]° [a)] feria[b)] sexta post misericordia domini. Dit ist dy einunge, geseczce unde gewonheit, dy unser hern, dy ratismeistere unde rethe unde dy zcwelf der stad Wymar von einer ganczcen gemeyne wein sind eyn wordin myt den meistern unde deme ganczcen hantwerke gemeinlich der snider.

Zcu deme ersten mal sal keyn snider hyͤ in der stad gewant snide, erbeite mache noch bereyte, her sy vor eyn gesworn burger wordin unser stad unde gemeyne eder sy ein dinstknecht einis meisters, von dez wein her daz bereitet by sinis meisters kesten eder mit anewysunge sinis meisters et cetera.

Ouch[c)] ist eyn geseczce[d)], daz keyn snyder dyͤ innunge habe sulle, her habe danne vor gute kuntschaft eder brife bracht eime rathe unde eim hantwerke von der stad, da her vor gewest ist eder geborn ist, daz her sich wol gehaldin habe unde from sy; den sal man zcu burgere neme dorch bete willen der meistere unvorzcegen der stad rethis.

Ouch yst eyn geseczce dez hantwerkes, wer da sine eynunge habe wel unde ouch dy halden, also vor unde noch geschrebin sted unde uzgesatzt yst, der sal deme hantwerge gebe ein halbin eymer[e)] gutis birs eder dertehalbin schilling davor unde eyn phund wachs zcu den kers dez hantwerks.

Ouch yst ein geseczce, wer da eyn lerjunge weilde werde eder werde, der sal zcu den kerczcen gebe ein phund wachs, also dicke also daz geschet.

Ouch yst eyn geseczce, daz kein burger dez hantwerks noch sine kint keyn gehalbert gewant sal trage, her habe sin danne gliche farwe unde glich halber, zcu kogeln unde zcu hasin eder rak eder mantel, ab her den darzcu habe weilde, eder mantel; unde einis mannes knecht sal daz ouch also halde; daz sal en syn meistere underwise, sundern waz eyn iclich knecht her in dy stad brenget zcu syme meistere, daz mag her wol trage, dy wile ym daz vuget ungebessert myt andrer farwe, de also her bracht had. Wer daz besagit werd, der sal ein phund wachs gebe zcu dez hantwerks kerczcen. Referte fullium.[f)] |

Ouch[g)] ist eyn geseczce, daz eyn iczlich[h)] hantwerg zcwene meistere sal kyse zcu jaren unde sal ein rat bete, daz her dy bestetige, daz sal ein rat thuͦ. So sal denne daz hantwerg den zcwen meistern ein rechtin gehorsam thu vor eyme rathe, daz suͦ wullen gehorsam sy in allen guten dingen, dy daz hantwerg gefertige megen; so sullen denne dy meistere eime rathe swere eyn eyt, daz suͦ daz nicht wullen lase dorch lyb noch dorch leit, daz suͦ daz hantwerk wullen fertige, so best[i)] su er kengen uff erin eyt, also daz aller geseczce nicht sullen schullen schedelich sy noch wederseczcit sy eyner stad unde gemeyne; ouch wer den meistern dez hantwerkes wederseczcig were in iclichin gewelliclichim geheyse, wy daz kome mechte, der seylde eyner stad gebe czwe[k)] schilling unde deme hantwerke eyn halb phund wachs; tret is aber in eyner stad geseczce mete an, darnoch seylde her busze, da sal eyn rad volkomen zcu thu von eyner stad weyn, wo su dez selbist nicht geeynde kenden.

Druck: A. L. J. MICHELSEN, Auszüge aus einem Weimarischen Stadtbuche, S. 270 f.

a-a) *am linken Rand; das Datum ist verwischt, so dass eine Ergänzung der letzten Zahlen vorgenommen werden muss* b) *in Auszeichnungsschrift über dem Eintrag:* dy schretere, gesetcze der snidere; *darüber von einer Hand des 16. Jahrhunderts:* der schneider innung c) sartores *über der Zeile* d) *über der Zeile; darunter* eynunge *durchgestrichen* e) *folgt gestrichen:* bir f) *am unteren Blattrand Vermerk von einer Hand des 16. Jahrhunderts:* ist gut latein, referte fullium g) dye hantwerge *über dem Abschnitt* h) *über der Zeile* i) *folgt gestrichen:* wu k) *auf Rasur*

1) *Die Lesung der Datierung ist unsicher, die Auflösung mit 1370 folgt der Ansicht von Armin Tille. Vgl. A. TILLE, Weimar und die Grafen von Weimar-Orlamünde, S. 232.*

2) *Vgl. H. EBERHARDT, Anfänge, S. 124 f.*

140. *1385 Mai 12* *(Hand A) fol. 19v*

Heinrich Uthe verpfändet einen Hof an Hans Hewig von Mellingen.

Feria[a] sexta post Gothardi da quam Heinrich Uthe vor unser hern unde bekante, daz her den[b] sedelhaf, der aczcwanne gewest ist Heinrich Carnifex, recht unde redelich vorsaczt hat vor vhircen phunt guter lantphenge deme beschidin knechte Hansen Hewyge von Meildingen unde sin erbin, unde hat em den haf also gesaczt, daz her jerlich darinne siczce unde bederfe sulle, dy wile her ym dy phenge nicht bezcalt habe; unde wanne Heinrich Uthin dẙͤ phenge bezcale weilde, daz seilde her Hewige uff unser frowen tag lichtewy eder eyn vyrteil jare vor sente Walpore tag sage[c]; daz selbe seilde Hewige ouch thun, ab her uz deme hafe zcẙͤ weilde unde sine phenge weilde weder habe; ouch sal Heinrich Uthin Hansin Hewigen abeneme aller anspruche kein ẙͤdermellichim, her sy geis[t]lich eder werltlich, cristen eder juden; ouch sal Heinrich Uthin den haf bessere, an deme dache alle jar, wan daz not geschet, unde sal den haf vorrechte an eynsin, an bote; geschehe dez nicht, waz denne Hewig uzgebe unde an daz dach leite unde[d] bate eder zcinse gebe muste, daz seilde her uff den haf sla zcu den vhircen phundin; ouch sal her sunderlich den haf bessere al umme unde umme unde rinnen lege, wan daz not gesche.

a) Heinrich Uthin *am linken Rand* b) *folgt gestrichen:* hof c) *über der Zeile* d) *folgt getilgt:* eder

141. *1386* *(Hand A) fol. 20r*

Verzeichnis der Ratsherren im Geschäftsjahr 1386.[1]

Anno domini m° ccc lxxxvi° fuerunt proconsulez Theodericus Krebis, Conradus Blankenhain; Conradus von Jene, Guntherus Karpe, Nicolaus Reinbote et Theodericus Scheffhendorf consules.

1) *Vgl. W. HUSCHKE, Ratslisten, S. 28.*

142. *1386* *(Hand A) fol. 20r*

Ratsbeschluss über das Bierbrauen.[1]

Ouch[a] ist ein gesecze, wo burger[b] sind in eime hafe, dy ungezcweiget sind an eren guten, dy sullen nicht mer bruwe, wan[c] funf bir in den haf also ein ander burger; wer ouch, ab zcwene burger in eime hafe sezzen unde dy gesundert unde geteilt wern mit aller eren guten unde kesten,[d] da sal er iclicher funf bir[e] bruwin unde sal der stad davon schosche, also dy geseczce[f] uswisegen[g]; ouch sal nymand[h] mer malz neme zcu eime bire wan vir malder noch der stad mazse; ouch sal nimand bruwe vor frund noch mage noch vor fromde lute; ouch sal eniclich burger unde burgerin, dy da bruwen unde schenke, ein panczer unde isenhud unde hantschů habin; [(i]wer dez nicht had, der sal nicht bruwe[i)], ouch sal[k)] kein burger nicht bruwe, her sicze den buwelich[l)] in der stad in der murn.

Druck: A. L. J. MICHELSEN, Auszüge aus einem Weimarischen Stadtbuche, S. 271 f.

a) bier brauen *von einer Hand des 16. Jahrhunderts am rechten Rand* b) *über der Zeile; darunter* lute *gestrichen* c) *folgt gestrichen:* vh[ir] d) *folgt gestrichen:* dy in e) *über der Zeile; darunter ein Wort gestrichen* f) *folgt gestrichen:* be g) *folgt gestrichen:* es h) *in der Vorlage:* mymand i-i) *über der Zeile* k) *folgt gestrichen:* nimand l) *über der Zeile*

1) *Vgl. H. EBERHARDT, Anfänge, S. 127; Statutenbuch von 1433, Nr. 16.*

143. *1386* *(Hand A) fol. 20r*

Ratsbeschluss über die erlaubte Höhe der Opfergelder.[1)]

Ouch ist ein geseczce, daz kein burger noch burgerin mynre sullen opphere zcu keiner messe wan ein gulden, usgeslossen dy rechten opphertage, so sal ydermellich offhere waz gewellich ist.[a)]

a) *Eintrag durchgestrichen; am rechten Rand ein Vermerk des 16. Jahrhunderts:* vide supra, da stehet mher

1) *Vgl. Stadtbuch von 1380, Nrr. 126, 146.*

144. *1386 Dezember 28* *(Hand A) fol. 20r*

Conrad Hammerstet sagt die Ableistung einer Buße zu.

Feria sexta post Thome apostoli da gelobete Conrad Hammerstete 30 vuder steins [(a]zcu vurnne[a)] dorch der sache willen, da her uff deme nuwen thore umme sas.

a-a) *über der Zeile*

145. *1386 Dezember 28* *(Hand A) fol. 20r*

Ableistung einer Buße durch Gerlach.

Item Gerlacus tenetur 10[a)] vacturas lapidum; ducit.

a) *eine danebenstehende zweite* 10 *getilgt*

146. *1386* *(Hand A) fol. 20v*

Ratsbeschluss über die Ableistung der Opfergelder.[1)]

Ditz[a)] ist daz gesetze, daz daz oppher anreicht: also daz ein ixlich burger unde burgerin unde ein gancze gemeine unde alle den, dy da der heilgen kerche gebruchen sullen unde wullen, daz su sullen ophere zcu[b)] rechten opphertagen zcu iclicher zcit, also dy uzgesatzt sind noch pherlicher gewonheit; ouch habe wir geheiszen [unde] gesatzt, daz ein iclicher, wer da tetzman gebe sal eder waz anderz pherres recht ist eder[c)] were, daz man ouch daz reichein unde geben sullen. Ouch habe wir gesatzt unde geheiszen, ab zcwu lich eder dry weren, mynre eder mere weren, daz nymand sulle mer opphere den eins[d)] zcu einer mesze.

Druck: A. L. J. MICHELSEN, Auszüge aus einem Weimarischen Stadtbuche, S. 272.

a) offertorium *über dem Eintrag* b) *folgt gestrichen:* allen c) *folgt gestrichen:* werde d) *über der Zeile*

1) *Vgl. Stadtbuch von 1380, Nrr. 126, 143.*

147. *1386 September 11* *(Hand A) fol. 20v*

Torhaft für Hermann Brot wegen Ungehorsams.

Feria[a)] tertia post nativitatis Marie, da hisen unser hern Herman Broten uff daz nuwe thor gen, umme daz her nicht enhilt, daz her by unsern hern waz bleben in den sachen Heinrich Phiffers.

a) Brot *am linken Rand*

148. *1386* *(Hand A) fol. 20v*

Gefangensetzung der Wollweber wegen Ungehorsams.

Feria[a)] post[b)] da hisen unser hern dy wullenweber uff dy thor gen, umme daz sur [!] nicht hylden, daz su unser hern hisen in den sachen Johan Blankenhain.

a) *in der Vorlage:* ferie; wullenweber *am linken Rand* b) *davor und danach ein Spatium gelassen*

149. *1386 Dezember 13* *(Hand A) fol. 20v*

Die Markgräfin [Margaretha, Frau des Landgrafen Balthasar,] weist an, dass sich ohne ihre Zustimmung weder die Ratsmeister noch die Ältesten verpfänden sollen.

In die Luce ewangeliste da sante unse frowe, dy marggrevin, noch Theoderich [Krebis] unde Conrad[a)] Blankenhain, ratismeistern, unde geboit unde bat sů, daz sů sich noch andere ere eildisten nymanden seilden lase vorsecze, sů tetens danne mid erme willen in keinerleige wys.

150. *1387* *(Hand A) fol. 21r*

Ratsbeschlüsse über die Reinhaltung der Gassen, die Einsetzung von Hauptleuten in den Stadtvierteln und über das Verbot des Spiels.[1)]

[(a]Anno domini m° ccc° lxxxvii per Fredericum Risinbutel eorumque socii [!]:[a)]

Ouch[b)] ist ein geseczce, daz nymant sal mist uz sime huse trage noch vertige an dy gasse, daz her da lenger sulle lege wan achtage; wer den lenger let lege, der sal funf schillinge an dy stad gebe, al dicke, daz nod geschet.

Ouch sal nymand halcz an dy gazse lege, daz her lenger lase lege wan achtage; licz lenger, der gebit funf schilli[n]ge.

Ouch sal nymand wayne noch karren an gemein gaszen lase sten, dy in den gassen gehindere mechten lute, dy ge unde rithe sullen; wer dez besaget werd, der gebit funf schilli[n]ge.

Ouch suln heitlute [sy] zcu unser frowen virtheil.[c)]

Ouch suln heitlute sy in deme virteil dez nuwen thors.

Ouch suln heitlute sin in deme virtheil zcu sente Jacofe.

Ouch suln heitlute sy in deme virteil dez Kegelstore.[2)]

[(d]Ouch syn unser hern, dy rete unde dy acht man [(e]von der gemeine[e)] ein worden dorch nucz willen arm unde riche, daz kein borger noch borgerz kint spele sal; wer dez besait wert, der sal gebe 5 ß, alzo dicke, alzo daz not[f)] gescheit; noch in sime huze spele lest, der wert sal dyselbe buze gebe, alzo dicke dez noit gescheit; och sunderlichen sal nimant das boze spel spele laze noch spele in sime huze, daz man nennet dy cluft; bretspel mag man wol spele.[d)]

Druck: A. L. J. MICHELSEN, Auszüge aus einem Weimarischen Stadtbuche, S. 272 f.

a-a) *am oberen Blattrand über den Einträgen* b) *von einer Hand des 16. Jahrhunderts über den Einträgen:* mist, holtz, wagen, karn c) *von neuzeitlicher Hand* heupleute *am linken Rand* d-d) *Nachtrag* e-e) *über der Zeile* f) *über der Zeile*

1) *Zur Sache vgl. O. FRANKE, Mittelalterliches Weimar, S. 27; Statutenbuch von 1433, Nrr. 17, 26, 37.*

2) *Zur hier erstmals bezeugten Einteilung in Stadtviertel vgl. H. EBERHARDT, Anfänge, S. 87, 93.*

151. *1385 März 10* *(Hand A) fol. 21v*

Die Eheleute Hermann und Thele Lindener übertragen dem Schüler Hans Lindener, Sohn der Thele, auf Grund der Volljährigkeit Güter.

Feria[a)] sexta post oculi da quam vor uns Herman Lyndener unde Thele, sin eliche werten, unde gab recht unde redelich Hanse Lyndener, dem schůler, der vorgenanten Theln rechte sone, alle sine habe, dy her zcu der zcyd hatte unde ymmer mechte gewynne mid siner werten, unde sunderlich daz hus, daz da lyd hinder der stoben, unde zcinst sebin schillynge unde ein lammesbuch unserme hern, dem marggraven.

a) Lindener *über dem Eintrag*

152. *1390 Februar 1* *(Hand B) fol. 21v*

Vereinbarung zwischen dem Vikar Conrad Mattstedt und Wetige von Goltbach wegen eines Hauses und darauf liegender Belastungen.

Anno[a)] lxxxx figilia purificationis da quam er Conrad Matstete, vicarius czu deme nuwen spetale[1)], unde Wetige von Goltbach vor unser hern unde haben sich vorhandelt mit einander umme daz hůz boben Oydingestorf huze, darobir her Conrad[b)] hat der stad brif vor czen phunt phenge czu eyme bekentnisze; da hat Conrad unser hern gebeten, daz su Wetige underwisten, daz her den brif erloste; daz taten unser hern dorch bete willen ern Conrad; da sprach Wetige Goltbach, er hilde sich czu deme huze nicht unde vorczoch sich dez huz unde aller ansprache vor sich unde alle sin erbin, weder geistlich noch werltlich gerichte alzo bescheidelich, daz der hoitbrif, den her Conrad hat, nicht beschedige sal an keiner stad, weder geistlich noch werltlich, daz hat er Conrad geret unde gelobet, den brif inne czu habene ane schaden Wetigen Goltbach unde siner erbin.

a) dominus Conradus de Matstete vicarius des neuwen spitals *von einer Hand des 16. Jahrhunderts am linken Rand* b) *über der Zeile*

1) *Gemeint ist das seit 1386 belegte Laurentius-Hospital. Vgl. H. EBERHARDT, Weimarer Kirchen, S. 78.*

153. *1390 März 15* *(Hand B) fol. 22r*

Johann Kotendorf überträgt Güter auf seinen Stiefsohn.

Anno[a)] lxxxx tercia post letare quam Johannes Kathendorf mit siner wertin (b vor unse hern[b)] unde mit sin stifson unde hat[c)] den gegebin alle sine gut, dy sů beider sit haben in der stad Wimar unde uf deme felde, unde vorczit sich der mit gutem willen ane argelist, alzo daz her mit den guten nicht mer czu sickene habe sal, iz sy danne siner stifsone guten willen.[d)]

a) Kothendorf *am linken Rand* b-b) *über der Zeile* c) *über der Zeile* d) *Eintrag durchgestrichen*

154. *1391 Januar 5* *(Hand B) fol. 22r*

Dietrich Phulsborn, sein Schwager Albrecht und seine Nichte Alke legen einen Streit unter anderem wegen Schulden bei.

Anno[a)] lxxxxi^{o} quam Ditherich Phulzborn, Albrecht, sin swawer, Alke, sinz bruder tochter, unde haben sich geeint vor unser hern umme alle dy sache, czuspruche, dy su ye gewunnen biz uf dy czit der scheidunge, alzo daz er Ditherich Phulzborn gab deme genanten Albrechte unde[b)] siner wertin 9 ß phenge vor alle schulde unde bruche, dy su mit einander gehat hatten, unde der genante Olbrecht unde sine wertin haben dem genanten Ditherich Phulzborne seben virteil[c)] ackerz gesaczt vor ein phunt phenge, der sal sich selber loze by dren jarn. Daz geschach an deme dunrestage noch deme achten tage, daby sint gewest dy erbarn lute Hanz Weize, Fricze Kegel, Ditherich Topher, Conrad Slusingere, Clauweiz Peter, dy[b)] daz mit unser hern geteidingen unde gesont haben mit beider partige gute willen.

a) Ditherich Phulsborn *und* 1391 *über dem Eintrag* b) *über der Zeile* c) *folgt gestrichen:* lande[z]

155. *1402 Oktober 24* *(Hand C) fol. 22r*

Bertold von Denstedt verpfändet sein Haus an Dietrich Babest.

Anno[a)] domini m^{o} cccc^{o} secundo feria tertia post Severi ist komen vor eynen siczinden rath Berlt von Deynstet unde sine erbin unde williklichen gesaczt sine husunge, gelegin an der egken alz man czu der badestoben get obir dem molborne, Theoderich Babeste unde sinen erbin vor virczendehalb schog unde acht groschen unde habin uns gebetin, daz wir om dez bekennen an der genanten husunge unde schriben in unser stad buch.

a) Berld von Deinstete *über dem Eintrag*

156. *1391 Januar 31* *(Hand B) fol. 22v*

Der Rat legt einen Streit zwischen Heinrich Hopfener und Claus Topfer von Synderstedt wegen einer Abflussrinne bei.

Anno[a)] lxxxxi tercia ante purificationis Marie quam Heinrich Hopfenner unde Clauweis Topfer von Sinderstete vor unser hern umme bruche, dy su uf beide siten kein einander hatten umme eyne rinne, dy czwuszen en beiden lit; dez haben su unser hern alzo geeynt, daz Clauweiz Topfer vorgenant, sal Heinrich Hopfennern berinne czwissen ern beydern[b)] husern, wan dez noit gescheit unde alzo dicke man dez bedarf, ane Heinrich Hopfennerz schaden unde sinen erbin unde suln daz gůtlichen halde ane argelist et cetera.

a) Heinrich Hopfener *über dem Eintrag* b) y *über der Zeile*

157. *1392 Februar 23* *(Hand C) fol. 22v*

Hans Federwisch zahlt das Erbteil seiner Tochter an Lutze Franke aus.

([a]Anno lxxxxii^{o} [a)] sexta[b)] post exurge quam Lucze, Heinrich Francken vettere, ([a]unde Hans Ffedderwisch[a)] unde habin bekant vor eyme siczenden rate, daz su sich alzo geeynt haben, daz Hannes[c)] Ffedderwisch hat deme genanten Luczen gegebin ([d]von siner tochter wein, Margareten, des genanten Heinrich Francken wertin,[d] dry schog groschen vor daz seddelhus, gelegin zcwischen Clause an Berge unde Heinrich Franken huse, unde vor alle daz anegefelle, daz her gehabe mochte[e], eddir ummer gewynne mochte an des genanten Heinrich Francken guten, des vorzciit her sich met volbedachtem mute unde met gutem willen.

a-a) *über der Zeile* b) Heinrich Franke *über dem Eintrag* c) *folgt gestrichen:* Francke d-d) *am linken Rand* e) *folgt gestrichen:* an des

158. *1392* *(Hand C) fol. 23r*

Handwerksordnung der Leineweber.[1)]

Der[a)] linenwebere eynunge sal alzo syͤ, daz oͤr handwerg nymant sal erbeiten, her syͤ borger; unde wer doͤ borger wert unde daz hantwerg erbeiten wel, der sal deme hantwerke gebin zcu wyszenschaft eynen halben emmer gutis birs unde eyn phunt wachs. Were ouch, daz eyn lerjunge[b)] in oͤr hantwerg queme, von deme soilden suͤ neme eyn halben emmer gutis birs unde eyn halb phunt wachses.

Ouch suln suͤ oͤr maz habe noch oͤrre gewonheit, domete syͤ daz tuch fertigen in dy breite unde sullen meister habe, dy daz besyn by oͤrme eyde; wen dy besagen met der worheit, der sal deme hantwerke gebe 4 denarios zcu busze zcu orre kerczen unde der stad eyn schilling.

Ouch wo sich eyn knecht zcu eyme meistere seczte, der sal von erst eyn phennig gebe zcu orre kerczen, alze dicke, alze daz geschege unde daz ickein meister eyn knecht sal neme, her habe denne gutlich entsaczt met deme her voͤre gewest ist unde waz oͤr eyn deme andern hette zcu zcu sprechene, her were meister eddir knecht, daz soilden suͤ an ore meistere brenge unde daz vorsuche, ob syͤ sich gutlichen entrichten konden.

Ouch alles daz met der laden erbeit, daz sal in deme hantwerke syn; ouch suln ore meistere gen uff den markt met eyme stadknechte unde suln daz gorn besy; wer daz vorkoyfte eyneme borgere unde syne rechten vedeme nicht enhette, daz soilde sich eyner stad knech[t] zcu halden, unde welche den meistern nicht gehorsam wolde sy, der soilde geben eyn phunt wachses zcu der kerčzen unde der stad eyn schilling phenige.

[(c]Ouch sal man je von drey roren eyne busze geben deme hantwerke [(d]4 denarios[d)] unde der stad [(e]4 denarios[e)] [busze geben].[c)]

[(f]Ouch wer do halbe tuchere wolde machen eddir werke, der solde suͤ machen funf verteil breit; wer des nicht en thut, der lit dyselbin busze, alze vore geschrebin stet.

Ouch sal kein meister noch meisterin nymande beten umme sine erbeit; wer das tete, unde des besaget wert met der worheit, der lyt dy busze deme hantwerke eyn phunt wachs unde der stad eyn schilling phennige.[f)]

Ouch haben sy[g)] sich vorkort in eyme rathe, daz suͤ alle jar jerlichen sullen reichen unde geben eyme rathe eyne hantweln, funf elle lang, unde sullen dy reichen, wenne eyn nuwe rath ynget.

Druck: A. L. J. MICHELSEN, Auszüge aus einem Weimarischen Stadtbuche, S. 273 f.

a) lxxxxii° *und* der linwebere eynunge unde gewonheyt *über dem Eintrag* b) *in der Vorlage:* lergunge c-c) *Nachtrag von gleicher Hand* d-d) *am linken Rand* e-e) *auf Rasur, der ursprüngliche Text lautet:*

alz vo geschrebin stet f-f) *am unteren Blattrand nachgetragen* g) *über der Zeile*
1) *Vgl. H.* EBERHARDT, *Anfänge, S. 124 f.*

159. *1392 März 2* *(Hand C) fol. 23v*

Johann Schopffendorf und seine Stiefschwester legen ein Streit um Rechte an des Bruders Gut bei.

([a]Anno lxxxxii[o] [a)] sabbato[b)] post esto michi sint komen ([c]vor unse hern[c)] Johannes Schopffendorff, Sophie, sine stifswester, mit oren[d)] vrunde uff beide partige unde haben do bekant, daz sů sich gutlichen geeynt unde entricht haben, mit ŏr beider guter wiszen unde willen, alzo daz dy genante Sophie hat sich vorczogen alles rechtes unde ansprache, dy su an der bruddere guten gehabe mochte eddir ummer gewynne mochte; darby sint gewest dy bescheiden lute Ditherich von Zcymmer, Hans Schilling, Herman Tostorff, Heyneman von deme Rode, ŏr stifvater.

a-a) *über dem Eintrag* b) Hans Schopffindorff *über dem Eintrag* c-c) *über der Zeile* d) *folgt gestrichen:* beider partige

160. *1392 März 13* *(Hand C) fol. 23v*

Vereinbarung zwischen den Brüdern Hermann und Dietrich Arczt und ihrem Schwager Hermann Bechstet über Ansprüche an einem Hof in der Windischengasse.

([a]Quarta post reminiscere anno lxxxxii[o] [a)] sint[b)] kommen ([c]vor unse hern[c)] Hartman von Oberingen, Herman Arczt[d)] unde Ditherich Arczt, sine swegere, unde Herman Bechstete unde habin bekant, daz su sich gutlichen geeynt habin met orre muter, alzo daz sich dy vorgenanten Herman Arczt unde Ditherich, sin brudder, unde Herman Bechstete, ŏr swager, vorczyen sich recht unde reddelichen alles anevalles, den sů ummer gewůnnen mochten an deme seddelhofe, gelegin in der Windesche gasze[e)] nest Stŏle[f)], unde 11½ acker[g)]; dy genante gute sint zcugeteidinget Hartmanne von Oberinge; darnoch, was or muter gute[h)] hette eddir gewunne, dy or zcugeteilt worden in rechte, do soylden dy genante vire glichen teil nemen, usgesloszen dy dry phunt, dy der genante Hartman ynne hat; wan sů nummere were, so sullen dy dry phunt volgen deme megenanten Hartmanne von Oberingen unde gelobin, daz zcu male genczlichen zcu haldene, alze vore geschrebin stet.

a-a) *über dem Eintrag* b) Hartman von Oberinge *links über dem Eintrag* c-c) *über der Zeile* d) *folgt gestrichen:* sin e) *folgt gestrichen:* gelegin f) *folgt gestrichen:* unde der halben hufe g) *folgt gestrichen:* der Hartman h) *folgt gestrichen:* gewunne

161. *1392 Mai 17* *(Hand C) fol. 24r*

Claus Franke beherbergt und verköstigt gegen die Zahlung von elf Pfund Pfennigen seinen Schwiegersohn Heinrich Langgrefe und dessen Frau Margarete.

([a]Anno lxxxxii[o] [a)] sexta post cantate sint komen vor unse herren Claus Francke met Heinriche Langgrefen, sine tochtermanne, unde Marete, sin tochter, des genanten Heinrich vrouwe, unde[b)] Heinrich Schilling ([c]von Deinstete[c)], ouch sin[d)] tochterman, unde Kethe, sin tochter, des genanten Schillinges vrouwe, unde haben sich des geeynt met orer vrunde rathe unde wissen, alzo daz der genante Heinrich Langgrefe unde sine wertin legen unde geleget haben eilf[e] phunt phenninge alzo bescheidelichen, daz der genante Claus Francke sal dem egenanten Heinrich Langgrefen unde siner werttinne vor sı̊n met husůnge unde met essene unde met trinkene, dy wile her dy phenninge ynne hat; were ouch, daz der egenante Claus Francke abeginge von todes wegin, daz got lenge, so sal sich der egenante Heinrich Langgrefe unde sine wertin unde alle sine erben der genanten eylf[e] phunde erholen an[f] des genanten Claus Francken huse unde hofe unde an alle sinen guten, gesucht unde ungesucht, ane alle weddersprache der anderen kindere, Claus, sins sons, unde Kethen, siner tochter, unde anderer orer vrunde; do haben by gesessen er Frederich Voit, Herman Bornman, Hannes Buntschuch, Hartman von[g] Oberingen, Herman Rudegestorff, Hans Krug[h], zcu der zciit ratismeistere unde rethe.[1] [i]

a-a) *über dem Eintrag* b) *am linken Rand* c-c) *über der Zeile* d) t *am Wortausgang getilgt* e) *auf Rasur* f) *folgt gestrichen:* alle sinen g) *folgt gestrichen:* Obeir h) *folgt gestrichen:* ra i) *Eintrag durchgestrichen*

1) *Vgl. W. HUSCHKE, Ratslisten, S. 28.*

162. *1393 Februar 28* *(Hand C) fol. 24r*

Apetz Mattstedt, seine Frau und sein Sohn verpfänden ihr Haus.

([a]Anno lxxxxiii° sexta post invocavit[a]) sint[b] komen vor unse herren Apecz Matstete, sine eliche wertin, Nickel, sin son, unde haben do gesaczt oren hoff, gelegen by den fleischbencken, Conrade Slusingere, Heinczen Jane von Wissenkerchen czu eyme willegen phande vor 54 schillinge phenninge, daz su vor on geret haben vor dy genanten phenninge kein Hannese Schuncken von Wissenkerchen, unde der genante Apecz unde sine erben reden unde geloben, dy genanten[c] 54 schillinge gutlichen czu reichene unde czu beczalne uff den nesten sente Michels tag deme egenanten Hanse Schuncken unde sinen erben ane allen vorczog; beczalte her on nicht uffe dy tageczíit, alsze vore geschreben stet, unde daz dy vorgenanten borgen gemant werden, so sullen su sich erholen der 54 schillinge an deme egenanten hofe unde sullen dy reichen unde beczale den egenanten Hannese Schuncken unde sinen erben unde, ab kein mogelich schade daruff gegangen were, des salden su sich ouch an dem hofe erholen; unde der genante Apecz unde sine erben reden unde geloben, dy egenanten borgen gutlichen darvon czu brengene ane alle oren schaden.

a-a) *über dem Eintrag* b) Apecz Matstete *links über dem Eintrag* c) *über derZeile*

163. *1392 Juni 17* *(Hand C) fol. 24v*

Schuldvereinbarung zwischen Dietrich Botener und Conrad Botener aus Magdala.

([a]Anno lxxxxii° [a]) secunda[b] post corporis Christi sint komen vor unser herren Ditherich Bottener unde Conrad Bottener von Madela unde haben sich geeint, alzo daz der genante Conrad Bottener Ditherich Bottenere unde sinen erben gelegen hat dryͤ phunt phenninge uff sinen hoff alzo bescheidelich, daz her om dy phenninge wedder sal gebin uff den nesten sente Mertins tag; geschit dez nicht, sol sal[c] sich der genante Conrad zcu deme egenante huse halden, alzo lange bys daz der egenante Ditherich unde sine erben deme genanten Conrade unde sinen erben dy genanten dry phunt wedder gegebit unde der genante Conrad sal darvon thun alle gewolliche rech[te] wyle her is ynne hat.

a-a) *über dem Eintrag* b) Theoderich Botener *über dem Eintrag* c) *über der Zeile*

164. *1392 Oktober 26* *(Hand C) fol. 24v*

Schuldvereinbarung zwischen Claus Sachse und Hermann Lutterbach aus Nürnberg.

Sabbato post Severi sint komen vor unse herren Claus Sachze unde Herman Lutterbach von Nornberg unde haben bekant beider siet, wy daz der genante Herman Lutterbach geleit hat by Clause Sachzen 28 schog groschen uf mogelichen gewin unde haben dy met eynander an weit[a] geleit alzo bescheidelich: were is, daz der genante Herman Lutterbach abeginge von todes wegiͤn, daz got lenge, so suln sich sine erben zcu der genanten summa geildes halden unde dy sal oͤn der obgenante Claus Sachze eder sinen erben, ab her nicht lenger were, gutlichen wedder reichen unde bezcalen ane allerleige argelist unde wedderrede.[b]

a) *über der Zeile* b) *Eintrag durchgestrichen*

165. *1403 März 6* *(Hand C) fol. 24v*

Beilegung eines Streits zwischen Peter Eckebrecht und Heinrich von Walde.

Item feria tercia post invocavit anno cccc° tercio sint komen vor unse hern in eynen rath Hartman von Oberingen, Ffrederich Riszinbutel, Hans Jegher unde Nickel Goͤczen von Meldingen unde haben vor uns bekant, daz sie Peter Egkebrechten unde Heinrich von Walde bericht haben umme sulche stucke unde bruche, die sie wedir eynander gehabt haben noch lute dez briefes, den der genante Heinrich bie eynem rath geleit hat, also bescheidenlich, daz der hoff Petir Egkebrechtz, der in dem genanten [briefe][b] vorschrebin stet, dem gen[an]ten Heinrich noch stet vier schog groschen unde 2 scheffele korns, dee er om bezcale sal uff desin nestin zcukumftigen sentte Mertins tag ane vorzcog; were ez abir, daz on Petir nicht bezcalte uff die genanten tagezciid, so sal unde mag der genante Heinrich unde sine erbin den egenanten hoff vorsecze vor die 4 schog unde 2 modios frumenti, alz obegeschrebin stet, ane arg unde intrag.

a) Hartman *am linken Rand* b) *in der Vorlage:* hofe

166. *1392 Oktober 23* *(Hand C) fol. 25r*

Margarete Torwartin verkauft ihrer Tochter einen wiederkäuflichen Jahrzins.

Quarta[a] post Severi sint komen vor unse herren Marete[b] Torwartin unde Hannes von Trebistorff, Mareten, orre tochter, man, unde[c] Mechtilt, or tochter, unde haben bekant, wy daz dy genante Mechtilt[d] der egenanten Mareten, orre muter, gelegen hat vier phunt guter phenninge uff oren hof, gelegen an deme margte, zcwischen Petere Ekkebrechte unde Gotschalke Hammersteten in der stad Wimar, alzo bescheidelichen, daz dy egenanten Marete Torwarten sal reichen unde geben jerlichen achte schillinge zcu cinsze der egenanten Mechthilde, orre tochter, edder Heinczen Kalplasse von Hersfeilde[e], orme elichen werte; were is ouch, daz dy egenante Marete

Torwarten abeginge von todes wegen, daz got lenge, so soilde sich der egenante Heincze Kalplas edder Mechthilt, sine wertin, der genanten vier phunde erhole an deme egenanten hofe ane weddersprache der anderen kindere unde was dar oberleiges were, dar soilde[f)] eyn kint alze gut recht zcu haben, alze daz andere ane allerleige weddersprache.

a) Marte Thorworten *über dem Eintrag* b) *über der Zeile; darunter* Mechthilt *gestrichen* c) *über der Zeile* d) *folgt gestrichen:* Mar- e) *folgt gestrichen:* edder or f) *folgt gestrichen:* or

167. *1394 Februar 1* *(Hand C) fol. 25r*

Schuldanerkenntnis des Hermann Hockelei.

In[a)] vigilia[b)] purificationis Marie anno lxxxxiiii° sint komen vor unse herren Herman Hokeleyͤ unde haben bekant, daz su recht unde reddelichen schuldig sint verczehen phunt guter lant were [(c]von deme hoffe, der do yst gewest Mattes Grefiͤn, den su on vorkouft habiͤn,[c)] czu beczalne uff den nesten sente Jacoffs tag ane alle oren schaden Johannese Jegere, Hanse Brandenhaine unde Hansen Brandenhaine, sinen bruddere, ane argelist; do sint borgen unde selpschuldegen vor worden dy bescheiden lute Kerstan Swerstete unde Heinrich Klues unde geloben, daz gutlichen czu haldene ane allerleige argelist. Ouch gelobit der egenante Herman Hokeley unde sine erben, dy vorgenanten borgen der borgeschaft gutlichen abeczunemene ane alle oren schaden. Ouch ist geret, were is, daz dy phenninge gewunnen worden czu cristen edder czu joden, der schaden sullen dy selpschuldigen tragen ane allerleige wedderrede unde gloybere nicht.

a) Hocleye *über dem Eintrag* b) *über der Zeile; darunter* die *gestrichen* c-c) *Nachtrag von gleicher Hand unter dem Eintrag*

168. *1393 November 18* *(Hand C) fol. 25v*

Vereinbarung zwischen Conrad Voit und Dietrich Kemmerer wegen Schulden.

Tercia feria post Martini anno lxxxxiii° sint komen vor unse herren Conrad Voit, Ditherich Kemmerer unde haben bekant, alzo daz der egenanten Ditherich Kemmerer unde sine erben gelegen haben Conrade Voite unde sinen erben fumff phunt phennige uff sinen hoff unde czu alle siner czuhorunge, alzo daz her deme genanten Ditherich unde sinen erben sal daruff reichen jerlichen uff sente Michels tag eyn halp malder gutes korns Wyma[r]schs maszes; alzo were is, daz der genante Ditherich edder sine erben dy fumf phunt[a)] wedder habe wolden edder der genante Conrad edder sine erben dy egenanten czinse wedder abelose wolden, daz solde or eyn deme anderen sagen vier wochen vor sente Michels tage. So gelobet der egenante Conrad Voit unde sine [erben], dy egenanten fumf phunt guter lantphenninge met den czinsen wedder czu reichene unde czu gebene uff sente Michels tag, der noch der vorkundegunge nest czuku[n]ftig wert, ane alle oren schaden, hindernisse unde vorczog deme egenanten Ditherich unde sinen erben edder Hartman von Obringen, sime getruwen hendere, ab her selben nicht key[n]werdig komen mochten, des[b)] sint borgen vor on worden dy bescheiden Hans Spangenberg unde Hans von Dornborg unde geloben ome unde sinen erben gutlichen czu haldene ane allerleige hindernisse; were is, daz dy egenanten borgen gemant worden von den egenanten koiffern, so sullen su[c)] sich halden zcu deme hofe unde czu siner czuhorunge unde sullen dorvon richten unde beczalen dy egenanten fumf phunt guter lantwere met den czinsen dem egenanten Ditherich unde sinen erben ane allerleige argelist unde wedderrede.[d)]

a) *folgt gestrichen:* guter lant b) *folgt gestrichen:* geloben met ome dy c) *über der Zeile* d) *Eintrag durchgestrichen*

169. *1393 Januar 24* *(Hand C) fol. 26r*

Barbara, Frau des Hans Beme, überlässt Dietrich Sprung gegen die wiederkäufliche Zahlung von zehn Pfund Pfennigen einen Hof in Weimar zur Nutzung.

Sexta[a)] post Ffabiani et Sebastiani sint komen vor unse herre Ditherich Sprung, Barbare, Hannes Bemen [(b]el[i]che werttin[b)], unde han bekant, wy daz Ditherich Sprung, der genanten vrouwen unde oren erben gelegen hat czhen phunt phenninge guter lantwere uff oren hoff, gelegen nest Herman Marterbogke, der von [(b]eyme rate[b)] czu Wimar[c)] czu erbelehene get[d)] unde oͤm jerlichen czinst eyn phunt phenninge, alzo bescheidelich, daz der genante Ditherich Sprung den hoff sal ynnehabe nu von deme nesten sente Walpurge tage ober eyn jar unde darnoch alze lange, daz deme genanten Ditherich dy egenanten czen phunt wedder beczalt werden von der vrouwen edder von orren erbiͤn unde der genante Ditherich sal den egenanten hoff vorschosse, vorczinsze unde vorste met alleme rechte. Were is ouch, daz der genante Diterich sine phenninge wedder habe wolde, edder dy genante vrouwe unde ore erben oren hoff wedder lose wolden, uffe welche partige daz were, daz soilde oͤr eyn deme anderen vore sagen eyn verteil jar vor[e)] [(f]unser vrouwen tage lichtewy[f)], uffe welche partige dy vorkundege geschiͤt, so sal dy genante vrouwe unde ore erben dy egenanten czhen phunt guter lantwere wedder[c)] reichen unde beczale[g)] [(h]uffe unser vrouwen tag lich[tewy][h)] Ditherich Sprungen unde sinen erben ane argelist unde ane[c)] allerleige wedderrede. Geschege ouch dy vorkundegunge von on beide nicht, alze vore geschrebin stet, so soilde der genante Ditherich aber den hoff ynnehabe, uff den anderen sente Walpurge tag ane weddersprache bis alze lange, daz her beczalt wert; beczalte om aber dy vrouwe unde ore erben dy czen phunt uff unser vrouwen tag lichtewy, alze vore geschreben stet, so sal doch der genante Ditherich Sprung den hoff ynne haben uff sente Walpurge tag, der nest dornoch volget ane wedderredde.

a) lxxxxiii *und* Ditherich Springer *über dem Eintrag* b-b) *auf Rasur* c) *über der Zeile* d) *folgt gestrichen:* do e) *folgt gestrichen:* sente Walpurge f-f) *über der Zeile* g) *folgt über der Zeile nachgetragen und gestrichen:* uffe sente Walpurge tag h-h) *Nachtrag am linken Rand*

170. *1393 März 21* *(Hand C) fol. 26v*

Die Eheleute Dietrich und Alke Botener verpfänden ihren Hof vor dem Frauentor.

Sexta post letare anno lxxxxiii[o] sint komen vor unse herren Ditherich Bottener, Alke, sine eliche wertin, unde haben do vorsaczt czu eyme phande oren hoff, gelegen by unser vrouwen tore, Hanse Wissen, Annen, siner elichen wertinne, unde allen sinen erben vor fumf phunt guter lantwere, dy her deme genante Ditherich Bottere unde sinen erben [beczalt hat], alzo bescheidelichen, daz her ome jerlichen reichen unde geben sal uffe sente Michels tage czhen schillinge phenninge, dy wile her ome dy genanten fumff phunt nicht engibet; were is ouch, daz der genante Hans Wisse unde sine erben dy fumff phunt phenninge wedder habe wolden, edder ab Ditherich Bottener unde sine erben dy czinsze wedder abelose wolden, uff welche partige daz were, daz solde or eyn deme anderen sage eyn vertel jars vor sente Michels tage, so[b)] schal der genante Ditherich ([c]edder sine erben[c)] reichen unde geben dy fumff phunt phennige guter lantwere uff sente Michels tag, der noch der vorkundegunge nest czukunftig wert, met samt den czinszen, ab der icht vorsessen weren, ane hindernisse unde uffczog; were is ouch, daz her sumig worden an der beczalunge hoitgeldes unde czinses uff dy tagecziit, alze vore geschreben ist, was denne der genante Hannes Wysze unde sine erben mogeliches schaden daruff tete, daz sal der genante Ditherich Bottener unde sine erben tragen unde her nicht ane argelist.

a) Ditherich Bothener *über dem Eintrag* b) *in der Vorlage:* sal c-c) *über der Zeile*

171. *1395 Oktober 22* *(Hand C) fol. 26v*

Hermann Smed und sein Stiefsohn Hans Smed vereinbaren eine Güterteilung.

Sexta[a)] post Borchardi anno lxxxxv° sint komen vor unse hern Herman Smet unde Hans Smet, sin stifson, unde haben bekant, daz su sich geeynt haben unde geteylt haben unde orme hoffe, alzo daz Herman Smet sal reychen unde gebi̊n dem genanten Hanse Smede czu syme halbe teyle ([b]fumftehalp[b)] phunt guter lantwere unde sal om dy reychen unde gebin, halb uff dy nesten ostern unde halb uff sente Michels tag nest darnoch unvorczoglich unde ane sinen schaden; were ys, daz der genante Herman dy egenanten phenninge nicht richte unde beczalte uff dy genanten tagecziit, so sal sich der genante Hans Smet halden czu deme halben teyle dez hofes Hermans Smedez unde sal[c)] sich dor ane erhole der genanten summe geldez unde daz halbe teyl Hermans Smedez sal Hans Smedez phand sy vor dy genanten ffumftehalb phunt phenninge.

a) Herman Smet *links über dem Eintrag* b-b) *auf Rasur* c) *folgt gestrichen:* dovon richten

172. *1393 April 12* *(Hand C) fol. 27r*

Grenzmarkierung zwischen dem Stadtweidicht und dem Besitz des Albrecht Slich.

([a]Anno lxxxxiii° [a)] sabbato[b)] post pasche sint unse herren komen in der stad widich unde haben do vorsteint zcwischen her Olbrechten Slichs guten unde der stad widich; do sint by gewest uff jene siten her Olbrecht Slicher unde Hůne von Oberwymar unde uff der stad siten er Hans Blanckenhain, Hannes Jeger, czu der cziit ratismeistere, unde Hannes von Jene, Apecz uff der Stede, Herman Schonherre unde der stad knechte Ditherich von Můlde unde Ditherich Lirer der alde.

a-a) *über dem Eintrag* b) her Albrech Slichs *über dem Eintrag; von einer Hand des 16. Jahrhunderts der Vermerk:* stadtweydicht versteinet

173. *1393 Oktober 3* *(Hand C) fol. 27r*

Vereinbarung zwischen den Erben des Heinrich Brampach.

Sexta[a)] post Michaelis anno lxxxxiii[o] sint komen vor unse herren her Ditherich Schilling von Hustorff unde Conrad von deme Tiche uff eyne siten unde Nickel Luczenrode, Osanna Schopers, sin sweger, Jutte, sine eliche wertin, uff dy andere siten unde haben sich geeynt unde gericht umme alle stucke unde bruche von erbeteils wegen, also daz her Ditherich Schilling, Conrad vomme Tiche, vorgenanten, keyne ansprache sullen habe an deme sedelhoffe, der do vormals was Heinrich von Brampachs seligen unde an eyner halben huffe, gelegen czu Waldendorff, es en were denne, daz sichs von rechtes erbes valles wegen vorvile.

Ouch sal Nickel Luczenrode, sin sweger, unde sine eliche wertin, keyne ansprache habe an Conrad vomme Tiche guten, gelegen czu Wormstete in veilde unde dorffe, es en were denne, daz sichs vorville, alze vore geschreben stet.[b)]

a) Ditherich Schillinge *über dem Eintrag* b) *folgt gestrichen:* Des sal Nickel Luczenrode, sine sweger, sine eliche wertîn unde alle sine erbîn gutlichen gebe unde beczale dry schog groschen uff den nesten czuku[n]ftigen sente Michels tag ane allerleige argelist ern Ditherich Schillinge, Conrad vomme Tiche edder oren erbîn; do vor sal behafft sin alle or gůt, gesucht unde ungesucht, uff dy gelt cziit, alze vore geschrebin stet.

174. *1410 Mai 10* *(Hand D) fol. 27r*

Albrecht Hache überträgt seiner Frau Else Güter zu einem Leibgedinge.

Nota: [(a]anno x[o] [a)] vigilia phentecosten ist kommen vor eyn siczen[den] rad Albrecht Hache, Else, syn eliche wirtynne, unde had or gegebin eyn halbin hoff, gelegin in der Louwir gasze nebin Hansze Schillinge, unde andirhalbin ackir artlandez, gelegin in deme Dornbache kein Dyfferte, [(a]unde alle varnde habe halb[a)], gegebin zcu orme libe unde lebetage. Dabyͤ ist gewest Heinrich Troppheler unde Claus Tordeler, mit[b)] der gude wiszen unde willen es das geschehen et cetera; unde wanne sie nicht lengir es, so sal es wedir valle uff die nestin erbin.

a-a) *über der Zeile* b) *über der Zeile*

175. *1393 April 18* *(Hand C) fol. 27v*

Claus Kune verpfändet einen Hof an Hermann Tostorf und Hans Beme.

[(a]Anno lxxxxiii[o] [a)] sexta post quasimodogeniti sint komen vor unse herren Claus Kune unde Herman Tostorff unde der junge Hans Beme unde haben bekant, alzo daz der genante Claus Kune hat [(b]vorsaczt sin hoff[b)] Hermanne Tostorffe unde Hanse Bemen vor[c)] czhen phunt phenninge alzo bescheidelichen, daz her[d)] sal wedder losen[e)] nů von deme nesten sente Michels tage ober eyn jar, ane oren schaden unde uffczog; gesche-ge des nicht, so soilden su sich der genanten czhen phunde phenninge an deme[f)] sime hoffe erholen unde was su mogeliches schaden daruff gethan hetten ane wedderrede.[g)]

a-a) *über der Zeile* b-b) *über der Zeile; darunter gestrichen:* gesaczt habin czu eyn willegen phande c) *folgt gestrichen:* 10 d) *folgt gestrichen:* on dy genanten summe geildes e) *über der Zeile; darunter gestrichen:* reichen unde beczalen f) *folgt gestrichen:* egenanten g) *Eintrag durchgestrichen*

176. *1394 Januar 30* *(Hand C) fol. 27v*

Vereinbarung über die Aufteilung des Erbes von Else Boteners verstorbenem Mann.

Anno[a] lxxxxiiii^{o} sexta ante purificationis Marie sint komen vor unse herren meister Heinrich Bottener, Elze, sine eliche wertiͤn, met[b] des kindes vrunden, meister Heinrich stiftochter, unde haben bekant uffe beide partige, daz su sich des geeynt haben met gutem vorrate, alzo daz su haben sebin ackere artaftiges landes, gelegin in deme veilden czu Wymar, unde vier ackere, gelegin in dem veilde czu Waldendorff; dy egenanten ackere sullen dy muter unde daz kint glich met eyander teyle; darobiͤr yst eyn hoff vorkouft in der alden stad, der des kindes vater was, den iczunt besiczt Hannes Seyler; des genanten geildes von deme hoffe hat der genante Hans Seyler noch ynne sechsundedrissig schillinge phenninge; dy selben phenninge sullen deme kinde gancz volgen met eynander. Were is, daz deme kinde unde sinen vormunden edder meistere Heinrich edder siner wertiͤn, welcher or daz were, or teyl erbes veyle worden, daz solde or eyn deme anderen vore bite unde gunne vor ydermelcheme umme dyselben phenninge, dy eyn ander darumme gebin wolde, ane wedderrede. Ouch haben unse herren derkant in eyme rathe sintemals, daz dy muͦter des kindes vormunde nicht wol sin, so sal dy eyldermuter sin vormunde siͤn, dy wile es nicht mundig en yst, wen sin muter den wetewenstul gerumpt had, ane argelist et cetera.

a) Heinrich Botener *über dem Eintrag* b) *folgt gestrichen:* Elze

177. *1384 November 8* *(Hand A) fol. 28r-28v*

Schuldanerkenntnis des Rates gegenüber dem Juden Hase von Weißenfels und weiteren namentlich genannten Juden.

Wir[a] ratismeistere Frederich Risinbutel, Ditherich Krebis mit unsern kumpan bekennen et cetera, daz wir recht und redelich schuldig sind met gesampter hand Hasin juden, gesessin zcu Wissinfels, Slaman, sime vettern, Rifekan, siner swester, Lesere, Schalams sone, sinen brudern unde sinen geswistern, erin elichin wertin, erin kindern unde alle erin erbin achcig schok guter silbernne[b] groschin Friberger munczce unde gelobin, on dy geinczlich zcu leistene unde zcu bezcalne uff sente Michels tag der nest kemt ane hindernisze. Wo dez nicht geschet, so gelobe wir, ine noch deme tage je uff zcwei schok groschin by sundern zcu iclicher wochin einen guten silbern groschin Friberger munczce zcu gesuche zcu gebene. Daz vorbeschrebin gelt unde gesuch gelobe wir obgenanten selbschuldigen in guten truwen den egenanten juden geinczlich zcu leistene unde zcu bezcalne zcu Wiszinvelz eder by nuͤn miln darumme, wo dy juden kisin, wen wir von en eder von erre eime gemand wordin, mit phanden eder mit phengen, da den juden an genuget eder unser burgere vhire uz deme rate, dy daz jar[c] siczin, weliche dy judin kisin sullen in rate zcu Wissinvelz eder by nun miln darumme, wo dy juden kisin, wann wir von en eder von irre eime gemant werden, inleger da halden also inlegers recht ist uff unsers selbiz phenge unde koste unde phenge von dannen nicht zcu komende. Den obgenanten juden sy dan er vorbeschriben gelt unde gesuch geinczlich vorgeldin unde beczalt, daz sal an den juden ste welich su kisin wullen. Ouch sulle wir uns nicht uzcin mit ichhemere hande wisin dy wile dy juden desin brif habin mit desim insegel.

Ouch gelobe wir den vorbena[n]ten judin botinlon, brifegelt, nothreise, zcerunge unde waz megelichis schadin sy[d] uff daz vorbena[n]te gelt getan hetten eder noch teten, geinczlich weder zcu gebene unde zcu bezcalne ane alle erin schadin. | Ouch en sal dy vorbenanten juden an orme egenanten gelde unde gesuche nicht beschedige keiner hern bete noch gebot, vorbot, weder geistlich noch werltlich gerichte eder ab[e] an desim insegel keins zcubreche eder gebreche eder keinerleige gebruche were eder werde an desim offen[d] brife, sundern wir sullen unde wullen in halde alzo hir vorbeschrebin sted ane wederrede. Daz alle dese vorbeschrebin rede stete unde gancz den obgenanten juden gehaldin wert, dez habe wir vorbenanten selbschuldigen unser vorbenanten stad Wymare insegel mit wiszene unde willen der ganczin gemeine riche unde arm zcu oime gezcukenisze wissintlich an desin offin brif lasin henge. Der gegebin ist noch Christi geburt dricenhundert jar darnoch in deme vhir unde achciisten jare am nesten dinstage vor sente Mertins tage et cetera et cetera et cetera.[f]

a) Hasen von Wiszinfels *über dem Eintrag* b) *folgt gestrichen:* sch c) *folgt gestrichen:* sasin d) *über der Zeile* e) *folgt gestrichen:* ym f) *Eintrag durchgestrichen*

178. *[1384]* *(Hand A) fol. 28v*

Schuldanerkenntnis des Rates gegenüber den Herren von Lichtenhain sowie den Brüdern Gerhard und Erhard von Lome.

Wir ratismeistere et cetera bekennen et cetera, daz wir recht unde redelich schuldig sind hundert eimer wyns unde sechcendehalbin eimer wins, yͤ den emer vor nůn schillinge pheng, dy gelobe wir gutlich zcu bezcalne den gestrengen hern von Lichtinhain, geseszin zcu Dobriczchen, Erhard von Lome, geseszin zu Bernstorf, Gerharde von Lome, geseszin zcu Vrisenicz unde alle erin erbin unvorzceclichin halb uff den nesten sente Walpurgis tag unde darnoch noch halb uff sente Jacofs tag, der darnoch nest zcukunftig ist. Ouch ist nemelich geret, were aber daz wir sumig werdin, daz wir dy obegeschrebin schult nicht bezcalten uff dy obgeschrebin zcit, wo sie danne daz gelt zcu schadin gewinnen zcu cristen eder zcu juden noch iclichir tagezcit, dez gelobe wir, su abe zcu nemene by unser gutin truwen mit samd deme hobtgut ane argelist. Ouch ist nemelich geret, dy schult zcu bezcalne in der stad Jene unde anders nicht. Gegebin et cetera et cetera et cetera.[b]

a) Heinrich Lichtinhayn *über dem Eintrag* b) *Eintrag durchgestrichen*

179. *1384 November 6* *(Hand A) fol. 29r*

Schuldanerkenntnis des Rates gegenüber Johann von Scheiditz, Pfarrer zu Lobeda, seinen Brüdern Heinrich und Gregor, den Brüder Dietrich und Conrad Marrecht sowie Johann Puster.

Wir[a] Frederich Risinbutel, Ditherich Krebis mit unsern kumpan bekennen et cetera, daz wir recht unde redelich schuldig sind deme erbern wisin manne ern Johann von Schidenicz, pharrere zcu Lobede, Heinrich unde Gregorie, sinen brudern, ern Ditherich Marrecht, Conrad, sime brudere, unde Johanne Puster drissig phund guter lant phenge, dy iczunt genge unde gebe sind, vor zcwelf halbe vaz mit wyne unde dy vaz mete y daz vaz vor funfczig schillinge phenge unde zcwelf eichine vaz mit wyne y den eimer vor zcwelf schillinge phenge, dy ouch iczunt genge unde gebe sind. Waz dy zcwelf eichine vaz[b)] machin an deme gelde nach deme einen, daz gelobe wir den vorgenanten unsern gloibern by unsern guten truwen gutlich zcu leistene unde zcu bezcalne uff den nesten zcuku[n]ftigen sente Martins tag obyr ein jar mit den[c)] vorgenanten drissig phunden phenge, an alle erin megelichin schadin, gesche ouch dez nicht, wo denne dy me[r]genanten unser gloibere dy vorgeschrebin summen geldis gewunnen zcu cristen eder zcu juden, den schadin sulle wir trage unde suͤ nicht; ouch sal unser gloibere an erre summe geldis nicht beschedige keiner hern bet noch gebot, weder geistlich noch werltlich gerichte, dez czu eime bekeintenisze unde sicherheit habe wir unser stad insegel zcu eime bekeintenisze an desin brif lasin henge. Gegebin noch Cristi gebort drizcenhundert in deme vhir unde achciisten jare am sontage vor sente Mertins tage.[d)]

a) Johannes von Schidenitz *über dem Eintrag* b) *folgt gestrichen:* behaldin c) *folgt gestrichen:* vorgen[anten] d) *Eintrag durchgestrichen*

180. *1400 Oktober 15* *(Hand C) fol. 29r*

Die Brüder Andreas und Martin Schroter aus Olbersleben verkaufen Land aus dem Erbe des verstorbenen Conrad Blankenhain zugunsten der nachgelassenen Kinder.

([a]Anno cccc[o] [a)] item[b)] feria sexta ante Galli sint komen vor uns yn eynen rath Andrews Schroter unde Mertin, sin bruder, von Albersleibin unde habin bekant, daz suͤ von der kinder wegin Conrad Blanckinhayns seligen, dem got gnade, vorkouft habin acht ackere artlandez, gelegin vor der stad Wymar pabin dem Kotinborne, unde gen von unserme gnedigen hern czu lehene unde czinsen om jerlich eyn scheffel hafern unde eyn hun czu sente Michels tage, den bescheidin luten Hanse Brandinhaine unde Gerlache von Dreforte unde oren erbin unde habin daz gethan mit wiszene unde gunst Hans unde Margareten Blanckinhayns, dez obgenanten Conrad kindere, unde anderre oͤrre fruͤnde unde mit wiszene eyns rathes, der do sasz uff daz jar anno m[o] [c)] cccc[o] er Johann Blanckinhayns unde er Hans Wiszin unde orre kumpane, dy mit oͤn geseszin habiͤn.

a-a) *über dem Eintrag* b) Andrews Sartor *am linken Rand* c) *über der Zeile*

181. *1384 November 30* *(Hand A) fol. 29v*

Der Rat verkauft eine Leibrente an Johann von Scheiditz, Pfarrer zu Lobeda, und dessen Bruder Gregor.

Wir[a)] Frederich Risinbutel, Ditherich Krebis et cetera mit unser kumpan et cetera bekennen et cetera, daz wir recht unde redlich vorkouft habin vir schok guter Missener groschin an unser stad bete unde renten deme erbern wisin manne ern Johannes von Schidenicz, pherrer zcu Lobede, Gregorio, sime brudere, unde on dy vir schok groschen gegebin vor acht unde zcwenczig schok guter Missener groschin, dy suͤ uns gutlich bezcalt habin, dy vorbeschrebin vhir schok groschin gelobe wir deme egenanten ern Johannes unde Gregorio, sime brudere, bi unsern guten truwen alle jar jerlich uff sente Michels tag zcu reichene unde zcu gebene an alle erin schadin, dy wile, daz suͤ lebin zcu erre beider libe unde wann su lenger nicht en sind an deme lebene, daz got lenge, so sulle wir vorgenanten ratismeistere unde ein ganczce gemeine der stad Wymare unde alle unse nachkomelinge der vir schok groschin ledig unde loz sy kein ydermellichin; wer ouch, daz er Johann vorschide, so seilde wir Gregorie dy vir schok gebe dy wile, daz her lebit, daz selbe seilde wir ern Johann ouch thun, ab sin bruder Gregorie lenger nicht on were; ouch sal[b)] den vorgenanten ern Johann Gregorius, sin bruder, an den vir schocken groschin nicht beschedige keiner hern bete noch gebot, weder geistlich noch werltlich gerichte, dez zcu eime bekeintenisse unde sicherheit habe wir unser stat insegel an desin brif lasin henge, der gegebin ist noch gotis geburt dricenhundert jar in deme vhirundeachciisten jare an sente Andree tage et cetera, et cetera.

a) Johann von Schidenitz *über dem Eintrag* b) *über der Zeile; darunter* daz *gestrichen*

182. *1398* *(Hand C) fol. 29v*

Vereinbarung über die Erhebung des Zolls zu Guthmannshausen.

([a)]Nota[b)]: Anno domini m^{o} ccc^{o} xc^{o} octavo[a)] habin dy ratismeistere, uff daz jar Hans Buntschuch, Herman Brot, ratismeistere, myt oren kumpan geteydinget myt den Guthenshusen umme den czol, alzo daz myn herre unde sin rath uzgesprochin habin, daz dy genanten von Guthenshusen unde alle erber lůte, phafen unde leyen, dy do koufmanschaft tryben edir kouf slayn, daz dy sullen czolle unde koufmans recht thun; doby sint gewest unde habin geteidinget[c)] uz myns hern munde dy gestrengen hern Heynrich Schyke unde Ffrederich von Slynicz unde Peter Knůttel, czu den geczyten eyn voyt czu Wymar.

a-a) *über dem Eintrag* b) Gutinhusen *am linken Rand* c) *folgt gestrichen:* dy

183. *1384 Dezember 10* *(Hand A) fol. 30r-30v*

Der Rat verkauft den Brüdern Ludwig und Lutold v. Pöllnitz einen wiederkäuflichen Jahrzins.

Wir[a)] ratismeistere Frederich Risenbutel, Theoderich Krebis et cetera, daz wir recht unde redelich vorkouft habin mit wolbedachtem mute zcwenczig gute wol gewenne guldine[b)] rechtis zcins uz unser bete, dy wir alle jar rechin unde gebin uff unser rathus deme erbern wisin manne Ludwig Polnicz, Lutolde, sime bruder, unde alle ern erbin; unde habin on dy gegebin vor zcweihunder[t] gute guldin glich swer unde wol gewen von golde, di su uns gutlich unde nuczlich bezcalt habin; dy vorgenanten zcwanzcig guldine zcins gelobe wyr in guten truwen zcu rechene unde zcu gebene uff den nesten sente Michelz tag darnach alle jar jerlich uff sente Michelz tag gutlich zcu leistene unde zcu bezalne in unser stad Wymar eder wo wir dez hore vor mondwenden von den egenanten keifern unde erin erbin by funf miln darumme by unsere selbir phengen und kesten ane argelist; obir daz thun uns dy megenanten er Ludwig unde Lutolt von Polnicz unde ore erbin dy fruntschaft unde dy gunst wanne eder welich jaris wer dy zcwenzcig guldin zcins megen eder mochtin weder gekeife vor sente Michelz tage, so sullen unde wullen sů uns dy weder zcukeifene gebe umme dy zcwehundert guldin darvon beschrebin were ane argelist unde wederrede; gesche ouch der wederkouf nicht vor sente Michelz tage soe soildin dy zcwenczig guldin zcins darnoch vorvollen si uff daz jar ane geferde unde argelist; wer ouch daz der megenante er Ludwig unde Lutolt von Polnicz unde ere erbin dy megenanten zcweihundert guldin woldin weder habe unde weder bedorften, daz seildin sů uns vorsacze ein virteiljare, so sulle wir unde wullen en dy zcweihundert guldine der vorbenanten were gutlich bezcale in deme selbin virteil jar, gesche daz nicht, wo sů danne dy guldin gewunnen zcu cristen oder zcu juden de schadin sulle wir vorkoifere trage unde nicht di keyfere; ouch vorwillekore wir uns, daz den megenanten ern Ludwig, Lutoldin von Polnicz unde ere erbin an den vorgenanten zcwenczig guldin zcins unde an zcwenhundert guldin nicht sal beschedie keiner hern | bete noch gebot, weder geistlich noch werltlich gerichte, noch keinerleige schade wi der kome mechte her sy benant eder unbenant gesche; ouch daz wir[c] vorkoifere oder unse nochkomen sumig werden unde der zcinse nicht reichtin uff solche tagezcit also vorgeschrebin stet, wo su denne dy genanten koifere gewunnen zcu cristen oder zcu juden[d] den schadin gelobe wir zcu traine unde su nicht; ouch vorwillekore wir uns egenante vorkoifere, daz wir unde alle unse nachkomen an deme rate, wer dy sy werdin in zcukunftigen zcitin, keine vorgoldine schult brenge sullen der zcweihundert guldin noch nymant von unser wein dy wile der egenante er Ludwig unde Lutolt von Polnicz unde ere erbin desin brif ynne habin; ouch vorwillekore wir uns vortmer kein den egenanten koifern unde kein erin erbin ab keinerleige gebruchlichkeit oder vorgessinheit were eder werde an desim brife, daz sal dy egenanten koifere nicht beschedige an zcinsin noch an der megenanten summen geldis; daz alle dise vor- unde nochgeschrebin rede stucke unde artickel stete unde gancz von uns unde von unser nachkomen unde gemeine gehaldin werdin zcu merrer sicherheit unde zcu eime bekentenisse habe wir unser stad insegel an desin brif lasin henge, der gegebin ist noch Cristi geburt dryzchenhundert jare in deme vhir unde achciisten jare an deme sonnabinde noch sente Nicclauwicz tage et cetera et cetera et cetera.

a) Ludewig [und] Lutolf von Polnitz *über dem Eintrag* b) *in der Vorlage:* gludine

184. *1384 November 11* *(Hand A) fol. 31r-31v*

Der Rat verkauft eine Leibrente an Heinrich von Holzhausen.

Wir Fredrich Risinbute[l], Theoderich Krebiis, ratismeistere, et cetera bekennen et cetera vorkeuft habin unde vorkoifen recht unde redelich deme erbern hern Heinrich von Holczhusin zcu syme libe zcwelf phund pheng geldis geter phenge also in deme lande zcu Duringen unde in der stad zcu Erforte zcuciten genge unde geneme sint unde unvorslagen jerlich zcu reichene uff zcwu tagezcit sechs phund uff sente Walporgis tag der nů nest komt anzcuhebene unde sechs phunt uff sente Michelz tag der darnoch ouch nest volgit unde darnoch alle jare uff dy selbigen zcwu tagezcit ane uffzcog vor vhir unde achciig phunt phenge derselbin were, dy her uns gancz unde nuczlich gezcalt unde bezcalt had unde wir in unser stat nucz und fromen gewant habin, der wir on ouch iczunt quit, ledigit unde loz sagen unde gesagit habin; dy selbin gulde sulle unde wulle wir unde unser nochkomen dy zcu gezciten sint unde siczin an deme rate von unserme rathuse unde von alle den guten dy darzcu unde zcu unser stad gehorn deme egenanten ern Heinrich von Holczhusin sine lebetage jerlich sundern vorzcok bezcalen unde rechin mit unsern kosten unde wage in der stad zcu Erforte eder dri mile dorumme, wo unse hern bescheidin wert von deme selbin ern Heinrich uff dy vorgenante tagezcit; darane sal uns nicht hindern keinerleige vorbitunge, ungunst eder hindernisse der herschaft dy iczunt unser stat Wymare mechtig sin eder hir noch mechtig mochtin werde noch nymant von erre wegin noch krig, brantnusze, wachs, ban, achte oder andere vorbitunge hern eder gerichtis geistlichis oder werltlichs, wy man daz iczunt ordencke kan oder hir nochmals erdencke mechte ane alle geverde; wer is ouch ab wir vorgenanten vorkeifere daran sumig funden werden, also daz wir der vorbeschrebin czinsin nicht reichtin unde bezcaltin uff soliche tagezcit unde on dy stete, also is vorgeschrebin stet, daz got nicht wulle, daz den der megenante erbern keifer dez schadin nemen eder keste eder megelich schadin daruff tete, is were by cristen eder by juden eder ouch mit botelone, dy rede wir in guten truwen abezcuthune mit deme zcins gelde unde auch dez zcu entwortende ane allez hindernisse unde vorzcog; tete wir daz | nicht, so sal unde mag der egenante Heinrich sich beide siner zcinse unde megelicher keste unde schadin, ab her dy daruff tete eder neme, der holin unde dy er vorderin an uns ratismeistern unde ratsluten an unsere nochkomen an der ganczin stad gemeinlich oder an eime iclichin burger by sundern unser vorgenanten stad, wo her uns oder dy unsern anqueme in steten oder in den landin mit gerichte geistlich eder wertlich unde on sulle wir uns daz nicht entschuldige mit keinerleige entschuldiunge weder mit geleite, frieheiten eder andere hulfe der hern eder der stete; wer is ouch, ab icht in desim brife[b)] icht zcu wenig unde vorgessin eder zcu vele gesatzt unde geschreben were eder ouch ab deser brif eder unser insegel, daz hiran ist gehangen, hirnochmals geleczit werdin welchirleige gebruch eder schelunge daz were da wir vorgenanten keifere uns mete mechtin behelfe unde entschuldigen unde den dirlengen ern Heinrich, keifer, schadin unde hindernisze mechte von entste an sinen zcinsin vorgeschrebin der art[i]kele scholunge unde bruche vorzehe wir uns unde redin unde globin dy nummer zcu rurnne oder zcu bewegunge usgeslossin alle argelist unde geverde. Zcu ganczer sicherheit unde daz alle dese artickel unde rede stete unde unverbruchlich von uns blibin, so gebe wir ratismeistere unde ratlute vor uns[c)] unde unsern nochkomen unde vor unser ganczce stad Wymare vorgenant deme erbern ern Heinrich von Holczhusin desin brif festiclich vorsegelt mit unser stad sigille, dicz mit unser allen willen unde wissin hirhan ist gehangen. Gegebin noch Cristis geburt drizcenhundert jar in deme vhir unde achciisten jare an sente Mertins tage dez heilgen bischoff.[d)]

a) Heinrich von Holtzhusin *über dem Eintrag* b) *folgt gestrichen:* zu c) *folgt gestrichen:* unser d) *Eintrag auf fol. 30r durchgestrichen*

185. *1384 Dezember 26* *(Hand A) fol. 32r-33r*

Der Rat verkauft den Brüdern Christian und Peter von Eisenach, Bürger zu Kahla, sowie ihren Ehefrauen einen wiederkäuflichen Jahrzins.

Wir[a)] Frederich Risinbutel, Ditherich Krebis, ratismeistere et cetera bekennen et cetera, daz wir mit guten vorrate mit wolbedachtin mute eintrechticlich mit eyner gesampten hant recht unde redelich vorkouft habin unde vor koifen uff einen rechtin wederkouf den wisin luten Cristan von Ysenach, Peter von Ysenache, sime sone, burgern zcu Kal, Kunnen unde Alken, erin elichin wertin, Conrad Merretiche, geseszen zcu Seldinstorf unde alle erin erbin vhircendehalb schok guter Miszener groschin, Friberger muncze jerlichs zcinsis eder vor ẙ den groschin bysundern alzo vel guter lant phenge, dy zcu der zcit, alzo wir den zcins reiche unde gebe sullen, zcu Jene in der stad unvorschlagen genge unde gebe sind, dy kor sal ste an den vorgenanten keifern, ab schů groschin eder phenge neme wullen, alzo dicke alzo daz not geschet ane argelist unde bewisin und vorschribin en den vorgenanten zcins an unserme rathuse an der ganczcen stad zcu Wymar unde an alle unsern guten wo eder an welichin steten wir dy habin, sů sind varnde oder legendin, besucht eder unbesucht unde gelobin on by unsern warin truwin, den vorgeschrebin zcins alle jar jerlichen dy wile desin brif stet eder dy wile su desin brif ynne habin, zcu reichene in den vhir wynnachten heilgin tagen unde zcu bezcalne zcu Erforte eder zcu Jene, wo wir von den vorgenanten keyfere hene gemant werden, uff unsere selbis keste unde obirthan ane lengen, ufzcog unde ane lengern schadin der vorgenanten keifere unde erre erbin an argelist, davor sů uns bezcalt habin gancz unde gar funf unde drissig schok unde[b] hundert schok guter Miszener groschin, dy an unser stat nucz unde fromen komen sind, desen vorbeschrebin kouf sal ste von dez heilgin Cristis tage der nest vorgangen ist obir dry ganczce jare dy noch einder volge sullen wor denne daz wir vorgenanten vorkeifere den egenanten zcins weder keifin weildin eder dy vorgeschrebin keifere oder ere erbin den egenanten wederkouft nicht lenger ste weildin laze, daz seilde unser ern partige der andern in deme dertin jare ein gantz virteil jare eder lenger vor sage oder vorkundige von welicher partige dy vorkundigunge gesche, su gelobe wir vo[r]beschrebin ratismeistere unde ratzlute unde dy ganczce gemeine der egenanten stad Wymar unde alle unser erbin den vorgeschrebin keifern unde erin erbin, daz wir su by unsern warin truwen mit gesampter hant sullen unde wullen bezcale in den nesten vhir wynnachtin heilgin tagen by | dy noch der vorkundigunge alzo vorgschrebin stet schirtz zcukunftig wordin zcu Erforte oder zcu Jene wu sů hene kisin in der zcweiger stete eine funf unde drissig schok unde hundert schok guter Missener groschin Friberger munczce eder vor ẙ den groschin by sundern also vel guter lant phenge, dy zcu der zcit also wir sy bezcale sullen, zcu Jene in der stat unvorslagin genge unde gebe sint; dy ker sal an den egenanten keifern ste, ab su dy groschin eder dy phenge neme wullen, zcu welichin su kisin, daz sulle unde wulle wir on beczale mit sampt deme zcinse der da vorsessin were uff dy zcit unde an der stat also vorgeschrebin stet ane lengern uffzcog unde an allen schaden der vorgenanten keifere unde orre erbin an argelist; ab wir dez sumig wordin, dez got nicht en wulle, so mogen dy egenanten keifere eder er erbin dy vorbeschrebin summe geldis eder zcins uf megelichin schadin gewinnen in cristen eder in juden, ab su botinlon, brifegelt, zcerunge oder keste tragen eder gebe musten eder wan su megelichs schadin teten uff dy vorgenanten summen geldis dy vorgenanten keifere von stunt an nicht bezcalten unde on daz vorzcegen mit willen eder mit erme unwillen welcziit su denne ore egenante summe geldis gehabit weildin habin, daz sů uns vor manten, so seilden wir en den zcins noch der jar zcal abe richten mit sampt der vorgenanten summen geldis ane wederrede, ane uffzcog, an alle erin schadin, ane argelist; ab wir dez nicht enteten, so mogen dy egenanten keifere dy vorgenante summen geldis unde zcins uf schadin gewunnen also vorgeschrebin stet, dez geloben wir su by unserm warin truwin zcu entledigene an alle erin schadin ane argelist; unde dy wile su desin brif ynne habin su en sulle wir vorgenanten vorkeifere noch nymant von unser wegen spreche, daz wir on vorgeldin habin noch keine vorgeldine schult zcu on brenge an geverde unde ab sy manunge musten thuͤn eder bestelle, wy eder in welichir wis dy were, daz sulle wir on nicht zcu sachin noch suͤ in keine wis darumme beschedige noch vordenke ane argelist; wer ouch, daz egenante keiferen eder ere erben an keinem stucke dy vor eder nochgeschrebin sten nicht gehaldin werdin, so sulle wir egenanten vorkeifere unde unser habe phantber sin, an aller hern gerichte unde gebite, do mogen su sich zcu uns unde zcu unser habe halde underclerter dinge, dez sal uns kein geleite nicht beheft noch abeneme unde waz su darumme antrit, de gelobe wir su zcu entwerne unde abe zcu neme ane alle ern schadin | ane argelist. Ouch sal dy egenanten keifere und ere erbin an der vorgenanten summen geldis eder zcins nicht beschedige daz babistis ban, dez keisers achte, keiner hern bete, gebot noch vorbot, geistlich noch werltlich gerichte, ab yn davon inval werde, dez gelobe wir su zcu entledigene ane alle ern schadin ane argelist, wer ouch ab keineleige hindernisze were eder werde an desim brife eder insegel eder ab sich der schribir an kein sachin eder stucken vorgessin hette, daz sal dy vorgenanten keifere nach ere erbin an der egenanten summen geldis eder zcinsis nicht beschedige, wanne wir egenanten vorzehin uns geistlicher unde werltlichir aller helfe, rede unde alle der wederrede dy uns zcu fromen keme mochtin unde den egenanten geleibern unde erin erbin zcu schadin an alerleige argelist. Dez zcu eime warin bekeintenisse, daz alle dese vorgeschrebin rede, stucke unde artickel stete unde gantz gehaldin werdin, habe wir vorgenanten ratismeistere unde rete unde ganczce gemeine zcu Wymar desin brif vorfestent mit unserme hangendin insegel, der gegebin ist noch Cristi gebort dricenhundert jar darnoch in deme vhir unde achciisten jare an sente Sthepphans tage dez ersten merterers et cetera et cetera.

a) *über dem Eintrag:* noch Cirstan von Ysenach b) *folgt gestrichen:* hunde

186. *1385 Januar 19* *(Hand A) fol. 33r*

Schuldanerkenntnis des Rats gegenüber Heinrich Freiczsch.

Wir[a)] Frederich Risinbutel, Ditherich Krebis, ratismeistere mit unsern kumpan bekennen, daz wir recht unde redelich schuldig sind (bHeinrich Freyczcheb) funftedehalb phund phenge vor nuͤn halbe vuder wine mit den vaszin, dy wir ym gutlich gelobin zcu bezcalne uff den nesten zcukunftigen sente Michels tag ane argelist, gesche dez nicht, wo her danne dy phenge gewunne zcu cristen eder zcu juden, den schadin sulle wir trage unde suͤ nicht, dez zcu eime bekeintenisze habe wir unser stad insegel an desin brif lasin drucke noch Cristi gebort dricenhundert jar in deme funf unde achciisten jare am dunrestage vor Fabiani et cetera et cetera.[c)]

a) Heinrich Freiczsch *über dem Eintrag* b-b) *über der Zeile* c) *Eintrag durchgestrichen*

187. *[1385]* *(Hand A) fol. 33v*

Der Rat verkauft den Vikaren der Marienkirche in Erfurt einen Jahrzins.

Wir Frederich Risinbutel, Ditherich Krebis, ratismeistere, Herman Burnman, Herman Eringestorf, Hans Drastete, Heinrich Uthin, ratislute,[1] unde dy ganczce stad gemeinlich zcu Wymare et cetera bekennen et cetera, daz wir eintrechticlich unde umme sunderlichin nucz unde fromen unser unde unser stad wein vorkouft habin unde vorkeifen recht unde redelich den erbern hern den vicarius [!] zcu unser vrewen zcu Erforte eylf phund phennig geldis guter phenge dy in der stad vorgenant genge unde gebe sind unde unvorslagen sint zcu zciten ewigis zcinsis jerlich zcu reichene unde gutlich zcu bezcalne zcu zcwen gezciten in deme jare funf phunt uff sente Walporge tage nest komende unde seches phunt uff sente Michelz tag der deme aller erst volgende wert unde darnach alle jar iclichis jaris by sundern uff dy selbin zcwu tagezcit vor hundert unde vor zchen phund derselben vorgeschrebin were, dy uns dy egenanten hern, dy vicarii gancz unde nuczlich gezcailt unde beczalet unde wir in unsern unde unser egenanten stad fromen gewant habin und sagen sů in desim brife quit, ledig unde loz; dy vorgeschrebin zcinse sullen unde wulle wir v[o]rgeschrebin ratismeistere unde ratlute unde alle unser nochkomen, dy zcu gezcit sint unde siczin an deme rate, von unser unde der ganczcen stad vorgenant were den megenanten hern den vicariis keifern, ern nochkomenden unde erme ammecht manne, den sů zcu gezcitten darzcu kisin unde seczin, ewyclich alle jar bezcalin unde reichin mit unser kosten erbeiten unde schadin uff dy vorgenanten zcwu tagezcit in der stad Erforte vorgenant von unserme rathuse unde von alle den guten, dy darzcu unde ouch zcu unser stad wein vorgenant gehőrn ane allerleige uffzcog unde geverde, daran sal uns nicht hindere weder vorbitunge, ungunst eder hindernusze der herschaft, dy iczunt unser stad Wymar vorgenant mechtig sind eder hirnoch mechtig mochten werde noch nymant von erre wegen noch krig, brant, missewachez, ban, achte eder ander vorbitunge hern eder gerichtis, geistlich eder werltlichis, wy man daz iczunt hirnoch erdenke kan eder mechte ane alle geverde gesche ane argelist, ob wir megenanten vorkeifere daran sumig vunden werden, also daz ...[b]

a) vicarii in Erford *über dem Eintrag* b) *Eintrag abgebrochen*
1) *Vgl. W. HUSCHKE, Ratslisten, S. 28.*

188. *1385 März 1* *(Hand A) fol. 34r*

Schuldanerkenntnis des Rats gegenüber Thele Ott, Johann Smed und dessen Schwiegersohn aus Wöllnitz.

Wir[a] Frederich[b] Voit, Nicolaus von Pheffelbich, ratismeistere, Johan Kappelndorf, Ditherich Phulsporn, Erhard Vederwusch, Conrad Richen ratislute[1] bekennen an desim brife allen guten luten, daz wir recht unde redelich schuldig sint von unser stad [(c]wein zcu[c)] Wymar 14 talenta guter lant phenge vor sebin vaz myt wyne der erbern frowen Theln Otten, Johan Smede, siner tochter manne, geseszin zcu Welnicz unde erin erbin, dy wir en gutlich gelobin zcu bezcalne uff den nesten sente Michelz tag ane alle erin schadin, gesche dez nicht, wo sů denne dy phenge gewunnen zcu Cristen eder zcu juden, de schadin sulle wir trage unde su nicht, dez zcu orkunde habe wir unser stad insegel an desin brif lase drucke, gegebin noch Cristi gebort dricenhundert jare in deme funf unde achciisten jar an der mettewochin noch reminiscere.[c)]

a) Thele Otten *über dem Eintrag* b) *folgt gestrichen:* Risinb[utel] c) *Eintrag durchgestrichen*
1) *Vgl. W. HUSCHKE, Ratslisten, S. 28.*

189. *1382 Juli 7* *(Hand A) fol. 34r*
Schuldanerkenntnis des Rats gegenüber den Juden Golda Ebrusch, ihren Söhnen Schalam und Mordachei zu Kapellendorf sowie Schalam von Braunau.

Wir[a)] Clauwis[b)] von Sulczdorf, Frederich Voit, ratismeistere, Hans von Oydigestorf, Claus Pheffelbich, Hans von Kapelndorf unde Ditherich Phulsporn, ratislute,[1)] rat unde rethe et cetera bekennen et cetera, daz wir schuldig sind zcwey unde dryssig schok guter breyter Myszener grosschin Goldan Eberusche, wettewe, Schalam unde Mordachey, erin soͤn, geseszin zcu Kappelndorf, alle erin erbin unde Schalam von Brunowe, erme vettern, eder wer dez brif mit erme guten willen, dy wir en gutlich gelobin zcu bezcalne zcu Erforte uff sente Walporgis tag der nesten zcukunftigen werd, gesche dez nicht, so gelobe wir, den obgenanten juden yͤ uff zcwey schok grosschin by sundern in yͤ der wochin eynen guten Myszener grosschin zcu gesuche zcu gebene ane argelyst et cetera. Gegebin noch Crysti gebort drycenhundert jar in deme zcwey unde achciisten jare an deme nesten montage vor sente Margaretin tage et cetera.[c)]

a) Golden juden *über dem Eintrag* b) *folgt gestrichen:* he c) *Eintrag durchgestrichen*
1) *Vgl. W. HUSCHKE, Ratslisten, S. 28.*

190. *1385 April 18* *(Hand A) fol. 34v*
Schuldanerkenntnis des Rats gegenüber den Erfurter Juden Rebecca von Liegnitz, ihrem Sohn Swarczman, ihrem Bruder Leser sowie ihrem Schwiegersohn Isaak.

Wir[a)] Frederich Voit, Nickel von Pheffelbich, Hans Kapelndorf, Dytherich Phulsporn, Conrad Riche unde Erhard Vederwusch, ratismeistere unde ratlute der stad Wymare[1)] unde unser nochkomen et cetera bekennen et cetera, daz wir recht unde redelich schuldig sind Ryfeken von der Legenicz, Swarczman erme sone, Leser, erme bruder, unde Ysacke, erme eydem, judin, geseszin zcu Erforte eder wer desin brif ynne had, fuͤnfzcig schok guter Myssener groschin eder hundert phuͤnt guter phenge, dy zcu Erforte genge unde gebe sind; unde globin uffe dy megenanten summen geldis yn yͤ der wochin[b)] sebin schyllinge zcu geschuche zcu gebin ane argelist. Gegebin[c)] noch Cristi gebort drycenhundert jare in deme funf unde achciisten jare an deme nesten dinstage vircentage noch ostern et cetera.[e)]

a) Ryfekin juden *über dem Eintrag* b) *folgt gestrichen:* zcwene c) *folgt gestrichen:* under 5 e) *Eintrag durchgestrichen*
1) *Vgl. W. HUSCHKE, Ratslisten, S. 28.*

191. *1385 Mai 2* *(Hand A) fol. 34v*
Schuldanerkenntnis des Rats gegenüber dem Juden Hase von Weißenfels.

Wyr[a)] Frederich Voit, Clawes Pheffelbich, Hans Kappelndorf, Ditherich Phulsporn, Conrad Riche, Erhart Vederwusch ratislute[1)] bekennen et cetera, daz wir recht unde redelich schuldig sind hundert schok vhir unde sebintzig schok guter silberner Miszener groschin, der summen geldez hat man vhir unde zcwenczig schok gerechint an gesuche unde dy megenanten hundert unde vhir unde sebinczcig gelobe wir gutlich zcu bezcalne Hasin von Wiszinfel[s], alle sin erbin uff den nesten sente Walporgis tag, gesche dez nicht, waz denne dy summen groschin lenger sten, so gelobe [wir] ẙ uff zcwey schok in y der wochin eyn guten groschin Myssener groschin zcu gegesuche zcu gebene. Gegebin noch Cristi gebort drycenhundert jar in deme funf unde achciisten jare an deme nesten dinstage noch sente Walporgis et cetera.[b)]

a) Hase, jůde zcu Wyszenfels, *über dem Eintrag* b) *Eintrag durchgestrichen*
1) *Vgl. W. Huschke, Ratslisten, S. 28.*

192. *1385 April 16* *(Hand A) fol. 35r*

Schuldanerkenntnis des Rats gegenüber Claus Grobach aus Lobeda.

Wyr Frederich Voit, Clawez von Pheffelbich, ratismeistere, et cetera bekennen, daz wir schuldig sind 18 talenta phenge vor 9 vaz myt wyne unde mit holcz unde eyne kufe mit wyne y den eimere vor 9 schillinge dy wir bezcale schullen deme bescheidin manne Clauwese Grobach, sin erbin, gesessin zcu Lobede, uff sente Michelz tag. Datum anno domini m° ccc° lxxx quinto dominica misericordia domini.[a)]

a) *Eintrag durchgestrichen*

193. *1393* *(Hand B) fol. 35r*

Schuldanerkenntnis des Rats gegenüber den Eheleuten Friedrich und Osanna Voit.

Wir ratismeistere unde rethe [(a]uff daz jar anno lxxxxiii° [a)] bekennen,[b)] daz wir recht unde reddeliche schuldig sint uff den nesten zcukunftigen sente Walpurge tag 10 schog guter Missener groschen von Sonchens wegen, des joden, dy jungherre Berlt Ficztom von Ekstete an den egenanten joden gewist hat unde om vorschreben hat, ern Fricze Voite, Osannen, siner elichen wertinne, unde alle sinen erben unde geloben unde reden deme egenanten Ffriczen Voite unde sinen erben, dy egenante czen schog groschen guter lantwere gutlichen czu reichene unde czu beczalne uff den nesten sente Walpurge tag[c)] ane alle sinen schaden, hindernisse unde vorczog.[d)]

a-a) *über der Zeile* b) *folgt gestrichen:* en desseme offen c) *über der Zeile* d) *Eintrag durchgestrichen*

194. *1400 November 17* *(Hand C) fol. 35r*

Dietrich Mülich und seine Frau verpfänden ein Haus.

Item[a)] anno domini m° c°c°c°c° feria sexta[b)] in die Lamperti sind komen vor unse hern in eynen rath Dytherich Můlich, der botener, unde sin eliche werttin unde habin williklichin gesaczt o̊re husunge, do sů iczunt ynne sind, gelegin nest by dem Kegeltore, mit alle orre czuhorunge Hanse Weynere vor 10 phunt phenge, do er vor o̊n vor gereth hat kein jodin unde cristen, also ab er o̊m nicht entlo̊ste, so solde er sich der genanten[c)] 10 pfunde doran erhole unde waz mo̊gelichs schadin doruff g[e]gangen were ane argelist.[d)]

a) Mulich, botener, *über dem Eintrag* b) *folgt gestrichen:* post c) *über der Zeile durchgestrichen:* Hans Weyner d) *Eintrag durchgestrichen*

195. *1392 Oktober 3* *(Hand B) fol. 35v*

Balthasar, Landgraf zu Thüringen und Markgraf zu Meißen, weist die Stadt Weimar an, Siegfried von Querfurt, Herr zu Tannroda, gegen den sich der Landgraf wiederkäuflich verschrieben hat, jährlich eine Summe von 60 Schock Groschen zu bezahlen. Diese Summe soll teilweise aus der Jahrrente der Stadt und teilweise aus den Dörfern Großbrembach und Guthmannshausen aufgebracht werden.[1]

Wir[a] Balthazar von gotis gnaden langgrefe zcu Doͤringen unde marggrefe czu Missen unde unser erben bekennen unde thun kunt offentlichen met desseme briͤffe, daz wir dy ratismeistere unde ratlute der stad Wimar gewist han[b], daz su vor uns vorschreben haben sechczig schog groschen jerlichen uff sente Michels tag zcu gebene deme edeln ern Sifride von Quernfortt, herre zcu Tanrode, unde sinen erbin alze lange, daz wir dy wedder gelosen noch unser brifes lute, den wir deme selben von Quernfurte unde sinen erben darobir gegeben haben, der egenanten sechczig schokge dy obgenanten ratismeistere unde ratlute gebn sechs schog unde ey[n]undeczwenzig groschen von unser jarrenten, dy wir jerlichen by on habin, so habin wir unser heymbuͦrgen unde dorfschafft [c]czu Brampach[c] gemeinliche an sie gewist met dryundedrissig schogken unde met einenundedriszig groschen unde unser heymbuͦrgen unde dorffschaften zcu Gutenshusen met zcweinczig schogken groschen yn dy jerlichen zcu reichene unde zcu gebene uff dy obgenante tagezciit in dy stad zcu Wimare alze lange, daz wir dy obgenanten losunge gethun; unde were daz dy obgenanten dorfschaft sumig werden an der egenanten bezcalunge, so sal unser voit zcu Wimar sye darczu brenge, alzo daz dy obgenanten ratismeistere unde ratlute des ane schaden bleben; unde were daz keinerleige schade daruff ginge wy der genant werde, den sullen unser vorgenanten dorffschaft tragen unde unser stad ratismeistere unde ratlute nicht. Des zcu orkunde haben wir unser insegel an dessen offen briͤf gehenget. Gegebn noch Gotis gebort driczenhundert jar in deme zcwey unde nunczegesten jare an deme nesten dunrestage noch Michehelis.

a) Quernfort *über dem Eintrag* b) *über der Zeile* c-c) *am linken Rand*

1) *Zur Sache vgl. die Vorbemerkung zu der Urkunde Markgraf Balthasars von 1392 November 21 in CDS I B 1, S. 341, Nr. 455, Anm. Vgl. auch Stadtbuch von 1380, Nr. 280.*

196. *1398 April 12* *(Hand C) fol. 35v*

Schiedsvereinbarung zwischen den Brüdern Hans und Hermann Steindorf einerseits sowie ihrem Stiefvater und ihrer Mutter andererseits wegen eines Leibgedinges.

Nota. Feria sexta post festum pasche anno xc° octavo habin unse hern[a] gericht unde ge[e]ynt yn keynwertykeyt Hugez von Talheym unde Heynrichs von Elleybin Hansen Steyndorffen unde Herman, sinen bruder, unde Hansen Kottindorffin, oren styfvater, unde siner[b] werttin, oͤre beyder muͦter, alzo daz unse hern erkant habin, daz oͤm unde sinre werttin folgen sal daz husz, do er yczunt ynne ist, undene unde obene, dy wile suͦ beyde lebin, czu oͤrre beyder libe unde lebetage. Ouch sal dy genante oͤr muter czu oͤrme libe ynne habin unde er myt oͤr, dy wile dy muter lebit, 17 ackere eyns ackers, mynre eder mer; wenne dy muter abegegangen ist von todez wegin, daz got lenge, so sulln dy genanten ackere wedir gefallin an Hansen unde an Herman, vorgenante unde an oͤre erbin alzo bescheydelich, daz suͤ deme genanten Hanse Kotindorffe sullen machin eyn halb malder korn geldez czu sime libe; dy wile om dez halbin malder korns nicht gemacht habin, so sal er dy genanten acker ynne habin czu phande byz alzo lange, daz oͤm daz korn gemacht wert, unde wenne dy genanten czinse gemacht werdin, so sal su Kotindorff ynnemen, alz vorgeschriben stet; wen aber er ouch abegegangen von todez wegin, daz got lenge, so sullen dy genanten czinse weder gevalle an Hansen unde an Herman, gebrudere, unde an ore erbin an argelist unde Kotindorff sal dy ackere noch czinse nymande[c)] vorkouffe noch vorsecze yn keynewyz ane argelist unde huz noch hoff.

a) *über der Zeile* b) *folgt gestrichen:* muter c) *folgt gestrichen:* kan

197. *1387* *(Hand A) fol. 36r*

Verzeichnis der Ratsherren im Geschäftsjahr 1387.[1)]

Anno domini m° ccc° lxxxvii fuit proconsul Fredericus Risinbutel et Johannes Blankenhain, Hermannus Burnman, Henricus Plak, Conradus Lademus, Hans Smalcz, Hans Katinhain, Hans Jene.

1) *Vgl. W. HUSCHKE, Ratslisten, S. 28.*

198. *1387 März 1* *(Hand A) fol. 36r*

Hans Beme verpfändet den Juden Lewin und Schmul ein Haus.

Feria sexta post invocavit da quam vor uns Hans Beme, der schreter, unde bekante, daz her Lewen unde Smehele, juden, sin hus had gesaczt vor vir schok groschen, y daz schok uff zcwene phenge [(a]dy wochen[a)], von sente Walporgis tage obir eyn jar, weylde Hans[b)] Beme den sin hus in dez weder lose, so seylde hers den juden vor sage ein virteil jars; dazselbe soilden dy juden[c)] ouch thun; ouch sullen dy juden doran ein phund phenge zcu zcinse gebe jerlich uff Michaelis [und] Walporgis; ouch sal man an deme huse nicht buwe noch an deme hofe, man thu is denne mid unserme willen; in alle der masze also vorgeschrebin ist; also bekenne wir dez hus den juden zcu eyme phande.

a-a) *über der Zeile* b) *folgt gestrichen:* sch c) *folgt gestrichen:* vor

199. *1387 November 22* *(Hand A) fol. 36r*

Hermann Schor, seine Frau und seine Söhne verkaufen ihre Güter.

Feria sexta post Elizabet quam vor uns Herman Schor, Apel, Heinrich, Herman sine sone, unde sin wertin, unde habin da uffg[e]gebin alle er gut, wo su dy habin, dem bescheiden luten Frederich Voite, Ditherich Krebis, Ytel Hartman unde Clawese Becherer vor vircen phund unde vor funf phunt, die Clawesen Branden antreten.

200. *1400 Dezember 11* *(Hand C) fol. 36r*

Schuldanerkenntnis Hartmanns von Obringen gegenüber Johann von Heichelheim.

Sabbato post concepcionis Marie anno cccc° sind komen vor unse hern Hartman von Oberingen unde sine erbin unde habin bekant, daz oͤn er Johannes von Huͤchelheim gelegin habe 10 schog groschen uff sin husz unde hoff in der Windischin gasze unde globin, om die gutlich wedir czu gebene uff den nestin sente Michels tag der nest czukumftig wert ane argelist.

201. *1388* *(Hand B) fol. 36v*

Verzeichnis der Ratsherren im Geschäftsjahr 1388.[1)]

Anno domini m° ccc° lxxxviii fuit proconsules Conradus Blankenhayn, Conradus Lademus, Conradus Riche, Hannus Schilling, Hannus Krug, Ditherich Phulsborn, Hannus Brandinhayn, Heinrich Tichman.

1) *Für dieses Jahr sind zwei unterschiedlich zusammengesetzte Räte überliefert. Vgl. Stadtbuch von 1380, Nr. 210. Die Zusammenstellung bei W. HUSCHKE, Ratslisten, S. 28 ist entsprechend zu ergänzen.*

202. *1393 Oktober 17* *(Hand B) fol. 36v*

Hans Schroter von Obergrunstedt verzichtet auf alle Ansprüche gegen Hermann Brot wegen des Kaufs einer Hufe.

(aAnno lxxxxiii° a) sexta post Borghardi sint komen vor unse herren Herman Brot unde Hans Schroter von Grunstet unde haben sich do vorwilkkort, alzo daz Hans Schroter[b)] ledig unde los hat geseit Herman Brot der were, dy her ome thun solde vor dy hufe landes, gelegen vor der stad Wymar, dy her ome vorkouft hat umme den briff ober dy genanten huffe, den Herman Brot deme genanten Hanse Schrotere uffgegeben hat.

a-a) *über dem Eintrag* b) *folgt gestrichen:* los hat

203. *1404 Juli 4* *(Hand C) fol. 36v*

Schuldvereinbarung zwischen Dietrich Czauke und Dietrich Botener.

Sexta post Petri et Pauli anno lxxxxiiii° sint komen vor unse hern Ditherich Czauke unde Ditherich Bottener unde habin bekant alzo, daz Ditherich Czauke hat gelegen Ditherich Bottenere unde siner elichen wertin unde alle oren erbin vier phunt unde verczen schillinge phenninge guter lantwere uff sinen hoff in der Lauwer gasse, alzo daz her ome dy sal wedderreiche unde bezcalen gutlichen uff den nesten sente Mertins tag; beczalt her ome dy phenninge nicht uff dy genanten tageczíit, so sal sich der genante Ditherich Czauke czu deme huse halden unde daz vorsecze edder vorkouffe vor dy genante summe geldes ane alle wedderede Ditherich Botteners unde siner erbin unde ane argelist.[a)]

a) *Eintrag durchgestrichen*

204. *1404 Januar 4* *(Hand C) fol. 36v*

Thele Heymborg verzichtet auf Ansprüche an einem Hof.

(aAnno m° cccc° quarto[a)] item feria sexta post circumcisionis domini had Thele Heymborgen globet, orre sache unde ansprache, die sie tat unde getan had, in daz gedinge, daz[b)] Hammers eliche werttin, dem got gnade, had an dem huse unde hoffe, gelegin bie dem hoffe Peters Kochs[c)], daz sie sentte Petere doran g[e]gebin had, daz sie daz bie eyme rathe bliben wel, unde had daz globt mit hand unde mit munde unde sind geweren Heinrich Herwig et Hans Begker von Crummestorff.

a-a) *am linken Rand* b) *folgt gestrichen:* dez c) *folgt gestrichen:* gehad han

205. *1394 Januar 31* *(Hand B?) fol. 37r*

Hans Schroter von Ulrichshalben verkauft den Eheleuten Conrad und Thele Voit einen wiederkäuflichen Jahrzins.

([a]Anno lxxxxiiii° sexta ante purificationis Marie[a]) sint komen vor unse hern Conrad Voyt, Tele, sine eliche wertıͤn, Hans Schroter von Ulrichshalbıͤn unde haben bekant, daz der genante Hans Schroter gelegıͤn hat Conrad Voite, siner elichen wertıͤn unde sinen erbin ffunfczen phunt phenninge[b]) guter lantwere uff sinen hoff, gelegin by Hanse Schrotere von Grunstete unde by sente Peters huse in der[c]) stad Wymar, alzo daz her ome uffe dy genante ffunfczen phunt phenninge sal reichen unde gebin jerlichen uffe sente Michels tag drissig schillinge[d]) phenninge czins guter lantwere, dy wile her ome dy genante summe geldes nicht wedder engibt ane hindernisse unde vorczog. Were is ouch, daz der genante Hans Schroter, sine wertin unde sine erben dy genanten ffunfczen phunt wedder wolden habe uffe sente Michels tag edder der genante Conrad Voyt, sine wertıͤn unde sine erbıͤn dy genante czinsze wedder abelosen wolden, uff welche partige daz were, daz solde or eyn dem andern vore sagen vier wochen vor sente Michels tage, so sal der egenante Conrad Voyt edder sine erben dy egenanten ffumfczen phunt phennige[b]) guter lantphenninge wedder reichen unde geben metsamt den czinszen uffe sente Michels tag, der noch der vorkundegunge nest czukumftig wert, ane argelist unde uffczog. Ouch ist geret daz, daz der egenante Conrad Voyt unde sinen erben den genanten hoff nicht sullen vorsecze noch verkoyffe, su thun es denne met der koyffere unde met den nochgeschrebıͤn borgen gutem willen unde wissen. Daz alle dese voregeschrebine rede stete unde gancz gehalden werden, des seczt der egenante Conrad Voyt unde sine erben deme egenanten Hanse Schrotere von Ulrichshalben unde sinen erben czu borgen dy bescheiden lute Hansen Otten von Grunstete unde[e]) Conraden Hammersteten, dy met om unde vor on reden unde gelobıͤn alze gute borgen. Ouch seczt der egenante Conrad Voit unde sine erbin der egenanten borgen czu eyme willigen phande alle sine gute, dy her hat vor der stad unde in der stad czu Wymar, ab su gemant worden von den koyffern umme hoytgelt edder umme czinsze edder ab Conrad Voyt edder sine wertin abegingen von todez wegen, so solden su sich halden czu dem genanten hoffe edder czu syme erbe halden unde dovon richten hoitgelt unde czins ane allerleige weddersprache unde argelist et cetera.[f])

a-a) *über dem Eintrag* b) *über der Zeile* c) *folgt gestrichen:* guter d) *folgt gestrichen:* guter la...
e) *Nachtrag am linken Rand* f) *Eintrag durchgestrichen*

206. *1390 Mai 27* *(Hand B) fol. 37v*

Vereinbarung zwischen dem Rat und dem Spitalmeister Dietrich Topfer über die Verwendung von Opfergeldern zur Unterhaltung der Brücke über den Asbach.[1])

([a]Anno lxxxx[a]) sexta post penthekosten sint unser hern, dy rete mit den spetalzmeistern Ditherich Tophere ein wor[den], daz su sich von dez spetalz [2] wein sullen halde czu deme opfhere uf der brucken vor sente Nicklaus bilde unde sullen[b)] damete bessere dy brucke, wo dez noitdorftiͤg were eder worde alle jar jherlich ane vorczog.

a-a) *über dem Eintrag* b) *folgt gestrichen:* den
1) *Vgl. H. EBERHARDT, Anfänge, S. 135.*
2) *Gemeint ist das Hospital St. Nikolai am Asbach. Vgl. H. EBERHARDT, Weimarer Kirchen, S. 77 f.*

207. *1395 Januar 26* *(Hand B) fol. 37v*

Erbregelung zwischen den Eheleuten Hans und Margaretha Schilling sowie seiner Tochter Kunne.

Tercia ante purificationis Marie anno lxxxxv° sint komen vor unse hern Hans Schilling, Marete, sine eliche wertiͤn, unde Kunne, sin tochter, der genanten vrouwen stifftochter, met oren vrunden uff beide partige unde haben bekant, daz su sich geeynt haben[a)] alzo: were is, daz der genante Hans Schilling nicht lenger were an deme lebene, daz got lenge, so sal dy genante Kunne, sin tochter, czehen phunt phenninge [(b]czu vor habnene [!][b)] an syme hofe, der do gelegen yst nest Erharte Ffedderwisch; dornoch sal dy genante Kunne alze gut recht habe an huse, an erbe, an varnder habe, waz hinder ome erstorbe alze gut recht habe alze andere sine kindere unde suln daz gliche teyle unde dy genante Marete, [(b]sine werten,[b)] sal kindes teyl nemen, der kindere sin wenig edder vel. Do sint by gewest Hartman von Oberingen, Conrad Blomenstein von Meyldingen. Do sint ratismeystere gewest Herman Bornman, Hans Buntschuch, Hans Smalcz, Hans Schilling, Heinrich Hopfener, Hans Wysse.[c)] [1)]

a) *über der Zeile* b-b) *über der Zeile* c) *Eintrag durchgestrichen*
1) *Vgl. W. HUSCHKE, Ratslisten, S. 28.*

208. *1402 Dezember 8* *(Hand C) fol. 37v*

Der Rat legt einen Streit zwischen Dietrich Weller und Katharina Greber bei.

Fferia sexta in die conceptionis Marie anno cccc° secundo habin unse hern gericht unde geeynt Thederich Wellers mit Katherin Grebers umme alle stucke unde bruche unde gescheffede, die sie met eynander gehabt habin, wie die sin, also daz sich die genante Kethe vorczogen hat unde vorczieet sich allir ansprach, geistlich unde werltlich, die sie an dem genanten Thederich unde an sinen guten nummermer czu forderne in keine wisz.

209. *1409 Dezember 27* *(Hand D) fol. 37v*

Schuldanerkenntnis des Heinrich Schoffendorf gegenüber dem Juden Czenner.

Feria sexta anno domini m° cccc° nono post nativitatis Cristi in die Johannis es kommen Heinrich Schopphendorff mit Czenner, dem joden, unde had ome geloubit czů gebin 6 schog alder groschen uff deszin nesten zců kommenden sendte Walpurgis tag czů beczalne ane argelist; gesche dez nicht, so sal Heinrich Schopphendorff vorgenant von willekore wegin, die her gethan in eyme rate, unde von geheiszes wegen eyns rates uff eyn thor ge, davon nicht dacz vorgenante gelde sie dane gericht, das Czenner wol g[e]nůgen; were ouch, daz dez vorgenanten geldes eyn schog addir halbez beczalt worde bin der cziid, das sal Czenner abesla an den sechs schogken vorgenant.

210. *1388* *(Hand B) fol. 38r*

Verzeichnis der Ratsherren im Geschäftsjahr 1388.[1]

Anno[a] domini m° ccc° lxxxviii° Conradus von Jhene, Henricus Plage, proconsules, Claus Kune, Hannus Kruge, Hans Stal, Dithrich Krebis.

a) anno domini *über dem Eintrag*

1) *Für das Geschäftsjahr 1388 sind zwei unterschiedlich zusammengesetzte Ratskollegien überliefert, vgl. Stadtbuch von 1380, Nr. 201; W. HUSCHKE, Ratslisten, S. 28.*

211. *1388* *(Hand B) fol. 38r*

Zinsverpflichtungen des Heinz Hantal aus Gaberndorf.

Hencze Hantal von Gabirndorf dabit 18 denarios [de] ½ manso.

212. *1388* *(Hand B) fol. 38r*

Zinsverpflichtungen des Hans Gotcze aus Gaberndorf.

Hans Goczcze von Gabirndorf dabit 18 denarios; iam habet Hermannus Grafe; illa olim fuit Theoderici Wolnerz et est ½ mansus.

213. *1388* *(Hand B) fol. 38r*

Zinsverpflichtungen des Apetz Gebur aus Possendorf.

Apecz[a] Gebůr de Bossindorf dabit 3½ ß ad festum Walpurgis et 3½ ß [ad] festum Michaelis census de dimidio manso, qui quondam fuit Heinrich Hoppegarte.

a) *über der Zeile; darunter gestrichen:* Ditherich

214. *1388* *(Hand B) fol. 38r*

Zinsverpflichtungen des Dietrich Gebur aus Possendorf.

Dytherich[a] Gebůr de Bossindorf dabit pro censu 3 ß Walpurgis et 3 ß Michaelis de dimidio manso, qui quondam fuit Henrici de Bossindorfe.

a) *über der Zeile; darunter gestrichen:* Apecz

215. *1388* *(Hand B) fol. 38r*

Zinsverpflichtungen des Hans Bertold aus Gelmeroda.

Hans Bertoldes von Gyrmrode 8 ß Michaelis et Walpurgis von vyr gelengen, an dem Hetterde gelegen ken dem Merktal.

216. *1402 Juni 23* *(Hand C) fol. 38r*

Zinsverpflichtungen des Heinrich Schick.

Item juncher Heinrich Schike unde sine erbin gebin jerlich uff sentte Michels tag 6 ß denariorum czu erbeczinse von deme hoffe, der Lantmans unde der Knuszele waz.

Factum feria sexta post Albani anno cccc° secundo.[a)]

a) *Eintrag durchgestrichen*

217. *1402 Dezember 19* *(Hand C) fol. 38r*

Zinsverpflichtungen der Eheleute Johann und Kunne von Luten sowie ihres Sohnes Dietrich Fedeler.

Item Johannes von Luten, Kunne, sine werttin, Tyczko Vedeler, or son, dabunt 1 talentum Michaelis[a)] von deme huse, daz Friczen von Gotha waz, gelegin ken Theterich Kopperane obir bie Hermanne Marterbogkes huse, unde habin daz genante husz laszin Ffriczen von Gotha wedir lien czu eyme pfande vor die were an deme huse, daz Vedelers waz, uff dem margte bie Heinrich Pfiffere, jar unde tag, alz were recht ist. Factum feria tercia ante Thome apostoli cccc° secundo.

a) *über der Zeile*

218. *1396* *(Hand C) fol. 38v*

Zinsverpflichtungen des Heinrich Keiser.

Item[a)] Heinrich Keyser gibt dy czinse sente Petere, dy unse hern vorkouft habin anno xc° vi° et pullum dabit civitati; id, quod deletum est pro tempore.

Heinrich Keyser, gesessen vor unser vrouwen tor dabit 5 ß Walpurgis et 5 ß Michaelis; et idem dabit 2 ß vor eynen husacker census Michaelis; de curia sua 2 pullos Michaelis et 2 pullos ad carnis privium.[b)]

a) *am oberen Blattrand:* census civitatis, que fuit hern Gyrnote de Oberwymar *und* cens[us] *in Auszeichnungsschrift* b) *Eintrag durchgestrichen*

219. *1396* *(Hand C) fol. 38v*

Zinsverpflichtungen des Conrad Ledersnider.

Conrad Ledersnytere yn der alden stad tenetur 2 ß Walpurgis et [(a]2 ß[a)] Mychaelis et 2 pullos Mychaelis et 1 pullum carnis brevium de ½ curia, quae olim fuit Hans Smedes.

a-a) *über der Zeile*

220. *1396* *(Hand C) fol. 38v*

Zinsverpflichtungen des Andreas Fleischer.

Andreas Vleischer 5 ß census Walpurgis et 5 ß Michaelis; idem dabit 2 ß vor eynen husacker Michaelis; de curia sua et 4 pullos Michaelis et 2 pullos carnis privium; item tenetur sancto Petro (...) [?]; vendiderunt unse hern anno xc° sexto et pullos dabit civitati; id, quod deletum est anno xc° vi°.[a)]

a) *Eintrag durchgestrichen*

221. *1396* *(Hand C) fol. 38v*

Zinsverpflichtungen des Hans Fedeler und des Heinrich Meize.

Hannus Wedeler [(a]tenetur 5 ß sancto Petro Walpurgis et 5 ß sancto Petro Michaelis;

vendiderunt consules[a)] et 2 pullos Michaelis et 2 pullos carnis privium; hoc tenetur civitati. (bHeinrich Meize, picacifex, dabit Johanni Wedellere von der absiten 5 ß 2 hunre, daz [er] gekouft hat von ym unde ym gelegen ist in eyme rate.[b)]

a-a) *über der Zeile; darunter gestrichen:* 5 ß census Walpurgis et 5 ß census Michaelis de curia b-b) *Nachtrag von anderer Hand, durchgestrichen*

222. *1396* *(Hand C) fol. 38v*

Zinsverpflichtungen des Heinrich Mattstedt.

Heinrich Matstete 4 ß census Walpurgis et 4 ß Michaelis de curia et 2 pullos Michaelis et 2 pullos carnis privium.

223. *1396* *(Hand C) fol. 38v*

Zinsverpflichtungen des Dietrich Mülich.

(aDitherich Mulich[a)] 5 ß Michaelis et 5 ß census Walpurgis de curia et 2 pullos Michaelis et 2 pullos carnis privium.[b)]

a-a) *über der Zeile; darunter gestrichen:* Apecz Langgrafe b) *Eintrag durchgestrichen*

224. *1396* *(Hand C) fol. 38v*

Zinsverpflichtungen des Hans Ackermann.

Hans Ackerman[a)] 2 pullos Michaelis et 2 pullos carnis brevium de domo et pecuniam 10 ß[b)] czensus tenetur dare sancto Petro, quos consules vendiderunt.

a) *folgt gestrichen:* 5 ß Michaelis unde 5 ß Walpurgis et b) *folgt gestrichen:* tenetur

225. *1396* *(Hand C) fol. 39r*

Zinsverpflichtungen des Dietrich Stal.

Theoderich Stol dabit annuatim 8 ß census Michaelis de uno ortu in der alden stad, que olim fuit Hermanus Hockeleyn.

226. *1396* *(Hand C) fol. 39r*

Zinsverpflichtungen des Bertold Botener.

(aBerlt Bottener 4 ß Walpurgis et 4 ß Michaelis de curia et 2 pullos Michaelis et 2 pullos carnis brivium.[a)]

Bertolt Botener 4 ß Walpurgis et 4 ß census Michaelis de curia et 2 pullos Michaelis et 2 pullos carnis privium.[b)]

a-a) *Nachtrag von anderer Hand* b) *Eintrag durchgestrichen*

227. *1396* *(Hand C) fol. 39r*

Zinsverpflichtungen des Hans Flurstete.

Hans Flurstete 4 ß Walpurgis et 4 ß Michaelis de curia sua in civitate; item dabit sancto Petro; vendiderunt unser hern anno xc° sexto.

228. *1396* *(Hand C) fol. 39r*

Zinsverpflichtungen des Albrecht Hache.

Albrecht Hoche 4 ß Walpurgis et 4 ß Michaelis de curia in civitate; item dabit sancto Petro; vendiderunt proconsules anno xc° sexto.

229. *1396* *(Hand C) fol. 39r*

Zinsverpflichtungen des Dietrich Smed.

Thederich Smed in der alden stad 4 ß Walpurgis et 4 ß Michaelis et 4 pullos Michaelis et 2 pullos carnis privium.[a]

a) *Eintrag durchgestrichen*

230. *1396* *(Hand C) fol. 39r*

Zinsverpflichtungen des Claus der Hensin.

Claus der Hensin 4 ß Walpurgis et 4 ß Michaelis et 2 pullos Michaelis et 2 pullos carnis privium.

231. *1396* *(Hand C) fol. 39r*

Zinsverpflichtungen des Hermann Hockelei.

Herman Hockeley 4½ ß Walpurgis et 4½ ß Michaelis et 2 ß vor eynen husacker et 2 pullos Michaelis et 2 pullos carnis privium; idem predictus dabit annuatim 8 ß festum Michaelis de curia una, que olim fuit Johannis Voytis.[a]

a) *Eintrag durchgestrichen*

232. *1396* *(Hand C) fol. 39r*

Zinsverpflichtungen des Johann Voit.

Hans Voyt[a] 6 ß Walpurgis et 6 ß Michaelis et 2 ß vor eynen husacker et 2 pullos Michaelis et 2 pullos carnis privium.

Item predictus Johannes Voit tenetur dare 14 ß pro censu negelecto et futuro, selbschuldig Heinrich Erbe, ad festum Walpu[r]gis de bonis, que fuerunt Hanz Alchiz.[b]

a) *über der Zeile; darunter gestrichen:* Elch b) *Einträge durchgestrichen*

233. *1396* *(Hand C) fol. 39v*

Zinsverpflichtungen des Nicolaus von Tannroda.

Her Nicolaus von Tannenrode 7 ß Walpurgis et 7 ß[a] Michaelis et 2 pullos Michaelis.

a) *über der Zeile*

234. *1396* *(Hand C) fol. 39v*

Zinsverpflichtungen des Hans Bischof.

Hans Bischof 3 ß Walpurgis, Michaelis et 2 pullos Michaelis.[a]

a) *Eintrag durchgestrichen*

235. *1396* *(Hand C) fol. 39v*

Zinsverpflichtungen des Heinz Steynmecze.

Hencze Steynmecze 3 ß Michaelis et 2 pullos de uno ortu [!], que [!] olim fuit Johannes Bischofs.

236. *1396* *(Hand C) fol. 39v*

Zinsverpflichtungen des Dietrich Topfer.

Thiterich Topper yn der aldin stat 4 ß Walpurgis et 4 ß Michaelis et 1 sexagenam ovorum ad festum pasche.[a)]

a) *Eintrag durchgestrichen*

237. *1396* *(Hand C) fol. 39v*

Zinsverpflichtungen des Heinrich Apel.

Heinrich Opils, topper, dabit 2 pullos Michaelis de curia sua, tertia curia Hencze Stefel.

238. *1396* *(Hand C) fol. 39v*

Zinsverpflichtungen des Heinrich Butelstorff.

[(a]Heinrich Butelstorff[a)] in der aldin stad 4 ß Walpurgis et 4 ß Michaelis et 1 sexagenam ovorum ad festum pasche de curia, que olim fuit Theoderici Topfers.

a-a) *über der Zeile; darunter gestrichen:* Claus Segehart von Ussenrode

239. *1396* *(Hand C) fol. 39v*

Zinsverpflichtungen des Dietrich Muschate aus Tröbsdorf.

Ditherich Muschate von Trebestorff [(a]unde Conrad Waldendorff[a)] 4½ ß Walpurgis unde 4½ ß Michaelis de curia, que olim ffuit Hermanus Hockeleyen et 2 ß vor eyn husacker et 2 pullos Michaelis et 2 pullos carnis privium.

240. *1396* *(Hand C) fol. 39v*

Zinsverpflichtungen des Hermann Hockelei.

[(a]Herman Hockeley[a)] dabit annuatym 2 ß Walpurgis et 2 ß Mychaelis et 2 pullos Michaelis et 1 pullum carnis privium de ½ curia, que olim fuit fratris sui.

a-a) *über der Zeile; darunter gestrichen:* Hans Smet von Czymmern

241. *1396* *(Hand C) fol. 40r*

Zinsverpflichtungen des Dietrich Mülich.

[(a]Ditherich Můlich[a)] 6 ß Walpurgis et 6 ß Michaelis von dem huze, daz da lyt an deme rathofe.[b)]

a-a) *über der Zeile; darunter gestrichen:* Heinrich Stechemessir b) *über dem Eintrag:* census civitatis in curia pretorii

242. *1396* *(Hand C) fol. 40r*
Zinsverpflichtungen des Dietrich Swarcz.
Thederich Swarcze vrouwe[a)] 9 ß Walpurgis et 9 ß Michaelis von dem huze an dem rathuze.

a) *über der Zeile*

243. *1396* *(Hand C) fol. 40r*
Zinsverpflichtungen des Hans Czigeler.
Hans Czigeler 5 ß Walpurgis et 5 ß Michaelis von dem huze an dem rathuze.

244. *1396* *(Hand C) fol. 40r*
Zinsverpflichtungen des Heinrich Rost.
[(a]Heinrich Rost[a)] 5 ß Walpurgis et 5 ß Michaelis von dem huze an dem rathuze.

a-a) *über der Zeile; darunter gestrichen:* Claus Pfulsborn

245. *1396* *(Hand C) fol. 40r*
Zinsverpflichtungen des Hans Beme.
Hans Beme 20 ß census Michaelis et de illo censu dabuntur 12 ß ad parrochiam sancti Petri.[a)]

a) *Eintrag durchgestrichen*

246. *1398 September 18* *(Hand C) fol. 40r*
Zinsverpflichtungen des Conrad Snider und des Conrad Grosse.
Conradus Snider et Grosse Conrad 20 ß de domo, [(a]que fuit[a)] Johannis Bemen, census Michaelis. Factum quarta ante Mathei anno xc° octavo.[b)]

a-a) *über der Zeile* b) *Eintrag durchgestrichen*

247. *1388 November 4* *(Hand C) fol. 40r*
Zinsverpflichtungen des Hans Landmann.
Hans Lantman 6[a)] ß Michaelis de curia, que quondam fuit her Heinrich von Lichtenhayn. Idem Hans Lantman tenetur 10 talenta, davon sal her gebin alle jar jerlich 1 talentum unde daz sal steyn 4 jar; usgeyn der vir jar so sal daz steyn an der stat; ab her ys lenger sal behaldin. Datum anno[b)] m° ccc° lxxxviii° quarta ante omnium sanctorum.

a) *über der Zeile; darunter gestrichen:* 20 b) *folgt gestrichen:* iii^{c}

248. *1396* *(Hand C) fol. 40v*
Zinsverpflichtungen des Heinrich Beme.
Heinrich Beme dabit censum ½ maldram trinici et ½ maldram avene, dabit annuatim de 1½ manso in campis Waldindorf.

249. *1396* *(Hand C) fol. 40v*

Zinsverpflichtungen des Heinrich Lunckewitz.

Meister Heinrich [Lunckewitz], bader, dabit 6 denarios von eyme flecchin, daz lyt by der stobin.

250. *1396* *(Hand C) fol. 40v*

Zinsverpflichtungen des Claus Kanewerff.

Claus Kanewerff 3 ß Walpurgis unde 3 ß Michaelis census von deme huse uffe deme graben vor dem nuwen tore.

251. *1396* *(Hand C) fol. 40v*

Vereinbarung über von Dietrich Schumann aus Possendorf zu zahlende Zinsen.

Ditherich Schuman von Bossindorff gibt ewiclichen czu geschosse alle jar jerlichen uffe sente Michels tag 5 ß unde daz lot 3 ß von eym verteil landes unde von eyme halben hoffe, gelegen in dem ffeylde unde dorffe czu Bossindorff, daz czu erbelehene gehet von Huge von Talheim, daz ome czinst jerlichen uffe sente Michels tag 6 schillinge phenninge unde eyn verteyl erweys unde eyn lammesbuch czu ostern; were is ouch, daz der genante Ditherich edder sine erben nicht borgere wern, so sal daz lot abegen edder ab her dy gut ymande vorkouffte[a] edder vorseczte edder wer ys ynne hat, der sal dy genanten ffumf schillinge phenninge czu geschosze geben alle jar jerlichen uff sente Michels tag, alze vore geschreben steͤt; dez hat her sich vollekort[b] yn eyme siczenden[c] rathe; do sint by gewest Claus Schuman, sin vater, Heinrich Ffeddeler, Peter Weber von Eringestorff unde Hans Buntschuch, dy haben daz geteydinget unde gemacht et cetera.

a) *folgt gestrichen:* so b) *folgt gestrichen:* ynne c) *über der Zeile*

252. *1396* *(Hand C) fol. 40v*

Zinsverpflichtungen des Heinrich Kluge.

Heynrich Kluge gebt[a] 6 ß Walpurgis et 6 ß Michaelis von deme huse nest deme rathoffe, daz er czu eynem lantsedel hat, unde gebt eyne gans Mychaelis.

a) *folgt gestrichen:* 12 ß

253. *1396* *(Hand C) fol. 40v*

Zinsverpflichtungen des Heinrich von Bebra.

Heynrich von Bebra dabit anuatim 4 ß Walpurgis et 4 ß Michaelis de domo, que olim fuit Hans Kochs, 2 pullos Michaelis et 2 pullos carnis brevium.

254. *1396* *(Hand C) fol. 40v*

Zinsverpflichtungen des Lorentz Franke.

Lorencie Francke de curia 1 talentum.

255. *1393* *(Hand C) fol. 41r*

Nicolaus von Tannroda verpfändet einen Weingarten.

[(a]Anno domini millesino ccc° lxxxxiii° [a)] sint komen vor unse herrn er Niclaus von Tanrode unde er Johannes Kothendorff, unde der egenante er Niclaus hat gesaczt [(b]czu phande[b)] sinen wingarten Johannese Kotendorffe unde sinen erbin vor 12 schog guter Missener groschen czu allen czinszen unde rechten, alze her on von der stad gehat hat noch uswisunge sines hoitbriͤffes, den her darober hat unnder Fustes insegel, des voites, unde under Risbutels insegel.

a-a) *über dem Eintrag* b-b) *über der Zeile*

256. *1393 Mai 8* *(Hand C) fol. 41r*

Albrecht und Hans von Friemar lösen einen wiederkäuflichen Zins ab.

[(a]Anno lxxxxiii° [a)] quinta post cantate sint komen vor unse herren juncherre Olbrecht von Ffrymar, juncherre Hans, sin vetter, unde haben do erlost ore briffe, dy do anreichten er Heinrich von Brampachen, zeligen, unde sine erben unde Clause von Sulczdorff, Barbaran, sine eliche wertin, unde oren erbin, unde haben do beczalt der stad von er Heinrichs von Brampachs wegen unde er Heinrich Plakke unde Barbaran, siner elichen wertin, von Claus von Sulczdorffs wegen verczhen phunt [(b]edder sebin[b)] schog groschen hoitgeldes noch uswisunge der briffe, unde dy egenanten von Ffrymar haben dy genanten briffe geleit in eyn rath bis alze lange, daz dy stad erheischt vorsessene czinse unde was dy briffe uswisen unde wenne daz derheischt wert, so sal man den genante von Ffrymar ore briffe reichen unde gebin ane argelist unde ane wedderrede.

a-a) *über dem Eintrag* b-b) *auf Rasur*

257. *1396 September 29* *(Hand C) fol. 41r*

Vereinbarung zwischen Else Erharte und ihrem Schwiegersohn Friedrich an Berge über die Ablösung eines an die Juden verpfändeten Hofes.[1)]

Sexta in die Michaelis [(a]xc° vi° [a)] sind komen vor unser hern Elze Erhartz unde Frydrich [an Berge], or eydem, unde habin sych myt eynandir voreynt alzo, daz Frydrich, or eydem, had gelost den hoef czu den joden, dy dorynne sint gewest, vor 5½ talenta denariorum; dyselbin phenge sal her an deme hoffe habe unde waz her an den leyt myt wissene, daz sal her an deme hoffe habe, ab ymant queme, der teyl neme wolde, der sal om daz abelege, waz her doran geleyt had.

a-a) *über dem Eintrag*
1) *Vgl. Stadtbuch von 1380, Nr. 260.*

258. *ohne Datum* *(Hand C) fol. 41v*

Zinszahlungen verschiedener Personen.

[(a]Hans Ffynne[a)] 6 ß remynczins Michaelis.
Hans Smalcz 6 ß remynczins Michaelis.
Dy czwene remyn steyn czu unser vrouwen by dem torme.

Dithrich Osm[e]stete 4 ß remynczins.
Dithrich Pfulsborn 4 ß remynczins.
Dy remyn steyn of dem grabin czu unser vrouwen of dem grabin.
Hans Vischer 4 ß ibidem.
[(b]Claus Schenke 4 ß ibidem.[b)]
Herman Brutegam 4 ß ibidem.

a-a) *über der Zeile; darunter gestrichen:* Conrad Blankenhayn b-b) *durchgestrichen*

259. *1396 Mai 26* *(Hand C) fol. 41v*

Vereinbarung zwischen den Brüdern Heinrich und Siegfried Klues wegen eines Hauses.

Feria sexta post penthekosten sint komen vor unse hern Heinrich Klues unde Syvart, sin brudir, und habin sich beteydinget umme daz huz, daz da nest lyt by Hyldebrande von Lichtinhain unde von o̊me czu lehene geet; dez hat Heinrich Klues Syvarden, sin bruder, geschuldiget um daz selbe huz, daz Heinrich Kluez Syvartz Klues sone gegeben had unde daz Syvart Heynriche sulle globit[a)] habe sthro czu machene, dy wyle her lebit. Do had Syvart nein czu gesprochen unde had sich geczugen gerůmet, daz her yz sime sone gegebin habe. Dez sind komen Heinrich Schopfendorf unde Hans Lantman unde habin bekant, daz Heinrich Kluez daz huz Sywartz Klues sone gegebin habe unde Syvart Klues habe ym globit, sthro czu machene, dy wile her lebe, alz verre alz er yz umme yn vordynt. Anno xc^{to} vi^{o}.

a) *folgt gestrichen:* had

260. *1396 Juli 25* *(Hand C) fol. 41v*

Else Erharte überträgt ihrem Schwiegersohn Friedrich an Berge unter gewissen Bedingungen einen halben Hof. [1)]

Feria sexta post Jacobi sint komen vor unse hern Elze Erhartz unde Frydrich an Berge, or eydem, unde habin met o̊n bracht o̊re frůnt uf beyde syt Hanse Jeghern, Frydrich Risbuteln, Hansen Blankenhain, Heinrich Phlocken unde Clausen an Berge; dy vorgenante Elze Erhartz hat do gegebin Frydrich, orme eydeme, den halbin hof, gelegin in der Windischen gasze alzo bescheidelich: ab Fredrich, o̊r son, queme adir ymant, der do recht hette adir yn rechte teyl neme solde, so solde Frederich an Berge den halbin hof weder inlege unde eyn yxlicher, der do teyl neme wolde, der sollte unde schol weder inlege alliz, daz o̊me vorhene wordin ist, ez sy welcherleye daz sy. Factum est anno xc^{o} vi^{o}.

1) *Vgl. Stadtbuch von 1380, Nr. 257.*

261. *1392 Juli 26* *(Hand B) fol. 42r*

Beilegung eines Streits zwischen dem Rat und Nicolaus von Tannroda.

[(a]Anno lxxxxii^{o} [a)] sexta post Jacobi[b)] haben unse herren gebeti̊n hern Niclause von Tanrode, daz her hulffe usczy, wo dy schulde der stad were herkomen; do teidingete her Conrad Blanckenhai̊n czwischen om unde unsen herren[c)] alzo, daz her daz thu wolde unde theͤt alzo bescheidelichen, daz ome unse herren gelobete, daz su ome gute wolden ån sinen vorsessen czinsen an dem wingarten, den her von der stad hat, den her vorsessen hat vier jar jedes jars 14 schillinge unde 2 hunre ane acht schillinge, dy her gab in deme nunczegesten jare uff eyne rechnunge by Kothenhaine unde Cappelndorffe unde orre kumpane. Unde her Niclaus hat unse herren ledig unde los gesait umme dy erbeit, alze vore geschreben stet, unde unse hern haben on alle vorsessene cziͤnse los gelaszen bys uff dy cziit alze man schribet anno domini m° ccc° lxxxxiii° tertia post invocavit [*1393 Februar 25*].

a-a) *über dem Eintrag* b) *folgt gestrichen:* yst kom[men] c) *folgt gestrichen:* daz

262. *1396 Mai 17* *(Hand C) fol. 42r*

Vereinbarung zwischen den Brüdern Hermann und Eitel Meynhart zu Kromsdorf und dem Weimarer Bürger Dietrich Czauke über ein Erbteil.

Feria quarta post exaud[i] xc° vi° sint komen vor unse hern Herman Meynhartz unde Ytel Meynhard, gebrudere, gesessin czu Krumstorf, und habin met on bracht Dythrich Czauken, borgern czu Wymar, orn geborn frunt, unde habin sich vorwillekort eyntrechtiklich met gutim vorrathe, waz dy erbere vrouwe Kůnne czu der Guldin Phyfin vor den Gretin, eyner borgerin czu Erforde, erbegute haben, dy on myt rechte gevolge mogin von gesippe wegin noch oͦrme tode, daz on dy selbin gut unde anevall von der genantin vrouwen wegin Dythrich Czawke sal helfe were czu vorkoyfene unde on helfe vordere myt rechte, ixlicher uf sine koste, waz sy daran herwerbin myt gliche unde myt rechte, daz sullin Herman Meynhart unde sin brudir Dytheriche Czawken unde sinen erbin eyn firden teyl lazin volgin und gebin ane argelist und ane schadin und ane alliz geverde und dowedir nicht spreche wedir myt geystlichem noch werltlicheme gerichte ane arg.

263. *1396 Dezember 29* *(Hand C) fol. 42r*

Hans Sorborn lehnt die Beilegung eines Streits wegen einer Kuh ab.

Sexta post nativitatis Christi sint komen vor unse hern Claws Korsener, Apecz Salman, Hans Gebur et Hans Salman von Boszindor[f] und habin bekant uf ore eyde, daz sy Hansen Ilmeniczen und Hansen Sorborn wolden eynen ume syne koe, daz hat Hans Sorborn uzgeslayen und hat gesprochen, her kunne der koe nicht herlose.

264. *1393* *(Hand B) fol. 42v*

Schiedsvereinbarung zwischen Hans Blankenhain und Heinrich Apel.

[(a]Anno domini millesimo ccc° lxxxxiii° [a)] haben unse herren[b)], dy ratismeistere unde rethe Hans Blanckenhain, Hans Jeger, Conrad Blanckenhain, Hans von Jene, Ditherich Phulsborn, Herman Tostorff, alze sy sassen uff daz jar[1)], gescheiden Hansen Blanckenhain unde Heinrich Apels noch schult unde noch antwort.

Czu deme ersten male, alze Heinrich Apels vorgenante schuldegete Hansen Blanckenhain umme den sedelhoff, do her ynne wonhaftig yst, der do lyt an deme markte, haben su gesprochen vor recht: Dy wyle Heinrich Apels ynheimig gewest yst ymme lande unde hat den kouff des ersten hofes by sente Niclause nicht gewert noch weddersprochen met rechte, so blibet der schult Hans Blanckenhain ane wandel unde yst ome dorch recht darumme nicht schuldig.

Czu deme andern male, alze Heinrich Apels vorgenante andere vorsegelte schult uswist umme daz verteyl eyner hufe, do her on vor gecziten ouch umme beteidinget hatte ane czu dessim male unde hat daz verteil landes behalden met geczuge, alze su gewyst worden beider siet us eyme siczenden rathe an geheite bang mit Alheydin, siner megiͤn zeligen, Hans Blanckenhains wertiͤn, dy do quam met oren geeyden unde bot oren geczug, des su Heinrich Apels vorgenante vortragen had, daz dornoch or geczug vorvolbort wart, domete su ore gut behalden had, haben unse herren gesprochen vor recht: Kan daz Hans Blanckenhain vorgenante gewyse noch der stad rechte met czwen borgern edder mit gerichte, her blybet der schult ane wandel; den geczug hat Hans Blanckenhaiͤn volfurt in eyme[c] siczenden rathe in keywerdicheyt Heinrich Apels; den geczug hat Heinrich Apels nicht weddersprochen unde om hat darane genuͤget.

Czu deme dritten male, alze Heinrich Apels schuldegete Hansen Blanckenhaiͤn umme varnde habe unde umme husrath, ffumfczig phunde wert, haben unse herren gesprochen vor recht: Der schult blibet Hans Blanckenhain kein Heinrich Apels ane wandel noch der stad rechte unde yst ome dorch recht dovor nicht schuldig; unde by dessiͤr scheidunge haben gesessin dy gestrengen Ffrederich von Slynicz, jungherre Apecz von Oberwymar, Heinrich von Lengefelt, czu der cziit voit czu Bottelstete, unde unse hern, dy acht man unde anderer guter borgere vel, den wol czu gloybene yst et cetera.

a-a) *über dem Eintrag* b) *folgt gestrichen:* gescheiden c) *folgt gestrichen:* siche
1) *Vgl. W. HUSCHKE, Ratslisten, S. 28.*

265. *1394 Dezember 13* *(Hand C) fol. 43r*

Die Eheleute Conrad und Thele Voit kaufen von Hans von Weida, seiner Frau Else und seinem Schwager Claus Becher einen wiederkäuflichen Jahrzins.

In die Lucie virginis anno lxxxxiiii synt komen vor unse hern Conrad Voyt, Tele, sine elich wertin, uff eyne siten, Hans von Wyda, Elze, sin eliche wertin, Claus Becherer, sin swer, unde haben bekant alzo, daz Hans von Wida, sin wertin unde sin swer recht unde reddelichen gelegen haben Conrad Voyte, siner elichen wertin unde sinen erben ffumfczen phunt phenninge guter lantwere uff sinen sedelhoff unde uff sin bruwehus met alle siner czuhorunge alzo, daz her om daruff reichen unde gebiͤn sal drissig schillinge phenninge der egenanten were ([a]uff sente Michels tag[a]); were is ouch, daz der genante Conrad Voyt unde sine wertin unde sine erbin dy genanten czinsze wedderkouffe wolde edder Hans von Wida, sin wertin edder sin swer dy genanten fumffczen [phunt] phenninge wedder habe wolden, uffe welche partige daz were, daz solde or eyn deme anderen vore sagen eyn verteil jares vor sente Michels tage. So sal der genante Conrad Voyt, sine wertin unde alle sine erbiͤn dy genanten ffumfczen phunt[b] guter lantwere wedder reichen unde gebiͤn met den genanten czinszen uffe sente Michels tag, der noch der vorkundegunge nest czukunfftig wert, dem genanten

Hanse von Wida, siner wertin unde sime swer unde alle sinen erbiͤn ane alle oren schaden, hindernisse unde vorczog. Were is ouch, daz su dy phenninge beyder siit lissen sten uff sente Michels tag, so sal der genanten Hans von Wida czu deme genanten Conrad Voite czyͤ met siner wertin unde sal den genanten halben hoff met deme bruwehuse ynnehabe ane wedderrede, unde dy kor sal sten an deme genanten Hanse von Wida, ab her czu ome[c)] in den hoff czy wel edder nicht; czuet her nicht czu ome in den hoff, so sal ome der genante Conrad Voit sine czinsze gebiͤn uffe den andern sente Michels tag ane allerleige wedderrede deme egenanten Hanse von Wida unde sine erben. Ouch sal der egenante Hans von Wida in deme bruwehuse ummesuͤs bruwe, her sycz in dem huse edder nicht, ane allerleige argelist unde wedderrede. Czuet her aber czu ome in den hoff, so sal om der genante Conrad Voyt keynen czins nicht gebiͤn uff den andern sente Michels tag ane argelist et cetera.[d)]

a-a) *über der Zeile* b) *am linken Rand* c) *über der Zeile* d) *Eintrag durchgestrichen*

266. *1395 November 7* *(Hand C) fol. 43r*

Schiedsvereinbarung zwischen Hans Beme und Dietrich Sprung.

([a]Anno lxxxxv[o] [a)]) dominica post omnium sanctorum habin unse hern dy ratismeistere gescheiden Hanse Bemen unde Ditherich Sprungen noch schult unde noch antwort alzo, daz kein ffronebote erczuge sal von gerichtes wegen ane den richter unde ane dy schepfen.

a-a) *über dem Eintrag*

267. *1395 Februar 4* *(Hand C) fol. 43v*

Die Eheleute Hermann und Thele Bornmann verpfänden Ackerland.

Quinta post purificationis Marie sint komen vor unse herren Herman Bornmann, Thele, sine eliche wertiͤn, unde haben do gesaczt czu eym willegen phande[a)] desin nochgeschreben Hanse Buntschuche, Hannese von Jhene, Hannese Wyssen nuen ackere artafftiges landes, gelegen hinder der want vor dem nuwen tore, vor czehen phunt phenninge unde vor eyn phunt czins, do su vor oͦn borgen worden sint unde vor on geret haben semplich[a)] kein her Conrad von Matstete unde keyn Barbaran Vickern, siner muͦmen; were is, daz dy genanten borgen gemant worden umme hoitgelt edder umme czins, so soylden sich dy genanten borgen czu den genanten nuen ackern halde unde dovon richten hoitgelt unde czins edder mogelichen schaden, ab der uff dy genanten czehen phunt gegangen were, ane allerleige weddersprache Hermans Bornmans, siner wertin unde alle siner erben. Ouch hat der egenante Herman Borman unde sine eliche wertin[a)] geret unde gelobet, vor sich unde vor alle sine erben, dy genanten borgen des vorgeczoges gutlichen abeczunemene[b)] ane alle oren schaden unde hindernisse. Dy egenanten ackere gen czu erbelene von unserme gnedegen hern deme langgrefin.

a) *über der Zeile* b) *in der Vorlage:* abe czu nememe

268. *1395 Februar 26* *(Hand C) fol. 43v*

Else Schukel bestimmt ihren Neffen Heinrich Topfer zu ihrem Vormund.

Sexta post esto michi anno lxxxxv^{to} sint komen vor unse hern vrouwe[a)] Elze Schukeln mit Heinrich Topffere, orre swester sone. Dy genante vrouwe hat do gekorn czu[a)] eynem vormunde ober alle ore gut den genanten Heinrich Topffern; ouch sal her alle sine gut czu der genanten vrouwe guten [legen] unde her sal der met eynander mechtig sy; ouch sal dy genante vrouwe orre habe mechtig sy, ab su der ych vorgebe wolde dorch gotes willen; ouch sal der genante Heinrich met orme rathe thun, waz her tun wel.

a) *über der Zeile*

269. *1395 September 17* *(Hand C) fol. 43v*

Albrecht Slich, Vikar zu Oberweimar, überträgt zur Vikarie gehöriges Ackerland auf Lebenszeit an Dietrich Czauke.

[(a]Anno lxxxxv^{to} [a)] sexta post exaltationis sente crucis sint komen vor unse hern her Olbrecht Slicher, vicarius[b)] dez altars sente Niclaus czu Oberwymar, unde hat do bekant, daz her gelassen hat Ditherich Czauken czweinczig ackere erden, dy do gehorn czu der genante vicarien, dy wile daz su beyder siet leben, alzo bescheydelichen, daz om der genante Ditherich Czauke reichen unde gebin sal alle jar jerlichen virdehalb phunt phenninge guter lantwere, halb[c)] uff sente Michels tag unde halb uffe sente[d)] Walpurge tag, umvorczoglichen unde ane sinen schaden unde sal der ackere genissen, so her meyst mag, unde sal su ouch bessere, so her best mag.

Nachtrag: Item feria secunda post purificationis Marie anno domini m° cccc° quarto [*1404 Februar 4*] quam er Albrecht Slicher unde kundegete unsen hern eyme rathe, daz om Zcawke abetrunnig were worden von sime gute unde hette om sinre zcinse nicht gegebin; unde wolde sin gut wedir vorlasze luten, die ome sine zcinse gebin, unde had daz getan mit wiszene eynes rathes, Hans Buntschuchs, Hartmans von Oberingen et cetera.

a-a) *über dem Eintrag* b) *folgt gestrichen:* czu c) *über der Zeile* d) *folgt gestrichen:* Walb...

270. *1396 Oktober 27* *(Hand C) fol. 44r*

Conrad Hammerstet verkauft einen Hof an Heinrich Smed von Gelmeroda.[1)]

Anno xc° sexto feria sexta in vigilia Symonis et Jude ist komen Conrad Hammerstet myt synen frunden uf eyne syten, Heynrich Smet von Germynrode myt synen frunden uf[a)] dy andere syten vor unse hern yn eynen rath; dez had Connrad Hammerstet synen sedelhof vorkouft myt allin rechtin und czuhorungen und allez, daz do gewett und genaylt ist und myt erdin ummefangen, der do gelegin ist an deme marcte czwyschen Hanse Placke und der Torwartin, myt deme kleyn sedelhuse, daz yczunt Gotschalk Hammerstet besyczt und dorynne wanhaftig syn sal, dywylen her lebit; dornoch noch Gotschalk Hammerstetin tode sal sin Conrad Hammerstet gebruche und syn eliche werttin, dy her yczunt had, ab sy ez gelebin myt dez huschens czuhorunge al ez yczunt begryffin ist. Dornoch noch der dryer person liben sal daz genante huschen volgen deme genantin Heynrich Smede, synre elichen werttin und alle orin erbin ane allirleye wedirrede czu deme genanten sedelhoffe, alzo daz man daz selbe kleyne huschen, dywyle ez dy dry libe ynne habin sullin, beszere und nicht ergere Heinrich Smede vorgenantin und syn erbin, daz ome schadin brenge czu syme gebuwe und sedelhoffe. Der kouf und vorkouf ist geschen myt wolbedochten mute, myt wyszin und myt wyllin orrer beyder erbin und fruͤnde[b]. Dez koufez had Conrad Hammerstet vorgenanten und synen erbin Heinrich Smede und synen erbin eyne rechte were gethan und besaczt myt den vorsichtegen luͦthen Hanse Wyszen, Dytherich Czawkin, dy vor dy were gerett habin und were globin yn eyme rathe, alzo were recht ist, czu haldene; dez hat Conrad Hammerstet von synre weyn und von synre erbin weyn deme vorgenanten Hanse Wyssen, Dytherich Czawken gutlich gerett und globit dez globdez, daz sy vor dy were gethan habin, abeczunemene ane alle orin schadin. By dyseme kouffe sint gewest Hans Jegher, ratismeister czu Wymar, Conrat Slusinger, Hans Flurstet und Dythrich Czawke. Dyz ist geschen vor eynen[c] syczinden rath und ratismeistern Hans Jegher, Hans Kottinhain, ratismeistere, Hans Molborg, Dytherich Phulsporn, ratislute.[2]

a) *folgt gestrichen:* eyne syten b) *folgt Wortwiederholung:* wyszin und wyllin c) *in der Vorlage:* eymen
1) *Vgl. Stadtbuch von 1380, Nr. 9.*
2) *Vgl. W.* HUSCHKE, *Ratslisten, S. 29.*

271. *1395 Januar 26* *(Hand C) fol. 44v*

Peter Eckebrecht und seine Frau verpfänden einen Hof an Friedrich Waltmann.

Tercia ante purificationis Marie anno lxxxxv° sint komen vor unse hern Peter Ekkebrecht [und] sine eliche wertͤin unde haben do gesaczt oren hoff czu eym willigen phande Ffrederich Waltmanne unde alle sin erben vor eylff phunt phenninge guter lantwere, dy her ome nuczlichen unde wol beczalt[a] hat, alzo bescheydelichen, daz der genante Ffrederich Waltman met siner muͤter met dem genanten Peter Ekkebrechte sal siczen in deme genanten hoffe unde sal ynnehabe dy kammern by der treppen unde daz cleyne kemmerchen uff dem kelre unde daz wenige kelrechen unde eyne werkstad in der dornczen unde in dem huse nů von deme nesten sente Walpurge tage ober czwey jar unde sal ome kein czins nicht gebe, es en were denne, daz der genante Peter den hoff vorkoyffte, so sal der genante Ffrederich dy egenanten eylff phunt genczlichen uffhebe von deme, dem her on vorkoyfte, ane wedderrede. Wen dy genanten czwey jar us sint, wolde den der egenante Ffrederich edder sine erben dy genante phenninge wedder habe wolden edder der genante Peter unde sine erben ome sine phenninge weddergebe wolden, uff welche partige daz were, daz solde or [ein] dem andern vore sagen vier wochen vor sente Michels tage, so sal der genante Peter unde sine erben deme egenante Ffrederich unde sinen erben sine egenanten eylff phunt phenninge guter lantwere wedder reichen unde geben uff sente Michels tag, der noch der vorkundegunge nest czukumfftig wert, ane alle sinen mogelichen schaden. Were is ouch, daz her on[b] nicht beczalte uff dy tageczyit, alze[b] vore geschreben stet, wo denne der egenante Ffrederich unde sine erben dy vorgenanten eylff phunt phenninge guter lantwere gewunne edder neme czu christenluten edder czu joden edder was her mogeliches schaden daruff tete edder neme, den schaden gelobet der egenanten Peter Ekkebrecht unde sine erben czu tragene unde der egenanten Ffrederich unde sine erben nicht, ane allerleige argelist unde wedderrede. Ouch sal or kein dem andern mane in dessin genanten czwen jaren et cetera.[c)]

a) *folgt gestrichen:* haben b) *über der Zeile* c) *Eintrag durchgestrichen*

272. 1397 Februar 9 *(Hand C?) fol. 44v*

Schuldanerkenntnis der Else Salczmann und des Conrad Fleischauer.[1)]

Sexta post Dorothee anno xc° vii° sint komen vor unse hern yn eyn rath Else Salczmans unde Conrad Fleyschouwer, o̊r eydem, unde habin vorsaczt Hansen Jeghern, keyn Hanse Erharte vor 7 talenta lantphenge, de sy om jerlich ufgebin sullen, uff 10 schyllinge eyn schylling; dez globin sy on gutlich abeczunemen ane syn schaden unde seczt om dorvor oren halbin hoef, gelegen by dem Osmestetin.

1) *Vgl. Stadtbuch von 1380, Nr. 281.*

273. 1393 *(Hand C?) fol. 45r*

Verzeichnis der Empfänger von Zinszahlungen aus beim Rat stehenden Leibrenten.

[(a]Anno lxxxxiii° [a)] daz sint dy czinse, dy man jerlichen reicht von der stad wegen czu liben.

Primo tenetur ern Ulriche Eberwine czu sente Petere czu Erfforte 2 talenta Michaelis[b)] tempore vite sue; emit pro 14 talentis.

Item tenetur Elszen Gerharcz, eyn jungvrouwe in deme clostere czu Ichtirchshusen 2 talenta Michaelis census tempore vite, daz sal man or reichen czu Erfforte; hec ista duo talenta emit pro 16 talentis.

Item tenetur vero domino Johanni de Tiffengruben 16 talenta, [(c]in quibus quatuor tempora tenetur sibi dare[c)] 4 talenta tempore vite sue[d)]; emebat pro 100 talentis unde 4 talentis.[e)]

Item tenetur domino Henrico de Lupenicz 30 ß ad festum Martini unde 30 ß Walpurgis tempore vite sue; emebat pro 20 talenta.[e)]

Item tenetur domino Conrado de Geismar [(f]et Johanni, fratri suo[f)] 3½ talenta Michaelis unde 3½ talenta Walpurgis czu or beider lybe; emebant umme 63 talenta.

Item tenetur domino Johanni Tyffingrubin 34 schoc[g)], ye czu der wichfastin 8½ schog[h)], dez sten 16 talenta uff sinen lib alleyne unde 20[i)] talenta ouch uff sinen lib unde uff Gelfharten, sinen frůnt.[e)]

a-a) *am oberen Blattrand* b) *folgt gestrichen:* emit c-c) *auf Rasur* d) *über der Zeile* e) *Abschnitt durchgestrichen* f-f) *über der Zeile* g) *ursprünglich* talenta, *dann* schoc *darüber geschrieben* h) *über der Zeile; darunter* talenta *gestrichen* i) *durchgestrichen*

274. 1391 *(Hand C?) fol. 45r-45v*

Verzeichnis der Empfänger von Zinszahlungen aus beim Rat stehenden Leibrenten.

[(a]Anno lxxxxi.[a)] Item tenetur Clause Ulemann von Trebbra 10 talenta Michaelis census unde 10 talenta Walpurgis census tempore vite; emebat pro 100 talentis unde 20 talentis phenninge.

Item tenetur her Conrad von Matstete [(b]unde Barbaran Fickern[b)] 30 ß Walpurgis unde 30 ß Michaelis tempore vite eorum[c)]; emebant pro 26 talentis. |
Item tenetur domino Andree Ingemare 30 ß Walpurgis unde 30 ß Michaelis, dy wile her lebet. [(d]Item tenetur sibi 30 ß [(b]primo proximo[b)] Michaelis et 30 ß secundo[e)] Walpurgis vendidit pro 21 talenta anno etc. in vigilia palmarum anno lxxxxiii° [*1393 März 29*] tempore vite.[d)] [f)]
Item tenetur her Ditherich von Salcza 30 ß Walpurgis unde 30 ß Michahelis, dy wile her lebiͤt. [(d]Item tenetur predicto et plebano in Delstorff 3 talenta[g)] [ad] festum Johannis et 3 talenta ad festum nativitatis Christi.[d)]
[(h]Item tenetur[h)] domino Heinrico Holczhusen 6 talenta Walpurgis unde 6 talenta Michaelis census tempore vite sue; emebat pro 84 talentis.
Item tenetur domino Johanni Schidenicz et Gregorio, ffratri suo, 8 talenta census Michaelis,[e)] dy wile daz su lebiͤn; emebant vor 96 talentis.
Item tenetur domino Johanni Smede von Fiselbich 2 talenta Walpurgis et 2 talenta Michaelis tempore vite sue.
Item tenetur [(b]domino Alberto[b)], plebano de Molhusen, 4[i)] talenta [(k]primo proxima halb Michaelis unde halbe Walpurgis[k)].
[(h]Item tercia post Judica anno lxxxxiii° [*1393 März 25*], census tempore vite; emebat pro 56 talentis; alle jar Michaelis.[h)]
Item tenetur her Heysen Ymmehoffe, pherrer czu Rotenstein, 10 talenta tempore vite sue; emebat vor 60 talentis. Summa in toto 62 talenta, 16 gulden czins.

a-a) *über dem Eintrag* b-b) *über der Zeile* c) *über der Zeile; darunter* sue *gestrichen* d-d) *Nachtrag von anderer Hand* e) *über der Zeile* f) *Abschnitt durchgestrichen* g) *folgt gestrichen:* nat[ivitatis Christi] h-h) *am linken Rand* i) *korrigiert aus:* 6 k-k) *über der Zeile; darunter gestrichen:* unde 4 talenta secundo Walpurgis

275. *1394 September 8* *(Hand C?) fol. 46r*

Verzeichnis der Empfänger von Zinszahlungen aus beim Rat stehenden Leibrenten.

[(a]Vendidi [census] anno lxxxxiiii° in die nativitatis Marie.[a)]
Item tenetur her Niclause Lewiͤnberge, prestere von Czwickow, gesessin czu Cziz, 8 ungerische gulden Walpurgis proxima[b)] unde 8 ungeresche gulden Michaelis, semiparti unde jerlichen, dy wile her lebet, czu syme lybe. [(c]Item tenetur predicto iterum 16 guldene ungerische uff dy obgeschrebin tageczíit, dy koufte er anno xc° nono.[c)]
[(c]Item tenetur her Niclause von Czwickow, probist czu Yhene, 6 talenta nativitatis Christi unde 6 talenta Petri et Pauli census tempore vite sue, primum censum nativitatis Christi.[c)]
Item tenetur Nicolao Swane von Walthershusen 3 schog census Michaelis, emebatur pro 21 schog czu syme libe; [(c]et 3 schog census Walpurgis, emebat eciam [pro] 21 schog.[c)]
[(c]Item tenetur ern Niclawse Kornhuse 3 florenos Walpurgis et 3 florenos Rynenses[b)] Mychaelis tempore vite, vendiderunt pro 48 florenis Rynensibus anno xc[b)] octavo.[c)]
Item tenetur domino[d)] Nicolao de Ysenach 4 talenta census Martini et penthecosten czu sime libe.

Item tenetur Theoderich Wiszin kindern, Nicolao et Elisabeth, 2 schog czu o̊r beyder libin.
Item tenetur Johan Vedirwische, canonico in Eyterspurg, 2 talenta Walpurgis et Michaelis tempore vite.
Item tenetur domino Hermanno Bitterrolffe 4 schog Martini et penthekosten tempore vite.

a-a) *am oberen Blattrand* b) *über der Zeile* c-c) *Nachtrag von anderer Hand* d) *folgt gestrichen:* Johann de

276. *1397 Dezember 21* *(Hand C) fol. 46v*

Der Vogt Peter Knüttel legt zusammen mit dem Rat einen Streit zwischen den Klerikern Claus Polan und Conrad Krafft wegen der Pfarrei zu Töttleben bei.

[(a]Anno xc° septimo.[a)] Nota, feria sexta in die Thome hat der foyt Peter Knuttel unde eyn rath czu Wymar uff daz jar geeynt er [Claus] Polan[b)] unde ern Conrad Krafften umme dy pharre czu Tuteleyben unde umme dy[c)] spane, unde daz ist geschen yn eyme guten bedochten mute myt orme guten wyllin; unde doby ist gewest der vorgenante Peter Knutel unde Lodewig von Leynfelt unde Conrad Tumpeling unde Frederich Rysbutel unde Johann von Rysen unde Johann Scharffensteyn, dy daz gerett unde geteydinget habin myt wyllin der vorgenanten ern Claus[d)] unde ern Conrad; unde Claws Po̊lan sal gebin ern Conrad 3 schog groschen vor syne koste unde czerunge unde alle sache sint doryn genomen unde dez nummer czu gedenckene noch dy pharre nummer mer anczusprechene ane argelist.

a-a) *über dem Eintrag* b) *davor* Johan *gestrichen, dann* Heynrich *über die Zeile geschrieben und ebenfalls gestrichen* c) *folgt die Wortwiederholung:* pharre czu deme d) *in der Vorlage:* Heinrich

277. *1398 Juli 20* *(Hand C) fol. 46v*

Hans Beme verpfändet einen Hof an Conrad Snyder und Conrad Große.

Nota, sabatho ante Marie Magdalene anno xc° octavo ist komen vor unse hern yn eynen siczinden rath Hans Beme, der schroter, von sin wegin unde von synre werttin Barbaran wegin unde had do bekant von o̊rre beyder wegin unde alle o̊rre erbin wegin, daz er den hoff, gelegin nest by Hermanus Martirbogs hoffe, gesaczt had czu eyme rechtin phande vor 12 schog groschin [(a]Conrad Snyder, myns hern snyder, unde Grosin Conrad[a)], dy su o̊m gelegin habin unde sinen erbin alzo bescheydelich, daz der genante hoff sal sten an o̊rre hant czu vormytene edir czu vorseczene vor or gelt unde sy sullen den hoff vorczinsse unde vorstoire myt alleme rechtin keyn eyme rathe, von deme der genante hoff czu lehene get unde o̊m jerlich czinset 1 talentum uff sentte Mychelz tag czu erbeczinse. Were ez, daz der genante Hans Beme den hoff verkouffe edir vorsecze wolde, daz sal er thůn myt der genanten meyster Conrad Snyders unde myt Groszin Conrad wyszin unde wyllin. Were ez, daz sů den genanten hoff selbins gelde woldin, so sollen su ner dorczu czu geldene sy der anders ymant uzgesloszin eyn rath, ab ez der selbir geldin wolde.[b)]

a-a) *am linken Rand* b) *Eintrag durchgestrichen*

278. *[1394]* *(Hand C) fol. 47r-48r*

Verzeichnis der Empfänger von Zinszahlungen aus beim Rat stehenden Geldern.

Hec sunt debita, que civitas tenetur uffe wedderkoyffe, uffe czinsze, do man jerlichen czinsze uffreicht.

Primo tenetur Casparre Eberwine 400 talenta, daruff man jerlichen reicht 20 talenta Walpurgis unde 20 talenta Michaelis.

Item tenetur Kerstano de Ysenache, civis[a)] Errfordensis, 400 talenta, daruff man jerlichen reicht penthecosten 20 talenta, Martini 20 talenta.[b)]

Item tenetur her Heinrich von Erich 50 talenta, super hoc dabit annuatim 5 talenta Michaelis.[b)]

Item tenetur domino Theoderico et Hermanno de Gassa 60 schog groschen, super hoc dabit annuatim 3 schog Walpurgis unde 3 schog groschen Michahelis.

Item tenetur Heinrico Plakke 20 talenta, super hoc dabit 2 talenta Michaelis.

Item tenetur der Eydingestorffen 40 talenta, super hoc dabit annuatim 2 talenta Walpurgis et 2 talenta Michaelis.

Item tenetur her Conrade Ffickere 20 talenta, super hoc dabit annuatim 2 talenta Michaelis.

Item tenetur her Heinrich[c)] von Vippech et Henrico, filio suo, 100 talenta, super hoc dabit annuatim 5 talenta penthecosten et 5 talenta Martini.

Item tenetur her Olbrechte von Heilingen 50 schog groschen, super hoc dabit annuatim 2½ schog Walpurgis unde 2½ schog Michaelis.

Item tenetur her Johannese Smede von Viselbich (d60 phunt Erforter were,d) super hoc dabit annuatim her Olbrechte von Heilingen 3 schog Walpurgis et 3 schog Michaelis, daz her von her Johannes wegin uffhebit.[b)]

Summa census: 100 talenta 31 talenta.

(eItem tenetur Heynrich Boeln 60 schog, dor uff gebt man 3 schog Walpurgis et 3 schog Michaelis.

Item tenetur monialibus in Cruczeberg 400 gulden; super hoc dabit annuatim 18 guldene Johannis baptiste et 18 gulden purificationis Marie.e) |

Item tenetur her Heinrich von Luppenicz, plebano in Rechstete, 15 schog groschen, super hoc dabit annuatim 1½ schog groschen Walpurgis.

Item tenetur domino Heinrico de Wymar 10 schog groschen, super hoc dabit annuatim 1 sexagenam groschen Michaelis.

Item tenetur her Heinrich von Swerte 66 schog groschen, super hoc dabit annuatim 2½ schog Walpurgis et 3 schog Michaelis.

Monialibus in novo opere (fin Erffordiaf) tenetur 30 schog groschen, super hoc dabit annuatim 1½ schog Walpurgis et 1½ schog Michaelis.

Item tenetur vicariis beate virginis Erffordensis 100 sexagenas unde 25 sexagenas groschen, super hoc dabit annuatim 6 schog Walpurgis et 6½ schog Michaelis.

Item tenetur Reinhardes Koczouwen swester 50 schog groschen, super hoc dabit annuatim 2½ schog Michaelis et 2½ schog Walpurgis.[b)]

Item tenetur provisoribus beate virginis in Wymar 35 talenta, super hoc dabit annuatim 35 ß Walpurgis et 35 ß Michaelis.

Item tenetur Ffrederico de Northusen, civis[b)] in Mersseborg, 100 schog groschen, super hoc dabit annuatim 5 schog pasche unde 5 schog Michaelis.

Item tenetur Clause Helfferige, civis[b)] in Merszeborg, 50 gewegene[g)] marg silbers, super [hoc] dabit annuatim 2½ lotige marg silbers pasche unde 2½ marg gewegenes silbers Michaelis.

Item tenetur Lutolde de Polnicz 200 guldene, super hoc dabit sibi annuatim 20 guldene.[b)]

Item tenetur Hanse Gǒtfǒrte unde Apecze Stange 100 schog, super hoc dabit sibi 10 schog [ad] festum Martini. |

Item tenetur her Hermanne Stosze 40 schok groschen, super hoc dabit sibi annuatim 4 schog Michaelis.[b)]

Item tenetur Martino Borchede et Heinrico Schiltknechte von Udenstete 20 schog groschen uff czwy schog groschen, dy kor sal sten czu der stad, wan su daz lose wuln.[b)] (hTenetur sibi censum dare quolibet anno Walpurgis.[h)]

Item tenetur Sifarte Greffin von Bottelstete 30 talenta uff eyn wedderkouf, tenetur sibi Michaelis proxima[i)] super hoc, 30 ß et in aliis annis, wil es stet, 3 talenta Michaelis.[b)]

Item tenetur her Conrad von Uteloybin, (fplebanus in Osmestete,[f)] 40 talenta uff 4 phunt czins primum censum Walpurgis et in aliis[k)] annis halb Michaelis unde halb Walpurgis, dy wile her lebit, wan her nicht lenger en is, so sal man den czins halb reichen in das closter czu den mergenknechten vor Northusen[l)] sal man den czins gancz deme genanten clostere reichen unde geben jerlichen, alze vore geschreben stet, unde dy kor sal ste czu der stad, wan su daz gelt wuln wedder gebe unde dy czinse abelose unde czu den keyffern nicht.

(mReemit pecuniam sabbato post Walpurgis anno lxxxxxiiii° [*1394 Mai 2*].[m)] Item[n)] tenetur Heinrich unde Hanse von Kollede, gebruddern, 50 schog edder 100 talenta uffe 10 talenta czins Walpurgis[i)], daz sal sten dry jar ane abelosunge.

Item tenetur Erharte von Obelkewicz 40 schog, super hoc dabit sibi 4 schogk census Walpurgis.[b)]

Item tenetur hern Dytherich von Jassa unde Weczele von Jassa unde Alheyden von Jassa 60 schog, super hoc dabunt annuatim[m)] 2½ schog Walpurgis et 2½ schog Michaelis.

Item tenetur Austinensibus Erfordinensibus 94 talenta, super hoc dabunt 6½ talenta czu czwen gecziten: 30 schillinge Michaelis frowen Ermegarden [von Orlamünde] unde bruder Heynrich von Hemelebin unde dem convente 2 talenta ouch[m)] Michaelis unde dry phunt Walpurgis. Summa: 100 talenta 17 talenta 10 ß |

Item tenetur den sichen in dem spetale 10 ß czins unde den usseczegen mannen an dem Aspache 10 ß czins uffe unser liben vrouwen tag lichteweẙ, do sullen on vir vormunden umme koyffen in der vasten ffische unde heringe, daz hat Nycolaus Sachsze, deme god gnade, dohen bescheiden unde gekoufft vor czehen phunt phenninge[o)], gote unde siner liben muter Marien czu lobe unde czu ern, unde dy[m)] kor sal sten an der stad, ab su den czins wedderkoiffe wuln vor czehen phunt uff dy genanten tageczíit unde nicht [i)] czu den armen luten unde czu oren vormunden. Were is, daz dy stad den genanten czins wedder koiffen vor dy genanten czhen phunt, so

sullen des spetals vormunden unde der usseczegen vormunden andere ewige gewisse czinsze den czinssen glich unde sullen daz thun met rathe eynes siczenden gesworn rathes uff daz jar ane wedderrede etc. Unde der kouff yst geschen in die Barbare anno lxxxxiiii° [*1394 Dezember 4*].
Item tenetur Hanse Czegenouwen, siner elichen wertin unde Clarn, orre tochter, 30 schog groschen[p)] uff eyn wedderkouff, super hoc dabit annuatim Michaelis 3 schog groschen. Item tenetur her Hermanne von Sunthusen 35 talenta noch gedunken, daruff gebet [man] yerlichen 35½ ß Walpurgis unde 35½ [ß] Michaelis.

a) *in der Vorlage:* cives b) *Abschnitt durchgestrichen* c) *über der Zeile; darunter gestrichen:* Ditherich d) *über der Zeile; darunter gestrichen:* 30 schog groschen e-e) *Nachtrag auf fol. 46v* f-f) *über der Zeile* g) *über der Zeile; darunter gestrichen:* lotige h-h) *Nachtrag* i) *folgt gestrichen:* censum k) *folgt gestrichen:* unde halb Judit Trutmans, czu Osmestete gesessin; wan dy vrouwe nicht lenger en is so l) *über dem Abschnitt durchgestrichen:* item her Andreuse Ingemare von Berka m) *über der Zeile* n-n) *Nachtrag* o) *folgt gestrichen:* unde p) *folgt gestrichen:* super

279. *1395 April 30* *(Hand C) fol. 48v*

Schiedsvereinbarung zwischen Hermann Rudigstorf und Heinz Troppheler wegen eines neu errichteten Gebäudes.

Sexta[a)] post misericordia domini xc° v[i]° [b)] habin uns hern dy ratismeistere unde rethe Herman Rudiestorfen unde Heynczen Troyfelern myt wyssin erre bedir frunde, dy do fruntlich czwischen en geteydinget habin, er Hartman von Oberingen, Frederich Rysbutel uf eyne syten, er Hans von Jene, Herman Meczerod uf dy ander syten, alzo Heynrich Troͤyfeler sin nuwen gebuwe ufgericht hat myt gunst Herman Rudiestorfz, alzo daz her Herman Rudistorfin vorgenanten wol beruͤme sal, daz her keinen schadin nemen sal, alzo dicke alz dez not geschyt unde alle sin nochkomen unde suln daz stete unde gancz halden ane allirleie argelist unde wedderrede by der stad buze anno xc° vi°.

a) *darüber abgebrochener Eintrag:* sexta post misericordia domini b) *Jahreszahl über der Zeile*

280. *1396* *(Hand C) fol. 49r*

Der Rat verpflichtet sich gegenüber dem Landgrafen [Balthasar], Siegfried von Querfurt jährlich eine Summe von 60 Schock Groschen zu bezahlen. Diese Summe soll teilweise aus der Jahrrente der Stadt und teilweise aus den Dörfern Guthmannshausen und Großbrembach aufgebracht werden.[1)]

Nota, dy stad hat geret vor unsen hern, den langgrefin, kein hern Siforte von Quernfurte, dem alden, vor 60 schog groschen, dy sal man ome jerlichen reichen uff sente Michels tag, dy wile es unser herre vorgenante nicht abeloͤst; dez genante geldez reichen dy von Gutenshusen, daz dorfschafft, 20 schog groschen jerlichen uff sente Michels tag; dy von Brampach[a)] reychen dez genanten geldez ouch 33½ schog groschen unde 9 groschen; so had dy stad noch by or am myns her jarreynten dez selben geldez 6 schog unde 21 groschen, daz su ouch deme von Quernfurte reicht.

a) *folgt gestrichen:* reden
1) *Vgl. Stadtbuch von 1380, Nr. 195.*

281. *1396 Juni 23* *(Hand C) fol. 49r*

Schuldanerkenntnis der Else Salczmann und des Conrad Fleischhauer.[1)]

Nota, sexta post Albani xc° vi° sint komen vor unse hern Elze Salczmans unde ore erbin un[de] habin vorsaczt Hanse Jegern unde Conrad [Fleyschouwer], orre tochterman, kein Hanse Erharte vor 11 talenta denariorum nuͤ czu Michaelis czu beczalne unde wuln dy loze an allen oren schadin eder 14 tage dornoch.

1) *Vgl. Stadtbuch von 1380, Nr. 272.*

282. *1397 März 20* *(Hand C) fol. 49r*

Hans Holczschuer setzt der Lukartis einen Hof als Pfand ein.

[(a]Anno xc° septimo[a)] tercia post reminiscere synt komen vor uns hern Hans Holczschuͤer, Luckart, sy geswyge, do had oͤr der genante Hans Holczschuer bekant syns hofez, vor junchern Apecz hofe, oͤr czu eyme rechten phande vor 6 talenta phenninge, do sy om oͤr teyl[b)] an deme genantin husze vor vorkouft[c)] unde gegebin had.

a-a) *über dem Eintrag* b) *in der Vorlage:* tely c) *folgt gestrichen:* und gegebin had

283. *1399 März 7* *(Hand C) fol. 49r*

Schiedsvereinbarung zwischen der Torwartin und ihrem Schwiegersohn wegen der Nutzung und Weitergabe ihres Gutes.

Item feria sexta post oculi anno xc° nono habin unse hern dy Torwartin mit orme eydem gescheydin, alzo daz dy Torwartin sal yn orme huse sy unde orre habe gebruche, dy wile su lebet, noch deme alz oͤr beyder fruͤnt yn eyme rathe bekant habiͤn, daz dy Torwartin orren eydem abewyse sullen myt acht phunden, ab suͤ ane erbin abegingen; nů hat er erbin gewunnen myt orre tochter; nu sal er eynez anevalles an den guten warte, wen dy Torwarten numme en ist; dy wile daz su lebet, sal su oͤrre habe mechtig siͤn.

284. *1396* *(Hand C?) fol. 49v-50r*

Der Rat verkauft dem Prior und dem Konvent des Augustinereremitenklosters zu Erfurt einen jährlichen Zins von 6½ Pfund Pfennigen für eine Hauptsumme von 94 Pfund Pfennigen auf Wiederkauf.

Wir[a)] Hans Jeger, Hans Kothenhain, ratismeystere czu Wymar, Hans Mulburg, Dytherich Phulsporn, Hans Krug, rethe, Hans Lattram, Cunrad Riche, Hans Weise, Gerlach von Dreforte, Heinrich Stede, Hans Obirndorf, Hans Ortdolf, Ludewig Pluͤzzik, dy acht man,[1)] und die gancze gemeine do selbins bekennen eintrechtiklich unde thun kunt an deseme uffin brive allin luten, daz mid wolbedachtem mute durch sunderlichen nucz der stad czu Wymar an deme rathuse unde an der vorgenanten[b)] stad czu Wymar unde an alle unsirn czinsen unde renten, dy darczu gehoͤrn, vorkoyfen unde vorkouft habin recht unde redelichen den geistlichen bruͤdern, deme prior unde der ganczen sampnunge, dy man nennit dy[b)] eynsedeln brudere, sende Augustins ordins czu Erffoͤrte unde alle yrin nochkomelingen da selbis sebindehalb phund phennynge, dy da in deme lande zcu Doringen vol genge, geneme unde unverslain sind, rechtir ewiger jarczinse unde gulde umme vier unde nůnczig phund der obgenanten were, der sie uns funffe unde sechczik phund habin beczald von den Almanhusen, vrouwen Ermegardin von Orlamunde unde ern Albrechtis Schiltknechtis unde von bruder Heinrichs von Hemeleibin wegin, unde dy andirn 29 phund phennige habin sie uns von dez closters wegin allis genczlich beczald. Dese vorgenanten sebindehalb phund phennyng geldez jerlichez czinses globin wir[b] obgenanten vorkouffer und alle unser nachko̊melinge der obgenanten vrouwen Ermegardin unde bruder Heinrich von Hemeleibin, deme Augustiner czu Erfforte, alle jar jerlichen czu czwey gecziten in deme jare gutlichen czu reichen und czu beczalne alz hir noch geschreben sted, 30 schillinge[c] phenge obgenantir were uf sente Michils tag, der nů nest kompt, unde deme convente der vorgenante sampnu[n]ge sende Augustins ordins czu Erfforte uf denselbin sende Michils tag ouch czwey phund phenge unde dornoch uf sende Walpurge tag, der nest dornoch folgit, der vorgenanten vrouwen Ermegardin und bruder Heinriche von Hemeleibin drie phund phenge obgenante were, dy wile sie lebin, unde erme iclichen by sundern noch dez andirn tode gutlichen czu[d] reichene unde czu beczalne czu Erfforte ane ufczoge und ane wedirrede; unde wanne wir uf der egenanten czwo czins cziit an der beczalunge sůmik wo̊rdin, waz denne dy obgenanten kouffer dornoch mo̊gelichen schaden uf ore vorseszin czinse wenten addir tetin, dez globe wir sie allez gancz ane alle oren schaden abeczunemene; und wanne dese vorgenanten zcwu person, vrouwe Ermegard unde bruder Heinrich, beide gestorbin, zo sal von o̊rre wegin dese selbe vorgenante jar gulde dornoch vortmer mid einandir in dy kusterie dez obgenanten closters sende Augustins ordins czu Erfforte volgin unde gevallin czu eyme ewigen selgerethe und gedechtenizse vrouwen Ermegarde, ern Albrechtes Schiltknechtes unde bruder Heinrich, der jargecziit man alle jar jerlichin virweide yo czu iclicher wychvasten und messin und vigilien begangen werdin; un[de] wir obgenanten vorkouffer und alle unse nochkomelinge globin in guten truwen, daz wir dy vorgenanten | funftehalb phund geldez vorgenanter were deme prior und der sampnunge dez dicke genanten klosters noch der vorgenanten czweier person tode sullin und wullin in die egenante custorie alle jar jerlichen reichin unde gebin uf sulche czins cziit alzo vor geschreben sted. Darubir habin dy vorgenanten koufere unde alle o̊re nochko̊melinge uns obgenanten vorkouffern solche gunst unde fruntschaft getan, daz wir dy obgenanten vorkoufftin sebindehalb phund geldez jerlichez czinsez sullin wedirkoufin, uffe welche cziid unde in welcheme uns daz ebene ist, umme vier und nunczik phund gutir phenge, dy czu Doringin an deme lande vol genge, geneme und unvorslayn sint, dy wir on beczaln suln czu Erforte in der stad, alzo doch wanne wir obgenantin vorko̊ifer den wedirkouf thun wollin, daz sullin wir on ein halb jar vor vorkundigin und wissin lazin, dy kor sal by der stad ly und nicht by den koyfern. Ouch en sal dy obgenantin koyfer an orer egenantin jar gulde und an orme gelde dez wedirkoufiz nicht hindern noch beschedigin keiner hern gewalt, geheise, bethe, gebot, vorbot, weder geistlich noch werltlich gerichte, noch ichein czweytracht der hern noch der stete, sundern wir vorczyhen uns allir argelist und ufsecze, dy den vorgenantin koyfern mochte czu schadin komen unde alle boze funde argelist unde geverde sullin genczlich uzgeslozsin sin. Dez czu orkunde und czu warir sichirheit allir vorgeschreben rede, stucke unde artickil desiz brivez habe wir obgenantin vorkoifer der stad czu Wimar eyntrechtiklich mit wissin unde willin der ganczin gemeine doselbins, der eg[e]nantin stad Wymar grose insegil vor uns und vor alle unse nochkomelinge an desin uffin bryf wissentlich laszin hengen. Anno xc^{o} vi^{o} et cetera.

Regest: REITZENSTEIN, Regesten, S. 206.

a) Augustiner, Augustinenses *über dem Eintrag* b) *über der Zeile* c) *folgt getilgt:* ob d) *folgt gestrichen:* richtene

1) *Vgl. W. HUSCHKE, Ratslisten, S. 29.*

285. *1397 Juli 13* *(Hand C) fol. 50r*

Schuldanerkenntnis des Hans Smalcz und seines Schwiegersohns Hans Ortolf gegenüber dem Hospital St. Nikolai zu Weimar.

Sexta[a] in die Margarethe anno xc^{o} septimo sint komen vor unse hern Hans Smalcz unde Hans Ortolf, syn eydem, unde habin bekant, daz su Hanse Dunnebire, dem spetalmeistere, unde deme spetal czu Wymar[1] schuldig sint 5 phunt phenge uff den nestin czukunftygen sente Johans tage, doruff sů deme genanten spetale gebin sullin eyn halb malder korns uff sente Mertins tage. Were ez, daz[b] der spetalmeister sine phenge wedir habe wolde, edir ab dy genantin Hans Smalcz, syn eydem deme genanten spetale ore phenge wedir gebe wolden, daz sal or eyn deme andern vorsage vyr wochin vor sente Johans tage. Were ez, daz dy genanten selbschuldigen sumyk wordin an der beczalunge, wo denne der genante spetalmeister von dez spetals wegin dy genanten phenge edir czinse gewunnen uff schadin czu cristen edir czu jodin, den schadin sullen unde wullen dy obgenanten selbschuldigen tragen unde der spetal nicht noch der spetalmeister nicht ane argelist unde geverde.

a) Hans Smalcz *am linken Rand* b) *folgt gestrichen:* su

1) *Zum Hospital St. Nikolai am Asbach vgl. H. EBERHARDT, Weimarer Kirchen, S. 77 f.*

286. *[1395]* *(Hand C) fol. 50v*

Entlohnung des Stadthirten.[1]

Den stad herten sal man gebin czu lohene: eyn ixlich mensche sal gebiͤn alle jar von eynre ků 18 phenninge unde alle suntage eyn stucke brot; gibt her nicht brot, so sal her deme herten gebein czwene schillinge phenninge czu lohene; so sal man gebin von deme kleiͤn ffyhe, von schofen, von swin edder welcherleyge cleyne vyhe es yst, je von deme nosse viͤr phenninge eyn jar unde brot am suntage. Gibt her nicht brot, so sal her gebiͤn von eyme nosse ffumf phenninge, waz do yst under ffumf cleyn nossern, do sal man den hertin nicht brot von gebin, von ffumff nossern sal man brot gebin.

1) *Vgl. H. EBERHARDT, Anfänge, S. 123; Statutenbuch von 1433, Nrr. 34, 46.*

287. *1395 September 24* *(Hand C) fol. 50v*

Verpflichtung Grundstücksverkäufe in und vor der Stadt vor den Rat zu bringen.[1]

Sexta ante Michaelis anno lxxxxv^{to} sint unse hern eyn worden met den acht manne: welch borger sin erbe vorkouft hir vor der stad unde in der stad, der sal den brenge in eyn rath unde sal es ome lassen abe thun unde deme[a] lassen czu schreiben, deme her es vorkoufft had.

a) *in der Vorlage:* geme
1) *Vgl. Statutenbuch von 1433, Nr. 19.*

288. *1396 Dezember 3* *(Hand C) fol. 50v*

Ratsbeschluss über die Entlohnung des Kirchners.[1]

Dominica die ad te leravi anno xc^{o} sexto sint unse hern dy rethe unde dy eldestin eyn worden umme eyns kercheners lon, daz alle, dy erbe habin czu Wymar eyn yderman sal gebin von eynre hufe 4 garbe, von eynre halbin hufe 2 garbe, von eyme ferteile eynre garbe. Wer do mynre had den eyn ferteyl, der sal ouch eyne garbe gebin. Wer nicht ackers had, der sal gebin eyn yxlich wert 2 denarios unde eyn yxlich huszgenoͤsze 1 denarium; unde daz gelt sal man gebin uf czwo czyt: eyn phennig czu Walpurgis, eyn phennig czu Michaelis unde dy huszgenoͤszin 1 obulum Walpurgis et 1 obolum Michaelis.

1) *Vgl. Statutenbuch von 1433, Nrr. 44, 49.*

289. *1396 Dezember 15* *(Hand C) fol. 50v*

Albrecht Oler verpfändet eine halbe Hufe in Tröbsdorf.

Sexta post Lucie sint kommen vor unse hern Frederich Waltman und Olbrecht Oler, unde der genante Olbrecht hat gesaczt Fredrich Waltmanne vor syne were, dy her ome phlichtig ist, vor daz husz, daz Frederich weder on gekouft hat, eyne halbin hufe, gelegin yn deme felde czu Trebistorf, dy vor ist gewest Hans Dobirczen.

290. *[1397] Februar 7* *(Hand C) fol. 51r*

Claus Scherer verpflichtet sich zur Zahlung einer Buße bei erneutem Würfelspiel.

Feria quarta post Dorothee ist komen vor unse hern Claws Scherer yn eynen siczenden rath myt wolbedochtem mute unde myt gutem wyllen unde had sych do vorkort: wenne her spele myt worffeln, daz her der stad dry schog groschen wel vorvallin sy, alzo dycke, alz her dez besagyt wert, daz her spelt edir phlycht edir mete anheylt ane geverde, dorumme man om syne busze vorsehin had, dy her myt spele vorwercht hat heyme edir uszewendig ane alle geverde.

291. *1398 März 1* *(Hand C) fol. 51r*

Indienstnahme eines Schützenmeisters.[1]

Item[a] feria sexta post invocavit ([b]anno xc^{o} octavo[b]) sint unse hern eyn worden myt meyster Dytherich, deme schuczenmeystere, alzo daz er der stad dyner unde schuczenmeyster wordin ist alzo bescheydenlich, daz om eyn rath von eynre stad wegin gebin sal dry schog groschen eyn jar unde er sal gebin der stad eyn gut nuwe armbrost[c] unde sal der stad helffin unde rathin czu oͤren buͤchsen czu ladene unde pulver czu machene myt hulffe eyns knechtez, den oͤm dy stad dorczu[d] schicken unde lyen sal, unde suln sich dez vorsuche myt eynander eyn halb jar. Konde der schuczenmeyster nicht czukomen myt deme lone, so solde er sich myt unsern hern dorumme gutlich eyne, daz er czukome unde dy stad noch deme, alz daz eyn rath erkennet. Konde er nicht czu kome, daz er abebreche wolde czu deme halbin jare, daz solde man ŏme gunne unde solde sich eyn rath myt om eyne, noch deme alz sich daz gebort noch der jar czal.

a) *darüber ein abgebrochener Eintrag:* item dominica post Mathei apostoli ... b) *über der Zeile* c) *in der Vorlage:* armborst d) *folgt gestrichen:* hal[ten]
1) *Vgl. H. EBERHARDT, Anfänge, S. 109; Statutenbuch von 1433, Nrr. 22, 24, 45.*

292. *1398 November 15* *(Hand C) fol. 51r*

Gerlach und Lattram verpfänden ihre Höfe an das Zisterzienserinnenkloster Berka.

Item feria sexta post Martini sind komen Gerlacus unde Lattram unde habin bekant, daz sů ore beyder hŏffe, do su iczunt ynne siczen, den klosterfrouwen czu Berka gesaczt habin, yxlicher vor czen schog, noch lute dez bryffes, den or yxlicher under der stad ingesigel dorobir g[e]gebin habin.

293. *1396 Oktober 21* *(Hand C) fol. 51v*

Der Rat verkauft als Vormund des Hospitals St. Nikolai zu Weimar dem Kleriker Nicolaus von Eisenach, Vikar zu Bechstedtstraß, eine Leibrente.

Wyr[a)] Hans Jegher, Hans Kothinhain, ratismeistere, Hans Molberg, [(b]Dythrich Phul[s]porn[b)], Hans Krug, ratluthe, und dy gancze gemeyne, jung und alt, arm und riche, und alle unser nochkomelinge der stad czu Wymar bekennen uffenlich an deseme keynwerdigen bryffe und thun kunt allen guten luthen, dy desin keynwerdigen bryf sehn, herin adir lesin, daz wir myt gutem willen und myt wolbedochtem mute, myt wyszin und willin eyns ganczin ratis habin vorkouft und vorkeyffen recht und redelichen virdehalb phunt pfennig geldez jerlicher czinse an deme spetale czu Wymar[1)], dez wir rechte vormunden und lehin hern syn, deme erbern prystere, hern Niclawese von Ysenach, vicario czu Bechstet, daz do lyt by Utinsperg, jerlichen czu besiczene und ynczunemene. Den genanten czins habe wir gegebin umme funfunddryszig phunt guter lantwere, dy uns der genante her Niclaus czu male hat beczalt und habin dy yn unsers spetalz nucz und frommen gewant. Desin czins sal gebin der vormunde dez spetalez 35 schillinge uf sente Walpurgis tag und 35 ß uf sente Michelz tag deme vorgenanten prystere yn eyne herberge czu Wymar adyr czu Erffurte by dez vormunden eygin kostin, vorlust, schadin adyr ebintůre, das got nicht engebe, und sunderlichin so globin wyr obgenantin vorkoufere und vormunden, desis bryffes rechte were czu syne, dy wile daz deser vorgenante prister lebit. Dorobir me so gelobin und reden wir obgenantin vorkouffere, ab der genante czins czu rechten vorgenantin tagecziten nicht gegebin werde von deme egenanten spetale, so redin wir und globin obgenantin vorkouffere recht und redelichin, den czins von stunt czu reichene und czu gebene deme egenanten prystere ane ufczog und ane allirleye wedirrede. Ouch yn sal den genantin pryster nicht hindere noch beschedige ban, brant, achte, noch keyner hern bethe, gebot noch vorbot, noch keyne czweytracht der hern noch der stete, weder tůrdẙ noch myssewachz, wedir geystlich noch werltlich gerychte, noch keyn ander kummer, schady adir ynfal, wy der geschee mochty. Ouch ist gerett, wenne got den egenanten pryster czu synen gnadin nempt, so sal der egenante czins wedir yn synen spetal volgin ane alle ynsprache syner frunde. So redin wir obgenanten vorkouffere, al syͤ ratismeistere und rethe und dy gancze gemeyne, und globin yn gutin warin truwen myt gesampter hant, alle dese vor und noch beschreben rede stete und gancz czu haldene ane alle argelist und geverde. Dez czu orkunde und czu warrer sicherheit habe wir obgenantin ratismeistere und rethe[c)] unser insegel der stad Wymar wissenlich [(b]vor uns[b)] an desin bryf gehangin. Deser bryf ist gegebin noch Cristi gebort in thusent jar dryhundirt jar in deme sechzundnuczigstin jare sabato in vigila sancti Severi.

a) er Nyclas von Ysenach *über dem Eintrag* b-b) *über der Zeile* c) *folgt gestrichen:* der stad
1) *Zum Hospital St. Nikolai am Asbach vgl. H. EBERHARDT, Weimarer Kirchen, S. 77 f.*

294. *1396 März 6* *(Hand C) fol. 52r*

Der Rat verkauft den Eheleuten Berthold und Clara Czegenouwe einen wiederkäuflichen Jahrzins.

Wyr[a)] Hans Jegher, Hans Kotenhain, ratismeystere czu Wymar, Hans Molborg, Dytherich Phulsporn, Hans Krug, ratislute, unde alle unser kumpane amme[b)] rate uf dyz jar unde dy noch czu kumftyg werdin unde dy gancze gemeyne czu Wymar, ryche unde arm, jung unde alt, selbschuldigen met gesampter hant bekennen eyntrechtyklich an deseme keynwertygen unserme uffen bryffe unde thun kunt allen guten luten, dy desin bryff sehin, horen edir lesin, daz wir recht unde redelich vorkouft habin unde vorkoyfen an von unserme rathuse czu Wymar unde an der ganczen stad unde an alle deme, daz dorczu gehort, sechz schog guter Myszner crucze groschen, dy yn deme lande czu Doringen vol genge, gebe unde unvorslayn sint, uff eynen rechtin wedirkouf dem bescheyden knechte Berlde Czegenouwen, Claren, synre elychen wertin, unde alle ore erbin edir weme sů desin[c)] bryff yn gebin, vorseczin, vorkoufen edir bescheydin, ez were an deme lebene adir an deme tode, unde habin oͤn dy egenanten sechz schog groschen cins[d)] gegebin umme sechczig schog groschen der vorgenanten were, dy genante summen groschen sy uns nůczlich unde wol beczalt habin unde wir daz gelt yn unser stad nucz unde fromen gewant habin; unde wir redin unde globen den egenanten unsern gloyͤbern unde oren erbin, den vorgeschreben czins gůtlich unde genczlich unde unvorczoglich czu reychene unde czu gebene von sente Walpurge tage, der do nest czukumftyg wert, obir eyn gancz jar unde dornoch alle jar jerlich, dy wyle deser kouf stet, ane allerleye hindernusze unde ane argelist. Ouch ist sunde[r]lich gerett, were ez, daz dy megenanten unser gloybere oͤre summen groschen bedorften edir wedir habe woͤlden, welchez jarez daz were, edir der egenanten stad vormunden dy czynse wedir abelose wolden, uff welche partiye daz were, daz solde or eyn deme andern vore vorkundygen ez yclichen eyn ferteyl jarez vor sente Walpurge tage; uff welche partye denn dy vorkundygunge geschet, so redin unde globin wir obgenanten selbschuldigen by unsern guten waren truwen, den egenanten unsern gloybern unde orin erbin dy obgeschreben sechczig schog guter Mysener groschen myt samt deme vorseszin czinse gutlich, genczlich unde unvorczoglich wedir czu reychene unde czu gebene uff sente Walpurge tag, der noch der vorkundegunge aller nest czukumftig wert, ane alle ore schaden, hindernisze unde vorczog. Wo dez nicht gesche unde wir dorynne sumyge wordin, dez got nicht wulle, wo denn unser gloybere dy summe grosz gewunnen uf megelichin schadin, czu cristen edir czu jodin edir wy der mogeliche schade genant were, den schadin globe wir obgenanten selbschuldigen unsern gloybern gutlichin unde genczlichen abeczunemene ane argelist. Ouch sal dy obgenanten unser gloybere unde ore erbin an orre summen grosz unde czinsen nicht hindere noch beschedige bann, brant, allerleye achte, czweytracht der hern noch der stete, weder geystlich noch werltlich gerychte. Ouch ab deser insegel czůbreche eder keyn bruch edir vorgeszinheyt an desem bryfe were adir worde, daz sal unsern gloybern ane schaden syn unde dy wyle sů desin bryf ynne habin edir wer o̊n ynne hette myt o̊rme guten wyllen, so sulle wir nummer gesprechen, daz wir on vorgolden habin noch keyne vorgoldene schult brengen, sundern wyr vorczyen uns allerleye wedirrede myt gutem wyllen, dy uns mochten czu hulffen komen unde unsern gloybern czu schadin. Daz alle dese vor unde nochgeschreben rede, stucke unde artyckel deses uffen bryfez stete unde gancz unde unvorbruchlich gehalden werdin ane argelist, dez czu eyner sycherheyt unde czů eyme waren bekentnisz haben wir obgenanten ratismeistere unde rethe unser stad insegel czu Wymar wyssentlich an desin uffen bryf gehangen, der gegebin ist nach Cristi gebort dryczenhundert jar yn deme sechzundenunczigesten jare an deme mantage noch oculi.

a) Berlt Czegenouwe *und die Federprobe* in nomini domini amen wanne *über dem Eintrag* b) *in der Vorlage:* anme c) *folgt gestrichen:* yn d) *über der Zeile*

295. *1398 Januar 11* *(Hand C) fol. 52v*

Vereinbarungen über die Auseinandersetzung der Erbmasse des Dietrich Drastet.

[Anno domini] ([a]xc^{o} viii^{o} .[a]) Nota, feria sexta post Erhardi anno lxxxx^{o} octavo sint komen dese nochgeschrebin in eynen rath: Ffrederich Ryszinbutel, Hans Blanckinhain, Heynrich Phlog, Hans von Jhene, Herman Bornman, Hans Smalcz, Conrad Lademoesz, eyn siczinde rath uff daz jar[1)], alz man schreyb lxxxvii^{o} jar, dy habin bekant yn eyme siczinden rathe, daz sů Czynne Kremern unde Heynrich, o̊rme sone, noch[b)] rechter syppeczal Hermans Trachen[c)], der czu der cziit yn deme lande nicht en waz, czugeteylt habin myt merme rechtin dy habe unde phenge, dy Dytherich Drastete gelaszin had, deme got gnade, dy on Hans Drastet gegebin hat, alzo, ab ymant qweme, der do neer erbe were, daz sů dez Hansen Drastetin solden abenemen, wen[d)] dy genante habe Herman Aldenburg anspruchig gemacht had, deme sů doch myt rechte abegeteylt ist.

Item eadem die sint komen vor unsere hern der syczinde rath, der do sasz uff daz jar, alz man schreyb lxxxviii jar: Hans Buntschuch, Hartman von Oberingen, Gerlach von Dreflo̊rte, Hans Spangenberg, dy andern, dy myt o̊n saszin, o̊rre czwene waren tod,[2)] den got gnade. Dy vorgeschrebin habin bekant, daz Heynrich Kremer vor sů komen sy, yn eynen rath unde habe bracht eynen syczinden rath, der vor o̊n geseszin hat, dy habin bekant, daz su Heynrich Kremers můter czugeteylt habin von gesyppez wegin Hermans Trachin[c)] alle dy habe, dy hinder Dytherich Drastetin erstorbin ist. Ouch habin sů bekant, daz Herman Aldenburg habe bracht czwene gebur edir dry, dy wolden czu den heyligen swere, daz Herman Aldenburg nehir gesyppe were den Heynrich Kremer; dez habin sy dy genanten rethe gewyst vor myns hern gerichte, dez kam Heynrich Kremer unde Herman, der wart abetrunnig von gerychte.

a-a) *über dem Eintrag* b) *über der Zeile; darunter gestrichen:* bey c) *auf Rasur* d) *folgt gestrichen:* daz
1) *Vgl. W. HUSCHKE, Ratslisten, S. 29.*
2) *Vgl. W. HUSCHKE, Ratslisten, S. 29.*

296. *1398 Mai 17* *(Hand C) fol. 52v*

Hans Schilling löst eine Schuld bei der Görliczin ab.

Nota, feria sexta post ascensionis had Hans Schilling, ([a]der lower[a]), beczalt dy Go̊rliczin 8 talenta, unde sy hat bekant, daz sů wol unde gar beczalt sy, unde hat o̊n ledig unde loz gesayt von o̊rez sons wegin; wen su sich alzo geeynt habin, welchin er beczale, so sal er von deme andern loz sy, unde dez hat sy bekant yn eyme rathe anno xc° octavo.

a-a) *über der Zeile*

297. *1398 März 15* *(Hand C) fol. 53r*

Vereinbarung zwischen Margaretha Slusinger und ihrer Stieftochter Dorothea Slusinger wegen einer Güterteilung.

Nota, feria sexta post oculi ([a]anno xc° octavo[a]) sint komen vor unse hern yn eynen siczinden rath Margreta Slůsingers myt oren frůnden, her Ffrycze Voyt, Hans Kothinhain, Hans Wymar uff eyne syten, Hans Wůste, Heyncze Jhener von Umverstet cum filio, Hans Lybeshercze, Hans unde Lutold Kelnere von Dorothean, Slůsingers thochter, wegin uff dy andern syten unde habin bekant, daz sů gutlich myt eynander geeynt unde gericht synt, alzo daz dy genante frouwe unde o̊re kinder, Hans unde Katherin, myt Dorothean Slusingers alzo gerycht sint, daz su den hoff unde alle varnde habe, dy do ist, glich entczwey sullen teyle, unde sal[b] dy frowe myt o̊ren frůnden teyle unde daz kint, Dorothea, unde o̊re frůnde sullen kyse, wenn adir welche cziit sy sich myteinander teyle wolden. Ouch sullen sy alle schulde semptlich myt eynander gelde von der farnden habe, sy sint vor adir noch gemacht, unde sullen alle schulde, ab man o̊n icht schuldig were, glich myt eynander yn fordere unde teyle. Ouch ist sůnderlich gered: were ez, daz dy kindere der frouwen yckeyns abeginge von todez wegin adir beyde, daz got lenge, so sal dy genante habe erbe uff dy můter czu o̊rme libe. Were ez abir, ab Dorothea vorgenante abeginge, do got lange vor sy, so solde o̊r teyl habe gevallin uff dese genanten kindere, Hansen unde Katherin, o̊r geswysterde, ([d]unde nicht uff dy muter[d]). Were ez abir, daz dy kindere ([e]der frouwen[e]) abegegangen wern, so sal dy genante frouwe dy genante habe ynne haben czu o̊rme libe wile su lebet. Wenne abir dy frouwe abeginge unde nicht lenger were, so sal dy megenante habe[f] an Dorothean frůnde wedir erbe unde gevalle, ab su abegangen were, unde nicht an der frowen frůnt ane argelist.

a-a) *über der Zeile* b) *folgt gestrichen:* sullen c) *folgt gestrichen:* sul d-d) *am linken Rand* e-e) *über der Zeile; darunter gestrichen:* alle f) *folgt gestrichen:* wedir valle

298. *nach 1400 Februar 6* *(Hand C) fol. 53r*

Dietrich Botener und seine Frau verpfänden ihr Haus in der Löbergasse.

Item feria post Dorothee anno m° [a] c° c° c° c° hat gesaczt Dytherich Bo̊tener unde sin eliche werttin o̊r hus in der Lower gasze by Hanse Lutental unde Herman Schorapele, Thetrichen Stele vor 3½ talenta unde 2½ modios frumenti czins, do er vor on vorgerett keyn frouwen Sophien von Umverstet.

a) *über der Zeile*

299. *1394 Januar 23* *(Hand C) fol. 53v*

Bürgerrechtsverleihung an Heinrich Schopfendorf von Daasdorf.

Sexta[a] in vigilia conversionis sancti Pauli erit noster cives Henricus Schopfendorff von Tostorff, dabit[b] 12 ß unde vorschost je[c] czu der cziit 3 ß lot.[d]

a) lxxxxiiii° *über dem Eintrag* b) dedit *über der Zeile* c) *über der Zeile* d) dedit *am linken Rand*

300. *1394 Januar 30* *(Hand C) fol. 53v*

Bürgerrechtsverleihung an Peter Fride von Gaberndorf.

Sexta ante purificationis Marie erit noster cives Peter Ffride von Gaberndorff, dabit 12 ß unde vorschost je czu der cziit 3 ß lot.[a]

a) dedit *am linken Rand*

301. *1394 Februar 1* *(Hand C) fol. 53v*

Bürgerrechtsverleihung an Heinrich von Jena.

In vigilia purificationis Marie erit noster cives Heinrich von Jhene, dabit 12 ß unde vorschost je czu der cziit 2 ß lot.[a]

a) dedit *am linken Rand*

302. *1394 Februar 20* *(Hand C) fol. 53v*

Bürgerrechtsverleihung an Hans Hug von Erfurt.

Sexta ante carnis brivium erit noster cives Hannes Hug de[a] Errfordia, calciffex, dabit 10 ß et maneat tres annos.[b]

a) *über der Zeile* b) dedit *am linken Rand*

303. *1394 März 13* *(Hand C) fol. 53v*

Bürgerrechtsverleihung an Ludwig von Sangerhausen.

Sexta post invocavit erit noster cives Lodewig von Sanggerhusen, dabit 10 ß et maneat tres annos, ffideiuvit Herman Romstete et Conrad Schrecke.[a]

a) dedit *am linken Rand*

304. *1394 März 31* *(Hand C) fol. 53v*

Bürgerrechtsverleihung an Albrecht Ronow von Sulza.

Tercia post letare erit noster cives Olbrecht Ronow von Sulcza, dabit 12 ß, maneat tres annos, ffideiuvit Conrad Blanckenhain.[a]

a) dedit *am linken Rand*

305. *1394 April 24* *(Hand C) fol. 53v*

Bürgerrechtsverleihung an Friedrich Waltmann.

Sexta post pasche erit noster cives Ffrederich Waltman, dabit 10 ß, maneat tres annos, fideiuvit Hermann Tostorff, Hans Krug.[a]

a) dedit *am linken Rand*

306. *1394 April 24* *(Hand C) fol. 53v*

Bürgerrechtsverleihung an Heinrich von Jena.

Eadem die erit noster cives Heinrich von Jhene, sartor, dabit 10 ß, maneat tres annos, ffideiuvit Herman Trostorff, Hans Krug.[a]

a) dedit *am linken Rand*

307. *1394 April 24* *(Hand C) fol. 53v*

Bürgerrechtsverleihung an Hans Koch.

Eadem die erit noster cives Hans Koch, der junge.

308. *1394 Mai 1* *(Hand C) fol. 53v*

Bürgerrechtsverleihung an den Goldschmied Jacob von Magdeburg.

Sexta feria in die Walpurgis erit noster cives der goltsmed Jacoff[a] von Meideborg, dabit 10 ß, maneat tres annos, ffideiuvit Hans Hug, sutor, unde Heinrich von Molhusen, der messersmet, et pro pecunia.[b]

a) *über der Zeile* b) dedit *am linken Rand*

309. *1394 Mai 1* *(Hand C) fol. 53v*

Bürgerrechtsverleihung an Karl Bener von Tannroda.

Eodem die erit noster cives Karl Bener von Tanrode, dabit 10 ß, maneat tres annos, fideiuvit Fricze Voit.[a]

a) dedit *am linken Rand*

310. *1394 Mai 1* *(Hand C) fol. 54r*

Bürgerrechtsverleihung an Heinrich Nunobel.

Eadem die erit noster cives Heinrich Nůnobel, carpentarius, dabit 8 ß, fideiuvit Heinrich Tostorff.[a]

a) dedit *am linken Rand*

311. *1394 Mai 15* *(Hand C) fol. 54r*

Bürgerrechtsverleihung an Friedrich Gunther von Possendorf.

Sexta post jubilate erit noster cives Ffrederich Gunther[a)] von Bossindorff, dabit 10 ß, fideiuvit Ruddegerstorff.

a) dedit *über der Zeile*

312. *1394 Mai 19* *(Hand C) fol. 54r*

Bürgerrechtsverleihung an Hans Prunse.

Tercia post cantate erit noster cives Hans Prunse[a)], dabit 12 ß.[a)]

a) dedit *über der Zeile*

313. *1394 Juni 5* *(Hand C) fol. 54r*

Bürgerrechtsverleihung an Hans Gusserstet.

Sexta ante penthecosten erit noster cives Hans Gusserstete, dabit 8 ß, maneat tres annos, fideiuvit pro pecunia Claus Krummestorff.[a)]

a) dedit *am linken Rand*

314. *1394 Juni 12* *(Hand C) fol. 54r*

Bürgerrechtsverleihung an Hans Schroter von Ulrichshalben.

Sexta post penthecosten erit noster cives Hans Schroter von Ulrichshalbin, dabit 1 talentum.[a)]

a) dedit *am linken Rand*

315. *1394 Juni 13* *(Hand C) fol. 54r*

Bürgerrechtsverleihung an Hermann Perlicz.

Sabbato ante trinitatis erit noster cives Herman Perlicz, dabit[a)] 16 ß.[b)]

a) *über der Zeile* b) dedit *am linken Rand und über der Zeile*

316. *1394 Juni 13* *(Hand C) fol. 54r*

Bürgerrechtsverleihung an Hans Beiger.

Eadem die erit noster cives Hans Beiger, carpentarius, ex peticione.

317. *1394 Juli 17* *(Hand C) fol. 54r*

Bürgerrechtsverleihung an Dietrich Weise von Heichelheim.

Sexta post divisionem apostolorum erit noster cives Ditherich Wisse von Huchelheim, dabit 10 ß unde vorschost je czu der cziit lot.

318. *1394 Juli 17* *(Hand C) fol. 54r*
Bürgerrechtsverleihung an Hans Lodewig von Troistedt.
Eadem die erit noster cives Hans Lodewig von Drostete, dabit 8 ß, maneat tres annos, ffideiuvit Heinrich Keyser.[a)]

a) dedit *am linken Rand*

319. *1394 Juli 31* *(Hand C) fol. 54r*
Bürgerrechtsverleihung an Heinrich von Kölleda.
Sexta post Jacobi erit noster cives Heinrich von Kollede, swertfeger, gratis.[a)]

a) dedit *am linken Rand*

320. *1394 September 4* *(Hand C) fol. 54r*
Bürgerrechtsverleihung an Conrad Kruse.
Sexta ante nativitatis Marie erit noster cives Conrad Kruse, der snider, dabit 12 ß.[a)]

a) dedit *über der Zeile*

321. *1394 November 14* *(Hand C) fol. 54r*
Bürgerrechtsverleihung an Heinrich Beiger.
Septima post Martini erit noster cives Heinrich Beiger, dabit 10 ß.[a)]

a) dedit *am linken Rand*

322. *1394 November 17* *(Hand C) fol. 54r*
Bürgerrechtsverleihung an Dietrich Brot.
Eadem die erit noster cives Ditherich Brot, dabit 10 ß, maneat tres annos, fideiuvit Hans Brot.

a) dedit *am linken Rand*

323. *1394 November 20* *(Hand C) fol. 54v*
Bürgerrechtsverleihung an Hans Windeschman.
Sexta post Elizabeth erit noster cives Hans Windeschman, der speter, dabit 6 ß, maneat tres annos, fideiuvit Heinrich Ffedeler, Jeger.

324. *1394 November 20* *(Hand C) fol. 54v*
Bürgerrechtsverleihung an Claus Wymar.
Eadem die erit noster cives Claus Wymar, der hopfener[a)], dabit 1 talentum, maneat tres annos, fideiuvit Hans von Jhene.

a) dedit *über der Zeile*

325. *1394 Dezember 11* *(Hand C) fol. 54v*
Bürgerrechtsverleihung an Dietrich Smed von Umpferstedt.
Sexta post conceptionis Marie erit noster cives Ditherich Smet von Umferstet, dabit

15 ß, maneat tres annos, fideiuvit Ditherich Czauke, Claus Smet von Holczhusen.[a)]

a) dedit *am linken Rand*

326. *1394 Dezember 11* *(Hand C) fol. 54v*

Bürgerrechtsverleihung an den Ziegeldecker Conrad Franke.

Eadem die erit noster cives Conrad Ffrancke, der czigeldecker, der sal daz tore met czigele decken czu unser lybin vrouwen.[1)]

1) *Vgl. H. EBERHARDT, Anfänge, S. 88.*

327. *1395 Januar 9* *(Hand C) fol. 54v*

Bürgerrechtsverleihung an Claus Rost.

Sabbato post epiphanie domini erit noster cives Clauwes Rost, dabit[a)] 6 ß, maneat tres annos.[b)]

a) dedit *über der Zeile* b) dedit *am linken Rand*

328. *1395 Januar 26* *(Hand C) fol. 54v*

Bürgerrechtsverleihung an Albrecht von Elsterberg.

Tercia ante purificationis Marie anno lxxxxv° erit noster cives Olbrecht von Elsterberg, dabit[a)] 15 ß, maneat tres annos, ffideiuvit Theodericus Krebes unde Hans Stol.[b)]

a) dedit *über der Zeile* b) dedit *am linken Rand*

329. *1395 Februar 21* *(Hand C) fol. 54v*

Bürgerrechtsverleihung an Hans von Salza.

Dominica esto michi erit noster cives Hans von Salcza, der korssener, dabit 12 ß, maneat tres annos, fideiuvit Hans Schilling.[a)]

a) dedit *am linken Rand*

330. *1395 Februar 26* *(Hand C) fol. 54v*

Bürgerrechtsverleihung an Heinrich Topfer.

Sexta post esto michi erit noster cives Heinrich Topffer, dabit 16 ß, maneat tres annos, ffideiuvit Gotschalk Hammerstete unde vorschost 4 mark.[a)]

a) dedit *am linken Rand*

331. *1395 April 13* *(Hand C) fol. 54v*

Bürgerrechtsverleihung an Dietrich Schumann von Possendorf.

Tertia post pasche erit noster cives Ditherich Schuman von Bossindorff, dabit 6 ß unde vorschost 8 ß uff sente Michels tag.[a)]

a) dedit *am linken Rand*

332. *1395 April 13* *(Hand C) fol. 54v*

Bürgerrechtsverleihung an Peter Weber von Ehringsdorf.

Eadem die erit noster cives Peter Weber von Eringestorff, dabit 10 ß unde[a)] gibt 6 ß Michaelis.

a) *in der Vorlage:* von

333. *1395 Oktober 4* *(Hand C) fol. 54v*

Bürgerrechtsverleihung an Claus Wolner von Buchfart.

Secunda feria in die Marci erit noster cives Claus Wolner von Bufforte, Wymars tochterman, dabit 12 ß, maneat tres annos, fideiuvit Hans Wymar unde vorschost 2 marg.[a)]

a) dedit *am linken Rand*

334. *1395 Dezember 17* *(Hand C) fol. 55r*

Bürgerrechtsverleihung an Dietrich von Großbrembach.

Sexta post Lucie erit noster cives Ditherich von Brampach, der moller, dabit [(a]inffra mense[a)] 8 ß, maneat tres annos, ffideiuvit Spangenberg.[b)]

a-a) *über der Zeile* b) dedit *am linken Rand*

335. *1395 Mai 7* *(Hand C) fol. 55r*

Bürgerrechtsverleihung an Hans Rothe von Oberweimar.

Sexta post Walpurgis erit noster cives Hans Rothe von Oberwymar, dabit[a)] 12 ß unde vorschost 8 mark.[b)]

a) dedit *über der Zeile* b) dedit *am linken Rand*

336. *1395 Juni 11* *(Hand C) fol. 55r*

Bürgerrechtsverleihung an Hermann Reynolt von Ulla.

Sexta post corporis Cristi erit noster cives Herman Reynolt von Ulla, dabit 18 ß [(a]ad festum Jacobi,[a)] maneat tres annos, ffideiuvit Hans Buntschuch unde Herman Tostorff.

a-a) *über der Zeile*

337. *1395 September 17* *(Hand C) fol. 55r*

Bürgerrechtsverleihung an Hans Döbritschen.

Sexta post exaltationis sancte crucis erit noster cives Hans Dobriczen, dabit 10 ß, maneat tres annos.

338. *1395 November 5* *(Hand C) fol. 55r*

Bürgerrechtsverleihung an Claus von Ulla.

Sexta post omnium sanctorum erit noster cives Claus von Ulla, dabit[a)] 10 ß, maneat tres annos, fideiuvit Ffricze Voyt.[b)]

a) *über der Zeile* b) dedit *am linken Rand*

339. *1395 November 12* *(Hand C) fol. 55r*

Bürgerrechtsverleihung an Claus Hertel von Wohlsborn.

Sexta post Martini erit noster cives Claus Hertel von Wolffesborn, dabit 20 ß, maneat tres annos unde sal noch borgen seczen.

340. *1395 November 19* *(Hand C) fol. 55r*

Bürgerrechtsverleihung an Hermann Herolt von Ottmannshausen.

In die sancte Elyzabeth erit noster cives Herman Herolt von Ottemeshusen, dabit[a] 18 ß, maneat tres annos, fideiuvit Hans Schilling.[b]

a) dedit *über der Zeile* b) dedit *am linken Rand*

341. *1395 November 26* *(Hand C) fol. 55r*

Bürgerrechtsverleihung an Gunther von Wandersleben.

Sexta post Katherine virginis erit noster cives Gunther von Wandesloybiͤn, dabit 12 ß, maneat tres annos, fideiuvit Ebirhart Karlstad, Conrad Riche.

342. *1395 Dezember 17* *(Hand C) fol. 55r*

Bürgerrechtsverleihung an Hans Schoffan.

Sexta ante Thome erit noster cives Hans Schoffan, dabit[a] 12 ß, maneat tres annos unde vorschost je czu der cziit 4 ß lot, dy wile daz her keyne kouffmanschafft nicht tribet noch nicht bruwet. Wan her daz thuet, so sal her syne habe vorschossen by syme eyde alze eyn ander borger.[b]

a) dedit *über der Zeile* b) dedit *am linken Rand*

343. *1396 Februar 1* *(Hand C) fol. 55r*

Bürgerrechtsverleihung an Hans Hofemann von Kromsdorf.

In vigilia purificationis anno lxxxxvi^{to} erit noster cives Hans Hofeman von Krummestorff, dabit 8 ß, maneat tres annos.[a]

a) dedit *am linken Rand*

344. *1396 April 21* *(Hand C) fol. 55r*

Bürgerrechtsverleihung an Dietrich Herbort.

Sexta post misericordia domini anno xc^{o} vi^{to} erit noster cives Dytherich Herbort, pellifex, dabit 10 ß et maneat tres annos, fideiussores: Syvart Kluͦs et Hans Hug, calcifex.[a]

a) *Eintrag durchgestrichen*

345. *1396 April 12* *(Hand C) fol. 55v*

Der Rat verkauft einen wiederkäuflichen Jahrzins an Erhard von Oelknitz.

Ich[a] Hans Jegher, Hans Kotinhain, ratismeistere, Hans Molborg, Dythrich Phulsporn, Hans Krug, rethe, dornoch dy gancze gemeine, riche und arm, der stad czu Wymar bekennen uffentlich an deͤsim briffe vor allen den dy on sehen eder horin lesin, daz uns der erber gestrenge knecht Erhart von Obelkewicz, gesessin do selbins, Berchte, syne eliche werttin, und ore erbin, lyhen und gelegin habin durch unser bethe willin virczig schog gutir groschen, dy an unser stad nůcz und vromen komen sin, der sulin sy uns beytin von sente Walpurgen tage, der do neste wirt, obir eyn jar, doch alzo, daz wir oͤn dovon czu czinse sullin gebin vier schok gutir groschin uf sente Walpurgen tage; were ouch an deme andern jare, daz sy or gelt woldin wedir habin, zo soldin sy daz uns vor wydir sayn vor sente Walpurgin tage eyn verteyl jares, adir ab wir ir gelt ouch woldin wedir gebin, zo scholde wir on daz ouch wedir vor sagin ein verteyl jars, von welchir parthye dy vorkundigunge gescheen von on adir von uns, so rede wir on und globin myt eynander gesamthir hant by unsern guthin waren truwen, daz wir obgenantin Erharte Obelkewycz, Berchtin, siner elichin wertin, oͤrin erbin und Hartman von Holbach oͤr gelt und oͤre czinse wollin wedir gebin an alle oren schadin und wullin daz beczale an allin vorczok czu[b] Jhene in der stad myt guthin groschin, dy czu Doringen an deme lande gebeͤ, genge und unvorslayn sind und vor vol gen czů der cziit, und doran sol sy nicht beschedigen an orme gelde und an czinse keinre hern gebot noch vorbot, wedir geystlich noch werltlich, sundirn wir wullin unde globin czu haldene an ark alliz, daz hir geschrebin stet an alle geverde und ane allin intrag; und dez czu eyme bekentniz habe wir obgenantin borger der stad czu Wymar unser stad insegel mit unser allir wissin und willin lazin hengen an desin bryf, der gegebin ist noch gotiz geburth in dryczenhundirt jar dornoch in deme sechzundnunczigisten jare an der nesten myttewochin noch quasimodogeniti et cetera.[c]

a) Erhart von Obelkewicz *über dem Eintrag* b) *folgt gestrichen:* Jene c) *Eintrag durchgestrichen*

346. *1397 September 7* *(Hand C) fol. 55v*

Vereinbarung über die Teilung des Erbes des Hans Prunse zu Lebzeiten.

Sexta in vigilia nativitatis Marie anno xc° septimo sint komen vor unse hern yn eynen siczinden rath Hans Blanckinhain, Herman Bor[n]man, Hans Jegher, Eckart Goeswyn unde Heyneman Prunse myt Hanse Prunsen, syme brudere, unde habin bekant, daz syͤ yn fruntlichin dingen habin geteydinget, daz er Margeretan, synre elichin werttin, Hans Heyen tochter, dy er yczunt hat, ab daz were, daz er abeginge von todez wegin ane erbin, daz got lenge, so sal man sy abelege unde sů uzwyse myt 30 phunden phengen; were ez[a] abir, daz on got erbin bescherte myt eynander, so sal eyn yclich[a] kint glich alzo gut teyl unde recht an alle synen gůten alz daz kint, daz er iczunt hat, ane arglist, adir andere kindere, ab er[b] su hette.

a) *über der Zeile* b) *folgt gestrichen:* sin

347. *1396 Januar 17* *(Hand C) fol. 56r*

Bürgerrechtsverleihung an Albrecht Salczmann von Schleiz.[1]

([a]Anno xc° sexto[a]) secunda post octavam epyphanie erit noster civis Albrecht Salczman von Slewicz, dabit 10 ß et maneat tres annos, fideiussores: Hans Roͤrnse et Claws Luczenrode; dedit.[b])

a-a) *über dem Eintrag* b) *Eintrag durchgestrichen*
1) *Vgl. Stadtbuch von 1380, Nr. 370.*

348. *1397 März 4* *(Hand C) fol. 56r*

Bürgerrechtsverleihung an Dietrich Starke.

(aAnno xc° septimoa) dominica die esto michi erit noster civis Dytherich Starke, dabit 20 ß et maneat tres annos, fideiussor: Heynrich Plag, debet iurare ad bona sua ad festum Walpurgis.

a-a) *über dem Eintrag*

349. *1397 März 9* *(Hand C) fol. 56r*

Bürgerrechtsverleihung an den Bader Heinrich Lunckewicz.

Feria sexta post esto mihi erit noster civis meyster Heynrich Lunckewicz, der bader, dabit 20 ß et maneat tres annos, fideiussores: Hans Plag.

350. *1397 März 16* *(Hand C) fol. 56r*

Bürgerrechtsverleihung an Hans Korsener.

Sexta post invocavit erit noster civis Hans Korsener, dabit 10 ß et maneat tres annos, fideiussores: Syfart Klues et Hans Kyppener; tempus ad festum pasce.

351. *1397 März 16* *(Hand C) fol. 56r*

Bürgerrechtsverleihung an Hans Kopperan.

Eadem die erit noster civis Hans Kopperan, dabit 25 grossos et maneat tres annos; dedit, fideiussor: frater suus.

352. *1397 März 16* *(Hand C) fol. 56r*

Bürgerrechtsverleihung an Heinrich Grefe von Hopfgarten.

Eadem die erit noster civis Heynrich Greffe von Hopfgartin, dabit 20 grossos et maneat tres annos, fideiussor: Kyppener, infra quindenam.

353. *1397 März 16* *(Hand C) fol. 56r*

Bürgerrechtsverleihung an Conrad Fleischauer von Leutenthal.

Eadem die erit noster civis Conrad Fleyschower von Lutental, dabit 18 ß et maneat tres annos, fideiussor: Hans Lutyger; tenetur 6 grossos.

354. *1397 April 8* *(Hand C) fol. 56r*

Bürgerrechtsverleihung an Hans Federwisch.

Item dominica die Judica erit noster civis Hans Federwysch, dabit 1 talentum.

355. *1397 April 16* *(Hand C) fol. 56r*

Bürgerrechtsverleihung an Friedrich Ilmenicz.

Item secunda post palmas erit noster civis Frederich Ilmenicz, dabit 20 grossos infra mensem.

356. *1397 April 29* *(Hand C) fol. 56v*

Bürgerrechtsverleihung an Friedrich Racz.

[(a][Anno] xc° septimo[a)] dominica die quasimodogeniti erit noster civis Frederich Racz, dabit 10 ß infra oktavam.

a-a) *über dem Eintrag*

357. *1397 Mai 8* *(Hand C) fol. 56v*

Bürgerrechtsverleihung an Markwart Schroter.

Feria tertia post misericordia domini erit noster civis Marckwert Schroter, dabit 12 ß et maneat tres annos[a)], fideiussor: Gunther Wandesleybin; dabit[b)] infra mensim

a) *folgt gestrichen:* fideiussores b) *über der Zeile*

358. *1397 Mai 8* *(Hand C) fol. 56v*

Bürgerrechtsverleihung an Heinemann Prunse.

Eadem die erit noster civis Heyneman Prunse, dabit 1 talentum et maneat tres annos, fideiussores: Hans Prunse, frater suus, et Herman Borman.[a)]

a) dedit *am linken und am rechten Rand*

359. *1397 Mai 18* *(Hand C) fol. 56v*

Bürgerrechtsverleihung an Claus Lyßelow.

Sexta post jubilate erit noster civis Claws Lyszelow, dabit 30 ß et ...

360. *1397 Mai 25* *(Hand C) fol. 56v*

Bürgerrechtsverleihung an Hans Tordeler.

Sexta in die Urbani erit noster civis Hans Tordeler, dabit 29 ß et ...; dedit.

361. *1397 Mai 26* *(Hand C) fol. 56v*

Bürgerrechtsverleihung an Dietrich Martpech.

Sabbato post Urbani erit noster civis Dytherich Martpech, dabit 10 ß et maneat tres annos.

362. *1397 Mai 27* *(Hand C) fol. 56v*

Bürgerrechtsverleihung an Conrad vom Gehow.

Item dominica post Urbani erit noster civis Conrad vome Gehow, dabit 10 ß.

363. *1397 Juni 1* *(Hand C) fol. 56v*

Bürgerrechtsverleihung an Conrad Doberczschen.

Feria sexta post ascensionis domini erit noster civis Conrad Doberczschen, dabit 10 ß.

364. *1397 Juni 2* *(Hand C) fol. 56v*
Bürgerrechtsverleihung an Hans Brandenhain.
Sabbato post ascensionis domini erit noster civis Hans Brandenhain, dabit 10 ß et sal vorschose 10 mark unde 1 lot.[a)]

a) dedit *am linken Rand*

365. *1397 Juni 28* *(Hand C) fol. 56v*
Bürgerrechtsverleihung an Hans Blydenstet.
Feria quinta in vigilia Petri et Pauli erit noster civis Hans Blydenstet, dabit 1 talentum.

366. *1397 Juli 13* *(Hand C) fol. 56v*
Bürgerrechtsverleihung an Wetige von Denstedt.
Sexta[a)] in die Margarethe erit noster civis Wetyge von Denstet, dabit 1 talentum.

a) *folgt gestrichen:* post Kyliani

367. *1397 Juli 13* *(Hand C) fol. 56v*
Bürgerrechtsverleihung an Hermann Hildegunt.
Item eadem die erit noster civis Herman Hylgunt, dabit 10 ß.

368. *1397 September 7* *(Hand C) fol. 56v*
Bürgerrechtsverleihung an Hans von Leutenthal.
Sexta in vigilia nativitatis Marie erit noster civis Hans von Lutental, dabit 20 grossos et maneat tres annos; fideiuvit Kypener et Hans Boel.

369. *1397 Oktober 11* *(Hand C) fol. 56v*
Bürgerrechtsverleihung an Conrad Ledersnider.
Item feria quinta post Francisci erit noster civis Conrad Ledersnider, dabit 10 ß infra mensem.

370. *1396 Januar 10* *(Hand C) fol. 57r*
Bürgerrechtsverleihung an Albrecht Salczmann von Schleiz.[1)]
[(a]Anno xc° vi° [a)] feria secunda ante octavam epiphanie erit noster civis Albrecht Salczman von Slewicz, dabit 10 ß et maneat tres annos, fideiussores: Hans Rornse et Luczenrode; dedit.

a-a) *über dem Eintrag*
1) *Vgl. Stadtbuch von 1380, Nr. 347.*

371. *1397 Februar 3* *(Hand C) fol. 57r*
Bürgerrechtsverleihung an Nickel Hobescher von Triptis.
[(a][Anno] xc° vii° [a)] sabbato post purificationis Marie[b)] erit noster civis Nickel Hobescher von Tryptis, dabit 1 talentum et maneat tres annos, fideiussores: Hans Wysze et

Conrad Slůsinger.

a-a) *über dem Eintrag* b) *über der Zeile*

372. *1397 Februar 28* *(Hand C) fol. 57r*
Bürgerrechtsverleihung an Dietrich Mulner.
Feria quarta post exurge erit noster civis Dytherich Mulner, dabit 10 ß et maneat tres annos, fideiussores: Claws Federwisch et Claws Scherer.

373. *1396 Mai 12* *(Hand C) fol. 57v*
Bürgerrechtsverleihung an Conrad Windeschmann.
([a]Anno xc[o] vi[o] [a]) sexta post vocem iocundidatis erit noster civis Cunrad Wyndischman, dabit 1 talentum[b)] et maneat tres annos, fideiussores: Hans Lantmann et Clauwes Fedirwisch.

a-a) *über dem Eintrag* b) *folgt gestrichen:* 25 ß

374. *1396 Mai 26* *(Hand C) fol. 57v*
Bürgerrechtsverleihung an den Töpfer Hans Beyer.
Sexta post pentecosten erit noster civis Hans Beyer, der topfer, dabit 12 grossos et maneat tres annos, fideiussores: Cunrad Slusinger et Heinrich Apels.

375. *1396 Juli 13* *(Hand C) fol. 57v*
Bürgerrechtsverleihung an Hans Keyser von Olbersleben.
Feria quinta in festo Margarethe erit noster civis Hans Keyser von Olbirsleybin, dabit[a)] 12 ß et maneat[b)] tres annos, fideiussores: Hans Rornse et Hans Brandinhain.

a) *in der Vorlage:* dedit b) *in der Vorlage:* manet

376. *1396 Oktober 3* *(Hand C) fol. 57v*
Bürgerrechtsverleihung an Siegfried Schuncke von Linda.
Feria tertia post Michahelis erit noster civis Syvart Schunke von Linde, dabit 1 talentum infra octavam, fideiussores: Hans Hewig et Wetyge von Goltpach et maneat tres annos.

377. *1396 Oktober 27* *(Hand C) fol. 57v*
Bürgerrechtsverleihung an Hans Strubing.
Feria sexta in vigilia Symonis et Jude erit noster civis Hans Strubing, dabit 12 ß et maneat tres annos, fideiussores: Hans Flurstet et Claws Torwarte, et debet adhuc iurare; dedit.

378. *1396 November 5* *(Hand C) fol. 57v*
Bürgerrechtsverleihung an Hans Heynel von Ulrichshalben.
Dominica post omnium sanctorum erit noster civis Hans Heynels de Ulrishalbin, dabit

25 ß et non recedat, her enthu ez den myt wyssene eyns ratis, und sal under myn hern blibe hy ader anderswo, fideiussores: Hans Stol, Herman Bornman, Hans vome Hayn; dedit.

379. *1396 November 14* *(Hand C) fol. 57v*

Bürgerrechtsverleihung an Jacob von Grunstedt.

Feria tertia post Martini erit noster civis Jacof von Grunstet, dabit (a infra quindenam a) 15 ß et maneat perpetua apud dominum nostrum, fideiussores: Herman Heyendorf et Hans von Wyckerstet; dedit.

a-a) *am linken Rand*

380. *1396 November 15* *(Hand C) fol. 57v*

Bürgerrechtsverleihung an Dietrich Markwert von Sachsenhausen.

Feria quarta post Martini erit noster civis[a)] Dytherich Markwert von Sachsenhusen, dabit 25 ß, maneat perpetue, fideiussores: Hans von Jhene, Heinrich Felkener, unde sal vorschozse 15 mark, dabit infra qwindenam.

a) *folgt gestrichen:* Claws

381. *1396 Novmber 17* *(Hand C) fol. 57v*

Bürgerrechtsverleihung an Hans Nusyszen.

Feria sexta post Martini Hans Nůsyszen [erit noster civis], dabit ½ schok, maneat perpetue, fideiussores: Heinrich Schopfindorf et Heinrich Eliger et iuravit ad bona sua; dedit; borgerrecht.

382. *1396 März 23* *(Hand C) fol. 58r*

Bürgerrechtsverleihung an Jacob Wolfferam.

(a Anno lxxxxvi° a) quinta post Judica erit noster cives Jacof Wolveram cum filio suo, Johanni, dabit 5 ß et maneat tres annos.

a-a) *links über dem Eintrag*

383. *1396 Februar 17* *(Hand C) fol. 58r*

Bürgerrechtsverleihung an Hans Schroter von Meckfeld.

Quinta post esto michi erit noster cives Hans Schroter de Meckeveilt, dabit 10 ß et maneat tres annos, fideiussor[es]: Hans Weyner et Hans Hoveman de Crummistorf.

384. *1396 April 8* *(Hand C) fol. 58r*

Bürgerrechtsverleihung an Claus Smed von Wohlsborn.

Sabbato post pasce erit noster cives Claws Smed von Wolvesporn, dabit 10 ß.

385. *1396 April 21* *(Hand C) fol. 58r*

Bürgerrechtsverleihung an Dietrich Herbort.

Sexta post misericordia domini erit noster civis Dythrich Herborte, pellifex, dabit 10 ß et maneat tres annos; fideiuvit Sivart Klůs unde Hans Hug, calcifex.

386. *1396 März 13* *(Hand C) fol. 58r*

Bürgerrechtsverleihung an Friedrich Sonchin.

Secunda post letare erit noster civis Friderich Sonchin, dabit 6 grossos et maneat[a] tres annos, fideiussor[es]: Claus Federwisch et Cunrad Hammerstet.

a) *in der Vorlage:* manet

387. *1396 Mai 12* *(Hand C) fol. 58r*

Bürgerrechtsverleihung an Hermann Scherapil.

Sexta post vocem iocundidatis erit noster civis Herman Schorapil, dabit 12 grossos et maneat tres annos, fideiussores: Hans Lutiger et Hans Wedeler.

388. *1396 März 10* *(Hand C) fol. 58r*

Bürgerrechtsverleihung an die Brüder Jacob Smed und Friedrich an Berge.

Sexta post oculi erunt nostri cives Jacobus Smed et Friderycus[a] an Berge, frater suus, siquis dabunt 15 ß et maneant tres annos, fideiussores: ...

a) *folgt gestrichen:* frater

389. *1396 November 30* *(Hand C) fol. 58r*

Bürgerrechtsverleihung an Andreas Smed von Hopfgarten.

Quinta in die sancti Andree erit noster civis Andreas Smet von Hopfgartin, dabit 12 ß et maneat perpetue, fideiussores: Hans Boel et Uleman Korsener; dedit.

390. *1396 Dezember 22* *(Hand C) fol. 58r*

Bürgerrechtsverleihung an Hans von Stewestorf.

Sexta ante nativitatis Cristi erit noster civis Hans von Stewestorf, dabit 25 ß, maneat tres annos, fideiussores: Herman Borman et Hans Ilmenicz, infra octavam; dedit ½ sexagenam.

391. *1396 Dezember 22* *(Hand C) fol. 58r*

Bürgerrechtsverleihung an Hans Rusteleybin.

Item eadem die erit noster civis Hans Rusteleybin, dabit eyn buchszen dy eyn ½ phunt schuszt, et maneat tres annos; fideiuvit Dythrich Smet von Czymmern et Hans Smet, frater suus.

392. *1392 Oktober 18* *(Hand C) fol. 58v*

Bürgerrechtsverleihung an Andreas Weber.

([a]Anno lxxxxii^{o} sexta post Borhardi[a)] erit noster cives Andreas Weber, residens in Eringestorff, adiuvabit unum diem cum equis suis, debet ducere lapides in alia ebdomada.[b)]

a-a) *links über dem Eintrag* b) dedit *über der Zeile*

393. *1392 Oktober 22* *(Hand C) fol. 58v*

Bürgerrechtsverleihung an Heinrich Snecze.

Tertia feria sequenti erit noster cives Heinrich Snecze, dabit[a)] 4 ß unde czu geschosse ½ marg lot.

a) dedit *über der Zeile; über dem Eintrag:* 3us

394. *1392 Oktober 22* *(Hand C) fol. 58v*

Bürgerrechtsverleihung an Dietrich von Schkölen.

Eadem die erit noster cives Ditherich von Scholen, dabit[a)] 4 ß unde vorschost 1 mark lot.

a) dedit *über der Zeile; über dem Eintrag:* 3us

395. *1392 Oktober 22* *(Hand C) fol. 58v*

Bürgerrechtsverleihung an Hans Federwisch.

Eadem die erit noster cives Hannes Ffedderwisch, dabit[a)] 4 ß unde gebit je czu der cziit 5 ß czu geschosse; dedit.[b)]

a) dedit *über der Zeile* b) *Eintrag durchgestrichen; über dem Eintrag:* 3us

396. *1392 Oktober 22* *(Hand C) fol. 58v*

Bürgerrechtsverleihung an Hans Müller von Rochlitz.

Eadem die erit noster cives Hannes Moller von Rochelicz, dabit[a)] 4 ß, maneat tres annos.[b)]

a) *in der Vorlage:* dedit b) *über dem Eintrag:* 3us

397. *1392 Februar 1* *(Hand C) fol. 58v*

Bürgerrechtsverleihung an Dietrich Hartmann von Obringen.

Quinta post conversionis sancti Pauli erit noster cives Ditherich Hartman von Oberingen, dabit annuatim 6 ß.[a)]

a) *über dem Eintrag:* 3us

398. *1409 April 12* *(Hand D) fol. 58v*

Vereinbarung zwischen Thele Tecze und Hermann Wetige einerseits sowie Conrad Willerstet und Hans Grosse andererseits wegen eines Erbes.

Nota, feria sexta proxima post festum pasce anno domini m^{o} cccc^{o} nono ist kommen

Tele Teczein unde Herman Wetiche vor unser hern tzců Wymar in eyn siczenden rad uff eyne sieten Conrad Willerstete ([a]unde Hans Grosse[a]) uff dyͤ andern syten mit iren erben unde han uns bericht, wie das sy in teydingen synt gewest umme erbe unde gůet, des synt sie gescheiden unde gutlichen geeynet, unde das hat geteydingen Ditherich Brot, Heinrich Czymmerman unde Conrad Willersteten unde syner erbin wegin, Heinrich Plock, Conrad Fleyschouwer von Tellen Teczein unde irer erbin wegin unde habin sie also bericht umme das genante erbe, eyne halbe hůffe, gelegin in denn flure zců Krockendorff, das die genant halbe huffe die vorgenant frouwe sal ynnehabin unde gebrůchen die wile sie lebet, uzgesloszin dertehalb ackir, die die megenant frouwe gekaufft hat nach ires mannes tode, die selbin dritehalb ackir sullen volgin der frouwin nesten, die darczů gehorn[b]; die andern driczenhalben ackir sal sie ynnehabin als liebgutes recht ist, die zců beszern unde nicht zců ergirn. Ouch ist es geteydingen, also sie das gůet vinden, also sullen sie sich dorczů halden.

a-a) *über der Zeile* b) *folgt gestrichen:* wanne danne die vorgenant frouwe

399. *1393 Dezember 19* *(Hand C) fol. 59r*

Bürgerrechtsverleihung an Hans Eckard.

([a]Anno lxxxxiii^{o} [a]) sexta[b] ante Thome erit noster cives Hans Echart, dabit[c] 12 ß, maneat tres annos, ffideiuvit pro pecunia Nickel Matstete.[d])

a-a) *links über dem Eintrag* b) *folgt gestrichen:* post c) dedit *über der Zeile* d) dedit *am linken Rand*

400. *1398 Oktober 4* *(Hand C) fol. 59r*

Dietrich Czauke leiht vom Hospital St. Nikolai 20 Pfund Pfennige, bestimmt Bürgen und setzt sein Haus am Markt als Pfand für die Schuld ein.

Anno domini m^{o} ccc^{o} xc^{o} octavo feria sexta post Michaelis sind komen yn eynen siczinden [rat] vor unse hern Hans Dunnebir, der spetalmeister czu Wymar, unde Dytherich Czawke. Der genante Dytherich hat bekant, daz om der genante spetalmeister von dez spetalz wegin gelegin had 20 phunt phenge guter lantwere, alzo daz om Dytherich Czawke doruff gebin sal uff sentte Michels tag, der do nest czukumftig wert, eyn malder gutes korns und eyn phunt phenge guter lantwere unde seczt om dovor czu bo̊rgen vor hoytgut unde vor czinse dy bescheidin lůte Hansen Wedelern unde Heynrich Schopfindorffe, dy dovor redin unde globin alzo gute borgen, ab der genante Dytherich edir sine erbin sůmig wordin, uff dy genante tageczíid, dez got nicht enwulle. Ouch seczt der genanten Dytherich Czawke unde sine erbin den genante borgen sin huz unde hoeff, gelegin an dem margte nest ern ([a]Heynriche Kremere[a]), czu eyme rechtin phande. Were ez, daz der genante Dytherich abeginge von todes wegin, daz got wende, so solden sich dy genanten[b] borgen unde der spetalmeister doran erhole hoytgutes unde czinse ane allerleye argelist unde geverde. Ouch ist gerett, were ez, daz der genante Dytherich unde sine erbin dy genanten czinse nicht abelosten uff sentte Michels tag, der nest kompt, unde lenger sten lysze, so sal er sulche czinse jerlich doruff gebin uff sentte Mychelz [tag], alzo vorgeschrebin stet. Ouch wen der genante spetalmeister sine phenge wedir habe wolde edir der genante Dytherich edir sine erbin den czins wedir abelosen wolden, daz solde or eyn deme andern vor sage vyer wochen [(c]vor sente[c)] [(d]Michelz tage[d)], alzo her ane alle argelist unde geverde. Ouch globt der genante Dytherich unde sine erbin: ab der borgen keyner abeginge von todez wegin, do got vor sy, eynen andern borgen czu seczene, glich gut deme ersten, by eynem manden, do deme genanten spetalmeistere von dez spetals wegin wol ane gnuget ane arglist.

a-a) *auf Rasur* b) *folgt gestrichen:* gute c-c) *am rechten Rand* d-d) *am linken Rand*

401. *1393 Januar 21* *(Hand C) fol. 59v*

Bürgerrechtsverleihung an Hans Boler von Denstedt.

[(a]Anno lxxxxiii[o a)] in die Agnetis erit noster cives Hans Bule von Deinstete, dabit[b)] 6 ß unde czu geschosse je czu der cziit 4 ß.

a-a) *am linken oberen Blattrand* b) dedit *über der Zeile*

402. *1393 Januar 21* *(Hand C) fol. 59v*

Bürgerrechtsverleihung an Hans Federwisch.

Eadem die erit noster cives Hans Ffedderwisch[a)], dabit[b)] 4 ß et dabit czu geschosse je czu der cziit 5 ß.

a) dedit *über der Zeile* b) *folgt gestrichen:* 6

403. *1393 Februar 1* *(Hand C) fol. 59v*

Bürgerrechtsverleihung an Hans Steg von Magdala.

In vigilia[a)] purificationis Marie erit noster cives Hans Stek von Madela, dabit 4 ß unde vorschost ½ mark[b)] lot je czu der cziit.

a) dedit *über der Zeile* b) *folgt gestrichen:* je

404. *1393 Februar 1* *(Hand C) fol. 59v*

Bürgerrechtsverleihung an Nickel Müller von Teichröda.

Eadem die erit noster cives Nickel Moller von Tucherde, dabit 6 ß, maneat tres annos, fideiuvit Conradus Riche.

405. *1393 Februar 21* *(Hand C) fol. 59v*

Bürgerrechtsverleihung an Heinrich Kesselhut von Salza.

Sexta post esto michi erit noster cives Heinrich Kesselhů̊t von Salcza, der kannengisser, daz stet czu unsen herren daz borgerrecht unde gibt je czu der cziit sin lot eddir sal daz vorerbeite.

406. *1393 Februar 27* *(Hand C) fol. 59v*

Bürgerrechtsverleihung an Claus Scherer von Mellingen.

Quinta post invocavit erit noster cives Claus Scherer von Meildingen, dabit[a)] 5 ß inffra septimana unde vorschost 1 marg.

a) dedit *über der Zeile*

407. *1393 März 7* *(Hand C) fol. 59v*

Bürgerrechtsverleihung an Hans Otte von Grunstedt.

Sexta post reminiscere erit noster cives Hans Otten von Grunstete, dabit 25 ß, maneat tres annos, fideiuvit Claus Richenbach, Claus Smet von Holczhusen.

408. *1393 März 21* *(Hand C) fol. 59v*

Bürgerrechtsverleihung an Hans Boler von Kleinobringen.

Sexta post letare erit noster cives Hans Boler von Wenigen Oberingen, dabit[a)] 10 ß.

a) dedit *über der Zeile*

409. *1393 April 17* *(Hand C) fol. 59v*

Bürgerrechtsverleihung an Siegfried Klues von Blankenhain.

Quinta post quasimodogeniti erit noster cives Syfart Klues von Blanckenhain, dabit[a)] 12 ß, maneat tres annos, fideiuvit Claus Salczman.

a) dedit *über der Zeile*

410. *1393 Mai 13* *(Hand C) fol. 60r*

Bürgerrechtsverleihung an Hermann Meczenrod von Gaberndorf.

Tertia feria ante ascensionis domini erit noster cives Herman Meczenrod von Gabirndorff unde[a)] gebit je czu der cziit 6 ß czu geschosse.[b)]

a) *folgt gestrichen:* gibib b) *Eintrag durchgestrichen*

411. *1393 Mai 18* *(Hand C) fol. 60r*

Bürgerrechtsverleihung an Heinrich Korsener von Berka.

Septima feria sequenti erit noster cives Heinrich Korssener von Berka, dabit[a)] 6 ß, maneat tres annos, ffideiuvit Conrad Lademus.

a) dedit *über der Zeile*

412. *1393 Mai 29* *(Hand C) fol. 60r*

Bürgerrechtsverleihung an Meinhart Synne.

Quinta post penthecosten erit noster cives Meinhart Synne, dabit 6 ß, maneat tres annos, fideiuvit Conradus Blanckenhain.

413. *1393 Juni 6* *(Hand C) fol. 60r*

Bürgerrechtsverleihung an Hermann Hildegunt von Kromsdorf.

Sexta post corporis Cristi erit noster cives Herman Hylegunt von Krummestorff, dabit[a)] 15 ß, maneat tres annos.

a) dedit *über der Zeile*

414. *1393 Juli 4* *(Hand C) fol. 60r*

Bürgerrechtsverleihung an Dietrich Krebis.

Sexta post Petri et Pauli erit noster cives Ditherich Krebis, maneat tres annos, ffideiuvit Ffricze Voit, Hartman [von Obringen], dabit[a)] 12 ß.

a) dedit *über der Zeile*

415. *1393 Juli 5* *(Hand C) fol. 60r*

Bürgerrechtsverleihung an Albrecht Bok.

Sabato sequenti erit noster cives Olbrecht Bok, dabit[a)] 12 ß, maneat tres annos, ffideiuvit Heinrich Hopffener.

a) dedit *über der Zeile*

416. *1393 Juli 7* *(Hand C) fol. 60r*

Bürgerrechtsverleihung an Heinrich Klues.

Secunda fferia sequenti erit noster cives Heinrich Klůes, dabit[a)] 1 talentum, maneat tres annos, ffideiuvit Lademus et Syfart Klůes.

a) dedit *über der Zeile*

417. *1393 Juli 8* *(Hand C) fol. 60r*

Bürgerrechtsverleihung an Claus Sachse.

Tertia fferia sequenti erit noster cives Claus Sachsze, dabit[a)] 30 ß, maneat tres annos, ffideiuvit Ffricze Voit.

a) dedit *über der Zeile*

418. *1393 Juli 8* *(Hand C) fol. 60r*

Bürgerrechtsverleihung an Hans Kremer.

Eadem die erit noster cives Hannes Kremer, dabit[a)] 8 ß, maneat tres annos.

a) dedit *über der Zeile*

419. *1393 Juli 26* *(Hand C) fol. 60r*

Bürgerrechtsverleihung an Hermann Brot.

Septima post Jacobi erit noster cives Herman Brot, dabit[a)] 30 ß, maneat tres annos, ffideiuvit Heinrich Hopfener unde Conrad Slusinger.

a) dedit *über der Zeile*

420. *1393 September 26* *(Hand C) fol. 60r*

Bürgerrechtsverleihung an Hans von Mölsen.

Sexta ante Michaelis erit noster cives Hans von Molhusen, dabit[a)] 8 ß, maneat tres annos.

a) dedit *über der Zeile*

421. *1393 September 26* *(Hand C) fol. 60r*
Bürgerrechtsverleihung an Claus von Walschleben.
Eadem die erit noster cives Claus von Walsloyben, dabit[a] 8 ß.

a) dedit *über der Zeile*

422. *1393 September 26* *(Hand C) fol. 60r*
Bürgerrechtsverleihung an Hans Kannengisser.
Eadem die erit noster cives Hans Kannengisser.

423. *1393 September 4* *(Hand C) fol. 60v*
Bürgerrechtsverleihung an Heinrich von Walschleben.
Quinta ante nativitatis Marie erit noster cives Heinrich von Walsloyͤbiͤn, dabit 8 ß infra quattuor ebdomadas, maneat tres annos.

424. *1393 September 25* *(Hand C) fol. 60v*
Bürgerrechtsverleihung an Dietrich Roppart.
Quinta ante Michaelis erit noster cives Ditherich Roppart[a], dabit[b] 12 ß, maneat tres annos, fideiuvit Theterich Phulsporn.

a) *aus* Rompart *korrigiert* b) dedit *über der Zeile*

425. *1393 Oktober 3* *(Hand C) fol. 60v*
Bürgerrechtsverleihung an Conrad Eiliger.
Sexta post Michaelis erit noster cives Conrad Eyliger, der lower, maneat tres annos, ffideiuvit Nickel Luczenrode, dabit[a] 12 ß.

a) dedit *über der Zeile*

426. *1393 Oktober 3* *(Hand C) fol. 60v*
Bürgerrechtsverleihung an Hans von Ilmenau[1].
Eadem die erit noster cives Hans von Ylmene, liniffex, dabit 12 ß infra quattuor septimanas, maneat tres annos.

1) *Möglicher Herkunftsort auch Stadtilm. Vgl. E. EICHLER/H. WALTHER, Städtenamenbuch, S. 139f., 258.*

427. *1393 Oktober 3* *(Hand C) fol. 60v*
Bürgerrechtsverleihung an Hans von Weida.
Eadem die erit noster cives Hans von Wida, dabit[a] 12 ß, maneat tres annos, ffideiuvit Apecz Smaclz.

a) dedit *über der Zeile*

428. *1393 Oktober 11* *(Hand C) fol. 60v*
Bürgerrechtsverleihung an Dietrich Kerstan von Wiegendorf.
Sexta fferia in die Borghardi erit noster cives Ditherich Kerstan von Wigendorff,

dabit 12 ß infra duas septimanas, maneat tres annos, fideiuvit Fflurstete.

429. *1393 Oktober 11* *(Hand C) fol. 60v*
Bürgerrechtsverleihung an Hans Ortdolf von Berlstedt.
Eadem die erit noster cives Hans Ortolff von Berlstette, dabit 15 ß, maneat tres annos, fideiuvit Hans Smalcz.

430. *1393 Oktober 21* *(Hand C) fol. 60v*
Bürgerrechtsverleihung an Heinrich Merge.
In die undecim milia virginum erit noster cives Heinrich Merge, picacifex, dabit[a)] 3 ß.

a) dedit *über der Zeile*

431. *1393 Oktober 23* *(Hand C) fol. 60v*
Bürgerrechtsverleihung an Heinrich Trebeschow.
Quinta fferia [post undecim milium virginum] erit noster cives Heinrich Trebeschow, dabit 12 ß[a)] infra octavam, maneat tres annos, fideiuvit Romstete.

a) *folgt gestrichen:* ma[neat]

432. *1393 Oktober 27* *(Hand C) fol. 60v*
Bürgerrechtsverleihung an Heinrich Marschalk von Holzhausen.
In[a)] vigilia Symonis et Jude erit noster cives Heinrich Marschalk von Holczhusen, dabit 12 ß inffra octavam, maneat tres annos, ffideiuvit Hans von Ylmenoͤ et cetera.[b)]

a) dedit *über der Zeile* b) *Eintrag durchgestrichen*

433. *1393 November 26* *(Hand C) fol. 60v*
Bürgerrechtsverleihung an Hans Rebel.
Quarta post Katherine virginis erit noster cives Hans Rebel, der speter, dabit[a)] 4 ß.

a) dedit *über der Zeile*

434. *1392 April 26* *(Hand C) fol. 61r*
Bürgerrechtsverleihung an Heinz Steynmecz.
Anno lxxxxii° sexta post quasimodogeniti erit noster cives Hencze Steynmecze, maneat tres annos, dabit 6 ß et debet laborare pro pecunia.

435. *1392 April 26* *(Hand C) fol. 61r*
Bürgerrechtsverleihung an Gunther von Ohrdruf.
Eadem die erit noster cives Gunther von Ordorff, sartor[a)], dabit[b)] 10 ß ad festum penthecosten, fideiuvit Johann Zcinke, conductor.

a) *über der Zeile* b) dedit *über der Zeile*

436. *1392 Mai 3* *(Hand C) fol. 61r*
Bürgerrechtsverleihung an Meister Ott.
Sexta post misericordia domini erit noster cives meister Otte, der zcimmerman, dabit quinque solidos et debet laborare pro pecunia.

437. *1392 Mai 17* *(Hand C) fol. 61r*
Bürgerrechtsverleihung an Friedrich Zceczmann.
Sexta [ante] vocem iocunditatis erit noster cives Frederich Zceczman, dabit 10 grossos ad festum sancti Johannis, fideiuvit Johan Spangenberg.

438. *1392 Juli 19* *(Hand C) fol. 61r*
Bürgerrechtsverleihung an Heinrich Sterlin.
Sexta post Margarete erit noster cives Heinrich Sterlin, dabit 4 ß, maneat tres annos.

439. *1392 Juli 19* *(Hand C) fol. 61r*
Bürgerrechtsverleihung an Conrad Lademus.
Eadem die erit noster cives Conrad Lademus, maneat tres annos, dabit[a] 10 ß.

a) dedit *über der Zeile*

440. *1392 Juli 26* *(Hand C) fol. 61r*
Bürgerrechtsverleihung an Hans Tengel von Gaberndorf.
Sexta post Jacobi erit noster cives Hannes Tengel von Gabirndorff[a], debet adiuvare cum equis suis unum diem ad fores infra duas ebdomadas.

a) dedit *über der Zeile*

441. *1392 August 9* *(Hand C) fol. 61r*
Bürgerrechtsverleihung an Dietrich Sprung von Liebstedt.
Sexta post Cyriaci erit noster cives Ditherich Sprung von Lybestete, dabit 25 ß, maneat tres annos, sub pena duobus marcis, fideiuvit Flurstete et Johan Dobriczen.

442. *1392 August 9* *(Hand C) fol. 61r*
Bürgerrechtsverleihung an Heinrich Schroter von Buttelstedt.
Eadem die erit noster cives Heinrich Schroter von Bottelstete, dabit 6 ß infra quatuor septimanas, maneat tres annos, fideiuvit Hermanus Tostorff.

443. *1392 Oktober 4* *(Hand C) fol. 61r*
Bürgerrechtsverleihung an Peter Müller von Apolda.
Sexta post Michaelis erit noster cives Peter Mo̊ller von Appolde, dabit[a] 8 ß infra quatuor septimanas, maneat tres annos, fideiuvit Theoderich Phulsporn.

a) dedit *über der Zeile*

444. *1392 Oktober 11* *(Hand C) fol. 61r*

Bürgerrechtsverleihung an Hans Luczenrode.

Sexta noch der gemeintwochen erit noster cives Hans Luczenrode, dabit[a)] 1 talentum ante Martini, maneat tres annos, fideiuvit Conradus Voit et Johannis von deme Haine.

a) dedit *über der Zeile*

445. *1392 Oktober 11* *(Hand C) fol. 61r*

Bürgerrechtsverleihung an Hans Boler.

Eadem die erit noster cives Hans Bole, dabit[a)] 10 ß ante Martini, maneat tres annos, fideiuvit Hans von deme Haine.

a) dedit *über der Zeile*

446. *1392 Oktober 16* *(Hand C) fol. 61v*

Bürgerrechtsverleihung an Hans Becker von Kromsdorf.

Quarta feria sequenti erit noster cives Hans Becker von Krummestorff, dabit 5 ß infra duas septimanas, maneat tres annos.

447. *1392 Oktober 22* *(Hand C) fol. 61v*

Bürgerrechtsverleihung an Conrad Kothenhain.

In die sancti Severi erit noster cives Conrad Kothenhain, dabit 12 ß infra duas septimanas, maneat tres annos, fideiuvit Johann Kothenhain, frater suus

448. *1392 Oktober 26* *(Hand C) fol. 61v*

Bürgerrechtsverleihung an Hans von Möbisburg.

Sabbato post Severi erit noster cives Hannes von Meuwersborg, dabit 10 ß infra una mense, maneat tres annos.[a)]

a) *Eintrag durchgestrichen; folgt ein zweiter Eintrag über dieselbe Bürgerrechtsverleihung:* Sabbato post Severi erit noster cives Hannes von Meuwersborg, dabit 10 ß.

449. *1392 Oktober 26* *(Hand C) fol. 61v*

Bürgerrechtsverleihung an Jacob von Chemnitz.

Eadem die erit noster cives Jacofs von Kemmenicz, dabit 10 ß in una mense, maneat tres annos.[a)]

a) *Eintrag durchgestrichen*

450. *1392 Oktober 31* *(Hand C) fol. 61v*

Bürgerrechtsverleihung an Heinemann Schote von Kleinkromsdorf.

In vigilia omnium sanctorum erit noster cives Heyneman Schote, schuchworchter[a)], von Wenigen Krummestorff, dabit[b)] 25 ß, maneat tres annos, fideiuvit Hans Smalcz.

a) *über der Zeile* b) dedit *über der Zeile*

451. *1392 November 9* *(Hand C) fol. 61v*

Bürgerrechtsverleihung an Claus Hache von Mellingen.

Sabbato ante Martini erit noster [civis] Claus Hoche von Meildingen, dabit[a] 6 ß infra duas septimanas, maneat tres annos, fideiuvit Herman Brutegam.

a) dedit *über der Zeile*

452. *1392 Dezember 20* *(Hand C) fol. 61v*

Bürgerrechtsverleihung an Dietrich Czigeler.

Sexta ante nativitatis Cristi erit noster cives Ditherich Czigeler, der huter, dabit[a] 8 grossos, maneat tres annos.

a) dedit *über der Zeile*

453. *1418 Februar 11* *(Hand E) fol. 61v*

Erhart Bischof und seine Frau verpfänden Haus und Hof sowie ihre gesamte Fahrhabe an Hedwig Beme.

Anno domini m^{o} cccc^{o} xviii^{o} sexta post esto michi ist komen vor eyn rad Erhart Bischoff unde sin wertin unde ore erben unde haben[a] ingesacz hus unde hoff unde alle farnde habe darinne, is syͤ gesucht adar ungesucht, gelegin vor deme kerchofe, unde eyn stucke, gelegin bi[b] dem Oberingen wege, der erbern frouwen Hedewigin Beymen unde orme kinde vor acht rinsche guldin, dovor ist selbgulde Curt Schroter, burger biͤ uns.[c]

a) *über der Zeile* b) *über der Zeile; darunter gestrichen:* an c) *Eintrag durchgestrichen*

454. *1391 November 17* *(Hand C) fol. 62r*

Bürgerrechtsverleihung an Johann Jeskel.

[a]Anno lxxxxi^{o} [a] sexta post Martini erit noster cives Johannes Jeskel[b], dabit[c] 20 ß, maneat tres annos, fideiuvit Nicolaus Richenbach sub pena unius marcae.

a-a) *am oberen linken Blattrand* b) *korrigiert aus:* Jesket c) *in der Vorlage:* dedit*;* dedit *über der Zeile*

455. *1391 Dezember 1* *(Hand C) fol. 62r*

Bürgerrechtsverleihung an Claus von Kranichfeld.

Sexta post Andree erit noster cives Claus von Kranchffelt, dabit[a] 6 ß, maneat tres annos, ffideiuvit Conradus Slůsinger.

a) dedit *über der Zeile*

456. *1391 Dezember 29* *(Hand C) fol. 62r*

Bürgerrechtsverleihung an Eckart Goswin von Spangenberg.

Sexta post nativitatis Cristi erit noster cives Echart[a] Goswin von Spangenberg, maneat tres annos, fecerit in gratis expetitione advocati et Alberti de Obirwimar.

a) dedit *über der Zeile*

457. *1392 Januar 12* *(Hand C) fol. 62r*

Bürgerrechtsverleihung an Conrad Eiliger.

Sexta post Erhardi erit noster cives Conrad Eyliger, dabit[a)] 10 ß ante festum purificationis Marie et maneat tres annos, fideiuvit Johan an Borgeln, Heinrich Rost senior.

a) dedit *über der Zeile*

458. *1392 Juni 14* *(Hand C) fol. 62r*

Bürgerrechtsverleihung an Hans Koddericz.

[(a]Anno lxxxxiiº [a)] sexta post corporis Cristi erit noster cives Hannes Koddericz, maneat tres annos, dabit[b)] 6 ß infra duas septimanas.

a-a) *über der Zeile* b) dedit *über der Zeile*

459. *1392 August 16* *(Hand C) fol. 62r*

Bürgerrechtsverleihung an Johann Wüste von Weißensee.

Sexta post Laurenci erit noster cives Johan Wůste von Wyssense et nihil dabit ex peticione advocati et Risbutels.

460. *1418 Februar 18* *(Hand E) fol. 62r*

Conrad Becher verpfändet einen Hof und zwei Acker Land an Claus und Hans Locze.

Anno domini mº cccc xciiiº sexta post invocavit ist komen vor eyn rad Conrad Bechere unde had ingesacz sin hoff unde czwene ackere artlandis, gelegin vor der stad, Claus Loczen unde Hansze, sin brudere, zců eymen rechten phande vor acht nuwe schoge.

461. *1418 Juni 24* *(Hand E) fol. 62r*

Margarethe Ledersnider verpfändet einen Hof vor dem Jacobstor.

Anno domini mº ccccº xviii in die Johannis baptiste ist komen vor eyn rad Margerete Ledersnitern unde had insacz orn hoff vor sente Jocoff tore Hansze Bornmanne unde Michael Koche zců eymen phande vor 8½ sexagenis aldir grossin unde czwene ackere.

462. *1391 Januar 20* *(Hand B) fol. 62v*

Bürgerrechtsverleihung an den Arzt Magister Nicolaus von Ilmenau.[1)]

Item sexta post Antonii anno lxxxxiº erit noster cives magister[a)] Nickolaus[b)], medicus de Ylmene, gratis ita, quod debet curare proconsules et servus [!], qui pertinent ad civitatem, si opus fuerit, et facere suum melius et cetera et cetera.

a) *in der Vorlage:* maigister b) *korrigiert aus:* Nicholaus

1) *Die Schreibung des Ortsnamens lässt auch eine Herkunft aus dem heutigen Stadtilm zu. Zur Sache vgl. H. EBERHARDT, Anfänge, S. 134.*

463. *1391 Januar 27* *(Hand B) fol. 62v*

Bürgerrechtsverleihung an Berlt von Pegau.

Item sexta ante purificationis erit noster cives Berlt von Pegowe, maniat [!] tres annos, dabit 8 ß.

464. *1391 März 27* *(Hand C) fol. 62v*

Bürgerrechtsverleihung an Conrad von Hersfeld.

[(a]Anno lxxxxi[o] [a)] item sexta post Judica[b)] Conradus de Hersfeldia erit noster cives, dabit[c)] 15 ß, maneat tres annos, ffideiussit Heinrich Fistolator et Heinrich Ffedeler.

a-a) *zweimal über der Zeile* b) erit cives *über der Zeile* c) dedit *über der Zeile*

465. *1391 April 14* *(Hand C) fol. 62v*

Bürgerrechtsverleihung an Johannes Fischer von Wickerstedt.

Sexta post misericordia domini erit noster cives Johannes Fischer von Wickerstete, dabit 5 ß, maneat tres annos, fideiuvit Johannes Stange, Hermannus Tostorff.

466. *1391 April 28* *(Hand C) fol. 62v*

Bürgerrechtsverleihung an Heinrich Schilling von Denstedt.

Sexta post cantate erit noster cives Heinrich Schilling von Deynstete, maneat tres annos, ffideiuvit Hans Schilling, Johannes Spangenberg, dabit[a)] 12 ß.

a) dedit *über der Zeile*

467. *1391 September 6* *(Hand C) fol. 62v*

Bürgerrechtsverleihung an Johann von Hopfgarten.

Quarta post Egidii erit noster cives Johann von Hoffgarten, dabit 6 ß Michaelis[b)] et maneat tres annos, fideiuvit Hans an Borgeln, Heinrich Rost senior.

a) dedit *über der Zeile*

468. *1391 Oktober 31* *(Hand C) fol. 62v*

Bürgerrechtsverleihung an Johann Lodewig von Tröbsdorf.

In vigilia omnium sanctorum erit noster cives Johannes Lodewig von Trebistorff, dabit[a)] 15 ß sexta feria et maneat tres annos, fideiuvit Johan Cappelndorff.

a) dedit *über der Zeile*

469. *1391 November 3* *(Hand C) fol. 62v*

Bürgerrechtsverleihung an Friedrich von Schleiz.

Sexta post omnium sanctorum erit noster cives Ffrederich von Sleuwicz, dabit 10 ß in eynem manden, maneat tres annos, fideiuvit Conrad Guder.[a)]

a) dedit *am linken Rand*

470. *1389 April 23* *(Hand B) fol. 63r*

Bürgerrechtsverleihung an Johann Weise.

(aAnno lxxxixa) item sexta post pascam erit noster cives Johannes Wisze, dabit (b25 denariorum.b)

a-a) *am oberen Blattrand* b-b) *auf Rasur*

471. *1389 Mai 3* *(Hand B) fol. 63r*

Bürgerrechtsverleihung an Johann Krowel.

Item secunda post misericordia domini erit noster cives Johannes Krowel, dabit 10 ß [ad] festum pentekosten.

472. *1389 Mai 4* *(Hand B) fol. 63r*

Bürgerrechtsverleihung an einen gewissen Dietrich.

Item tercia post misericordia domini erit noster cives Ditherich[a)], dabit 10 ß.[b)]

a) dedit *über der Zeile* b) *Eintrag durchgestrichen*

473. *1389* *(Hand B) fol. 63r*

Bürgerrechtsverleihung an Heinrich Hofemeister.

Heinrich Hofemeister erit noster cives, dabit 9[a)] ß [ad] festum pentikosten.

a) dedit *über der Zeile*

474. *1389 Juni 18* *(Hand B) fol. 63r*

Bürgerrechtsverleihung an Johann Tomas von Mittelhausen.

Item sexta post Benedicta erit noster cives Johannes Tomas de Mittelhuzen, dabit 1 talentum et maniat [!] tres annos, pro hoc est videiussor Kerstanus Swerstete, dabit peconias [!] infra quindenam.

475. *1389 Mai 4* *(Hand B) fol. 63r*

Bürgerrechtsverleihung an Dietrich von Süßenborn.

Item Ditterich von Suzeborn (atercia post misericordia dominia) erit noster cives, dabit 10 ß infra quindenam.

a-a) *über der Zeile*

476. *1389 August 26* *(Hand B) fol. 63r*

Bürgerrechtsverleihung an Conrad Beiger.

Item quinta post Bartholomei erit noster cives Conrad Beiger, maniat [!] tres annos, vidiiussor Meinhart, dabit 10 ß.

477. *1389 Oktober 1* *(Hand B) fol. 63r*

Bürgerrechtsverleihung an Hermann Romstete.

Item sexta post Michaelis erit noster cives Herman Romstete, dabit 10 ß, vidiiussor Herman Rudigestorf.

478. *1389 Oktober 15* *(Hand B) fol. 63r*
Bürgerrechtsverleihung an Nicolaus Walporg.
Item sexta post Calixti erit noster cives Nickolaus Walporg, dabit 14 ß, vidiiussor Flurstete.

479. *1389 November 20* *(Hand B) fol. 63r*
Bürgerrechtsverleihung an Johann Molowe.
Sabatho post Elizabet erit noster cives Johannes Molowe, dabit 1 talentum.

480. *1389 November 18* *(Hand B) fol. 63r*
Bürgerrechtsverleihung an Conrad Rinderczayl.
Vigilia Elizabet erit noster cives Conrad Rinderczayl, dabit 7 ß.

481. *1389 November 18* *(Hand B) fol. 63r*
Bürgerrechtsverleihung an Johann Appolde.
Item Johannes Appolde erit noster cives, dabit 16 ß.

482. *1389 November 18* *(Hand B) fol. 63r*
Bürgerrechtsverleihung an Johann Zcinke.
Johannes Czinke erit noster cives, dabit 12 ß.

483. *1389 November 18* *(Hand B) fol. 63r*
Bürgerrechtsverleihung an Johann Grul.
Item Johannes Grul erit noster cives, [dabit] 4 ß.

484. *1389 November 18* *(Hand B) fol. 63r*
Bürgerrechtsverleihung an Dietrich Mülich.
Item Theoderich Mulich erit noster cives, gratis.

485. *1389 November 18* *(Hand B) fol. 63r*
Bürgerrechtsverleihung an Conrad Stobenheizer.
Conrad Stobenheizer [dabit] 10 ß, erit noster cives.[a)]

a) *Eintrag durchgestrichen*

486. *1390 April 8* *(Hand B) fol. 63v*
Bürgerrechtsverleihung an Hermann Czudringer.
([a]Anno lxxxx^{o} [a)]) item sexta post pascam erit noster cives Herman Czudringer, dabit 2 talenta, maniat [!] tres annos, vidiiussor Albertus Hoche sub pena 2 marcarum.

a-a) *über dem Eintrag; am oberen Blattrand mehrere Federproben:* unde in, benedicamus *sowie mehrfach* in nomine domini

487. *1390 April 15* *(Hand B) fol. 63v*

Bürgerrechtsverleihung an Friedrich Herczer von Eichelborn.

Item sexta post quasi[modogeniti] erit noster cives Frederich Herczer de Eichelborn, dabit 12 ß, maniat [!] tres annos, vidiiussor Johann Blankenhain.

488. *1390* *(Hand B) fol. 63v*

Bürgerrechtsverleihung an Jacob Tucherde.

Item sexta post[a] erit noster cives Jacobus Tucherde, dabit 10 ß infra mensam [!], vidiiussor Claweiz Richenbach.

a) *folgt Spatium*

489. *1390 Mai 28* *(Hand B) fol. 63v*

Bürgerrechtsverleihung an Dietrich Beiger.

Item sabatho post penthekosten erit noster cives Theoderich Beiger, dabit 12 ß, ma[n]iat [!] tres annos, vidiussor Nickolaus Becherer.

490. *1390 Juni 23* *(Hand B) fol. 63v*

Bürgerrechtsverleihung an Heinrich [von] Bebra.

Item quinta[a] ante Johannis erit noster cives Heinrich Bebera.

a) *folgt gestrichen:* post

491. *1390 Juni 23* *(Hand B) fol. 63v*

Bürgerrechtsverleihung an Hans Pirlepancz und seinen Sohn Heinrich.

Item eadem die erit noster cives Hanz Pirlepancz et Heinrich, eius filius, maniunt [!] tres annos, vidiiussores Johannes Jheger, Ditherich von Suseborn, dabunt 2 talenta [ad] festum Michaelis.

492. *1390 Juni 23* *(Hand B) fol. 63v*

Bürgerrechtsverleihung an Heinrich Troppheler.

Item Heinrich Trofeler erit noster cives, dabit 12 ß.

493. *1390 Juli 1* *(Hand B) fol. 63v*

Bürgerrechtsverleihung an Johann von Dornburg.

Sexta post Petri et Pauli erit noster cives Johannes de Dornborg, dabit 12 ß infra quindenam.

494. *1390 Juli 1* *(Hand B) fol. 63v*

Bürgerrechtsverleihung an Heinrich Vrizmunt.

Item Heinrich Vrizmunt erit noster cives pro peticione consulum in Arnstete et Jhene.

495. *1390 August 19* *(Hand B) fol. 63v*
Bürgerrechtsverleihung an einen gewissen Salomon.
Sexta post asumptionis erit noster czives Salomon, socer Jordani, dabit 10 ß.

496. *1390 September 23* *(Hand B) fol. 63v*
Bürgerrechtsverleihung an Johann Fedeler.
Sexta post Mathei erit noster cives Johannes Wedeller, dabit 15 ß, maniat [!] tres annos, vidiiussores Conrad Slusinger, Heinrich Weber.

497. *1390 September 30* *(Hand B) fol. 63v*
Bürgerrechtsverleihung an Johann Tröbsdorf.
Item sexta post Michaelis erit noster cives Johannes Trebizstorf, dabit 12 ß, maniat [!] tres annos, vidiiussor Apecz Smalcz.

498. *1390 Oktober 7* *(Hand B) fol. 63v*
Bürgerrechtsverleihung an Lucze Bruchstein.
Item sexta post octava Michaelis erit noster cives Lucze Bruchstein [?], dabit 6 ß.

499. *1390 November 4* *(Hand B) fol. 63v*
Bürgerrechtsverleihung an Johann Nermestorf.
Item sexta post omnium sanctorum erit noster cives Johannes Nermestorf, junior, dabit 16 ß infra quindenam.

500. *1390 Dezember 3* *(Hand B) fol. 63v*
Bürgerrechtsverleihung an Johann Brot.
Item vigilia Barbara erit noster cives Johannes Brot, dabit 10 ß infra quindenam, maniat [!] tres annos, vidiiussor Herman Brot.

501. *1390 Dezember 16* *(Hand B) fol. 63v*
Bürgerrechtsverleihung an Siegfried von Rittersdorf.
Item Sufferdus de Ritterstorf erit noster cives sexta post Lucie, dabit[a)] 12 ß, maniat [!] tres annos, vidiussor Nickolaus Sachsze, Perlicz.

a) *in der Vorlage:* dedit

502. *1390 Dezember 16* *(Hand B) fol. 63v*
Bürgerrechtsverleihung an Heinrich Rost.
Item Heinrich Rost erit noster cives, dabit 6 ß.

503. *1397 Oktober 16* *(Hand C) fol. 64r*
Eintrag über eine Bürgerrechtsverleihung ohne Nennung eines Namens.
Feria tertia post Dyonisii erit noster civis[a)], dabit 1 talentum ad festum Martini et

maneat tres annos, fideiuverunt Gunther Ordorf et Hans Kanewerf.

a) *Name fehlt*

504. *1397 November 16* *(Hand C) fol. 64r*

Bürgerrechtsverleihung an Hans [Schroter von] Meckefelt.

Feria sexta post Martini erit noster civis Hans Meckefelt et dabit 16 ß, maneat tres annos, fideiuvit Hans Otten et Hans Boͤel.

505. *1397 Dezember 7* *(Hand C) fol. 64r*

Bürgerrechtsverleihung an Hans Tylmetacz.

Feria sexta post Nicolay erit noster civis Hans Tylmetacz, [(a]der junge[a)], dabit 6 ß.

a-a) *über der Zeile*

506. *1397* *(Hand C) fol. 64r*

Bürgerrechtsverleihung an Friedrich Hockelei.

Feria quinta[a)] erit noster civis Ffrederich Hockeley, dabit 4 ß.

a) *fehlt Festdatierung*

507. *1398 Januar 1* *(Hand C) fol. 64r*

Bürgerrechtsverleihung an Mathes Beme.

Feria tertia in die circumcisionis domini erit noster civis Mathes Beme, dabit 10 ß.

508. *1398 Januar 16* *(Hand C) fol. 64r*

Bürgerrechtsverleihung an Köppe Sachse.

Feria quarta post octavam epyphanie erit noster civis Koͤppe Sachse, dabit 10 ß et maneat tres annos, fideiussor: Claws Stroͤbesz.

509. *1398 Januar 25* *(Hand C) fol. 64r*

Bürgerrechtsverleihung an Nicolaus Beme.

Item feria sexta in die conversionis sancti Pauli erit noster civis Nicolaus Beheme, dabit 12 grossos.[a)]

a) *Eintrag durchgestrichen*

510. *1398 Januar 30* *(Hand C) fol. 64r*

Bürgerrechtsverleihung an Hans Ofener.

Item feria quarta ante purificationis Marie erit noster civis Hans Ofener, dabit 10 ß et maneat tres annos, fideiussor: der spetalmeister Dunnebir.

511. *1398 Januar 30* *(Hand C) fol. 64r*

Bürgerrechtsverleihung an Hans von Eisenach.

Item eadem die erit noster civis Hans von Ysenach, pistor, dabit 8 ß.

512. *1398 Januar 30* *(Hand C) fol. 64r*
Bürgerrechtsverleihung an Claus Beme.
Item eadem die erit noster civis Claws Beme, calcifex, dabit 12 grossos.

513. *1398 Februar 4* *(Hand C) fol. 64r*
Bürgerrechtsverleihung an Lorenz Franke.
Item secunda post purificationis Marie erit noster civis Lorencz Ffrancke, dabit 12 grossos.

514. *ohne Datum* *(Hand D) fol. 64r*
Hans Knüssel und Hermann Wackir bürgen für eine Schuld des Lorenz Schenke.
Hans Knussel, Herman Wackir haben geret unde globit vor Lorencen Schenckin umbe den winkeller, was her schuldig blebe adir wandelbar worde, da wullen su vor sy.[a]

a) *Federproben am unteren Blattrand*

515. *1398 Februar 15* *(Hand C) fol. 64v*
Bürgerrechtsverleihung an Claus Wange.
([a]Anno xc° octavo[a]) feria sexta post Valentini Claws Wange [erit noster civis], dabit 12 ß et maneat tres annos, fideiussores: Dytherich Czawke et Hans Nermestorf, unde sal vorschosze 4 marg.

a-a) *am oberen Blattrand*

516. *1398 Februar 22* *(Hand C) fol. 64v*
Bürgerrechtsverleihung an Dietrich Kemmerer.
Feria sexta ante invocavit erit noster civis Dytherich Kemmerer, dabit 12 ß et maneat tres annos, fideiussores: Hartman [von Obringen] et Herman Tostorff.

517. *1398 März 1* *(Hand C) fol. 64v*
Bürgerrechtsverleihung an Claus Kremer.
Feria sexta post invocavit erit [noster civis] Claws Kremer, dabit 6 ß et maneat tres annos, fideiuvit Heynrich Phlog.

518. *1398 April 26* *(Hand C) fol. 64v*
Bürgerrechtsverleihung an Paul von Morschewicz.
Item feria sexta post misericordia domini erit noster civis Pawel von Morschewicz, dabit 12 ß infra quindenam et maneat tres annos, fideiuvit Sifart Klus et Hans Boͤl.

519. *1398* *(Hand C) fol. 64v*
Bürgerrechtsverleihung an Claus Aschenborner.
Feria sexta[a] erit noster civis Claws Aschenborner, dabit 12 grossos.

a) *folgt Spatium*

520. *1398 Mai 17* *(Hand C) fol. 64v*
Bürgerrechtsverleihung an Hans Hartmann.
Feria sexta post ascensionis domini erit noster civis Hans Hartman, dabit 1 talentum et maneat tres annos, fideiussores: Hartman [von Obringen] et Gerlacus.

521. *1398 Mai 28* *(Hand C) fol. 64v*
Bürgerrechtsverleihung an Siegfried Rothe von Gräfenthal.
Item feria tertia post penthecosten erit noster civis Syfart Rothe de Greffental, dabit 1 talentum et maneat tres annos, fideiussores: Hans Weyner et Hans Becker.

522. *1398 Juni 21* *(Hand C) fol. 64v*
Bürgerrechtsverleihung an Reinhard von Dornheim.
Item feria sexta post Viti erit noster civis Reynhart von Dornheim, dabit 14 ß et maneat tres annos, fideiuvit Claws Wymar, infra quindenam; dedit.

523. *1398 Juni 28* *(Hand C) fol. 64v*
Bürgerrechtsverleihung an Hermann Manebach.
Item feria sexta post Johannis baptiste erit noster civis Herman Manebach, currifex, dabit 10 ß et maneat tres annos, fideiuvit Heynrich Ffedeler et Czawke.

524. *1398 Juli 5* *(Hand C) fol. 64v*
Bürgerrechtsverleihung an Hans Filcz.
Item feria sexta post Ulrici erit noster civis Hans Fylcz, gratis, dorumme daz er eyns borgers son waz.

525. *1398 September 1* *(Hand C) fol. 64v*
Bürgerrechtsverleihung an Hans Swarcz.
Item dominica die Egidii erit noster civis Hans Swarcze, sartor, dabit 12 ß et maneat tres annos, fideiuvit Claws Feder[wisch] et Heynrich Stedin; dedit.

526. *1398 Oktober 12* *(Hand C) fol. 64v*
Bürgerrechtsverleihung an Gunther Jans von Göttern.
Item feria quinta post communes erit noster civis Gunther Jans von Jyttern, dabit 1 talentum et maneat tres annos, fideiussor: Rychinbach, dabit infra octavam et est iuratus ad 12 markas.

527. *1398 November 8* *(Hand C) fol. 65r*
Bürgerrechtsverleihung an Claus Kranichfeld.
Item feria sexta post Lenhardi erit noster civis Claws Kranchfelt, dabit 1 talentum et maneat tres annos, fideiussores: Herman Heyendorff et Hans Ilmenicz; infra quindenam.

528. *1398 November 15* *(Hand C) fol. 65r*

Bürgerrechtsverleihung an Conrad Blumensteyn.

Item feria sexta post Martini erit noster civis Conrad Blumensteyn, dabit 1 talentum et maneat tres annos, fideiussor: Heynrich von Otinbech, sin swer.

529. *1398 November 22* *(Hand C) fol. 65r*

Bürgerrechtsverleihung an Dietrich Speter von Reißen.

Item feria sexta post Elizabeth erit noster civis Dytherich Speter von Rysen, dabit 1 talentum et maneat tres annos, fideiussores: Hans Schilling et Herman Tostorff.

530. *1398 November 29* *(Hand C) fol. 65r*

Bürgerrechtsverleihung an Conrad Lederer.

Item sexta post Katherine erit noster civis Conrad Lederer, dabit 14 ß et maneat tres annos, fideiussor: Karl.

531. *1398 Dezember 6* *(Hand C) fol. 65r*

Bürgerrechtsverleihung an Dietrich Hofemann.

Item feria sexta in vigilia Nicolai erit noster civis Dytherich Hofeman[a)], dabit 1 talentum et maneat tres annos, fideiussor: Hans Becker, frater suus.

a) *über der Zeile; darunter gestrichen:* Becker

532. *1399 Januar 22* *(Hand C) fol. 65r*

Bürgerrechtsverleihung an Otto von Hoenrode.

Item feria quarta in die Vincencii erit noster civis Otte von Honrode, dabit 1 talentum et maneat tres annos, fideiussores: Hans Ilmenicz et Dytrich Czawke.

533. *1399 Januar 24* *(Hand C) fol. 65r*

Bürgerrechtsverleihung an Hans Elchelebin.

Item feria sexta post Vincencii erit noster civis Hans Elchelebin, dabit 15 ß et maneat tres annos, fideiussores: Hans Schilling et Molborg.

534. *1399 Februar 1* *(Hand C) fol. 65r*

Bürgerrechtsverleihung an Hans Oberndorff.

Item sabato ante purificationis Marie erit noster civis Hans Oberndorff.

535. *1399* *(Hand C) fol. 65r*

Bürgerrechtsverleihung an Hans Walpurg.

Item feria quarta post[a)] erit noster civis Hans Walpurg, dabit 15 ß, maneat tres [annos], fideiussor: Hans Wymar.

a) *fehlt Festdatierung*

Tafeln

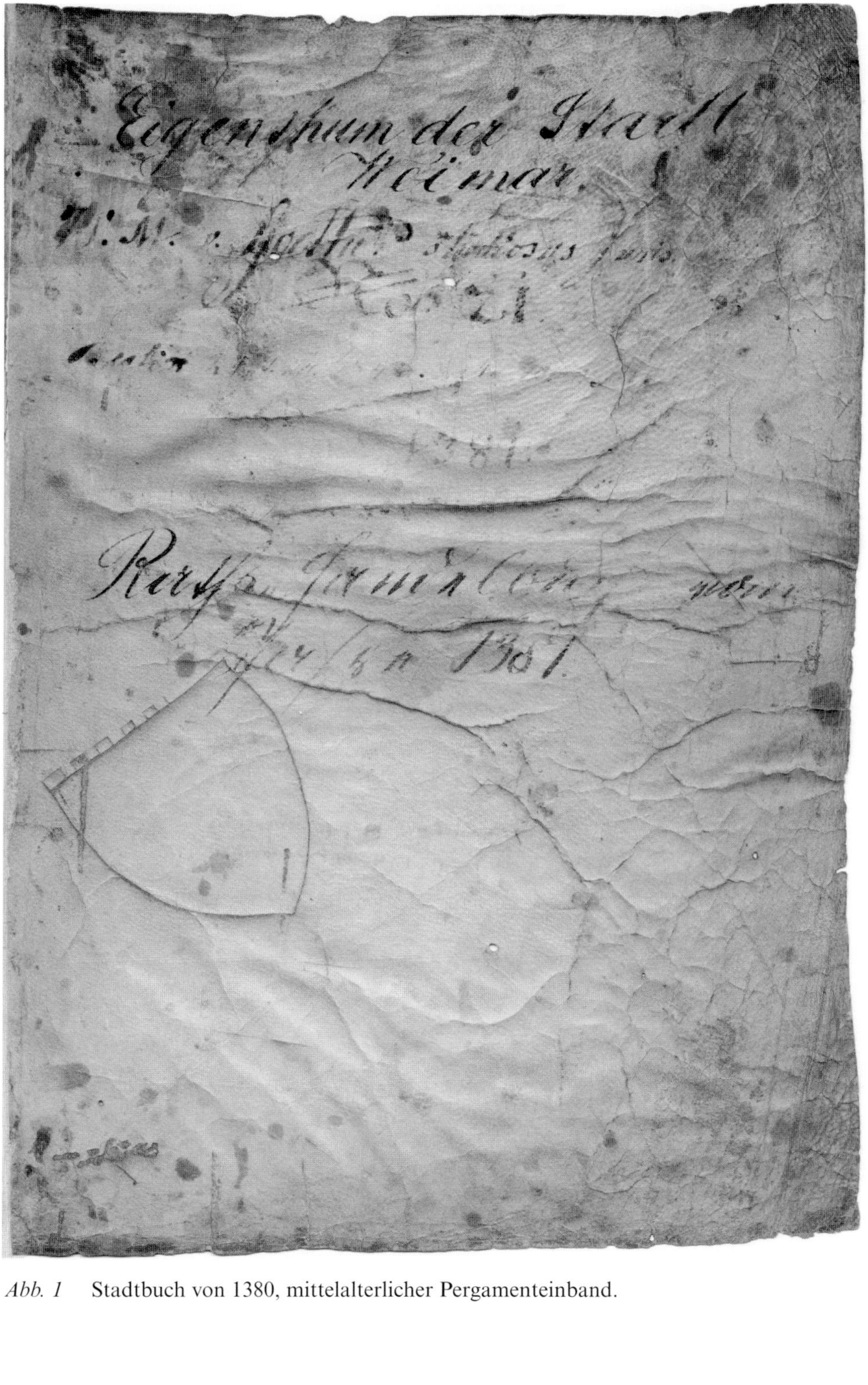

Abb. 1 Stadtbuch von 1380, mittelalterlicher Pergamenteinband.

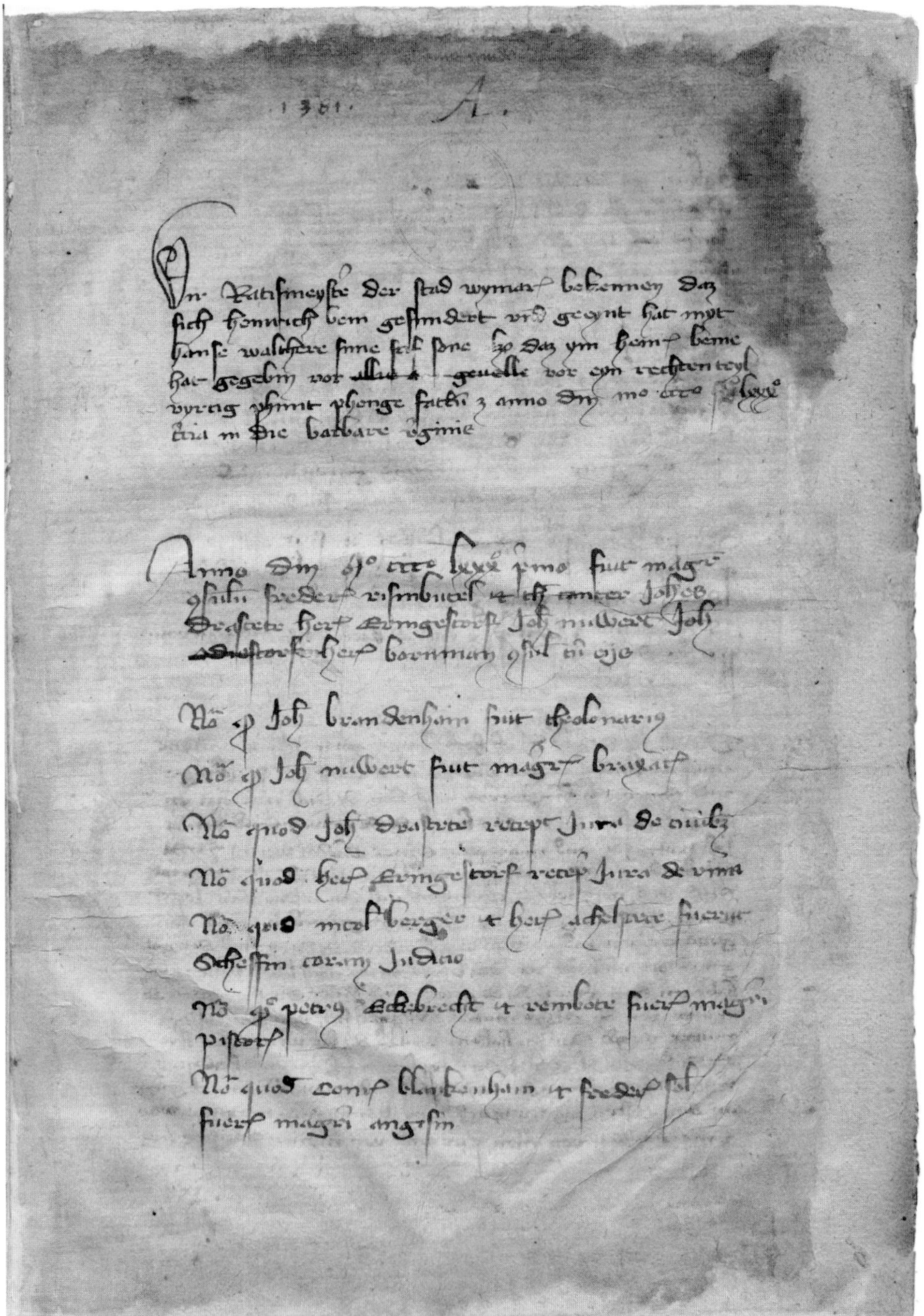

Abb. 2 Stadtbuch von 1380, fol. 1r (u. a. Verzeichnis der Ratsmitglieder 1381).

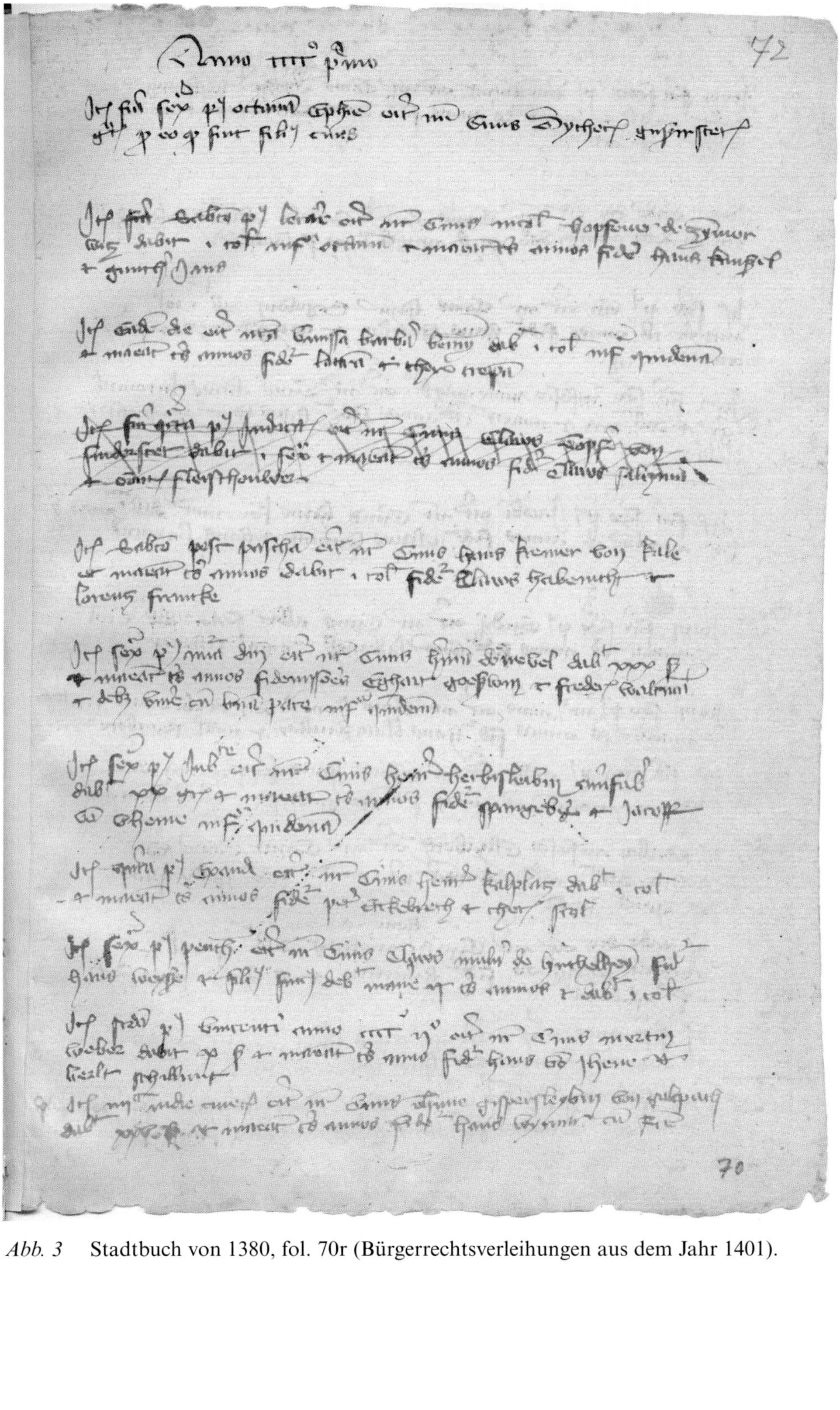

Abb. 3 Stadtbuch von 1380, fol. 70r (Bürgerrechtsverleihungen aus dem Jahr 1401).

Abb. 4 Statutenbuch von 1433, restaurierter Einband.

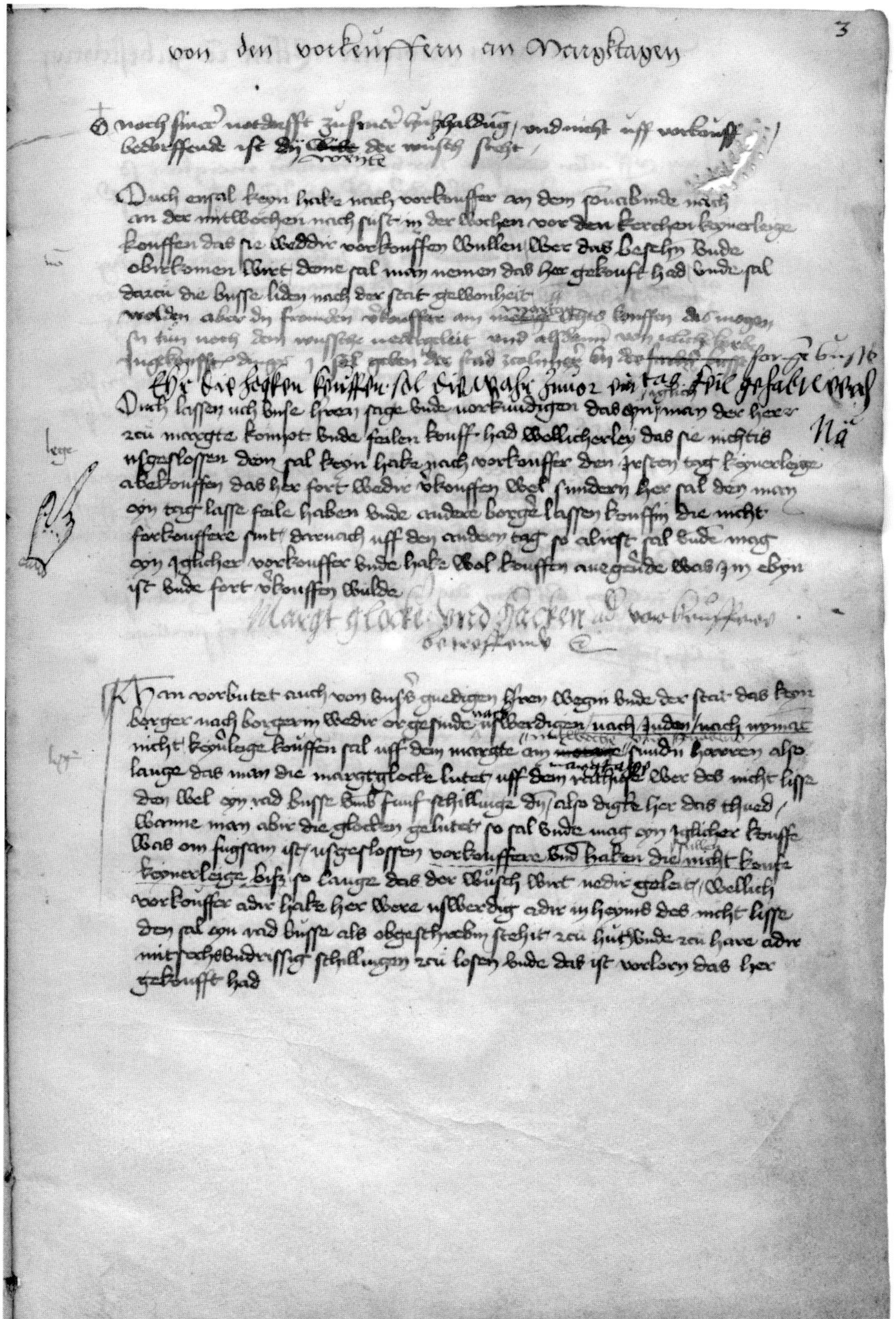

3

von den vorkeuffern an Margktagen

Abb. 5 Statutenbuch von 1433, fol. 3r.

Bildnachweis
Alle Fotos: Thüringisches Hauptstaatsarchiv Weimar

536. *1399* *(Hand C) fol. 65r*

Bürgerrechtsverleihung an Dietrich Hoenrode.

Item feria quarta[a)] eadem die erit noster civis Dytherich Hoenrode, dabit 1 talentum et maneat tres annos, fideiussores: Hans Wymar et Herman Honrode.

a) *fehlt Festdatierung*

537. *1399 August 29* *(Hand C) fol. 65r*

Bürgerrechtsverleihung an Conrad Herbort.

Item feria sexta post Bartholomei erit noster civis Conrad Herbort, pellifex, dabit 10 ß et maneat tres annos, fideiussores: Herman Arczt et Uleman Korsener.

538. *1418 Juni 24* *(Hand E) fol. 65r*

Hans Rotfusch verpfändet fünf Acker Land an Hans Snelle.

Anno domini m°cccc° xviii in die Johannis baptiste ist komen vor eyn sicczinden rad Hans Rotfusch unde had insacz Hanse Snellen 5 ackere artlandis vor funff rinsche rinsche guldin.

539. *1400 April 2* *(Hand C) fol. 65v*

Bürgerrechtsverleihung an Bertold von Denstedt.

(aAnno cccc° a) item feria sexta post letare erit noster civis juncher Berlt von Deynstet, dabit...

a-a) *am oberen Blattrand; darunter der abgebrochene Eintrag:* item feria sexta post cantate erit noster civis...

540. *1400 Mai 21* *(Hand C) fol. 65v*

Bürgerrechtsverleihung an Heinrich Eckersperge.

Item feria sexta post cantate erit noster civis Heynrich Eckersperge, dabit 12 ß et maneat tres annos, fideiussor: Frederich de Gotha.

541. *1400 Juli 3* *(Hand C) fol. 65v*

Bürgerrechtsverleihung an Conrad Seteler von Arnstadt.

Item sabbato post visitationis Marie erit noster civis Conrad Seteler von Arnstet et dabit alle jar Michaelis tag eyn satel unde sal nicht schosze.

542. *1400 Juli 10* *(Hand C) fol. 65v*

Bürgerrechtsverleihung an Johann von Luthen.

Item sabbato post Kiliani erit noster civis Johannes von Luthen, dabit 1 florenum et maneat tres annos, fideiussores: Heynrich Pfiffer et Hans Fynne, infra mensem.

543. *1400 September 17* *(Hand C) fol. 65v*
Bürgerrechtsverleihung an Hermann Rische.
Item feria sexta in die Lamperti erit noster civis Herman Rische, dabit 1 talentum et maneat tres annos, fideiussores: Hans Schilling et Hans Elcheleibin.[a)]

a) *folgt der nicht fortgesetzte Anfang eines Eintrags:* item feria ...

544. *1410 Dezember 20* *(Hand D) fol. 65v*
Schuldanerkenntnis des Dietrich Trippan.
([a]Anno domini m° cccc° x° [a)] am sunabinde vigilia Thome sint komen Ditherich Trippan unde hat bekant, das her schuldig sye 2½ sexagenas unser lieben frouwe von Claus Scherers wegin.

a-a) *über dem Eintrag*

545. *1410 Dezember 20* *(Hand D) fol. 65v*
Schuldanerkenntnis des Mülich.
Idem die had Mullich bekant, daz her schuldig [sye] 2½ sexagenas unser lieben frouwen von Claus Scherers wegin.

546. *1410 Dezember 20* *(Hand D) fol. 65v*
Schuldanerkenntnis des Hans von Hopfgarten.
Idem die had Hanse von Hopphegarte bekant, das her schuldig sy 2½ sexagenas unser lieben frouwen von Claus Scherers wegin.

547. *1410 Dezember 20* *(Hand D) fol. 65v*
Schuldanerkenntnis des Heinrich Schoffendorf als Bürge für Claus Scherer.
Idem die had Heinrich Schopphindorf bekant als ein burge von 2½ sexagenas vor Clauwesin Scherer unde sullen das semptlichen beczale uff dissen nehistin sancte Michaelis tag.

548. *1402 März 17* *(Hand C) fol. 66r*
Bürgerrechtsverleihung an Heinrich Rüdiger.
([a]Anno cccc° secundo[a)] item feria sexta post Judica erit noster civis Heinrich Růdiger, dabit 1 talentum et maneat tres annos, fideiussores: Jegher et Hans von Jhene.

549. *1402 April 22* *(Hand C) fol. 66r*
Bürgerrechtsverleihung an Heinrich an Berge.
Item sabbato post jubilate erit noster civis Heinrich an Berge, dabit 1 talentum et maneat tres annos, fideiussores: Claws unde Jacof an Berge.

550. *1402 Juli 21* *(Hand C) fol. 66r*
Bürgerrechtsverleihung an Heinrich Ysenhut.
Item sexta[a)] ante Marie Magdalena erit noster civis Heinrich Ysenhut, pistor, dabit 10 ß et maneat tres annos, fideiussor: Heinrich Beder.

a) *folgt gestrichen:* post

551. *1402 September 10* *(Hand C) fol. 66r*
Bürgerrechtsverleihung an Peter Fride.
Item dominica post nativitatis Marie erit noster civis Petir Fride junior, dabit 1 talentum et maneat tres annos, ffideiussor: Peter Ffride senior.

552. *1402 September 10* *(Hand C) fol. 66r*
Bürgerrechtsverleihung an Dorothea Thyme.
Item eadem die erit nostra civissa Dorothea Thymen, dabit 10 ß et maneat tres annos, fideiussores: Berlt von Deynstet et Conrad Wolfram; dedit.

553. *1402 September 10* *(Hand C) fol. 66r*
Bürgerrechtsverleihung an Heinrich von Treffurt.
Item eadem die erit noster civis Heinrich von Dreforte, dabit 30 ß et maneat tres annos, fideiussores: Hans Buntschuch et Theterich Starke; dedit.

554. *1402 Oktober 17* *(Hand C) fol. 66r*
Bürgerrechtsverleihung an Hans Kannengießer.
Item feria tertia ([a]post Galli[a)] erit noster civis Hans Kannegiszer, dabit 18 grossos et maneat tres annos, fideiussores: Hans Molborg unde Heinrich Pfiffer; dedit:

a-a) *über der Zeile*

555. *1402 [Oktober 20]* *(Hand C) fol. 66r*
Bürgerrechtsverleihung an Hermann Holzhausen.
Item feria sexta post [Galli] erit noster civis Herman Holczhusen, dabit 10 ß et maneat tres annos, fideiussor: der toube smet; dedit.

556. *1402 Oktober 24* *(Hand C) fol. 66r*
Bürgerrechtsverleihung an Nicolaus Ilmenicz.
Item feria tertia post Severi erit noster civis Nicolaus Ilmenicz, dabit 10 ß et maneat tres annos, fideiussores: Gunther Karpe et Hans Ilmenicz.

557. *1418 Februar 25* *(Hand E) fol. 66r*
Hans Döbritschen verpfändet einen Krautgarten an den Juden Czenner.
Anno domini m° cccc xviii° an dem fritage nach reminiscere ist komen vor eyn rad Hans Dobericzin unde had ingesacz Czenere, jodin zců Wymar, eyn krutgartin,

gelegin an der stad grabin, vor sechs rinsche gulden, dy sullen sten ane gesuch uff ostern darnoch; beczalt er nicht, so sal gesuch daruff gen unde Czenner sal den gartin vorkouffe adir vorseccze, ob er nicht beczalt wert.

558. *1402 Dezember 15* *(Hand C) fol. 66v*
Bürgerrechtsverleihung an Claus Arnold.
Item feria sexta post Lucie erit noster civis Claws Arnolt, dabit 18 ß et maneat tres annos, fideiussores: Apecz Smalcz et Herman Tostorff, senior.

559. *1402 [Dezember 16]* *(Hand C) fol. 66v*
Bürgerrechtsverleihung an Johann Stackerod.
Item sabbato post [Lucie] erit noster civis Johannes Stackerod, dabit 1 talentum et maneat tres annos, fideiussores: Hans von Jhene et Gerlacus; dedit.

560. *1403 Januar 5* *(Hand C) fol. 66v*
Bürgerrechtsverleihung an Dietrich Melding.
Item feria sexta in vigilia epiphanie erit noster civis Dytherich Melding, dabit 10 ß et maneat tres annos, fideiussores: Claws an Berge, Theterich Kopperan.

561. *1403 Januar 19* *(Hand C) fol. 66v*
Bürgerrechtsverleihung an Hans Seiler.
Item feria sexta post Prisce virginis erit noster civis Hans Seiler, dabit 1 talentum et maneat tres annos, fideiussores: Heinrich Apels et Apecz Smalcz.

562. *1403 Januar 23* *(Hand C) fol. 66v*
Bürgerrechtsverleihung an Peter Thyme.
Item feria tertia ante Pauli conversionis erit noster civis Peter Thyme, dabit 10 ß et maneat tres annos, fideiussores: Molborg et Conrat Riche; dedit.

563. *1403* *(Hand C) fol. 66v*
Bürgerrechtsverleihung an Albrecht von Wechsungen.
Item feria sexta post[a)] erit noster civis Albrecht von Wechsungen, dabit 1 talentum et maneat tres annos, fideiussores: Hans Swarcz et cetera et cetera.

a) *fehlt Festdatierung*

564. *1403 Februar 16* *(Hand C) fol. 66v*
Bürgerrechtsverleihung an Gothard Schick.
Item feria sexta post circumdederunt erit noster civis Gothardus Schike, dabit 10 ß et maneat tres annos.

565. *1403 Februar 16* *(Hand C) fol. 66v*

Bürgerrechtsverleihung an Johann Rinderczail.

Item eadem die erit noster civis Johannes Rinderczail, gratis.

566. *1410 Dezember 19* *(Hand D) fol. 66v*

Hedwig Beme setzt Nicolaus Kruczeburg ein Pfand für eine Schuld ein.

Anno domini m^{o} cccc^{o} x^{o} ist komen Hedewig Behemen in ein siczinden rat unde hat Nicolaen Kruczeburg gesaczt or beszerunge an orme hoffe unde hůse zcu eyme rechtin phande, dy su doran had, obir Heinrich Apels unde obir Falkenner, am fritage nach Lucie.

567. *1410 Dezember 19* *(Hand D) fol. 66v*

Schiedsvereinbarung zwischen Heinrich Werbil und seinem Sohn über eine halbe Hufe.

An deme selbin tage sint komen in eyn siczinden rat Heinrich Werbil mid sin son unde die hat ein siczinde rat also geeynt, das Heinrich Werbil sal die halbe huffe landis innehabe, dy wile her lebit, unde sal der nicht vorkouffe noch vorsecze, wann abir got obir on gebut, so sal die halbe huffe landis valle uff syne kint unde sullen sich dorczu halde.

568. *1404 März 7* *(Hand C) fol. 67r*

Bürgerrechtsverleihung an Hans Tylmetacz.

[(a]Anno cccc^{o} quarto[a)] item sexta post oculi erit noster civis Hans Tilmetacz, dabit 12 ß et maneat tres annos, fideiussores: Claws Vedirwisch et Pheffilbich.

a-a) *am oberen Blattrand*

569. *1404 April 11* *(Hand C) fol. 67r*

Bürgerrechtsverleihung an Gunther Ulworm.

Item feria sexta post quasimodogeniti erit noster civis Gunther Ulworm, dabit 1 talentum et maneat tres annos, fideiussores: Ffrederich von Gotha et Theterich Mulner.

570. *1404 April 11* *(Hand C) fol. 67r*

Bürgerrechtsverleihung an Martin Brandenhain.

Item eadem die erit noster civis Mertin Brandenhayn, dabit 20 grossos et maneat tres annos, fideiussor: Herman Tostorff.

571. *1404 August 1* *(Hand C) fol. 67r*

Bürgerrechtsverleihung an Heinrich Weise.

Item feria sexta Peter ad vincula erit noster civis Heinrich Wyse, dabit 1 talentum et maneat tres annos, fideiussores: Mertin Weber usque ad Gunthere Uleworm vel ad Theterich Mulner.

572. *1404 Oktober 3* *(Hand C) fol. 67r*

Bürgerrechtsverleihung an Hans Grefe von Buttstädt.

Item feria sexta post Michaelis erit noster civis Hans Greffe von Butstet, dabit 10 ß et maneat tres annos, fideiussores: Hans Hug et Ebeleibin.

573. *1404 Oktober 24* *(Hand C) fol. 67r*

Bürgerrechtsverleihung an Nicolaus Rinderczail.

Item feria sexta post Severi erit noster civis Nicolaus Rinderzcail, gratis, unde sal vorschosze 8 marg je zcu der zciid.

574. *1404 Dezember 19* *(Hand C) fol. 67r*

Bürgerrechtsverleihung an Claus Houwetal.

Item feria sexta post Lucie erit noster civis Claws Houwetal, dabit 30 ß et maneat tres annos, fideiussor: Herman Tostorff senior.

575. *1404 Dezember 19* *(Hand C) fol. 67r*

Bürgerrechtsverleihung an Hans Trost.

Item eadem die erit noster civis Hans Trost, dabit 1 talentum et maneat tres annos, fideiussores: Hans Swarcze et Heinrich Beder.

576. *1404 Dezember 19* *(Hand C) fol. 67r*

Bürgerrechtsverleihung an Hans Waldenburg.

Item eadem die erit noster civis Hans Waldenburg, dabit 12 ß, fideiussor: ...

577. *1405 Januar 23* *(Hand C) fol. 67r*

Bürgerrechtsverleihung an Hans Honfeld.

Item sexta post Vincenti erit noster civis Hans Honfeld, dabit 1 talentum et maneat tres annos, fideiussor: Dytherich Voyt.

578. *1405 Januar 23* *(Hand C) fol. 67r*

Bürgerrechtsverleihung an Gunther Sebergen.

Item eadem die erit noster civis Gunther Sebergen, dabit 20 grossos et maneat tres annos, fideiussores: Spangenberg et Eghart.

579. *1410 Dezember 19* *(Hand D) fol. 67r*

Die Eheleute Hans und Katharina Stewistorff verpfänden einen Garten.

([a]Anno domini m°cccc° x° [a)] am fritage nach sancte Lucien tage sint komen in ein siczindin rat Hans Stewistorff, Katherin, sin eliche virtynne, unde habin gesaczt Hanse Wymar, Thele, synir elichin wirtynne, unde orn erbin ein gortin, gelegin hindir Fedirwuschmol, czu eyme rechtin phande vor 10 sexagenis aldir groschin unde sal den innehabe unde des gebruche, also lange das her on widir gelost vor 10 sexagenis aldir groschin.

a-a) *über dem Eintrag*

580. *1408* *(Hand C) fol. 67v*

Zinsverpflichtung des Hans Buße von Hopfgarten.

(aAnno cccc° viii° a) Hans Busze von Hopfgarten gegebit 27 groszin Walpurgis et Michaelis von eyme huse nebin dem rathafe unde hat daz zcu eyme lantsedil.

a-a) *über dem Eintrag*

581. *1408 April 24* *(Hand C) fol. 67v*

Claus Kranichfeld lässt den Älterleuten zu St. Peter einen Hof vor dem Frauentor auf.

In vigilia Marci anno domini m° cccc° viii ist komen in eynen siczindin rad Claus Kranchfelde unde hat uffgelaszin sin hoff vor unsir frowen thore myt allin rechten unde werdin, alz her on gehat hat, Hanse von Jhene unde Florstete, alterluten zcu sente Peter, uszgeslaszin 3 sexagenas, die sin stifkint[a] daran habe sal; ouch ist geret, ab man denselbin hoff wedir vorlasze wulde, ist her sin begernde unde bet her darumme, so sal man om furdir gunne, wanne eyme andern.

a) kint *über der Zeile*

582. *1408* *(Hand C) fol. 67v*

Zinsverpflichtungen verschiedener Personen gegenüber dem Rat.

Bartil unde sine eliche wertin da[n]t 15 grossos von dem hus nebin dem rathus unde hat ym das geloszen zcu eym lantsedil.

Hans Kothe unde sine elich [wertin] dant 27 groszin Michaelis von deme hus nebin deme rathofe unde hat ym daz ouch gelaszin zcu eyme lantsedil.

Heinrich Kloge gebit 3 ß Michaelis proximi von deme hus an deme rathofe; idem 3 ß Walpurgis unde ym daz gelaszin unde siner wertin zcu eyme lantsedil.

583. *1408 November 21* *(Hand C) fol. 68r*

Schuldenregelung zwischen Peter Egil und dem Juden Jacob.

(aAnno m° cccc° viiia) feria quarta post Elizabit ist komen in eynen siczinden rad Peter Egil[b] unde Jacoff, jude, unde habin myt eynandir gerechint, alzo daz Peter Egil schuldig bleip Jacoffe, juden, allir rechenunge 23 schogk groszin, die sullin steyn von deme tage, alz die rechnu[n]ge geschen ist, ane gesuch uff die nysten zcukomen winnachten, davor hat Peter Egil zcu eyme willigen phande gesaczt eyne hove artlandis, gelegin in deme flore unde velde zcu Thobech, eynen hoff, gelegin in deme selbin dorff, myt allir zcugehorungen unde allis, daz in hus unde hofe ist, genant edir ungenant, fruchte wie vel edir die genant sin, ich keynerleyge uszgesloszin. Were ouch, daz Peter Egil nicht beczalte die vorgenanten summen groszen uff die genanten winnachten, alz vor geschreben stet, so hat uns der vorgenante Peter gebetin schrybe in der stat bůch unde daz bekennin sullin, daz der vorgenante jude edir sine erbin die vorgenanten hofe unde hoff myt allir zcugehorungen vorkauffe edir vorsecze vor sine summe groszen ane alle wedirsprache, die den genanten juden edir sine erbin daran gehindere mochten.

a-a) *über dem Eintrag* b) *folgt gestrichen:* unde hat gebeten

584. *1410 Dezember 6* *(Hand D) fol. 68r*

Schuldanerkenntnis des Luwig Voit gegenüber Conrad Große.

[(a]Anno m° cccc° x° [a)] am sunabinde in sancte Niclauwes tage sint komen in ein siczindin rat Grosze Conrat unde Lodewig Voit, also daz Lodewig Voit bekant hat unde bekennet, das her Grosze Conrade unde sin erbin schuldig ez 10 rinsche guldin gut an golde swer gnug an gewichte unde sal ome unde sin erbin dy 10 guldin reiche unde beczale uff dessin nehistin sancte Michaelis unde hat ome unde sin erbin dovor ingesaczt sin hůz unde hoff, gelegin by der Reymboten bachovene, unde alle sin agkir uff deme felde unde alle sin gut, gesucht adir ungeschůscht [!]; wers, das Lodewig Voit sumigk worde an der beczalůnge uff die obgenantin tageczíit, was denne Grosze Conrad mogelichs schadin doruff tede, den schadin sal Lodewig Voit trage unde Grosze Conrad nicht; ouch hat sich Lodewig Voit vorkort: wers, das her nicht beczalte uff die vorgenantin tageczíit, das her wil uff ein thor gehe unde herabe nicht, Grosze Conrad sy denne usrichtunge geschen umbe die summe gulden.

a-a) *über dem Eintrag*

585. *1408 Dezember 7* *(Hand C) fol. 68v*

Claus Karpe verpfändet einen Hof an den Juden Zcenner und dessen Frau Maicka.

[(a]Anno domini m° cccc° viii° sexta post Nicolai[a)] da ist komen Claus Karpe unde hat bekant in eyme siczindin rathe vor sich, vor sine eliche wertin unde alle sine erbin unde gebetin schribe in der stat buch zcu eyner merer sichirheyt unde daz wiszintlichin sye allen rethin, die iczunt sint unde hi̊ͤrnoch komen, daz her hat gesaczt zcu eyme willige phande sinen hoff, gelegen in der Windiszin gasze zcuszin Heinrich Treffeler unde Hanse Schillinge, Zcennere, judin, Maicken, siner elichin husfrowen, unde allen oren erbin vor 9 schog der aldin groszin unde vor den gesuch.[b)]

a-a) *über dem Eintrag* b) *Eintrag durchgestrichen*

586. *1409* *(Hand C) fol. 68v*

Vor dem Rat erfolgte Grundstücksverkäufe.

[(a]Anno domini m° cccc° ix° [a)] Blanckinhayn hat gekoufft 7 ackere vor 7 sexagenis, davon gebit her 6 denarios Michaelis unsern hern, eyme rathe; Buntschuh hat gekouft eyn gartin umme 5 ... ; Hans Brandinhayn [hat] gekoufft 5 ackere umme ffunf schog, da her von gebit 6 denarios Michaelis eyme rathe. Dye dry kouffe sint geschehen vor eyme rathe unde myt wiszin der acht manne, die zcu der zciit saszin: Hans Brandinhayn, Florstete, Heinrich von der Stede, Conrad von Rẙͤchin, Berlt Maroldishusen, Echart Goszwin, Conrad Fleyszhower.[1)]

a-a) *über dem Eintrag*
1) *Vgl. W. HUSCHKE, Ratslisten, S. 29.*

587. *1403 März 9* *(Hand C) fol. 69r*

Bürgerrechtsverleihung an Heinrich Reinhart.

[(a]Anno cccc° tercio[a)] item feria sexta post invocavit erit noster civis Heinrich Reinhart, dabit 10 ß et maneat tres annos, fideiussores: Conrad Starke et Uleman, dabit infra mensem.

a-a) *am oberen Blattrand*

588. *1403 März 30* *(Hand C) fol. 69r*

Bürgerrechtsverleihung an Eberhart von Köln.

Item feria sexta post letare erit noster civis Ebirhart von Kolne, dabit 10 ß et maneat tres annos, fideiussores: Hans Jegher et Hans Brandenhayn.

589. *1403 März 30* *(Hand C) fol. 69r*

Bürgerrechtsverleihung an Hermann Kerchener.

Item feria sexta ante Judica erit noster civis Herman Kerchener, dabit 10 ß et maneat tres annos, fideiussores: Rudolff Weysze et Gerlacus; dedit.

590. *1403 April 6* *(Hand C) fol. 69r*

Bürgerrechtsverleihung an Peter Meder.

Item feria sexta post Judica erit noster civis Petir Meder, dabit 10 ß et maneat tres annos, fideiussores: Heinrich Kremer[a)] et Conrad Starke, dabit ad pascham.

a) *folgt gestrichen:* et Herman

591. *1403 April 20* *(Hand C) fol. 69r*

Bürgerrechtsverleihung an Hans Rothe.

Item feria sexta post pascham erit noster civis Hans Rothe, dabit 1 talentum et maneat tres annos, fideiussores: Hans Jegher et Hans Schilling.

592. *1403 Juni 2* *(Hand C) fol. 69r*

Bürgerrechtsverleihung an Claus Becker.

Item in vigilia penthekosten erit noster civis Claws Becker, dabit 10 ß et maneat tres annos, fideiussores: Flurstet et Hans Becker.

593. *1403 September 14* *(Hand C) fol. 69r*

Bürgerrechtsverleihung an Hans Lower von Kromsdorf.

Item feria sexta exaltionis sancte crucis erit noster civis Hans Lower von Crummestorff, dabit 20 grossos et maneat tres annos, fideiussores: Peter Frangke et Theterich Voyt.[a)]

a) dedit *am linken Rand*

594. *1403 September 28* *(Hand C) fol. 69r*

Bürgerrechtsverleihung an Eitel Reinhard von Ulla.

Item feria sexta ante Michaelis erit noster civis Ytel Reinhart von Ulla, dabit 1 talentum et maneat tres annos, fideiussores: Hans Schilling et Egkart.[a)]

a) dedit *am linken Rand*

595. *1403 September 28* *(Hand C) fol. 69r*
Bürgerrechtsverleihung an Dietrich Beiger.
Item eadem die erit noster civis Dytherich Beyger, dabit 30 ß et maneat tres annos, fideiussores: Hans Schilling et Hans Wymar.

596. *1414 Dezember 28* *(Hand E) fol. 69r*
Claus Kuchelle verpfändet eine Scheune und Ackerland an Petze Kluge.
([a]Anno domini m° cccc° xiiii° [a)] am fritage an der kindil tage ist komen Claus Kuchelle unde had gesaczt eyn schůn, die von der stad czu lehene gehit unde czinset, unde 2 acker erdin an deme Eytirsberge unde czins in dem gotishusen [?] czu Obirwymar unde had die gesaczt Peczin Klugin vor 3½ sexagenis uff Michaelis czu bezalne; thud her des nicht, so sal sie sich czu dem erbe vororgelden.

a-a) *über dem Eintrag*

597. *1403 Oktober 9* *(Hand C) fol. 69v*
Bürgerrechtsverleihung an Dietrich Sunthusen.
Item feria tertia post communes erit noster civis Dytherich Sunthusen, dabit 1 talentum uff gnade et maneat tres annos, fideiussores: Apecz Smalcz et Heinrich Schophindorff.

598. *1403 Oktober 12* *(Hand C) fol. 69v*
Bürgerrechtsverleihung an Conrad von Milda.
Item feria sexta post Dyonisii erit noster civis Conrad von Můlde, dabit 1 talentum et maneat tres annos, fideiussores: Flurstet et Fynne.

599. *1403 Oktober 26* *(Hand C) fol. 69v*
Bürgerrechtsverleihung an Albrecht Oler.
Item feria sexta post Severi erit noster civis Albrecht Oler, dabit 1 talentum et maneat tres annos.

600. *1403 November 10* *(Hand C) fol. 69v*
Bürgerrechtsverleihung an Claus Groyczsch.
Item sabbato in vigilia Martini erit noster civis Claws Groyczsch, dabit 12 ß et maneat tres annos, fideiussores: Theterich Kopperan et Zcawke.

601. *1403 November 14* *(Hand C) fol. 69v*
Bürgerrechtsverleihung an Claus Haldegke.
Item feria quarta post Martini erit noster civis Claws Haldegke, gratis.

602. *1403 März 2* *(Hand C) fol. 69v*

Bürgerrechtsverleihung an Conrad Hopfgarten.

Item feria sexta post cinerum erit noster civis Conrad Hopfgarten dabit 20 grossos et maneat tres annos, fideiussor: Claws Franke.[a)]

a) *Eintrag durchgestrichen*

603. *1409 Februar 15* *(Hand D) fol. 69v*

Thele Vothelender legt Geld bei der Peterskirche an.

([a]Anno domini m^{o} cccc ix[a)] ist komen an dem fritage vor esto michi Thele Vo̊thelendern in eynen sicin[den] rat unde hat gegebin sente Peter 5 schokg, die Bingel innehat; da or die alterlute sullin vor gegebin 3 schogk groschen.

a-a) *über dem Eintrag*

604. *1410 Oktober 31* *(Hand E?) fol. 69v*

Die Eheleute Hans und Thele vom Haine sowie Nicolaus und Else Cruzeburg bekennen, dass Conrad Back ihnen einen wiederkäuflichen Getreidezins verkauft hat.

Anno domini m^{o} cccc^{o} x^{o} am fritage nach Symonis et Jude sint komen Hans vom Hayne, Thele, sin eliche wirtynne, Nicolae Cruczeburg, Else, sin eliche wirtynne, vor ein siczindin rad unde habin bekant unde bekennen, das sů recht unde redelichin schuldig [sint] ([a]unde alle ore erbin[a)] Conrade Backin unde alle sin erbin semptlichin mid gesamptir hant 40 rinsche guldin[b)] unde sullen ome unde sin erbin die 40 rinsche guldin bezale al von disseme nehistin Mertins tag obir ein jar unde sullen ome unde sin erbin doruff gebe 2 Erfforsche malder korns ([c]alle jar uff[c)] Michaelis[d)], dy wile sů dy summe guldin ynnehabin unde habin semptlich alle or gud dovor gesaczt, gesucht edir ungesucht, wo sů das habin. Wers das Conrad Backe sin geld wil widir habe uff sancte Mertins tag, so sal hers ein virteil jars vor sage Hanse vom Hayne unde Nicolae Cruczeburg;[e)] des selbin glich sullen sů widir thun Conrat Bagkin.[f)]

a-a) *über der Zeile* b) *folgt gestrichen:* uff al nů von c-c) *am rechten Rand* d) *am linken Rand* e) *folgt gestrichen:* wer f) *Eintrag durchgestrichen*

605. *1401 Januar 14* *(Hand C) fol. 70r*

Bürgerrechtsverleihung an Dietrich Gusserstete.

([a]Anno cccc^{o} primo[a)] item feria sexta post octavam epiphanie erit noster civis Dytherich Guszirstete, gratis pro eo, quod fuit filius civis.

a-a) *am oberen Blattrand*

606. *1401 März 19* *(Hand C) fol. 70r*

Bürgerrechtsverleihung an Nicolaus Hopfener von Zimmritz.

Item[a)] sabbato post letare erit noster civis Nicolaus Hopfener de Zymmerwicz, dabit 1 talentum infra octavam et maneat tres annos, fideiussores: Hans Knuszel et Gunther Jans.

a) *folgt gestrichen:* feria

607. *1401 März 19* *(Hand C) fol. 70r*

Bürgerrechtsverleihung an Barbara Beme.

Item eadem die erit nostra civissa Barbara Bemyn, dabit 1 talentum infra qui[n]denam et maneat tres annos, fideiussores: Lattram et Theterich Treppan.

608. *1401 März 23* *(Hand C) fol. 70r*

Bürgerrechtsverleihung an Claus Topfer von Synderstedt.

Item feria quarta post Judica erit noster civis Claws Topfer von Sinderstedt, dabit 1 sexagenam et maneat tres annos, fideiussores: Claws Salczman et Conrad Fleischouwer.[a]

a) *Eintrag durchgestrichen*

609. *1401 April 9* *(Hand C) fol. 70r*

Bürgerrechtsverleihung an Hans Kremer von Kahla.

Item sabbato post pascham erit noster civis Hans Kremer von Kale et maneat tres annos, dabit 1 talentum, fideiussores: Claws Habenicht et Lorencz Francke.

610. *1401 April 22* *(Hand C) fol. 70r*

Bürgerrechtsverleihung an Hermann Doneffeld.

Item sexta post misericordia domini erit noster civis Herman Doͤnevel, dabit 30 ß et maneat tres annos, fideiussores: Eghart Goeszwin et Frederich Waltman; et debet vivere cum bona pace infra quindenam.

611. *1401 April 29* *(Hand C) fol. 70r*

Bürgerrechtsverleihung an den Goldschmied Heinrich Herbisleiben.

Item sexta post jubilate erit noster civis Heinrich Herbisleibin, aurifaber, dabit 20 grossos et maneat tres annos, fideiussores: Spangeberg et Jacoff von Uheme, infra qui[n]denam.

612. *1401 Mai 19* *(Hand C) fol. 70r*

Bürgerrechtsverleihung an Heinrich Kalplacz.

Item quinta post exaudi erit noster civis Heinrich Kalplacz, dabit 1 talentum et maneat tres annos, fideiussores: Peter Eckebrech et Theterich Stal.

613. *1401 Mai 27* *(Hand C) fol. 70r*

Bürgerrechtsverleihung an Claus Mulner von Heichelheim.

Item sexta post penthecosten erit noster civis Claws Mulner de Huchelheym, fideiussores: Hans Weysze et filius suus, debet manere[a] tres annos, dabit 1 talentum.

a) *folgt gestrichen:* 2

614. *1402 Januar 23* *(Hand C) fol. 70r*

Bürgerrechtsverleihung an Martin Weber.

Item secunda post Vincenti anno cccc^{o} ii^{o} erit noster civis Mertin Weber, dabit 10 ß et maneat tres anno[s], fideiussores: Hans von Jhene et Berlt Schilling.

615. *1402 Februar 8* *(Hand C) fol. 70r*

Bürgerrechtsverleihung an Thimo Gispersleyben von Goldbach.

Item quarta in die cinerum erit noster civis Thime Gispersleybin von Goltpach, dabit 25 ß et maneat tres annos, fideiussores: Hans Wymar cum fratre.

616. *1401 Juni 10* *(Hand C) fol. 70v*

Bürgerrechtsverleihung an Dietrich Walpurg.

Item feria sexta post domine in tua erit noster civis Dytherich Walpurg, dabit 1 talentum et maneat tres annos, fideiussores: Hans Strůbing et Nicolaus Walpurg; infra octavam.

617. *1401 Juni 10* *(Hand C) fol. 70v*

Bürgerrechtsverleihung an Heinrich Stoube von Buttelstedt.

Item eadem die erit noster civis Heinrich Sto̊ube, advocatus de Bottelstete, ita quod debet annuatim dare 10 ß Michaelis et 10 ß Walpurgis.

618. *1401 Juni 17* *(Hand C) fol. 70v*

Bürgerrechtsverleihung an Heinrich Segewin.

Item sexta post Viti erit noster civis Heinrich Segewin, dabit 1 talentum et maneat tres annos, fideiussores: Hans Wedeler et Goczgedrenge; infra octavam.

619. *1401Juli 22* *(Hand C) fol. 70v*

Bürgerrechtsverleihung an Claus Leutenthal.

Item feria sexta in festo Marie Magdalene erit noster civis Claws Lutental, gratis[a)], maneat tres annos, fideiussores: Hans Hug et Syfart Klůcz.

a) *folgt gestrichen:* et dabit ma[neat]

620. *1401 Juli 29* *(Hand C) fol. 70v*

Bürgerrechtsverleihung an Hans Konemunt.

Item feria sexta post Jacobi erit noster civis Hans Ko̊nemunt, dabit 30 ß et maneat tres annos, fideiussores: Claws Wymar et Hans Lutental.

621. *1401 September 2* *(Hand C) fol. 70v*

Bürgerrechtsverleihung an Albrecht Seiler.

Item feria sexta post Egidii erit noster civis Albrecht Seyler, dabit 1 talentum et maneat tres annos, fideiussores: Conrad Lademosz et Nicolaus Scherer.

622. *1401 September 9* *(Hand C) fol. 70v*
Bürgerrechtsverleihung an Heinrich von Trebra.
Item sexta post nativitatis Marie erit noster civis Heinrich von Drebre, dabit 1 talentum et maneat tres annos, fideiussores: Hans Blanckinhayn et Nicolaus Reynbote.

623. *1401 Oktober 18* *(Hand C) fol. 70v*
Bürgerrechtsverleihung an Hans Kerstentien.
Item feria tertia post Galli erit noster civis Hans Kerstentien, dabit 1 talentum et maneat tres annos, fideiussores: Heygindorff et Herman Brutegam.

624. *1401 November 19* *(Hand C) fol. 70v*
Bürgerrechtsverleihung an Conrad von Reychin.
Item sabbato in festo Elizabeth erit noster civis Conrat von Rechin, dabit 1 talentum et maneat tres annos, fideiussores: Heinrich Plag et Hans Rothe.

625. *1401 November 19* *(Hand C) fol. 70v*
Bürgerrechtsverleihung an Heinrich Myttag.
Item eadem die erit noster civis Heinrich[a)] Myttag, dabit 2 talenta et maneat tres annos, fideiussores: Hunchin et consul Hans Knuszel, infra quindenam.

a) *über der Zeile*

626. *1401 Dezember 30* *(Hand C) fol. 70v*
Bürgerrechtsverleihung an Hermann Moucherod.
Item sexta ante nativitatis Cristi erit noster civis Herman Moucherod, dabit 1 talentum et maneat tres annos, fideiussores: Hans Becker et Ruckusen.

627. *1402 Februar 25* *(Hand C) fol. 70v*
Bürgerrechtsverleihung an Heinrich Bolschrot.
Item sabato[a)] post reminiscere erit noster civis Heinrich Bolschrot, dabit 24[b)] ß et maneat tres annos, fideiussores: Heinrich Steden et alde Knuszil.[c)]

a) *korrigiert aus:* feria b) *aus* 25 *korrigiert* c) dedit *am linken Rand*

628. *1398 Oktober 11* *(Hand C) fol. 71r*
Bürgerrechtsverleihung an Hans Nickelczain.
Feria sexta post communes erit noster civis Hans Nyckelczan, dabit 30 ß et maneat tres annos, fideiussores: Hans Stol et Apecz Smalcz.

629. *1398 Oktober 25* *(Hand C) fol. 71r*
Bürgerrechtsverleihung an Tile von Salza.
Feria sexta post Severi erit noster civis Tyle von Salcza, dabit 12 grossos et maneat tres annos, fideiuvit Czawke; dedit.

630. *1398 November 29* *(Hand C) fol. 71r*
Bürgerrechtsverleihung an Dietrich Keyser.
Item feria sexta post Katherine erit noster civis Dytherich Keyser, dabit 10 ß.

631. *1399 Januar 3* *(Hand C) fol. 71r*
Bürgerrechtsverleihung an Jacob von Auma.
Item feria sexta post circumcisionis domini erit noster civis Jacoff von Uheme, dabit 12 ß et maneat tres annos, fideiussores: Hans Prunse et Eckart Sander.

632. *1399 Januar 3* *(Hand C) fol. 71r*
Bürgerrechtsverleihung an Conrad Starke.
Item[a] eadem die erit noster [civis] Conrad Starke, dabit 10 ß et maneat tres annos, fideiussor: Claus Kranchfelt.

a) *folgt gestrichen:* feria

633. *1399 Januar 10* *(Hand C) fol. 71r*
Bürgerrechtsverleihung an Conrad Wydenhayn.
Item feria sexta post Erhardi erit noster civis Conrad Wydenhayn, dabit 12 grossos infra quindenam et maneat tres annos, fideiussores: Heynrich Plag et Erhart Wydenhayn.

634. *1399 Februar 19* *(Hand C) fol. 71r*
Bürgerrechtsverleihung an Dietrich Ecstet.
Item feria quarta post invocavit erit noster civis Dytherich Ecstet, dabit 16 ß et maneat tres annos, fideiussores: Molborg et Claus Smet.

635. *1399 März 1* *(Hand C) fol. 71r*
Bürgerrechtsverleihung an Heinrich Puser.
Item anno xc^{o} ix^{o} [a] sabatto post reminiscere erit noster civis Heynrich Puser, uff gnade, et maneat tres annos, fideiussores: Hans Lattram et Jungel.

a) *folgt gestrichen:* feria

636. *1399 März 7* *(Hand C) fol. 71r*
Bürgerrechtsverleihung an Heinrich Weber.
Item eodem anno feria sexta post oculi erit noster civis Heynrich Webir, gratis.

637. *1399 März 14* *(Hand C) fol. 71r*
Bürgerrechtsverleihung an Heinrich von Gera und Heinrich Meynfort.
Item sexta post letare erunt nostri cives Heynrich von Gera et Heynrich Meynfort, uff gnade, unde sin cziͤmere, et maneant tres annos.

638. *1411 Juni 9* *(Hand E) fol. 71r*
Hermann Steindorff verpfändet Haus und Hof in der Alten Stadt.
Anno domini m^{o} cccc^{o} xi^{o} tercia post trinitatis ist komen in eyn siczindin rad Herman Steindorff, der alde, unde had gesacz sin hus unde hoff, gelegin in der aldin stad czuschin Butelstorff unde Fedirwusch, Heinrich Ruckus, Hanse Buler, Lorenczin Korsenner, Hanes[a)] Steindorffe, deme jungen, vor 7 sexagenis grossorum uff Michaelis.

a) *korrigiert aus:* Herman

639. *1411 Juni 9* *(Hand E) fol. 71r*
Schuldanerkenntnis des Buler gegenüber der Frechin.
[(a]Anno domini m^{o} cccc^{o} xi^{o} [a)] item Buler had der Frechin bekant in eyme siczindin rate, das her or 10 sexagenas schuldig sy uff Michaelis unde 1 sexagenam, dorvor sted sin huz unde hoff.

a-a) *über dem Eintrag*

640. *1399 März 21* *(Hand C) fol. 71v*
Bürgerrechtsverleihung an Hans Ebebleibin.
Item sexta post Judica erit noster civis Hans Eybeleibin, gratis.

641. *1399 März 26* *(Hand C) fol. 71v*
Bürgerrechtsverleihung an Hans Lange.
Item feria quarta post palmas erit noster civis Hans Lange, servus, et maneat tres annos; fideiussor: Heynrich Schopfindorff, quod debet esse fidelius in omnibus.

642. *1399 April 4* *(Hand C) fol. 71v*
Bürgerrechtsverleihung an Johann von Kunicz.
Item feria sexta post pascham erit noster civis Johannes von Co̊ncz, uff gnade, et est vigil in turre et maneat tres annos, fideiussor: Apecz Smalcz.

643. *1399 April 8* *(Hand C) fol. 71v*
Bürgerrechtsverleihung an Claus Nail.
Item feris tertia post quasi[modogeniti] erit noster civis Claws Nayl, dabit 6 ß et maneat tres annos, fideiussit: Claws Reinbote.

644. *1399 Mai 21* *(Hand C) fol. 71v*
Bürgerrechtsverleihung an Heinrich Gotsgedrenge.
Item feria quarta post penthecostes erit noster civis Heynrich Gotsgedrenge, dabit 5 ß et maneat tres annos, fideiussores: Hans Hůnchin et Heynrich Gebese.

645. *1399 Mai 23* *(Hand C) fol. 71v*
Bürgerrechtsverleihung an Heinrich Heynel.
Item feria sexta post penthecostes erit noster civis Heynrich Heynels, dabit 8 ß et maneat tres annos, fideiussores: Hans Borgeln et Kypener, infra quindenam.

646. *1399 Juli 4* *(Hand C) fol. 71v*
Bürgerrechtsverleihung an Conrad Swellingubel.
Item feria sexta post visitationis Marie erit noster civis Conrad Swellingubel, dabit 1 talentum et maneat tres annos, fideiussores: Hans Prunse et Hertolt.

647. *1399 Juli 18* *(Hand C) fol. 71v*
Bürgerrechtsverleihung an Hans Wetige und Nicolaus Polan.
Item feria sexta post Allexii erunt nostri cives Hans Weytigen et Nicolaus Polan et maneant tres annos et dabunt 2 talenta, fideiussores: Hans Buntschuch et Rornse.

648. *1399 September 12* *(Hand C) fol. 71v*
Bürgerrechtsverleihung an Hans Knüssel von Synderstedt und seine Söhne.
Item feria sexta post nativitatis Marie erunt[a)] nostri cives Hans Knůsel von Sinderstet mit[b)] Albrecht unde Hanse, sinen so̊n, dabunt 2 talenta et maneant tres annos, fideiussores: Hans Oberndorff et Hans Fedeler.

a) *korrigiert aus:* erit b) *folgt gestrichen:* Hanse

649. *1399 September 30* *(Hand C) fol. 71v*
Bürgerrechtsverleihung an Hermann Pusenhart.
Item feria tertia post Michaelis erit noster civis Herman Pusenhart, dabit 1 talentum et maneat tres annos, fideiusserunt: Apecz Smalcz et Hans Steg.

650. *1399 Oktober 3* *(Hand C) fol. 71v*
Bürgerrechtsverleihung an Hermann Meczenrod.
Item feria sexta post Michaelis erit noster civis Herman Meczinrod, dabit 1 talentum.

651. *1399 Oktober 3* *(Hand C) fol. 71v*
Bürgerrechtsverleihung an Hermann Jochan.
Item eadem die erit noster civis Herman Jochan, dabit 30 ß et maneat tres annos, fideiusserunt Hans von Jhene et Dytherich Ecstet.

652. *1418 November 5* *(Hand E) fol. 72r*
Umwandlung eines wiederkäuflichen Jahrzinses in eine Leibrente zugunsten des Wilhelm von Goch und seines Bruders.
Anno domini m° cccc° xviii° sabbato post omnium sanctorum haben unseres gnedigin herrn rethe geteydinget czwuschen uns unde deme erbarn herrn ern Wilhelm von Gouch, alzo daz er alle vorsesszene czinsze obeleszet, unde sullen o̊me fortme geben

zcuͦ syme libe unde noch eynme sin bruder, noch er beyder tode sal dyͤ stad losz sin. Dobyͤ sin̄t gewest unde geczugin dyͤ gestrengin er Theoderich von Wicczeleybin, er Tile von Sebech, Heinrich von Lichtenhayn, unser frouwen hofemeister, Curt Duͦne.[1]

1) *Zu den Zeugen vgl. B.* STREICH, *Reiseherrschaft und Residenzbildung, S. 597-600.*

653. *1418 November 6* *(Hand E) fol. 72r*

Vereinbarung zwischen dem Rat und den Bevollmächtigten des Nonnenklosters Kreuzberg über die Ablösung von Zinsen durch den Rat.

Dornoch uff den suntag haben wir geteydiget ouch vor unsers gnedigin hern rate med den erbarn herrn ern Niclausze Schulere, unseres gnedigin hern capelan, unde Johansze Slegel von der juncfrouwen weyn von Cruceburg, alzo daz wir en sullen gebe von der juncfrouwen weyn 10 guldin alzo hute unde czen guldin uff deszin nestkomen sente Michaelis vor alle vorsesszin czinsze; dornoch uff nativitatis Cristi sullen wir dyͤ houbitsumme beczale ane allen intrag[a]. Des sint[b] [ge]czugin unde habin is geteydinget dyͤ gestrengin Theoderich von [W]ictzeleiben, ritter, er Thile von Sebech, Heinrich von Lichtenhayn, er Urban [Krauthausen], kenczeler, Curt Duͦne, amptman.[1] Wyͤ des nicht gesche, so sulden desze teyding keyne macht habe, unde dyͤ juncfrouwen sulden zcuͦ orme rechten ste alzo vor.

a) *folgt gestrichen:* daz b) *die folgenden fünf Zeilenanfänge sind durch eine Beschädigung des Blattes nicht lesbar*

1) *Zu den Zeugen vgl. B.* STREICH, *Reiseherrschaft und Residenzbildung, S. 597-600.*

654. *[1418]* *(Hand E) fol. 72r–72v*

Zahlungsverpflichtungen des Rates gegenüber verschiedenen Personen.

Clausze Dachebech sint wir schuldig uff Michaelis 112 guldin. |
Er Heinrich Knebelin, dem ist man schuldig uff Walpurgis 16 guldin.
Item er Gregorio Schildigcz 8 florenos.
Er Jo[hann] Hopphe, dem ist man schuldig 15 guldin uff Michaelis.
Er Richarde Kindehusen, 72 guldin uff Martini.
Er Heinrich unde Hanse Helffere sullen wir beczale uff Michaelis 24 rinsche guldin.

655. *1419 November 25* *(Hand E) fol. 72v*

Vereinbarung zwischen dem Rat und Johann Romer wegen Zinszahlungen.

Anno domini m° cccc° xix° in vigilia Katherine haben wir uns geeynt unde entsezcet med er Jo[hann] Romer umbe alle vorszesszin czinsze, alzo daz er der stad vorsehen had 37 rinsche guldin, alzo daz man oͤme fortme sine czinsze geben sal; gesche daz nicht, daz er nicht beczalt werde, so sullen alle teyding obe suͦ unde sal an dyͤ ernstin teyding trete unde umbe dyͤ vorszesszin czinsz mane alz vorbeschreben sted.

656. *1418 Oktober 7* *(Hand E) fol. 73r*

Hans Strebistorff verpfändet eine halbe Hufe Ackerland bei Wallendorf.

([a]Anno xviii° [a]) an dem fritage nach der gemeyne wochin ist komen vor eyn siczinde rad Hans Strebistorff unde hat ingesacz eyne halbe hufe landis, gelegin zcuͤ Waldindorff, Hansze Snellen unde Unglichen vor 5 guldin unde den czinsz doruff unde orin erbin. Dy selbin gud bekennen wir on unbeschedigit unserme rechte von czinsz unde geschossz.

a-a) *über dem Eintrag*

657. *1418 Oktober 28* *(Hand E) fol. 73r*
Bürgerrechtsverleihung an Curt Knüssel.
Uff den fritag noch Severi ist unser burger wordin Curt Knuszel, dryͤ jar buwelich, fideiussores: Hans Knuszel, Conrad vom Gehouwe.

658. *1418 Dezember 30* *(Hand E) fol. 73r*
Auf Vermittlung der Landesherren geschlossene Vereinbarung, nach der Bischof Nikolaus (bischoff Sardinensis) [1] *und Andreas Osterode gegen die Stadt bestehende Forderungen wegen der gegenwärtigen Notlage teilweise abschreiben.*
[(a]Anno xix sexta post nativitatis Cristi[a)] haben unseres gnedigin hern rethe geteydinget czwuschen der stad unde den erbern hern ern Niclause, bisschoff Sardinensis, unde ern Andreas Osterrode alzo, daz dyͤ erbern hern der stad kummer unde nod angesen haben unde haben der stad vorsen 126 guldin vorsesszener czinsze, alzo daz en dyͤ stad vor alle vorsesszener czinsz unde waz suͤ schadin doruff getan habin, drisszig guldin gebe sal unde dornoch uff ichliche tagcziit ore czinsze noch lute orre brive. Daz habin wir ratismeistere unde rad gered unde gelobet vor unsere gnedigin hern unde sime erbern rate. Ouch sullen dyͤ erbern hern[b)] orre beyder mumen mechtig sin, med namen Kunnen, Cziczen unde Elsin Swinchin. Hiͤ biͤ sind gewest unde[b)] habin is geteyͤdenget dyͤ erbern unde gestrengin er Urban [Krauthausen], kenczeler unseres gnedigen hern, Albrecht Harasz, marschalk, Heinrich von Lichtenhayn, hofemeister unserer gnedigen frouwen, Gerhard von Ebirsberg; von der stad weyn der ratismeistere Theoderich Brot, Herman Wackir, Hans Flurstete, Conrad Fleishouwer, Heinrich Rudiger, Heinrich Apel, Peter Botener.[2)]

a-a) *über dem Eintrag* b) *über der Zeile*
1) *Zu Bischof Nikolaus, der wohl Weihbischof in Naumburg war, vgl. H. WIESSNER, Bistum Naumburg 2, S. 1015; E. GATZ, Die Bischöfe des Heiligen Römischen Reiches, S. 472.*
2) *Vgl. W. HUSCHKE, Ratslisten, S. 30.*

659. *1406 April 2* *(Hand C) fol. 74r*
Bürgerrechtsverleihung an Claus Hartmann.
Nota: anno domini m^{o} cccc^{o} anno vi^{o} sexta post Judica erit noster cives Claws Hartman, carnifex, dabit 1 talentum, ut maneat tres annos [!], ffydiiussores: Hans Ilmenicz, Heinrich Madstet; non dedit.

660. *1406 April 2* *(Hand C) fol. 74r*
Bürgerrechtsverleihung an Hans Fache.
Item eodem die erit noster cives Hans Fache, dabit 16 ß, ut maneat tres annos [!],

fidiiussores[a]: Berlt Schilling, Heinrich Goel; dedit.

a) *folgt gestrichen:* ut maneat

661. *1406* *(Hand C) fol. 74r*

Bürgerrechtsverleihung an Conrad Ruche.

Item sabito post[a] erit noster cives Conrad Ruche, dabit 10 ß, ut maneat tres annos, fidiiussores: Dytherich Molich; dabit nichel.

a) *fehlt Festdatierung*

662. *1406 Mai 7* *(Hand C) fol. 74r*

Bürgerrechtsverleihung an Martin Boler.

Item sexta post jubilate erit noster cives Mertin Boel, dabit 10 ß, ut maneat tres annos, fidiiussores: Burlgel, Heinrich Heynel.

663. *1406 Juni 16* *(Hand C) fol. 74r*

Bürgerrechtsverleihung an Heinrich Swarcz.

Item quarta post corpore Cristi erit noster cives meister Heinrich Swarce; dabit nichel.

664. *1406 Juni 16* *(Hand C) fol. 74r*

Bürgerrechtsverleihung an Gunther Houbit.

Item eodem die erit noster cives Ginther Heyt, ut maneat tres annos, ffidiiussores: Ginther Botener, Heinrich Botener, dabit 1 talentum; non dedit.

665. *1406 Juni 18* *(Hand C) fol. 74r*

Bürgerrechtsverleihung an Conrad Seiler.

Item sexta post Viti erit noster cives Conrad Seyler, dabit 16 ß, ut maneat tres [annos], fidiiussores: Heinrich Apels, Hans Crommestorff; non dedit.

666. *1406 Juni 18* *(Hand C) fol. 74r*

Bürgerrechtsverleihung an Albrecht Hache.

Item eodem die erit noster cives Albrecht Hoche, dabit 10 ß, fideiussor: Dytherich Brot.

667. *1406 Juni 18* *(Hand C) fol. 74r*

Bürgerrechtsverleihung an Peter Botener.

Item eodem die erit noster cives Petir Botener, dabit nichel.

668. *1411 April 29* *(Hand D) fol. 74r*

Die Eheleute Claus und Else Nail verpfänden ein Haus und einen Backofen.

Anno domini m° cccc° xi° am mittewochin nach sancte Marcus tage ez komen Claus Nayl, Else, sin eliche wirtynne, mid ern erbin unde mid Elszin Reymboten, der aldin, unde mid macht or frunde in eyn siczindin rad unde had gesaczt deme ersamen manne Ditherich Voite, Urtigen, synner wirtynne, unde oren erbin das andirhalbe teil, das hus unde bachoven, mid allem rechte, als Nayl obgenant gehat, vor 38 guldin, die er ome bereite wol beczald had, unde sullen daz halden in allem mosze, als or brieffe beyde uswisen, die Ditherich Voit beyde had.

669. *1406 Juli 16* *(Hand C) fol. 74v*
Bürgerrechtsverleihung an Dietrich Wyndtirstorff.
Item sexta post Margarete erit noster cives Dytherich Wyndtirstorff, dabit 1 talentum, ut maneat tres annos, ffidiiussores: Eckart Gyszwyn, Berlt Maroldishuszin.

670. *1406 August 13* *(Hand C) fol. 74v*
Heinrich Schoffendorf verpfändet Haus und Hof an den Juden Czenner.
Item sexta post Laurenti hat [(a]Heinrich Schophindorff[a)] Cennere [(b]unde sine erbin[b)] gesaczt sinen sedelhoff, [(a]sin husz unde sin huffe[a)] vor 13 schog groschen und vor den gesuch mit alle sinre zcugehorunge, nest Steden gelegen.

a-a) *über der Zeile* b-b) *versehentlich an falscher Stelle im Eintrag, hier umgestellt*

671. *1406 August 13* *(Hand C) fol. 74v*
Schuldanerkenntnisse des [Heinrich] Bolschrod und des Dietrich Federwisch gegenüber dem Juden Czenner.
Item uff den selbin tag hat[a)] om Polschrod bekant, Cennere 11 schog groschen unde den gesůch.[b)]
Item uff den selbin tag hat om Dytherich Vedirwich bekant, 2 schog groschen unde umme den gesůch.[b)]

a) *über der Zeile* b) *Eintrag durchgestrichen*

672. *1406 Oktober 15* *(Hand C) fol. 74v*
Bürgerrechtsverleihung an Hans Wydenhayn.
Item sexta post Dyonisii erit noster cives Hans Wydenhayn, ut maneat tres annos, [fideiussores]: Hans Cremer, Herman Pusinhart; dedit 16 ß.

673. *1406 Oktober 29* *(Hand C) fol. 74v*
Bürgerrechtsverleihung an Simon Smed.
Item sexta post Severi erit noster cives Symon Smed, ut maneat tres annos; ffideiussores: Dornburg, Hans Crommestorff; dabit 1 talentum, tenetur.

674. *1406 Oktober 24* *(Hand C) fol. 74v*
Bürgerrechtsverleihung an Hans Hering.
Item dominica post Severi erit noster cives Hans Heryng, ut maneat tres annos, fideiussores: Borghart Elcheleib, Hans Ungzzoge, dabit 1 talentum, tenetur.

675. *1406 November 10* *(Hand C) fol. 74v*
Bürgerrechtsverleihung an Michael Tambrugken.
Item in vigilia Martini erit noster cives Michel Tambrugken, dabit 1 talentum, fideiussor nullus, tenetur.

676. *1406 November 12* *(Hand C) fol. 74v*
Bürgerrechtsverleihung an Hans Rebel.
Item sexta post Martini erit noster cives Hans[a)] Rebel, ut maneat tres annos, fideiussores: Hans von Jhene, Berlt Schilling, dabit 16 ß, tenetur.

a) *über der Zeile; darunter gestrichen:* Conrad

677. *1411 Juli 24* *(Hand E) fol. 74v*
Heinrich Grefe verpfändet Haus und Hof am Markt an Peter Merckart.
Am fritage an sancte Jacoffs abindis anno xi° ist komen Heinrich Greffe in ein siczindin rad unde had gesaczt sin hus unde hoff, gelegin an deme markte by Heinrich Scherer, mid wullen synir wirtynne unde sin sons Petir Merckarte unde synir wirtynne unde orn erbin vor 25½ sexagenis.

678. *1406 November 12* *(Hand C) fol. 75r*
Bürgerrechtsverleihung an Heinrich Beder.
Item sexta post Martini erit noster cives Heinrich Beder, ut maneat tres annos, ffideiussores: Spengenberg, Eckart; dabit 1 talentum; dedit nichel.

679. *1406 November 13* *(Hand C) fol. 75r*
Bürgerrechtsverleihung an Hans Korsener.
Item sabito post Martini erit noster cives Hans Kerssener, ut maneat tres annos, ffideiussores: Claws Lutental, Heinrich Heynel, dabit 8 ß.

680. *1406 Dezember 11* *(Hand C) fol. 75r*
Bürgerrechtsverleihung an Hermann Wacker.
Item sabito post Barbare erit noster cives Herman Wagker, dabit 30 ß et maneat tres annos, fideiussores: Hans Begker, Hans Boler.

681. *1406 Dezember 29* *(Hand C) fol. 75r*
Bürgerrechtsverleihung an Conrad von Gehow.
Conrad von Gehau erit noster cives quarta post natifitatis Cristi, ffideiussores: Eckart, Spengenberg, ut maneat 3 annos, dabit 1 talentum.

682. *1406 Dezember 29* *(Hand C) fol. 75r*
Bürgerrechtsverleihung an Albrecht Smed.
Item eodem die erit noster cives Albrecht[a)] Smed, dabit 16 ß, ut maneat tres annos,

fideiussor[b)]: Ffricze Ilmenicz.

a) *über der Zeile; darunter gestrichen:* Andrewis b) *folgt gestrichen:* Claus

683. *1406 Dezember 29* *(Hand C) fol. 75r*

Bürgerrechtsverleihung an Hans von Kunicz.

Item eodem die erit noster cives Hans von Konicz, dabit 1 talentum, ut maneat tres annos, fideiussor: Jocoff Smed.

684. *1407 Februar 18* *(Hand C) fol. 75r*

Bürgerrechtsverleihung an Hans Molborg.

Item sexta post invocavit erit noster cives Hans Molburg, dabit 20 grossos, ut maneat tres annos, ffideiussores: Haldegke, Claws Torwerte.

685. *1411 April 3* *(Hand E) fol. 75r*

Conrad Lorber verpfänden Haus und Hof an der Breiten Lotte an Claus Arnold.

[(a]Anno domini m° cccc° xi°[a)] am fritage noch Judica ist komen Conrad Lorber in eyn siczindin rat unde hat gesaczt Clauwese Ornolde unde synner wertynne zcu eyme rechten phande das huz unde hoff an der breiten Lutten, gewest Hauwiges, vor 10 alde sexagenis groschin unde sal das huz vor rechte mid geschosze, alszo lange das her das widir gelost vor 10 sexagenis groschen, unde Claus Ornold sal das huz mid geschosze unde alleme rechte vorphlege.

a-a) *über dem Eintrag*

686. *1411 Mai 7* *(Hand E) fol. 75r*

Vereinbarung zwischen [Johann] Döbritschen und dem Juden Czenner wegen der Rückzahlung einer Schuld.

Am dornstage nach Walpurgis hat Dobircze mit Czenner gerechent unde blibit ome schuldig 21 sexagenas 24 grossos unde had ome sin hoff dovor ingesaczt, uff Johannis gutlichen czu beczalne.[a)]

a) *Eintrag durchgestrichen*

687. *1407 Februar 18* *(Hand C) fol. 75v*

Bürgerrechtsverleihung an Heinrich Faure.

Item eodem die erit noster cives Heinrich Ffaure, dabit 1 talentum, ut maneat tres annos, fideiussores: Knuszel[a)], Godhard Schieke.

a) *folgt gestrichen:* Borghard Elcheleib

688. *1407 Februar 15* *(Hand C) fol. 75v*

Bürgerrechtsverleihung an Heinz Peter.

Item tertia die post invocavit erit noster cives Hencze[a)] Petirs, dabit 1 talentum; fedeiussor: Claus Salczman; ut maneat tres annos, dabit sexta die; dedit.

a) *über der Zeile*

689. *1407 Februar 25* *(Hand C) fol. 75v*
Bürgerrechtsverleihung an Claus Waldendorff.
Item sexta post Mathian erit noster cives Claus Waldendorff, ffideiussores: Hans Tylmentatz, Claus Nayͤl, ut maneat tres annos, dabit 1 talentum; dedit.

690. *1407 März 4* *(Hand C) fol. 75v*
Bürgerrechtsverleihung an Hans Hericz von Lehnstedt.
Item sexta post oculi erit noster cives Hans Herÿͤcz de Landested, ut maneat tres annos, ffideiussores: Hunchin, Hans Wymar, dabit 30 ß.

691. *1407 April 16* *(Hand C) fol. 75v*
Bürgerrechtsverleihung an Nicolaus Steynfelt.
Item sabbato post misericordia domini erit noster cives Nicolaus Steynfelt ut maneat tres annos, ffideiussores: Albe[r]tus Hoche, Johannes Ysenache, dabit 1 talentum Walpurgis.

692. *1407 April 22* *(Hand C) fol. 75v*
Bürgerrechtsverleihung an Rudiger Wesche von Olbersleben.
Item sexta post jubilate erit noster cives Rudiger Wesche de Albirsleiben, ut maneat tres annos sub pena, vidiussores: Rudolf Weisze et Nicolaus Rimensnider, dabit 15 grossos.

693. *1407 Mai 19* *(Hand C) fol. 75v*
Bürgerrechtsverleihung an Heinrich Baszer.
Item feria quinta [(a]pentecostes erit noster cives[a)] Heinrich Baszer[b)], ut maneat tres annos sub pena, vidiussores: Hans Brandehain, Hans von Hayn, debet dare 10 ß.

a-a) *über der Zeile; darunter gestrichen:* Viti, Galli leg... b) *folgt gestrichen:* erit noster civis

694. *1407 Mai 20* *(Hand C) fol. 75v*
Bürgerrechtsverleihung an Hermann Becker.
Herman Becker[a)], alias Hoffeman, erit noster cives feria sexta post pentecostes, ut maneat tres annos sub pena, vidiussores: Theodoricus Voyt, Johannes Becker.[b)]

a) *folgt gestrichen:* post b) *folgt gestrichen:* dedit 20 grossos

695. *1407 Mai 27* *(Hand C) fol. 75v*
Bürgerrechtsverleihung an Nicolaus Průsche.
Item Nicolaus Průsche erit noster cives feria sexta post festum corporis Cristi, ut maneat tres annos sub pena, vidiussores: Hermannus Tastoͤrff et Johannes Birrůffer.

696. *1407 Juni 3* *(Hand C) fol. 75v*

Bürgerrechtsverleihung an Conrad Harcz.

Item feria sexta post domine in tua erit noster cives Conrad Harcz, ut maneat tres annos sub pena, vidiussores: Hans Urbech, Claus Jungel.

697. *1407 Juni 23* *(Hand C) fol. 75v*

Bürgerrechtsverleihung an Dietrich Kune.

Item feria quinta vigilia sancti Johannis erit noster cives Theodericus Kůne, ut maneat tres annos sub pena; vidiiussores: Hans Jeger et Eckardus Goszwin.

698. *1407 Juli 15* *(Hand C) fol. 75v*

Bürgerrechtsverleihung an Martin von Eger.

Item feria sexta proxima post diem Margarete erit noster cives Martinus de Egir, ut man[e]at tres annos sub pena, vidiussores: Hans Knuszil et Thederich Becker, dabunt florenum infra dies octo; dedit florenum.

699. *1407 Juli 29* *(Hand C) fol. 76r*

Bürgerrechtsverleihung an Nicolaus Grefe.

[(a]Anno ccccvii[a)] item feria sexta post Jacobi erit noster cives Nicolaus Greffe[b)], ut maneat tres annos sub pena, vidiussores: Nicolaus Scherrer et Jungel.

a-a) *über dem Eintrag* b) *über der Zeile; darunter gestrichen:* Kuchiller

700. *1407 August 26* *(Hand C) fol. 76r*

Bürgerrechtsverleihung an Johann Kune.

Item feria sexta post dominicam respice erit noster cives Johan Kůne, ut maneat tres annos sup pena, vidiussores: Tropheler, Nikolaus Ylleibin.

701. *1407 September 23* *(Hand C) fol. 76r*

Bürgerrechtsverleihung an Eitel Wernner.

Item feria sexta [post] Mauricii erit noster cives Ytel Wernner, ut maneat tres annos sup pena, vidiusor: Johann Blanckenhain.[a)]

a) *Eintrag durchgestrichen*

702. *1407 September 23* *(Hand C) fol. 76r*

Bürgerrechtsverleihung an Hans Hofemann.

Item feria sexta post Mauricii erit noster cives Hans Hoffeman ut maneat tres annos sup pena, viudiusores: Heinrich von Utenbeh et Schopphindorff.

703. *1407 September 30* *(Hand C) fol. 76r*

Bürgerrechtsverleihung an Dietrich Stufferte.

Item feria sexta proxima post Michaelis erit noster cives Theodericus Stůfferte, ut maneat tres annos sup pena, vidiussores: Nicolaus Oszmansstete et Hans Filcz; dedit florenum feria quarta proxima post Severi; burger.

704. *1407 Oktober 7* *(Hand C) fol. 76r*

Bürgerrechtsverleihung an Bertold Schorn.

Item feria sexta proxima post Francisci erit noster cives Bertold Schorn, ut maneat tres annos sub pena, vidiussores: [(a]Herman Heygendorff[a)] et Theodericus Brot et tenetur 2 florenos festo Martini.

a-a) *über der Zeile; darunter gestrichen:* Nicolaus Jungher, Hans de Gutenshusen

705. *1407 Oktober 19* *(Hand C) fol. 76r*

Bürgerrechtsverleihung an Heinrich Langgreffe.

Item Heinrich Langrafe erit noster cives feria quarta[a)] proxima post Lucem ut maneat tres annos, vidiussores: Hans Hůnchin, Conrad Fleishouwir.

a) *folgt gestrichen:* post

706. *1407 Oktober 28* *(Hand C) fol. 76r*

Bürgerrechtsverleihung an Peter Kranichfeld.

Item feria sexta Symonis et Jude erit noster cives Petir Kranchfeld, ut maneat tres annos sub pena; vidiussores: Theoderich Brot et Eckard Goszwin.

707. *1407* *(Hand C) fol. 76r*

Bürgerrechtsverleihung an Hans Otterer.

Item feria[a)] tertia[b)] Hans Otterer erit noster cives, ut maneat tres annos sub pena, vidiussores: Nicolaus Muller et Claus Aczmanstete; debet dare ½ sexagenam.

a) *folgt gestrichen:* sexta b) *fehlt Festdatierung*

708. *1407 Dezember 10* *(Hand C) fol. 76r*

Bürgerrechtsverleihung an Hermann Kruse.

Item feria sabbato post conceptionis Marie erit noster cives [(a]Herman Krůsze[a)], ut maneat tres annos sub pena, vidiussores: Hans Lutental et Martinus Bůel, dabit ½ schog Cristi.

a-a) *über der Zeile*

709. *1407 Dezember 30* *(Hand C) fol. 76r*

Bürgerrechtsverleihung an Dietrich Franke.

Item feria sexta proxima post [nativitatis] Cristi erit noster cives Theodericus Francke, ut maneat tres annos sub pena, vidiussores: Hans Jheger et Johans Brandenhayn.

710. *1407 Dezember 30* *(Hand C) fol. 76r*

Bürgerrechtsverleihung an Hans Landmann.

Item feria sexta proxima post [nativitatis] Cristi erit noster cives Hans Lantman, ut maneat tres annos sub pena, [debet dare] ½ schog.

711. *1408 Januar 10* *(Hand C) fol. 76v*

Bürgerrechtsverleihung an Albert Elsterberg.

[(a]Anno domini millesimo cccc° viii[a)] item feria tertia post Erhardi erit noster cives Albertus Alstirbirg, ut maneat tres annos sub pena, vidiussores: Theoderich Brot, Conrad Rechin.

a-a) *über der Zeile*

712. *1408 Juli 6* *(Hand C) fol. 76v*

Bürgerrechtsverleihung an Hermann Eychenberg.

Item feria sexta proxima post Petri erit noster cives Hermanus Eychinberg, ut maneat tres annos sub pena; vidiussores: Conrad Fleyshouwir et Conrad de Rechin, dabit 18 grossos.

713. *1408 Juli 6* *(Hand C) fol. 76v*

Bürgerrechtsverleihung an Heinrich von Bebra.

Item feria sexta proxima [post] Petri erit noster cives Heinrich von Bebera, ut maneat tres annos sub pena, vidiussores: Hermanus Tastorff et Rudolffus Weisz, dabit ½ schog dominica domine in tua.

714. *1408 Juli 6* *(Hand C) fol. 76v*

Bürgerrechtsverleihung an Walther Osche.

Item feria sexta post[a)] Petri erit noster cives Waltherus Osche[b)], ut maneat tres annos sub pena, vidiussores: Heinrich Rudiger et Nickilczain, dabit 35 ß.

a) *über der Zeile* b) *folgt Spatium*

715. *1408 Juli 2* *(Hand C) fol. 76v*

Bürgerrechtsverleihung an Peter Koch.

Item feria secunda proxima post Petri erit noster cives Petir Koch, ut maneat tres annos sub pena, vidiussores: Johan Brandenhayn et Nicolaus de Cruczeburg.

716. *1408 Februar 17* *(Hand C) fol. 76v*

Bürgerrechtsverleihung an Hans Müller.

Item feria sexta post Valentini erit noster cives Hans Můller, ut maneat tres annos sub pena, vidiussores: Meczinrad et Johan Jheger.

717. *1408 Februar 17* *(Hand C) fol. 76v*
Bürgerrechtsverleihung an Heinrich Zimmermann.
Item feria sexta post Valentini erit noster cives Heinrich Czimmerman, ut maneat tres annos, vidiussores: Heinrich Velkener et Nicolaus Salczman.

718. *1408 Februar 17* *(Hand C) fol. 76v*
Bürgerrechtsverleihung an Hans Hoenrode.
Item feria sexta post Valentini erit noster cives Hans Hůnrade, ut maneat tres annos, vidiussores: Heinrich Velkener et Heinrich Czymerman.

719. *1408 Februar 24* *(Hand C) fol. 76v*
Bürgerrechtsverleihung an Hermann Schappel.
Item [(a]feria sexta in [vigilia] Mathei[a)] Herman Schappel erit noster cives, ut maneat tres annos sub pena, vidiussores: Hans Beckir, Theodericus Void.

a-a) *über der Zeile*

720. *1412 Juni 17* *(Hand E) fol. 76v*
Schuldanerkenntnis des Hans Hericz und seiner Frau gegenüber dem Juden Czenner.
[(a]Anno domini mº ccccº xiiº [a)] item am fritage noch Viti ist komen Hans Hericz unde sin wirtynne unde habin bekant, daz su Czenner, jodin, unde erbin schuldig sin 10 sexagenas 4 groschen unde gesuche, dovor habin su gesaczt or huz unde or erbe, nicht czů vorkouffene, Czenner sÿ denne deme entlediget unde beczald.

a-a) *über dem Eintrag*

721. *1408 März 9* *(Hand C) fol. 77r*
Bürgerrechtsverleihung an Friedrich Glune.
Item feria sexta quatuor temporum [ante] reminiscere erit noster cives Frederich Glůne, ut maneat tres annos sub pena, vidiussores: Hans Wymar et Herman Schappel, dabit 2 talenta infra virczen tage.

722. *1408 März 9* *(Hand C) fol. 77r*
Bürgerrechtsverleihung an Hans Musschote.
Item eodem die erit noster cives Hans Musschote, ut maneat tres annos sub pena, vidiussores: Conrad von Rechin et Eckhard Goszwin, dabit 2 talenta.

723. *1408 März 9* *(Hand D) fol. 77r*
Bürgerrechtsverleihung an Hans Blumenschin.
Item eodem die erit noster cives Hans Blůmenschin, ut maneat tres annos sub pena, vidiussores: Hans Bůler, Hans Lutental, dabit per[a)] virczen tag 1 talentum.

a) *über der Zeile*

724. 1408 März 30 *(Hand C) fol. 77r*

Bürgerrechtsverleihung an den Stadtschreiber Nicolaus von Creuzburg.

Item feria sexta proxima post unszir frouwin tag, genant der Kliben, erit noster cives Nicolaus de Crůczebůrg, notarius civitatis, ut maneat tres annos sub pena, vidiussores: Hans Brandenhayn unde Claus Muller.

725. 1408 März 30 *(Hand C) fol. 77r*

Bürgerrechtsverleihung an Johann Wetige.

Item feria sexta eodem die erit noster cives Johan Wetich, ut maneat tres annos sub pena, vidiussores: Hans Brandenhayn, Johan Flurstete.

726. 1408 März 30 *(Hand C) fol. 77r*

Bürgerrechtsverleihung an Heinrich von Alach.

Item feria sexta eodem die erit noster cives Heinrich von Alch, ut maneat tres annos sub pena, vidiussores: Claus Scherer, Claus Frolich.

727. 1408 April 18 *(Hand C) fol. 77r*

Bürgerrechtsverleihung an Claus Wenige.

Clauwes Wenige quarta feria post festum pasce erit noster cives [(a]tenetur ½ sexagenam[a)].

a-a) *durchgestrichen*

728. 1408 April 25 *(Hand C) fol. 77r*

Bürgerrechtsverleihung an Heinrich Meler.

Heinrich Meler quarta post Georgii erit noster cives [tenetur] ½ sexagenam.

729. 1408 Mai 4 *(Hand C) fol. 77r*

Bürgerrechtsverleihung an Claus Doner.

Item feria sexta post invencionem sancte crucis erit noster cives Claus Doner, ut maneat tres annos sub pena, vidiussores: Heinrich Treffeler, Ditherich Brott, sub anno viii°; [(a]dabit 24[b)] grossos[a)].

a-a) *durchgestrichen* b) *korrigiert aus:* 21½

730. 1413 November 17 *(Hand E) fol. 77r*

Peter Kranichfeld verpfändet seinen Besitz an Peter Wolff und den Juden Czenner.

[(a]Anno domini m° cccc° xiii° [a)] am fritage nach sancte Mertins tage had Petir Krangfeld ingesaczt alle syne habe, gesucht adir ungesucht, Petir Wolffe unde Czenner, vor 9 sexagenis grossorum.

a-a) *über dem Eintrag*

731. *1415 Mai 31* *(Hand E) fol. 77r*
Die Ebirhardin verpfändet Ackerland an Peter Wolff.
(aAnno domini m° cccc° xv° a) am fritage nach Urbani had dii Ebirhardin ingesaczt Petir Wolffe 7 virtel ackers vor 1 malder haffern, on zcu entnemen uff Michaelis ane sin schadin.

a-a) *über dem Eintrag*

732. *1408 Mai 4* *(Hand D) fol. 77v*
Bürgerrechtsverleihung an Hermann Zcyrolff.
Item[a)] feria sexta post invencionem sancte crucis erit noster cives Herman Zcyrolff, ut maneat tres annos, vidiussores: Hans Borgil et Hans Lutental, (btenetur 18 grossos[b)].

a) anno domini *am oberen Blattrand* b-b) *durchgestrichen*

733. *1408 Mai 1* *(Hand D) fol. 77v*
Bürgerrechtsverleihung an Peter Wolff.
Item feria tertia post dominicam misericordia domini erit noster cives Peter Wolff, ut maneat tres annos sub pena, vidiussores: Ebirhard Karlstad et Frederich Ylmenicz, dabit 36 grossos.

734. *1408 Mai 11* *(Hand D) fol. 77v*
Bürgerrechtsverleihung an Giseler vom Hain.
Item sexta post jubilate erit noster cives Gyseler vom Hayn sub pena, vidiussores: Heinrich Goel et meyster Seman.

735. *1408 Juni 8* *(Hand D) fol. 77v*
Bürgerrechtsverleihung an Heinrich Dromnicz.
Heinrich Dromnicz erit noster cives sexta ante penthecosten; geschosz: 1 mark; vidiussores: Heinrich Treffeler, Heinrich Felkener, ut maneat tres annos.

736. *1408 Oktober 5* *(Hand D) fol. 77v*
Bürgerrechtsverleihung an Erhart Lewe.
Feria sexta post Francisci[a)] erit noster cives Erhart Lewe, ut maneat tres annos sub pena, vidiussores: Conrad Fleyshower, Echart Goswin.

a) *in der Vorlage:* Francissi

737. *1408 Oktober 23* *(Hand D) fol. 77v*
Bürgerrechtsverleihung an Johann Sachsenhausen.
(aSequente die Severi[a)] erit noster cives Johannes Sachszinhusin sub pena, vidiussores: (bSmalcz et Felkener[b)], ut maneat tres annos; (ctenetur 3 mandiln[c)].

a-a) *über der Zeile; darunter gestrichen:* feria sexta post Luce ewangeliste b-b) *unter der Zeile*
c-c) *durchgestrichen*

738. *1408 Oktober 19* *(Hand D) fol. 77v*

Bürgerrechtsverleihung an Claus Hertwig.

Feria sexta post Luce erit noster cives Claus Hertwig, ut maneat tres annos, vidiussores: Heinrich Tichman, Claus Ylleybin; [(a]tenetur 3 mandiln[a)]; 1/2 sexagenam debeo registrare.

a-a) *durchgestrichen*

739. *1408 Oktober 23* *(Hand D) fol. 77v*

Bürgerrechtsverleihung an Hans Marolt.

Feria tertia post Severi erit noster cives Hans Marolt sub pena, vidiussores: ut maneat tres annos; Spangenberg et Claus Wenige; [(a] ½ sexagenam tenetur[a)] burger recht; terminus: sexta per octo dies.

a-a) *durchgestrichen*

740. *1416 Februar 11* *(Hand E) fol. 77v*

Hans Döbritschen verpfändet Ackerland bei Elleben.

[(a]Anno domini m° cccc° xvi° [a)] am dinstage nach Dorothe had vor uns ingesaczt Hans Dobirsche unde syne erbin andirthalb acker, gelegin in deme wenyngen felde by Elleiben, Meigerodin unde sin erbin vor 2 guldin unde 8 groschen unde gesuch.

a-a) *über dem Eintrag*

741. *1408 Oktober 26* *(Hand D) fol. 78r*

Bürgerrechtsverleihung an Heinrich Glune.

Fferia sexta post Severi erit noster cives Heinrich[a)] Glune, ut maneat tres annos sub pena, vidiussores: Borgil et Hans Lutental; ½ sexagenam tenetur predicti vidiussores.

a) *über der Zeile; darunter gestrichen:* Hans [Glune]

742. *1408 November 2* *(Hand D) fol. 78r*

Bürgerrechtsverleihung an Hans Scheczel.

Fferia sexta post omnium sanctorum erit noster cives Hans Scheczel, carnifex, ut maneat tres annos sub pena, vidiussores: Theodericus Broyt, Nicolaus Ylmenicz; tenetur 36[a)] grossos; predicti sunt locuti pro 36[a)] grossis.

a) *durchgestrichen*

743. *1408 November 2* *(Hand D) fol. 78r*

Bürgerrechtsverleihung an Heinrich vom Nobis.

Fferia sexta post omnium sanctorum erit noster cives Heinrich vome Noͤbis, ut maneat tres annos sub pena, vidiussores: Heinrich Gael, Claus Schroter; [(a]tenetur 15 grossos[a)].

a-a) *durchgestrichen*

744. *1408 November 25* *(Hand D) fol. 78r*

Bürgerrechtsverleihung an Hermann Steindorf.

In die Katherine erit noster cives Herman Steyndorff, ut maneat [tres annos], dabit ½ sexagenam groszin a[n]tiquorum.

745. *1408 Dezember 7* *(Hand D) fol. 78r*

Bürgerrechtsverleihung an Hermann Franke.

Fferia sexta post Nicolai erit noster cives Herman Franke, ut mane[a]t tres annos sub pena, vidiussores: Heinrich Felkener, Conrad Rechin, dabit[a)] 20 grossos antiquos.

a) dedit *über der Zeile*

746. *1409 Januar 4* *(Hand D) fol. 78r*

Bürgerrechtsverleihung an Hans Goßwin.

Fferia[a)] sexta post circumcisionis erit noster cives Hans Goszwin, ut maneat tres annos sub pena, vidiussores: Echart Goszwin, Conrad vomme Gehow, dabit [(b] ½ sexagenam[b)].

a) *die ersten fünf Worte des Eintrags über der Zeile wiederholt* b-b) *durchgestrichen*

747. *1416 Mai 8* *(Hand E) fol. 78r*

Claus Rothe verpfändet Haus und Hof an den Juden Isaak.

Anno domini m° cccc° xvi° am fritage nach Walpurgis ist komen in eyn siczindin rad Claus Rode unde had ingesaczt sin huz unde hoff Ysacke, jodin, unde synir wirtynne vor 5 rinsche guldin unde gesuch.

748. *1412 Februar 1* *(Hand E) fol. 78v*

Schuldvereinbarung zwischen Hans Döbritschen und dem Juden Czenner.

Anno domini m° cccc° xii° am montage vigilie purificationis Marie ist komen in eyn siczindin rad Hans Dobirsche unde had mid Czenner gerechent unde blibit ome schuldig 33 sexagenas aldir groschen unde sal uff 11 sexagenas nicht gesuch gebin unde sal ome die summe groschen beczale uf mittefastin; thud er des nicht, so had her sich vorkort, uff ein thor czu gehene. Item Dobirsche had Czener gegebin 10 sexagenas.[a)]

a) *Eintrag durchgestrichen*

749. *1409 Februar 6* *(Hand D) fol. 78v*

Bürgerrechtsverleihung an Hans Limperg.

Feria quarta post purificationis Marie erit noster cives Hans Lymperg, ut maneat tres annos sub pena, vidiussores: Heinrich Kruse, Heinrich Heynel, dabit[a)] 20[b)] grossos.

a) dedit *über der Zeile* b) *davor* ½ sexagenam *gestrichen*

750. 1409 Februar 8 *(Hand D) fol. 78v*

Bürgerrechtsverleihung an Reinhard von Orlamünde.

Feria sexta post Dorothee erit noster cives Reynhart von Orlamynde, ut maneat tres annos sub pena, vidiussores: Herman Arczt, Hans Honchin, dabit ½ sexagenam.

751. 1410 August 1 *(Hand E) fol. 78v*

Hedwig Beme verpfändet Haus und Hof an den Juden Juda.

[(a]Anno x[o] [a)] am fritage[b)] an sancte Petirs tage ad vincula ist komen Hedewig Behemen mid oren nehistin kindere formundin [(c]Heinrich Toppher[c)] in ein siczindin rat unde[d)] had do gesaczt hůz unde hoff zcu eyme rechtin phande Juda, jodin, vor 9 sexagenis aldir groschin, unde das geld sal stehe uff sancte Michils tag ane gesuch unde geverde.

a-a) *über dem Eintrag* b) *folgt gestrichen:* noch c-c) *über der Zeile* d) *über der Zeile*

752. 1411 Februar 13 *(Hand E) fol. 78v*

Ludwig Voit verzichtet alle Ansprüche an den an Döbritschen verkauften Gütern.

[(a]Anno xi[o] [a)] am fritage nach sancte Dorotheen tage ist komen Lodewig Voit in ein siczindin rat unde hat sich volczogin huz unde hoffis unde alles ackirs, das her [Hans] Dobirschen vorkoufft had unde das wil he nymer angespreche noch syne frunde, nemelichen [(b]den halbin[b)] hoff [(c]unde huz[c)], gewest Osannen Voit, unde nemelichen 11½ ackir, gelegin in dem flure zcu Wymar.

a-a) *über dem Eintrag* b-b) *über der Zeile; darunter gestrichen:* das huz unde c-c) *über der Zeile*

753. 1411 Februar 26 *(Hand E) fol. 78v*

Claus Wunne verpfändet Ackerland in der Flur zu Weimar.

Am dornstage noch esto michi ist komen Claus Wunne in ein siczindin rat unde hat Jorgin Gumpprecht unde syme brudir gesaczt 2½ ackir, gelegin in deme flure zcu Wymar, vor 5 sexagenis groschen unde vor fumff scheffel korns pro nativitatis Cristi.

754. 1409 April 26 *(Hand D) fol. 79r*

Bürgerrechtsverleihung an Gunther Heringer.

[(a]Anno m[o] cccc[o] nono[a)] feria sexta proxima post Marci erit noster cives Gunther Heringer, ut maneat tres annos, vidiussores: Heinrich[b)] Hoyne, Heinrich Krusze; debit 37 grossos.[c)]

a-a) *am oberen Blattrand* b) *über der Zeile* c) dedit *am linken Rand*

755. 1409 Mai 17 *(Hand D) fol. 79r*

Bürgerrechtsverleihung an Hans Konig.

Feria sexta proxima post ascensionis domini erit noster cives Hans Konig, ut maneat tres annos sub pena, vidiussores: Herman Tastorff unde Herman Brůtegam; dabit 24 groschen.[a)]

a) dedit *am linken Rand*

756. *1409 August 2* *(Hand D) fol. 79r*
Bürgerrechtsverleihung an Claus Rothe.
Feria sexta post vincůla Petri erit noster cives Clauwes Rote, ut maneat tres annos sup [!] pena, vidiussores: Hans Schilingen, Heinrich Trebir; dabit 1 schog infra dies octo.

757. *1409 September 20* *(Hand D) fol. 79r*
Bürgerrechtsverleihung an Hans Becker.
Feria sexta quatuor temporum crůcis erit noster cives Hans Becker, ut maneat tres annos.

758. *1409 Oktober 18* *(Hand D) fol. 79r*
Bürgerrechtsverleihung an Claus Schroter.
Feria sexta proxima post Borghard erit noster cives Clauwez Schroter, ut maneat tres annos sub pena, vidiussores: Hans Swarcz, Conrad vom Gehouw; ([a]dabit 50 grossos.[a])

a-a) *durchgestrichen*

759. *1409 Oktober 24* *(Hand D) fol. 79r*
Bürgerrechtsverleihung an Fritz Glocke.
Item feria quinta ante Symonis et Jude erit noster cives Frycze Glocke, ut maneat tres annos sub pena, vidiussores: Claus Jůngel, Hans Eyleleib; dabit ½ schog.

760. *1409 Oktober 29* *(Hand D) fol. 79r*
Bürgerrechtsverleihung an Hans Snider von Arnstadt.
Item feria tertia post Symonis et Jude erit noster cives Hans Snyder de Arnstete, ut maneat tres annos sub pena, vidiussores: Hans Swarcze, Conrad vom Gehouw.[a]

a) *Eintrag durchgestrichen*

761. *1409 November 8* *(Hand D) fol. 79r*
Bürgerrechtsverleihung an Peter von Koyngisse.
Item feria sexta post omnium sanctorum erit noster cives Petir von Koyngisse, ut maneat tres annos sub pena, vidiussores: Claus Nail, Giszeler von Hayn; dabit ½ sexagenam bie virczen tagen.

762. *1409 November 1* *(Hand D) fol. 79r*
Bürgerrechtsverleihung an Hans von Arnstadt.
Item feria sexta post Symonis et Jude erit noster cives Hans von Arnstete, ut maneat tres annos sub pena, vidiussores: Hans Swarcze, Conrad vom Gehouw; dabit 26 grossos.

763. *1409 Dezember 20* *(Hand D) fol. 79r*
Bürgerrechtsverleihung an Hans Voit von Milda.
Item feria sexta proxima post Lucie erit noster cives Hans Voit von Můlde, ut maneat

tres annos sub pena, vidiiussores: Hans Knůszel, Hans Wickerstete; dabit 1 sexagenam nativitatis Cristi.[a)]

a) dedit *am linken Rand*

764. *1410 April 25* *(Hand D) fol. 79v*

Bürgerrechtsverleihung an Claus Kranichfeld.

([a]Anno m°cccc°x° [a)]) item in die Marci erit noster cives Claus Krangfelt, ut maneat tres annos sub pena, vidiiussores: Herman Holczhusen, Hans Strincz; dabit ½ sexagenam.

a-a) *am oberen Blattrand*

765. *1410 Mai 9* *(Hand D) fol. 79v*

Bürgerrechtsverleihung an Hans Fache.

Item feria sexta proxima ante phentecostes erit noster cives Hans Ffache, ut maneat tres annos sub pena, vidiussores: Heinrich Troppheler, Herman Arczet; dedit ½ sexagenam.

766. *1410 Mai 10* *(Hand D) fol. 79v*

Bürgerrechtsverleihung an Hans Ilmenicz.

Item[a)] vigilia phentecostes erit noster cives Hans Ylmenicz, ut maneat tres annos sub pena, vidiussores: Heinrich Trebir, Fredrich Ylmenicz, dabit ½ sexagenam infra[b)] virczen tagen.

a) *folgt gestrichen:* feria sabbato b) *über der Zeile*

767. *1410 Juli 22* *(Hand E) fol. 79v*

Bürgerrechtsverleihung an Hans Suntag.

([a]Anno x° [a)]) item am dinstage am Maria Magdalenen tag ist unser burgir wurdin Hans Suntag, das her blibe 3 jar, do ist burge wůrdin Ditherich Voit, Heinrich von Wida.

a-a) *über dem Eintrag*

768. *1410 August 8* *(Hand E) fol. 79v*

Bürgerrechtsverleihung an Conrad Becher.

Item am ffritage in die Ciryiacii ist unser burgir wurdin Conrad Bechirer, das her blibe dry jare, do ist burge wurdin Herman Tostorff, der alde, unde Heinrich Stede.

769. *1410 August 8* *(Hand E) fol. 79v*

Bürgerrechtsverleihung an Heinrich Kucz.

Idem die Heinrich Kucz ist unser burgir wurdin, das her dry jar blibe, do ist burge wurdin Conrad Fleischouwir unde Berld von Deinsted.

770. *1410 August 29* *(Hand E) fol. 79v*
Bürgerrechtsverleihung an Hermann Rouber.
Item am fritage nach Bartholomei ist unser burger wurdin Herman Rouber unde, das her blibe dry jare, do ist burge wurdin Hans Flurstete, Heinrich Apels.

771. *1410 Oktober 10* *(Hand E) fol. 80r*
Bürgerrechtsverleihung an Dietrich Wolnner.
([a]Anno x^{o} [a]) Ditherich Wolnner ist unser burger wordin am fritage nach Franciscii, das her drye jar siczt, dovor ist burge Flurstete unde Eckart Goswin.

a-a) *am oberen Blattrand*

772. *1410 Oktober 17* *(Hand E) fol. 80r*
Bürgerrechtsverleihung an Conrad Bagke.
Am fritage noch Galli ist unser burger wordin Conrad Bagke, das her drye jar siczt, dovor ist burge Rudolff Weyse unde Hans Spangenberg.

773. *1410 Oktober 31* *(Hand E) fol. 80r*
Bürgerrechtsverleihung an Claus Arnold.
Am fritage noch Symonis et Jude ist unser burger wordin Claus Arnold, das her dry jare buwelich sicze, dovor ist burge Heinrich Felkenner, Jocoff Smed.

774. *1410 Oktober 31* *(Hand E) fol. 80r*
Bürgerrechtsverleihung an Hermann Toppeler.
An deme selbin tage ist unser burgir wurdin Herman Toppeler, das her dry jare buwelich sicze, dovor ist burge Rudolff Weysze unde Herman Steindorff.

775. *1410 Oktober 31* *(Hand E) fol. 80r*
Bürgerrechtsverleihung an Hans Franke.
Am selbin tage ist unser burger wurdin Hans Francke, das her dry jare buwelich sicze, dovor ist burge Claus Wolnner, Nicolae Cruczeburg.

776. *1410 November 8* *(Hand E) fol. 80r*
Bürgerrechtsverleihung an Otto von Pegau.
Am sunabinde vor Martyni ist unser burgir wurdin Otte von Pegouwe, das her dry jare buwelich sicze, dovor ist burge Claus Lutentail, Hans Lutentail.

777. *1410 November 8* *(Hand E) fol. 80r*
Bürgerrechtsverleihung an Claus Wunne.
Am selbin tage ist unser burgir wurdin Claus Wunne, das her dry jar buwelich sicze, dovor ist burge Conrad Fleischouwir, Flurstete.[a]

a) *Eintrag durchgestrichen*

778. *1410 November 8* *(Hand E) fol. 80r*

Bürgerrechtsverleihung an Hans Steindorff.

Am selbin tage ist unser burger wůrdin Hans Steindorff, das her dry jar buwelich sicze, dovor ist burge Herman Steindorff unde Hůnchin.

779. *1410 November 8* *(Hand E) fol. 80r*

Bürgerrechtsverleihung an Hermann Grefe.

Hermann Greffe ist unser burgir wurdin, dovor ist burge Ditherich Voit, Claus Richinbach, dry jar buwelich zcu siczene.

780. *1410 November 14* *(Hand E) fol. 80r*

Bürgerrechtsverleihung an Hans Wingkil.

Am fritage noch Martini ist unser burgir wurdin Hans Wingkil, dovor ist burge wurdin Hans vom Hayne, Egkart Goswin, dry jar buwelich zcu siczene.

781. *1410 November 21* *(Hand E) fol. 80v*

Bürgerrechtsverleihung an Erhart Bischof.

[(a]Anno x[o] [a)] am fritage nach sancte Elisabeten tage ist unser burgir wurdin Erhart Bischoff, das her dry jar buwelich sicze, dovor ist burge wurden Hans Schilling, Claus Wunne.

a-a) *am oberen Blattrand*

782. *1410 Dezember 6* *(Hand E) fol. 80v*

Bürgerrechtsverleihung an Claus Wetige.

Am sunobinde an sancte Niclaustage ist unser burgir wurdin Claus Wetige, das her dry jar buwelich sicze, dovor ist burge wurdin Hans Spangenberg unde Herman Steindorff.

783. *1410 Dezember 17* *(Hand E) fol. 80v*

Bürgerrechtsverleihung an Dietrich Wochouwe.

Am mittewochin noch Lucie ist unser burgir wurdin Ditherich Wochouwe, das her dry jar blibe, dovor ist burge Heinrich Rudiger, Conrad Fleischouwir.

784. *1410 Dezember 30* *(Hand E) fol. 80v*

Bürgerrechtsverleihung an Dietrich Sydinswancz.

[(a]Anno xi[o] [a)] am dinstage noch nativitatis Cristi ist unser burger wordin Ditherich Sydinswancz, das her[b)] dry jare blibe, dovor ist burge Eckart Goswin, Petir Botener.

a-a) *über dem Eintrag* b) *in der Vorlage:* jer

785. *1410 Dezember 30* *(Hand E) fol. 80v*

Bürgerrechtsverleihung an Dietrich Keyser.

[(a]Anno xi^{o} [a)] am selbin tage ist unser burger wurdin Ditherich Keysszer, das her dry jar blibe.

a-a) *über dem Eintrag*

786. *1410 Dezember 30* *(Hand E) fol. 80v*

Bürgerrechtsverleihung an den Stadtschreiber Heinrich Funcke.

Idem die ist unser burger wurdin Heinrich Fůncke, unser geswornner schribir.

787. *1411 Februar 6* *(Hand E) fol. 81r*

Bürgerrechtsverleihung an Waldendorff.

[(a]Anno domini m^{o} cccc^{o} xi^{o} [a)] sexta post purificationis Marie ist unser burger wurdin Waldindorff, ut maneat tres annos, dovor ist burge Claus Elleiben, Apecz Smalcz.[b)]

a-a) *am oberen Blattrand* b) tenetur 30 grossos *am rechten Rand*

788. *1411 Februar 27* *(Hand E) fol. 81r*

Bürgerrechtsverleihung an Claus Rysenner.

Sexta post Petri cathedra ist unser burger wurdin Claus Rysenner, ut maneat tres annos, dovor ist burge Herman Heigendorff, Fricze Ilmennicz.[a)]

a) dabit 15 grossos *am rechten Rand*

789. *1411 April 3* *(Hand E) fol. 81r*

Bürgerrechtsverleihung an Heinrich Reynhard.

Am fritage nach Judica ist unser burger wůrdin Heinrich Reynhard, ut maneat tres annos, dovor ist burge Eckart Goswin, Urbech.[a)]

a) tenetur 24 grossos *am linken Rand*

790. *1411 April 17* *(Hand E) fol. 81r*

Bürgerrechtsverleihung an Claus Muller von Vogelsberg.

Am fritage nach resurrexi ist unser burger wurdin Claus Muller von Voilsburg, ut maneat tres annos, dovor ist burge Hans Wymar, Claus Frolich.[a)]

a) tenetur 1 sexagenam, dabit 2 florenos *am linken Rand*

791. *1411 April 17* *(Hand E) fol. 81r*

Bürgerrechtsverleihung an Jacob Korsenner.

An deme selbin tage ist unser burger wurdin Jocoff Korsenner, ut maneat tres annos, dovor ist burge[a)] Heinrich Webir, Heinrich Clingenner.

a) *in der Vorlage:* burger

792. *1411 September 18* *(Hand E) fol. 81r*

Bürgerrechtsverleihung an Heinrich Wisseling.

Am fritage noch crucis ist unser burger wurdin Heinrich Wisseling, ut maneat tres annos; burge: Heinrich Felkenner, Limpperg.[a)]

a) tenetur 30 grossos *am linken Rand*

793. *1411 September 18* *(Hand E) fol. 81r*

Bürgerrechtsverleihung an Hans Haine.

Idem die ist unser burger wurdin Hans Hayne, ut maneat tres annos, burge: junge Hunrod, Claus Beckir.[a)]

a) tenetur 30 grossos *am linken Rand*

794. *1411 Mai 15* *(Hand E) fol. 81v*

Bürgerrechtsverleihung an Conrad Harcz.

[(a]Anno xi° [a)] am fritage nach cantate ist unser burger wordin Conrad Harcz, das her dry jar buwelich sicze, burge: Lorencze Korsenner, Vuruge.[b)]

a-a) *am oberen Blattrand* b) dabit 30 grossos *am linken Rand*

795. *1411 Juni 19* *(Hand E) fol. 81v*

Bürgerrechtsverleihung an Claus Brumme.

Am fritage nach sancte Vitis tage ist unser burger wurdin Claus Brumme, das her drye jar blibe buwelichin, burge: Ditherich Brot, Heinrich Apels.[a)]

a) tenetur 30 grossos *am linken Rand*

796. *1411 Juli 31* *(Hand E) fol. 81v*

Bürgerrechtsverleihung an Claus Fride.

Claus Fride ist unser burger wordin am fritage nach Jacobi, das her dry jare blibe, burge: Hans Hunchin, Hans Blumenschin.[a)]

a) tenetur 30 grossos *am linken Rand*

797. *1411 August 9* *(Hand E) fol. 81v*

Bürgerrechtsverleihung an Conrad Willerstet.

Am suntage nach Ciriaci ist unser burger wurdin Cu[n]rad Willirste, das her dry jar buwelich sy, burge: Eckart Goswin, Heinrich Czymmerman.[a)]

a) tenetur 30 grossos *am linken Rand*

798. *1411 August 28* *(Hand E) fol. 81v*

Bürgerrechtsverleihung an Heinrich Krumpmůͤl.

Am fritage nach Bartholomei ist unser burger wurdin Heinrich Krumpmůl, das her dry jar buwelich sicze, burge: Claus Jůͤngel, Fricze Ilmmenicz.[a)]

a) tenetur 30 grossos *am linken Rand*

799. *1411 Oktober 23* *(Hand E) fol. 81v*

Bürgerrechtsverleihung an Claus Mattstedt.

Am fritage nach sancte Severs tage ist unser burger wurdin Claus Matstete, eyns burgers son.

800. *1411 Oktober 23* *(Hand E) fol. 81v*

Bürgerrechtsverleihung an Dietrich Karp.

Idem die ist unser burger wordin Ditherich Karppe, eyns burgers son.

801. *1411 Oktober 23* *(Hand E) fol. 81v*

Bürgerrechtsverleihung an Gunther Houbit.

Idem die ist unser burger wurdin Gunthir Houbit, ut maneat tres annos, burge: Nicolae Cruceburg, Hans vom Hayne.[a)]

a) tenetur 20 grossos *am linken Rand*

802. *1411 November 7* *(Hand E) fol. 81v*

Bürgerrechtsverleihung an Christian Herczouge.

Am sunobinde nach allir heiligin tage ist unser burger wurdin Kirstan Herczouge, das her dry jare buwelich sycze, burge: Claus Elleiben, Hans Kůne.

803. *1411 Dezember 15* *(Hand E) fol. 81v*

Bürgerrechtsverleihung an Hans Doneffeld.

Am dinstage nach Lucie ist unser burger wordin Hans Doneffeld, ut maneat tres annos, burge: Ditherich Brot, Petir Pheffelbach.

804. *1443* *(Hand F) fol. 82r-82v*

Verzeichnis der Ratsherren und Inhaber der Ratsämter im Geschäftsjahr 1443.[1)]

Anno domini millesimo cccc^{o} xl^{mo} tercio ratesmeistere gekorn: Claus Doner, Hans Bottelstete; rathlůte: Hans Mencze, Jocůff Scherwisz, Herman Vache, Hans Wagker; viere von der gemeyne: Ticzel Bischůff, junge Hans Louwer, Curt Groitzsch, Hans Hophener; camerere: Hans Mencze, Jocůff Snider; wynmeistere: Curt Lechtenauwe, junge Hans Louwer; zcolner: Hans Wagker; stadtvoit: Hans Crůse; buwemeister: Hermann Vache[a)]; | wachemeister: Curt Groitzsch, Hans Hophener; bruwemeister, martmeister, obirsehir der fleischauwere und der bekere: Ticzel Bischůff; lottenmeister: die viere von der gemeyne, itzlicher in synem virtel; wogemeister: Curt Groitzsch.[b) 2)]

Druck: A. L. J. MICHELSEN, Auszüge aus einem Weimarischen Stadtbuche, S. 265 f.

a) *folgt gestrichen:* Cůrt Groitzsch, Hans ...

1) *Vgl. W. HUSCHKE, Ratslisten, S. 30.*

2) *Die Nrr. 804-806 befinden sich auf einer eingeklebten halbbrüchigen Lage.*

805. *1445* *(Hand F) fol. 83r-83v*

Verzeichnis der Ratsherren und Inhaber der Ratsämter für das Geschäftsjahr 1445.[1)]

Anno domini m° quadringentesimo quadragesimo quinto ratesmeistere gekorn: Hans Houbt, Claus Herre; rathlůte: Hans Loischan, Heinrich Hafferkůl, Hanns Hildegůnt, Hanns Walbrůn; von der gemeyne: Ditherich Wolner, Hans Hophener, Claus Weisze, Fritzsche Bulczing; cammerer: Hanns Loischan, Heinrich Hafferkůl; wynmeister: Hanns Hildegůnt, Hanns Walbrůn; statvoit: Hanns Crůse; zcolner: Hans Wagker; bůwemeistere: Fritzsche Bilczing; martmeistere unde ubersehir fleischer und begker: Claus Weisse; wachemeister: Hans Hophner, Ditherich Wolner; | bruwermeister: Claus Weisze.

Druck: A. L. J. MICHELSEN, Auszüge aus einem Weimarischen Stadtbuche, S. 266.

1) *Vgl. W. HUSCHKE, Ratslisten, S. 30.*

2) *Vgl. Stadtbuch, Nr. 804, Anm. 2. Folgt eingeklebter Zettel mit den folgenden Notizen:*

1. Rudiger Korssener ist gefrait eyner der orteil setczet ubir eynen geczug, des er sich vor den amptluten vorkoret hat, wie er die orteil lassin sulle, das er deme gerichte gnug thů, dy wile dii eide nicht entheischet sint vor gerichte unde vor geheiter bang, so blibet ers ane wandil unde teiln furdir darubir nicht.

2. Ditherich Voit ist gefrait eyner der eynen geczug setczet ubir den andirn [*folgt gestrichen:* was myn herre rechtis an deme habe] unde mit deme ersten fellig wurden ist, was myn herre rechtis an deme habe unde wii er den ersten geczug lassin sulle, das deme gerichte gnug geschee, ist der fellig wurden mit dem gezcuge, des er sich vor romet had vor gerichte und geheiter dingkbangk [*folgt gestrichen:* item zců gedengken Giselers unde Curt Sniders sache] des bosse ist ein frefil 28 denarii.

3. Item ab eyner eyn sluge uff sin můl unde den furtjagete; item czu gedengkene Giselers unde Curd Sniders sache.

806. *1444* *(Hand F) fol. 86r*

Verzeichnis der Ratsherren und Inhaber der Ratsämter für das Geschäftsjahr 1444.[1)]

Anno domini et cetera quadragesimo quarto ratesmeister gekorn: Claus Begker, Mathis Walthman; ratlute: Ticzel Schriber in der Breytengaszen, Herman Hildegůnt, Ticzel Loůwer, Nickel Lichtewerg; von der gemeyne: Hans Walbrůne, Mertin Schoteworffel, Claus Engke, Peter Mosze; cammerer: Herman Hildegůnt, Nickel Lichtewerg; wynmeistere: Ticzel Schriber, Hans Walbrun; statvoit: Hans Crusze; zcolner: Hans Wagker; bůwemeister: Claus Engke; martmeister, oberseher der fleischouwer und der begker: Mertin Schoteworffel; wachemeister: Mertin Schoteworffel, Peter Mosze; bruwermeister: Ticzel Louwer.[2)]

Druck: A. L. J. MICHELSEN, Auszüge aus einem Weimarischen Stadtbuche, S. 266.

1) *Vgl. W. HUSCHKE, Ratslisten, S. 30.*

2) *Vgl. Stadtbuch von 1380, Nr. 804, Anm. 2.*

807. *1412 Januar 8* *(Hand E) fol. 87r*

Bürgerrechtsverleihung an Hans Walschleben.

[(a]Anno domini m° cccc° xii°[a)] am fritage an sancte Erhardis tage ist unser burger wurdin Hans Walchsleiben, ut maneat tres annos, burge: Gebeser, Lorence.

a-a) *am oberen Blattrand*

808. *1412 Januar 8* *(Hand E) fol. 87r*
Bürgerrechtsverleihung an Claus Weise.
Idem die ist unser burger wordin Clauwes Weyse.

809. *1412 Januar 8* *(Hand E) fol. 87r*
Bürgerrechtsverleihung an Hans Müller.
Idem die ist unser burger wurdin Hans Muller, ut maneat tres annos, burge: Heinrich Trouffeler, Claus Ornold.

810. *1412 Februar 19* *(Hand E) fol. 87r*
Bürgerrechtsverleihung an Hermann Hergot.
Am[a)] fritage post cinerem ist unser burger wordin Herman Hergot, ut maneat tres annos, burge: Petir Eringestorff, Petir Wolff.

a) *korrigiert aus:* im

811. *1412 Februar 19* *(Hand E) fol. 87r*
Bürgerrechtsverleihung an Heinrich Apel.
Idem die ist unser burger wordin Heinrich Apels der junge, eyns burgers son.

812. *1412 Februar 19* *(Hand E) fol. 87r*
Bürgerrechtsverleihung an Claus Rinderczail.
Idem die ist unser burger wordin Claus Rindirczail, ut maneat tres annos, burge: Claus Habenicht, Petir Eringestorff.

813. *1412 Februar 19* *(Hand E) fol. 87r*
Bürgerrechtsverleihung an Hans Mulich.
Idem die ist unser burger wurdin Hans Můlich, eins burgers son.

814. *1412 April 9* *(Hand E) fol. 87r*
Bürgerrechtsverleihung an Dietrich Cziffelbach.
Am sunabinde noch ostern ist unser burger wordin Ditherich Cziffelbach, ut maneat tres annos, burge: Heinrich Felkenner, Hans Knůszel.[a)]

a) 50 groschen *am linken Rand*

815. *1412 Mai 2* *(Hand E) fol. 87r*
Bürgerrechtsverleihung an Claus Hoenrode.
Am montage nach Walpurgis ist unser burger wurdin Claus Hůnrode, eyns burgers son.

816. *1412 Mai 3* *(Hand E) fol. 87r*
Bürgerrechtsverleihung an Dietrich Rotinstein.
Am dinstage dornoch ist unser burger wurdin Ditherich Rotinsteyn, ut maneat tres

annos, burge: Hans Hunchen, Ditherich Voit.[a)]

a) 30 groschen *am linken Rand*

817. *1412 Mai 6* *(Hand E) fol. 87v*

Bürgerrechtsverleihung an Heinrich Thanheim.

[(a]Anno xii^{o} [a)] am fritage noch Walpurgis ist unser burger wurdin Heinrich Thanheim, ut maneat tres annos, burge: Heinrich von Draber, Claus Nayl.[b)]

a-a) *am oberen Blattrand* b) 30 groschen *am linken Rand*

818. *1412 Juni 10* *(Hand E) fol. 87v*

Bürgerrechtsverleihung an Hans Hofemann.

Am fritage nach Bonifacii martiris ist unser burger wordin Hans Hoffeman, ut maneat tres annos, burge: Herman Schapel, Nickel Ilmennicz.[a)]

a) 45 groschen *am linken Rand*

819. *1412 Juni 19* *(Hand E) fol. 87v*

Bürgerrechtsverleihung an Hans Riche.

Am suntage nach Viti martiris ist unser burger wordin Hans Riche, ut maneat tres annos, burge: Hans unde Berld Schilling.[a)]

a) 1 sexagenam *am linken Rand*

820. *1412 Juni 25* *(Hand E) fol. 87v*

Bürgerrechtsverleihung an Hans Czegenhain.

Am sunobinde nach Johannes baptiste ist unser burger wordin Hans Czegenhain, ut maneat tres annos, burge: Heinrich Krumpmůl, Hans Schopphindorff.[a)]

a) 45 groschen *am linken Rand*

821. *1412 Februar 5* *(Hand E) fol. 87v*

Bürgerrechtsverleihung an Hans Luckart.

Am fritage nach purificationis Marie ist unser burger wurdin Hans Luckart, ut maneat tres annos, [burge]: Lorber, Hans Hunrode.[a)]

a) 30 groschen *am linken Rand*

822. *1412 Februar 5* *(Hand E) fol. 87v*

Bürgerrechtsverleihung an Otto Dromelicz.

Idem die ist unser burger wordin Otte Dromelicz, ut maneat tres annos, burge: Conrad Lorber, Hans Nickilczan.[a)]

a) 30 groschen *am linken Rand*

823. *1412 Juli 26* *(Hand E) fol. 87v*
Bürgerrechtsverleihung an Hans Wetige.
Am dinstage noch Jacobi ist unser burger wurdin Hans Wetige, ut mane[a]t tres annos, burge: Conrad Fleischouwer, Herman Hildegůnd.[a)]

a) 30 groschen *am linken Rand*

824. *1412 Juli 29* *(Hand E) fol. 87v*
Bürgerrechtsverleihung an Heinrich Becker.
An deme fritage dornoch ist unser burger wurdin Heinrich Begkir, ut maneat tres annos, burge: Jocoff am Berge, Herman Brutegam.

825. *1412 August 22* *(Hand E) fol. 87v*
Bürgerrechtsverleihung an Hans Borghard.
Am montage octava assumptionis Marie ist unser burger wordin Hans Borghard, ut maneat tres annos, burge: Conrad Fleischouwer, Heigendorff.[a)]

a) 1 sexagenam *am linken Rand*

826. *1412 September 9* *(Hand E) fol. 87v*
Bürgerrechtsverleihung an Hans Rebel.
Am fritage nach nativitatis Marie ist unser burger wurdin Hans Rebil, ut maneat tres annos, burge: Berld Schilling, Hans Lutentail.[a)]

a) 30 groschen *am linken Rand*

827. *1412 September 16* *(Hand E) fol. 88r*
Bürgerrechtsverleihung an Gerlach von Meiningen.
([a]Anno xii[o] [a)] am fritage nach crucis exaltationis ist unser burger wordin Gerlach von Meynyngen, eyns burgers son, ut maneat tres annos, burge: Claus Habenicht, Hans Beyger.

a-a) *am oberen Blattrand*

828. *1412 Oktober 7* *(Hand E) fol. 88r*
Bürgerrechtsverleihung an Hans Rothe.
Am fritage nach Francisci ist unser burger wordin Hans Rote, ut maneat tres annos, burge: Jocoff am Berge, Hans Hunchen.

829. *1412 Oktober 21* *(Hand E) fol. 88r*
Bürgerrechtsverleihung an Hans Tusentschon.
Am fritage nach sancte Gallen tage ist unser burger wordin Hans Tůsentschone, ut maneat tres annos, burge: Heinrich Sunneborn, Hans Lutentail.[a)]

a) 30 groschen *am linken Rand*

830. *1412 November 4* *(Hand E) fol. 88r*
Bürgerrechtsverleihung an Hans Schoffendorff.
Am fritage nach allir heiligin tage ist unser burger wordin Hans Schopphindorff, eyns burgers son, burge: Heinrich Ruckus, Hans Buler.

831. *1412 November 25* *(Hand E) fol. 88r*
Bürgerrechtsverleihung an Albrecht Meynhard.
Am fritage in die Katharine ist unser burgin [!] wordin Albrecht Meynhard, ut maneat tres annos, burge: Heinrich Dreber, Petir Wolff.[a)]

a) 1 sexagenam *am linken Rand*

832. *1413 Januar 14* *(Hand E) fol. 88r*
Bürgerrechtsverleihung an Heinrich Czuczenheim.
Am sunobinde nach deme achcendin ist unser burger wordin Heinrich Czuczenheim, ut maneat tres annos, burge: Ditherich Brod, Heinrich Funcke.

833. *1413 Januar 20* *(Hand E) fol. 88r*
Bürgerrechtsverleihung an Hans Houbit.
Am fritage an sancte Fabians tage ist unser burger wordin Hans Houbit, ut maneat tres annos, burge: Herman unde Hans Hildegůnd.

834. *1413 Januar 27* *(Hand E) fol. 88r*
Bürgerrechtsverleihung an Dietrich Jeger.
Am fritage nach sancte Pauwels tage ist unser burger wordin Ditterich Jegir, ut maneat tres annos, burge: Heinrich Apels der alde, Rudolff Weyse.

835. *1413 Februar 24* *(Hand E) fol. 88v*
Bürgerrechtsverleihung an Paul Huter.
(aAnno domini m^{o} cccc^{o} xiii^{o} a) am fritage noch Petri kadedra ist unser burger wordin Pauwel Huter, ut maneat tres annos, burge: Heinrich Utenbech, Petir Botenner.[b)]

a-a) *am oberen Blattrand* b) dedit 20 groschen *am linken Rand*

836. *1413 März 3* *(Hand E) fol. 88v*
Bürgerrechtsverleihung an Hans Snydewind.
Am fritage nach Mathie ist unser burger wordin Hans Snydewind, ut maneat tres annos, burge: Ditherich Hunrod, Petir Wolff.[a)]

a) 30 groschen *am linken Rand*

837. *1413 März 3* *(Hand E) fol. 88v*
Bürgerrechtsverleihung an Ulmann vom Hoffe.
Idem die ist unser burgin [!] wordin Ulman vom Hoffe, ut maneat tres annos, burge:

Jacoff am Berge, Hans Hunchen.[a]

a) 20 *am linken Rand*

838. *1413 März 10* *(Hand E) fol. 88v*

Bürgerrechtsverleihung an Jorg Gumpprecht und Claus Ecke.

Am fritage vor invocavit ist unser burgir wordin Jorge[a] Gumpprecht und Claus Ecke, ut maneat tres annos, burge: Heinrich von Utenbech, Hans Můller.[b]

a) *folgt gestrichen:* G unde b) 1 sexagenam *am linken Rand*

839. *1413 März 10* *(Hand E) fol. 88v*

Bürgerrechtsverleihung an Friedrich Pauwel.

Idem die ist unser burger wordin Friderich Pauwel, ut maneat tres annos, burge: Jocoff am Berge, Heinrich von Utenbech.[a]

a) dedit 12 groschen *am linken Rand*

840. *1413 März 17* *(Hand E) fol. 88v*

Bürgerrechtsverleihung an Hans Rotkappe.

Am fritage noch invocavit ist unser burger wordin Hans Rotkappe, ut maneat tres annos, burge: Gerlace, Widirhacke.[a]

a) 20 groschen *am linken Rand*

841. *1413 März 17* *(Hand E) fol. 88v*

Bürgerrechtsverleihung an Heinrich Bernner.

Idem[a] die ist unser burger wordin Heinrich Bernner, ut maneat tres annos, burge: Heigendorff, Berld Schilling.[b]

a) 30 groschen *am linken Rand; darunter durchgestrichen* 45 b) *Eintrag durchgestrichen*

842. *1413 März 24* *(Hand E) fol. 88v*

Bürgerrechtsverleihung an Hans Huneffeld.

Am fritage nach reminiscere ist unser burger wordin Hans Hůneffeld, ut maneat tres annos, burge: Hans Wymar, Hans Hildegund.[a]

a) dedit 1 florenum *am linken Rand*

843. *1413 März 24* *(Hand E) fol. 88v*

Bürgerrechtsverleihung an Heintz Scherer.

Idem die ist unser burger wordin Hence Scherre, ut maneat tres annos, burge: Heinrich Felkenner, Heinrich Czymmerman.[a]

a) 20 groschen *am linken Rand*

844. *1413 März 24* *(Hand E) fol. 88v*

Bürgerrechtsverleihung an Heinrich Kornsenner.

Idem die ist unser burger wordin Heinrich Kornsenner, ut maneat tres annos, burge: Heinrich von Utenbech, Hans Ilmennicz.[a]

a) 1½ sexagenam *am linken Rand*

845. *1413 März 31* *(Hand E) fol. 89r*

Bürgerrechtsverleihung an Claus Puseleiben.

([a]Anno domini m^{o} cccc^{o} xiiii^{o} [a]) am fritage nach oculi ist unser burger wordin Clawes Puseleiben, ut maneat tres annos, burge: Jocoff am Berge, Hans Knůszel.[a]

a-a) *am oberen Blattrand* b) 20 groschen *am linken Rand*

846. *1413 April 7* *(Hand E) fol. 89r*

Bürgerrechtsverleihung an Johann Czorn.

Am fritage nach letare ist unser burger wordin Johans Czorn, ut maneat tres annos, burge: Hans Hunchen, Petir Botenner.[a]

a) 30 groschen *am linken Rand*

847. *1413 April 28* *(Hand E) fol. 89r*

Bürgerrechtsverleihung an Hans Franke.

Am fritage nach ostern ist unser burger wordin Hans Frangke, ut maneat tres annos, burge: Bůntschuch, Ledirer.[a]

a) 30 groschen *am linken Rand*

848. *1413 September 15* *(Hand E) fol. 89r*

Bürgerrechtsverleihung an Hans Schroter.

Am fritage nach crucis exaltationis ist unser burger wordin Hans Schroter, ut maneat tres annos, burge: Conrad Fleischouwir, Ditherich Voit.[a]

a) 45 groschen *am linken Rand*

849. *1413 Mai 18* *(Hand E) fol. 89r*

Bürgerrechtsverleihung an Heinrich Buellan.

Am dornstage nach jubilate ist unser burger wordin Heinrich Buellan, ut maneat tres annos, burge: Heinrich Rudiger, Berld Maroldishusen.[a]

a) 30 groschen *am linken Rand*

850. *1413 Juni 16* *(Hand E) fol. 89r*

Bürgerrechtsverleihung an Hermann Helmestorff.

Am fritage nach Viti ist unser burger wordin Herman Helmestorff, ut maneat tres annos, burge: Ditherich Jeger, Giszeler vom Hayne.[a]

a) 30 groschen *am linken Rand*

851. *1413 Juni 16* *(Hand E) fol. 89r*

Bürgerrechtsverleihung an Heinrich Melczer.

Idem die ist unser burger wordin Heinrich Melczer, ut maneat tres annos, burge: Berld Czorn, Wiszealleding.[a)]

a) 30 groschen *am linken Rand*

852. *1413 Juli 7* *(Hand E) fol. 89v*

Bürgerrechtsverleihung an Heinrich Rudiger.

(aAnno domini m° cccc° xiii° a) am fritage noch Udalrici ist unser burger wordin Heinrich Rudiger, ut maneat tres annos, burge: Knuszel, Claus Habenicht.[b)]

a-a) *am oberen Blattrand* b) 30 groschen *am linken Rand*

853. *1413 August 16* *(Hand E) fol. 89v*

Bürgerrechtsverleihung an Hermann Wigimode.

Am mittewochin noch unser liben frouwen tage wurczewie ist unser burger wordin Herman Wigimode, ut maneat tres annos, burge: Hans Knůszel, Herman Brutegam.[a)]

a) dedit 1½ sexagenam *am linken Rand; Eintrag durchgestrichen*

854. *1413 September 15* *(Hand E) fol. 89v*

Bürgerrechtsverleihung an Hans Gunther

Am fritage nach des heiligin cruczes tages ist unser burger wordin Hans Gunthers, ut maneat tres annos, burge: Heinrich Dreber, Hans Wetige.[a)]

a) 1 sexagenam *am linken Rand*

855. *1413 September 15* *(Hand E) fol. 89v*

Bürgerrechtsverleihung an Christian Lodewig.

Idem die ist unser burger wordin Kirstan Lodewig, ut maneat tres annos, burge: Conrad Stargke, Heinrich Webir.[a)]

a) 30 groschen *am linken Rand*

856. *1413 Oktober 6* *(Hand E) fol. 89v*

Bürgerrechtsverleihung an Hans Walungk.

Am fritage nach Franciscii ist unser burger wordin Hans Walůngk, ut maneat tres annos, burge: Rudolff Weise, Hans Holczugkeler.[a)]

a) 30 groschen *am linken Rand*

857. *1413 November 4* *(Hand E) fol. 89v*

Bürgerrechtsverleihung an Gerlach Schroter.

Am sunobinde noch allir heiligin tage ist unser burger wurdin Gerlach Schroter, ut maneat tres annos, burge: Conrad von Gehouwe, Hans Fischer.

858. *1413 Dezember 1* *(Hand E) fol. 89v*

Bürgerrechtsverleihung an Hermann Meder.

Am fritage nach Andree ist unser burger wurdin Herman Meder, ut maneat tres annos, burge: Conrad Starcke, Heinrich Webir.[a)]

a) 15 groschen *am linken Rand*

859. *1413 Dezember 4* *(Hand E) fol. 89v*

Bürgerrechtsverleihung an Dietrich Swabistorff.

Am montage an sancte Barbarn tage ist unser burger wordin Ditherich Swabistorff, ut maneat tres annos, burge: Hans Flurstete, Heinrich an dem Berge.[a)]

a) 2 sexagenas *am linken Rand*

860. *1413 Dezember 15* *(Hand E) fol. 90r*

Bürgerrechtsverleihung an Dietrich Meczilbach.

([a]Anno xiiiº [a)]) am fritage noch Lucie ist unser burger wordin Ditherich Meczilbach, ut maneat tres annos, burge: Hans Lutentail, Heinrich Krusze.[b)]

a-a) *am oberen Blattrand* b) 15 groschen *am linken Rand*

861. *1414 Februar 9* *(Hand E) fol. 90r*

Bürgerrechtsverleihung an Erhard von Herlstorff.

([a]Anno domini mº ccccº xiiiiº [a)]) am dinstage noch Orthie ist unser burger wurdin Erhard von Herlstorff, ut maneat tres annos, burge: Hans Knůszel, Clauwes Puseleibin.[b)]

a-a) *über dem Eintrag* b) 1 sexagenam *am linken Rand; Eintrag durchgestrichen*

862. *1414 April 13* *(Hand E) fol. 90r*

Bürgerrechtsverleihung an Dietrich Schriber.

An deme fritage nach ostern ist unser burger wordin Ditherich Schriber, ut maneat tres annos, burge: Gunther Botenner, Petir Koch.[a)]

a) tenetur 1 sexagenam *am linken Rand*

863. *1414 April 20* *(Hand E) fol. 90r*

Bürgerrechtsverleihung an Hermann Schickeberg.

Am fritage nach qwasimodogeniti ist unser burger wordin Herman Schickeberg, ut maneat tres annos, burge: Eckart Goswin, Conrad vom Gehouwe.[a)]

a) 45 groschen *am linken Rand*

864. *1414 April 27* *(Hand E) fol. 90r*

Bürgerrechtsverleihung an Hans Schober.

Am fritage nach misericordia domini ist unser burger wordin Hans Schober, ut maneat tres annos, burge: Rudolff Weise, Heinrich Krumpmůl.[a)]

a) 15 groschen *am linken Rand*

865. *1414 Mai 4* *(Hand E) fol. 90r*

Bürgerrechtsverleihung an Hans Smed.

Am fritage nach Philippi et Jacobi ist unser burger wordin Hans Smed, ut maneat tres annos, burge: Heinrich Bedir, Heinrich Sunneborn.[a)]

a) 20 groschen *am linken Rand*

866. *1414 Mai 11* *(Hand E) fol. 90v*

Bürgerrechtsverleihung an Heinrich Apolde.

[(a]Anno domini m^{o} cccc^{o} xiiii[a)] am fritage nach Johannis ante portam Latinam ist unser burger wordin Heinrich Apolde, ut maneat tres annos, burge: Weise senior, Heinrich Krumpmuͤl.[b)]

a-a) *am oberen Blattrand* b) 1 florenum *am linken Rand*

867. *1414 Mai 11* *(Hand E) fol. 90v*

Bürgerrechtsverleihung an Heinrich Moucherad.

Idem die ist unser burger wordin Heinrich Moucherad, ut maneat tres annos, burge: Heinrich Weber, Hans Matsted.[a)]

a) 18 groschen *am linken Rand*

868. *1414 Juni 15* *(Hand E) fol. 90v*

Bürgerrechtsverleihung an Jacob Jones.

Am fritage, in die Vite [!] ist unser burger wordin Jacoff Jones, ut maneat tres annos, burge: Heinrich Bedir, Gunther Botenner.[a)]

a) 20 groschen *am linken Rand*

869. *1414 Juni 15* *(Hand E) fol. 90v*

Bürgerrechtsverleihung an Friedrich Wissense.

Idem die ist unser burger wurdin Friderich Wissense, ut maneat tres annos, burge: Ditherich Voit, Conrad Bechirer.[a)]

a) 15 groschen *am linken Rand*

870. *1414 Juni 22* *(Hand E) fol. 90v*

Bürgerrechtsverleihung an Claus Peter.

Am fritage nach Viti ist unser burger wurdin Claus Petirs, ut maneat tres annos, burge: Hans Flursted, Conrad Fleischouwir.[a)]

a) 1 sexagenam *am linken Rand*

871. *1414 Juli 13* *(Hand E) fol. 90v*

Bürgerrechtsverleihung an Lutz Scheffer.

Am fritage in die Margarete ist unser burger wurdin Lucze Scheffer, ut maneat tres annos, burge: Heinrich Felkenner, Heinrich am Berge.[a)]

a) 1 sexagenam *am linken Rand*

872. *1414 September 14* *(Hand E) fol. 90v*

Bürgerrechtsverleihung an Andres Kolbrand.

Am fritage nach nativitatis Marie ist unser burger wordin Andres Kolbrand, ut maneat tres annos, burge: Heinrich Krumpmůl, Friderich Ilmennicz.[a)]

a) 20 groschen *am linken Rand*

873. *1414 September 18* *(Hand E) fol. 90v*

Bürgerrechtsverleihung an Christian Nuczigk.

Am dinstage dornach ist unser burger wordin Kirstan Nuczigk, ut maneat tres annos, burge: Claus Beckir unde Ditherich Beckir.[a)]

a) 1 florenum *am linken Rand*

874. *1414 September 21* *(Hand E) fol. 90v*

Bürgerrechtsverleihung an Conrad Fache.

Am fritage darnach ist unser burger wordin Conrad Fache, ut maneat tres annos, burge: Gerlace, Buntschuch.[a)]

a) 30 groschen *am linken Rand*

875. *1414 November 19* *(Hand E) fol. 91r*

Bürgerrechtsverleihung an Conrad Oler.

Am montage an sancte Elisabet tage ist unser burger wurdin Conrad Oler, ut maneat tres annos, burge: Ditherich Hunrad, Ditherich Wachauwe.[a)]

a) 30 groschen *am linken Rand*

876. *1414 Dezember 1* *(Hand E) fol. 91r*

Bürgerrechtsverleihung an Folrad von Almenhusen.

Am sunobinde nach sancte Andree tage ist unser burger wordin Folrod von Almenhusen, ut maneat tres annos, burge: Berld Maroldishusen unde Heinrich Krumpmul.[a)]

a) 1½ florenum *am linken Rand*

877. *1414 Dezember 14* *(Hand E) fol. 91r*

Bürgerrechtsverleihung an Claus Mattstedt.

Am fritage noch sancte Lucien tage ist unser burger [wordin] Claus Matsted, eyns burgers son, ut maneat tres annos.

878. *1415 Januar 25* *(Hand E) fol. 91r*

Bürgerrechtsverleihung an Claus Fride.

([a]Anno domini m° cccc° xv° [a)] am fritage an sancte Pauwels tage al her bekerd ward, ist unser burger wordin Claus Fride, ut maneat tres annos, burge: Ditherich Hunrod, Ditherich Voit.

a-a) *über dem Eintrag*

879. *1415 Februar 17* *(Hand E) fol. 91r*
Bürgerrechtsverleihung an Simon Seringk.
Am suntage invocavit ist unser burger wordin Symon Seringk, ut maneat tres annos, burge: Limperg unde Gyseler.

880. *1415 Mai 17* *(Hand E) fol. 91r*
Bürgerrechtsverleihung an Hans Becker.
Am fritage vor phingestin ist unser burger wurdin Hans Beckir, eyns burgers son.

881. *1415 Mai 24* *(Hand E) fol. 91r*
Bürgerrechtsverleihung an Hans Stoghusen.
Am fritage nach phingestin ist unser burger wurdin Hans Stoghusen, ut maneat tres annos, burge Hans Beyger, Ditherich Keyszer.[a)]

a) 30 groschen *am linken Rand*

882. *1415 Mai 31* *(Hand E) fol. 91v*
Bürgerrechtsverleihung an Dietrich Nickilzcan.
Am fritage nach des heiligin lichnams tage ist unser burger wurdin Ditherich Nickilzcan, ut maneat tres annos, burge: Eckard Goswin, Hans Nickilczan.

a) 30 groschen *am linken Rand*

883. *1415 Mai 29* *(Hand E) fol. 91v*
Bürgerrechtsverleihung an Martin Wetige.
Am mittewochin noch Urbani ist unser burger wurdin Mertin Wedige, ut maneat tres annos, burge: Eckard Goswin, Ditherich Swabistorff.[a)]

a) 2 florenos *am linken Rand*

884. *1415 Juni 10* *(Hand E) fol. 91v*
Bürgerrechtsverleihung an Hans Hubold.
Am montage nach Bonifacii ist unser burgir wurdin Hans Hubold, ut maneat tres annos, burge: Hans Wisze, Friderich Brod.[a)]

a) tenetur 1 florenum *am linken Rand*

885. *1415 Juni 21* *(Hand E) fol. 91v*
Bürgerrechtsverleihung an Claus Heringer.
Am fritage noch Viti ist unser burger wurdin Claus Heringer, ut maneat tres annos, burge: Limpperch, der alde Kuchelle.

886. *1415 Juli 5* *(Hand E) fol. 91v*
Bürgerrechtsverleihung an Jacob Konig.
Am fritage nach Ulrici ist unser burger wurdin Jocoff Konyng, ut maneat tres annos,

burge: Claus Lutentail, Heinrich Felkenner.[a)]

a) tenetur 30 [groschen] *am linken Rand*

887. *1415 Oktober 25* *(Hand E) fol. 91v*
Bürgerrechtsverleihung an Albrecht vom Hain.
Am fritage nach Severi ist unser burger wurdin Albrecht vom Hayne, ut maneat tres annos, burge: Conrad Bechir, Gyseler vom Hayne.

888. *1415 Dezember 5* *(Hand E) fol. 91v*
Bürgerrechtsverleihung an Hans von Werbin.
Am dornstage nach Barbare ist unser burger wurdin Hans von Werbin, ut maneat tres annos, burge: Ditherich Hunrod, Herman Pusinhard.[a)]

a) 30 groschen *am linken Rand*

889. *1416 Februar 7* *(Hand E) fol. 91v*
Bürgerrechtsverleihung an Heinrich Smed von Kranichfeld.
([a]Anno xvi[o] [a)]) am fritage noch Dorothee ist unser burger wurdin Heinrich Smed von Krancfeld, ut maneat tres annos, burge: Conrad Bechir, Symon.[b)]

a-a) *über dem Eintrag* b) 30 groschen *am linken Rand*

890. *1416 Februar 21* *(Hand E) fol. 91v*
Bürgerrechtsverleihung an Michel Kircheim.
Am fritage nach sancte Valentini tage ist unser burger wurdin Michil Kircheim, ut maneat tres annos, burge: Eckard, Hans Houbit.

891. *1416 Februar 28* *(Hand E) fol. 91v*
Bürgerrechtsverleihung an Hermann Weyner.
Am fritage nach sancte Matthie tage ist unszer burger wurdin Herman Weyner, ut maneat tres annos, burge: Peter Koch, Conrad Snydir.

892. *1416 März 13* *(Hand E) fol. 92r*
Bürgerrechtsverleihung an Claus Bischof.
([a]Anno xvi[o] [a)]) am fritage nach invocavit ist unser burger wurdin Claus Bischoff, ut maneat tres annos.

a-a) *am oberen Blattrand*

893. *1416 März 20* *(Hand E) fol. 92r*
Bürgerrechtsverleihung an Hermann Holczhusen.
Am fritage nach reminiscere ist unser burger wurdin Herman Holczusen, ut maneat tres annos, [burge]: Klingenner unde Mouch[ero]t.

894. *1416 April 10* *(Hand E) fol. 92r*

Bürgerrechtsverleihung an Heinrich Gal.

Am fritage nach Judica ist unser burger wurdin Heinrich Gal, ut maneat tres annos, burge: Heinrich Felkenner, Ditherich Voit.[a)]

a) tenetur 20 groschen *am rechten Rand*

895. *1416 Mai 29* *(Hand E) fol. 92r*

Bürgerrechtsverleihung an Conrad Willerstet.

Am fritage nach Urbani ist unser burger wurdin Conrad Willerstet, ut maneat tres annos, burge: Claus Becker, Herman Hildegůnd.[a)]

a) 20 [groschen] *am rechten Rand*

896. *1416 Mai 29* *(Hand E) fol. 92r*

Bürgerrechtsverleihung an Albrecht Zcenker.

Am selbin fritage ist unser burger wurdin Albrecht Zcenker, ut maneat tres annos, burge: Hans Lutentail, Meczelbach.[a)]

a) 30 [groschen] *am rechten Rand*

897. *1416 Juli 3* *(Hand E) fol. 92r*

Bürgerrechtsverleihung an Hans Haffirberg.

Am fritag nach Petri Pauli ist unser burger wurdin Hans Haffirberg, ut maneat tres annos, burge: Jacaff am Berge, Ditherich Voit.[a)]

a) 20 groschen *am rechten Rand*

898. *1416 August 28* *(Hand E) fol. 92r*

Bürgerrechtsverleihung an Martin Gabirwicz.

Am fritage nach Bartholomei ist unser burger wurdin Mertin Gabirwicz, ut maneat tres annos, burge: Jacoff am Berge, Hans Lutentail.

899. *1416 Oktober 23* *(Hand E) fol. 92r*

Bürgerrechtsverleihung an Conrad Schroter.

Am fritage nach Severi ist unser burger wurdin Conrad Schroter, [ut maneat] tres annos, burge: Ditherich Brod, Hans Beckir.

900. *1416 November 27* *(Hand E) fol. 92r*

Bürgerrechtsverleihung an Hermann Rouber.

Am fritage nach Katherine ist unser burger wurdin Herman Rouber, 3 jar buwelich, burge: Conrad Bechir, Gisseler.

901. *1416 Dezember 29* *(Hand E) fol. 92r*

Bürgerrechtsverleihung an Hans Horn.

Am dinstage nach nativitatis Cristi ist unser burger wurdin Hans Horn, ut maneat tres annos, burge: Hans Lutentail, Meczelbach.[a)]

a) 35 groschen *am rechten Rand*

902. *1414 September 30* *(Hand E) fol. 92v*

Der Rat verkauft an die Eheleute Mathis und Thele Ott einen wiederkäuflichen Jahrzins.

(aWir Jacoff an deme Berge unde Heinrich Rudiger ratismeistere[a)] bekennen in diessem brieffe vor alle den die diessin brieff sehin, horin adir lesin, das wir recht unde redlichin vorkoufft habin uff eyn widirkouff unde vorkouffin mid krafft diesses brieffes deme ersamen Mathiz Ottin, Theln, syner elich wertinne, unde alle sin erbin sebin rinsche guldin czinses unde habin on die selbin sebin guldin czinses gegebin umbe sebinczigk gude rinsche guldin, die sie uns gereite nuczlichin unde wolbeczalt habin unde die an unser stad nucz unde fromen gewand habin, unde redin unde globin, den obgenantin unsern glaubern die obgenante sebin rinsche guldin czinses gud an gelde unde swer gnug an gewichte gutlichin czu beczalne uff diessen czukunfftigin sancte Michaelis tag unde dornoch alle jare sebin rinsche guldin uff sancte Michaelis tag, die wile wir die summe guldin ynnehabin, unde sullen die ynne habin vire jare unde in den vir jaren nicht ablosin, ab wir das gethůe machtin, wilches jares wirs denne noch den vir jaren widir ablosin wullen unde gethun magin, so sullen wirs den obgenantin unsern gloubern vorsagin eyn wirteil jars vor sancte Michaelis tage unde des czinses in deme jare die oblosunge geschid uff sancte Michaelis tag vortragin blibin vor unsern gloubern unde or houbitgud sebinczig rinsche guldin ledeclichin wedir nemen ane widirsprache unde ane geverde. Ouch wer iz, ab wir sumigk wordin an der beczalunge der czinse unde die nicht beczaltin uff sancte Michaelis tag in unser stad Wymar, wann wir von unsern gloubern dorumme gemand wordin, wo denne unser gloubere die sebin guldin czinses nemen uff mogelichin schadin adir was schadin sie dornach redin, an bote lone adir czerunge, das mogelichin were, den schadin redin wir unsern gloubern gutlichin unde genczlichin widir czu kerne unde deme czinse ane alle geverde unde das alle diesze stugke unde artigkel diesses brieffes stete unde gancz gehaldin werdin. (bDatum anno domini m° cccc° xiiii° dominica die post Michaelis.[b)]

a-a) *über dem Eintrag* b-b) *unter dem Eintrag*

903. *1416 Dezember 25* *(Hand E) fol. 92v*

Bürgerrechtsverleihung an Dietrich Wird.

Am fritage nach Angnetis ist unser burger wurdin Ticzel Wird, ut maneat tres annos, burge: Hans von Kunicz, Michel Schroter.

904. *1417 Februar 5* *(Hand E) fol. 92v*

Bürgerrechtsverleihung an Hans Syde.

Am fritage nach purificationis [Marie] ist unser burger wurdin Hans Syde, ut maneat tres annos, burge: Heinrich am Berge, Peter Wolff.[a)]

a) 30 groschen *am linken Rand*

905. *1417 Februar 12* *(Hand E) fol. 92v*

Bürgerrechtsverleihung an Dietrich Udinhayn.

Am fritage noch scholastica ist unser burger wurdin Ditherich Udinhayn, 3 jare buwelich, burge: Hans Wolner, Hans Hildegunde.[a)]

a) 2 sexagenas *am linken Rand*

906. *1417 Februar 12* *(Hand E) fol. 92v*

Bürgerrechtsverleihung an Jacob Suser.

Am selbin tage ist unser burger wurdin Jocoff Suser, ut [maneat] 3 jare buwelichin, burge: Conrad Fleischouwer, Heinrich von Bebra.[a)]

a) 50 groschen *am linken Rand*

907. *1417 April 3* *(Hand E) fol. 93r*

Bürgerrechtsverleihung an Hans Hache.

Am sunobinde nach Judica ist unser burger wurdin Hans Hache, burge: Flurstet, Kune.[a)]

a) 30 groschen *am linken Rand*

908. *1417 Mai 7* *(Hand E) fol. 93r*

Bürgerrechtsverleihung an Hans Houbit.

Am fritage nach Walpurgis ist unser burger wurdin Hans Houbit, burge: Eckard Goswin, Petir Wolff.[a)]

a) 20 groschen *am linken Rand*

909. *1417 Juni 11* *(Hand E) fol. 93r*

Bürgerrechtsverleihung an Andres Gabirwicz.

Am fritage nach des heiligin lichams tage ist unser burger wurdin Andres Gabirwicz, burge: Kruse, Heringer; 3 jar.[a)]

a) 24 groschen *am linken Rand*

910. *1417 Juni 18* *(Hand E) fol. 93r*

Bürgerrechtsverleihung an Hans Muschate.

Am fritage noch Viti ist unser burger wurdin Hans Muschate, 3 jar, burge: Heigindorff, Conrad Snydir.[a)]

a) 1½ sexagenam *am linken Rand*

911. *1417 Juli 23* *(Hand E) fol. 93r*

Bürgerrechtsverleihung an Claus Gunther.

Am fritage nach Maria Magdalene ist unser burger wordin Claus Gunthirs, 3 jar, [burge]: Conrad Fleischouwir, Kucz.[a)]

a) 20 groschen *am linken Rand*

912. *1417 August 27* *(Hand E) fol. 93r*

Bürgerrechtsverleihung an Eitel Ernst.

Am fritage nach Bartholomei ist unser burger [wordin] Itel Ernst, burge: alde Weyse, Herman Brutegam.[a)]

a) 1 sexagenam *am linken Rand*

913. *1417 September 3* *(Hand E) fol. 93r*

Bürgerrechtsverleihung an Claus Weyner.

Am fritage nach Egidii ist unser burger wurdin Claus Weyner, burge: Ditherich Brot, Hans von Kůnicz.

914. *1417 September 27* *(Hand E) fol. 93r*

Bürgerrechtsverleihung an Hans Spiz.

Am montage nach Mauricii ist unser burger wurdin Hans Spiz, burge: Heinrich am Berge, Heinrich von Debra.

915. *1417 November 13* *(Hand E) fol. 93r*

Bürgerrechtsverleihung an Albrecht Koch.

An deme sunobinde nach Martini ist unser burger wurdin Albrecht Koch, 3 jar, burge[a)]: Michil, Heinrich Phiffer.[b)]

a) *in der Vorlage:* burger b) 1 sexagenam *am linken Rand*

916. *1417 September 17* *(Hand E) fol. 93r*

Bürgerrechtsverleihung an Heinrich Gebur.

Uff den fritag nach crucis ist unser burger wordin Heinrich Gebur, 3 jar, burge: Claus Wulner, Hans Fride.

917. *1417 November 24* *(Hand E) fol. 93v*

Bürgerrechtsverleihung an Hermann Laczan.

An der mittewochin nach Elisabet ist unser burger wurden Herman Laczan, 3 jar buwelichin, burge: Heinrich an dem Berge, Hans von Kůncz.[a)]

a) 1 sexagenam *am linken Rand*

918. *1417 Dezember 7* *(Hand E) fol. 93v*

Bürgerrechtsverleihung an Claus Schunckeler.

An dem dinstage nach Nicolai ist unser burger wurdin Claus Schunckeler, 3 buwelichin, burge: Herman Brutegam, Hans Konyng.[a)]

a) 1 sexagenam *am linken Rand*

919. *1417 Dezember 31* *(Hand E) fol. 93v*

Bürgerrechtsverleihung an Hermann Schuncke.

An dem fritage noch [nativitatis] Cristi ist unser burger wurdin Herman Schůncke, 3 buwelich, burge: Conrad Bechir, Hence Webir.

920. *1418 Januar 21* *(Hand E) fol. 93v*

Bürgerrechtsverleihung an Dietrich Wullner.

[(a]Anno domini m° cccc xviii[a)] am fritage nach Fabiani ist unser burger wordin Thederich Wullner, 3 jar buwelich, burge: Heinrich Snecze, Claus Wulner.

a-a) *über dem Eintrag*

921. *1418 Januar 21* *(Hand E) fol. 93v*

Bürgerrechtsverleihung an Heintz Mattstedt.

An[a)] deme fritage ist unser burger wordin Hencze Matstete anno xviii°.

a) *in der Vorlage:* am

922. *1418 Februar 11* *(Hand E) fol. 93v*

Bürgerrechtsverleihung an Curt Herscz.

An fritage[a)] noch esto michi ist unser burger wordin Curt Herscz, 3 jar buwelich, burge: Herman Brutigam, Jocoff Koning.

a) *darüber durchgestrichen:* an frita[ge]

923. *1418 März 4* *(Hand E) fol. 93v*

Bürgerrechtsverleihung an Hans Birlich.

Am fritage noch oculi ist unser burger wordin Hans Birlich, dryͤ jar buwelich, [burge]: Frederich Brot, Hans Schopphindorff.

924. *1418 April 5* *(Hand E) fol. 93v*

Bürgerrechtsverleihung an Dietrich Rodir.

Uff den dinstag noch quasimodogeniti ist unser burger wordin Thederich Rodir, dryͤe jar buwelichen, burge: Peter Botener, Gerlach von Meynyngen[a)].

a) *über der Zeile; darunter durchgestrichen:* Meldingin

925. *1418 September 23* *(Hand E) fol. 93v*

Bürgerrechtsverleihung an Heinrich Herholt.

Uff den fritag noch Mathei ist unser burger wordin Heinrich Herholt, dryͤe jar buwelich, burge: Heinrich von der Sachszinburg, Krumpmůl.

926. *1418* *(Hand E) fol. 94r*

Heinrich Tichmann überträgt seiner Frau Margarete ein Leibgedinge.

Anno domini m° cccc° xviii° ist komen vor eyn siczendin rad Heinrich Tichman unde had Margretin, siner elichin wertin, gegebin eyn hoff, gelegin in der Bretin gassze, unde sin erbe, daz er zcu erbrech had, zců orme libe.

927. *1418 Mai 13* *(Hand E) fol. 94r*

Bürgerrechtsverleihung an Claus Nünobel.

Uff den fritage nach exaudi ist unser burger wordin Claus Nunobel, 3 jar buwelich, burgin: Gyseler vome Hayn, Hans Beckir.

928. *1445 Juni 28* *(Hand F) fol. 95r/v*

Dietrich von Mellingen, gesessen zu Schwerstedt, verkauft an Wetzel und Dietrich von Kollerberg 9½ Malter Korn wiederkäufliche jährliche Getreidezinse für eine Hauptsumme von 300 rheinischen Gulden.

Ich Dittherich von Meildingen, gesessen zu Swerstete und alle myne erben und erbnemen bekennen vor uns und alle unsere erben in dieszem unsern offen brive vor allen den dye dieszen brieff sehen, horen ader lesen, das wir mit wolbedachtem mute und rathe unsere frunde recht und redelichen verkaufft haben zcendehalb malder korns und gersten jerlicher zcinsze an vier hufen landes und an unsern mannern in Wymare, in der stad gesessen, mit namen an Hanse Sidenstigkere eyn malder korns und gersten und zcwene scheffil, dye er g[e]bet alle jar jerlichen von eyner halben hufen, an Hanse Hoite und Gotczen zcwey malder und vier scheffil korns und gersten, dii sy geben von eyner hufen, an Greven und Wolnner zcwey malder vier scheffil korns und gersten, an Groitczchen und Balthasarn zcwey malder und vier scheffil korns und gersten, dy sy uns geben von vir hufen, an Ticzel und Claus Bisschoff eyn malder und zcwene scheffil korns und gersten, allis Erffurtischs maszs, den erbarn vesten Weczil und Heinrich von Kollerberge, yren erben ader wer dieszen brieff mit yrem gutem willen und wissen innhat, er sy geistliche ader werltlich person, davor sye uns wol und nutczlichin beczalt haben, dry hundert gute rinissche gulden swer gnug an gewichte; und ich obgenanter Dittherich von Meildingen und myn erben gereden den obgenanten Weczil und Heinrich von Kollerberg und yren erben und inheldern dieszes brives eyne rechte volkomen were solches kouffes zcu sin gein eynem ydermeniclich, also digke als es nod geschee als were recht ist an alles geverde; sundern haben wir vorgenanten Weczel und Heinrich von Kollerberg und unser erben solche gunst und willen getan, dem megenanten Dittheriche von Meldingen und sinen erben, das sie uns unsern erben und inheldern dieszes brives sullen geben und reichen alle jar jerlichen jarrente und zcinsze nemlichin zcwelff schog grosschen uff sanct Walpurgs tag schirst komende noch dato dieszes brives und darnoch uff sanct Michahels tag schirst darnochfolgende alle jar jerlichen dry schog grosschen und zcwey malder korns und anderhalb malder gersten, Wymars masz, vor die obgenanten summen getreidich als oben geschrebin stet, inmaszen als ez innheldet der lehnbriff, den wir danne geschigkt haben den obgenanten Kollerbergen von unserm gnedigen herren herczogen Wilhelm. Auch haben wir megenanten Weczil und Heinrich Kollerberge unser erben solche | gunst und willen getan dem genanten Dittherichen von Meldingen und sinen erben, das sie solche obgeschrebin zcinsze weder lose mogen, welche zciit des jares yn das fugsam und beqwemlich ist, umb solche obgeschrebin summen houbtguts, nemlich drye hundert gute wolgewegene rinissche gulden, also das sie dye beczalen mit sampt den vorseszen zcinssen, ab der icht hinderstedelig blibin weren. Des zu warem bekentnisze, das alle stugke und artickel diszes brives von uns Ditterich von Meldingen und unser erben stete und gancz gehalden werden, habe ich obgenanter Dittherich von Meldingen myn ingesigil vor mich und myne erben unden an dieszen offen brieff gehangen. Der g[e]gebin ist noch gotis gebort verczenhundert jar darnoch in dem funff und verczigisten jare am montage noch senct Johanns tage des heiligen tåufers.[a)]

a) *folgt von gleicher Hand der Anfang der landesherrlichen Bestätigungsurkunde:* Wir Wilhem von gots gnaden herczog zu Sachszen lantgrave in Doringen und marcgrave czu Missen thun kund in dieszem brive vor uns und unser erben allermenniclichen, als unser liber getruwer Dittherich von Meldingen Weczeln und Heinrichen Kollerbergen, gebrudern, auch unsern lieben getruwen und yren erben drye hundert rinissche gulden schuldig ist worden, yn dye jerlichin mit vier Wymarsschin maldern korns und gersten und mit funffczehin rinissche gulden ...

929. *1456 Juni 20* *(Hand F) fol. 97r*

Papst Calixt III. gewährt einen Ablass für den Kampf gegen die Türken.

Bebistlich applas unde gnade von unserm allirheiligesten vater, dem babist Calixto dem dritten widder die Thurckin, gegebin zcu Rome in diessim jare anno et cetera lvi xii Kalendas Iulii.

Czu erst gibit er allin pristern, die in yren messin sprechin eyn gebeth unde collecten, widder die heidin uszgesatzit von der cristenheit, hundirt tage applas in iglicher messe unde gebutit, das also zcu haldin in sinen brieffin unde bullin in allin messin von eyme iglichim prister, geistlich adder wertlich.

Item uff das allis volgk, geistlich adder wertlich, beten unde erwerbin sulle unde applas teilhafftig werde magk, so gebutit unsir heiliger vater der babist, das man alle tage vor der vesper in allin kirchin eyne glockin luten sal zcu drien maln, in maszin als man das ave Maria phlegit zcu luten, darczu danne eyn iglich mensche hulffe zcu erwerbin der heiligen cristenheit widder die Thurckin drie pater noster unde drie ave Maria uff sinen geboigeten knyhin sprechin sal, darczu gibit er eym iglichin menschin hundirt tage applas gesatzter busse, der die drie pater noster unde ave Maria sprichit.[a)] Wer aber eyn pater noster unde eyn ave Maria sprichit, dem gibit er viertzig tage applas.

Item er gebutit ouch allir geistlichkeit in allin steten, burgen unde dorffin, das man den erstin suntag in iglichim mande eyn processien gehin, darczu allis cristliche volgk komen sal, die zcu gehin an den endin, als man die sust phlegit zcu gehin, unde dorczu eyn lobeliche messe singen, die von der heiligin kirchin widder die heidin uszgesaczt ist, dem volgke ouch dabie predigen, in dem gloubin sterckin, zcu gedult in lidin unde anefechtunge unde ouch das volgk dobie zcu eynem busfertigen lebin zcu reyssin zcu solchir processien. Wer mitde volgit, deme werdin gegebin sobin jar applas unde sobin karen warer busse allin warhafftigin buszern unde gebichtigeten.
Item wer auch dem heiligin cristen gloubin zcu troste unde zcu hulffe etliche gelobde tete unde hilde, nemlich drierley gebete[b)] zcu sprechin adder wallefart zcu thunde adder almaszin zcu gebin, den, die solche stugke gelobin unde haldin, gibit er von iglichim gelopnisze zcwey jar applas unde zwo karen warer busze.

a) *folgt getilgt:* dem gibit b) *in der Vorlage:* gegebete
1) *Zu dieser Bulle vgl. künftig Falk* EISERMANN, Das kain Babst teutsch zu schreiben phleg. *Päpstliches Schriftgut und Volkssprache im 15. Jahrhundert, in: Zeitschrift für deutsches Altertum und deutsche Literatur 135 (2006).*

930. *1433* *(Hand G) fol. 98r-98v*
Handwerksordnung der Tuchmacher und Gewandschneider.[1)]
Nota, als hirnach geschrebin stehit von stucken zců stucken, also sullin das dii hantwergsmeistere unde das gancze hantwerg der tuchmeichere[a)] halden alhir zců Wymar in irme hantwercke gemeyneclichin unde sich darnach richten. [(b]Anno domini m° cccc° xxxiii°. [b)]
Zcům irsten. Wer do wel komen in das hantwerg der gewantmechere, der sal sii elich geborn von vater unde von můter unde ouch sien wib unde from sien an sich selbist unde sullen des orkunde mit brifen brengen geyn dem hantwercke unde sullen denne borgere werden unde sich gein der stat mit geschosse bewisen nach der stat gesetzce unde sullen dem hantwercke gebin sechs schillinge denariorum unde ein phunt wachs.
Hirnach. Wellich meister eyn breit tuch wel machen hie zců Wymar, der sal schere sechsundrissig genge uff das smelste unde wellicher sechsschefftige tuch wel machin, der sal schere nůnundzcwencig genge uff das smelste unde wellicher gekammet warff wel scheren, der sal schere 39 genge uff das smelste. Ouch wer do wel machen gegrampilt tuch, der sal schere 39 genge uff das smelste. Wo da smeler stunde, als vor gerurt ist, der vorlore gein dem hantwergke ye vom rite zcwene denarios unde gein dem hantwergke unde gein der stat 4 denarios zců busse
Item. Wellich meister wel tuch machen, als vor gerůrt ist, die sal her gut machen unde wanne eyns meisters tuch an den remen ko̊mpt, so sal her das tůch nicht abenemen von dem remen, die hantwergsmeistere habin is danne vor besehn. Wellicher abir syn tuch abenyme, ir is besehen worde von den meistern, der sal gebin eyme rate zcwene schillinge denariorum unde dem hantwercke eyn schilling. Wanne eyns iglichen meisters tuch an den remen kompt, so sullen das die hantwer[g]smeistere besehin, ir is vom remen kompt. Ist das tuch gut unde nicht wandelbar, so sals der meister

abenemen unde vorsniden; ist is abir wandelbar unde nicht gut, so gebit her zců busse der stat 2 ß denariorum unde dem hantwergke 1 schilling denariorum unde sal das tuch hie zců Wymar nicht sniden. Hirzců sullen die hantwer[g]smeistere jerlichen den eyt thůn, das sie das rechtfertig haldin wullen unde das nicht lassen durch lip nach durch leit, durch gifft nach durch gabe, durch nyt nach durch hasz, sundern das besehen dem richen als dem armen unde rechtfertigen, so sie yre synne allirbast bewisen mogen.

Ouch[c)] had unser gnediger herre, sin edeler unde erber rath, mit eyme sitzcenden rate zců Wymar erkant uff der stat unde des hantwergs nůcz unde fromen, das eyn iglicher gesessen[d)] borger zců Wymar mag unde sal wol schene gewant sniden, wie om das fugsam ist, usgeslossen grauw gewant, unde wisz sal nymant sniden undir zcwolff alden groschin, is were denn hie zců Wymar gemacht, unde sal nymant uff den dorffern umbe Wymar sitzcen, her were borger adir nicht, keyn gewant sniden der stat unde dem hantwergke zců schadin, sundern wer das sniden wel, der sal zcehin gein Wymar, da borger werdin, darynne buwelich sitzcen unde denne gewant sniden unde das haldin in alir mosse, als obgeschrebin stehit.

Ouch[c)] sullen unde mogen wol gewantsnidere us andern steten, welliche zciit in deme jare on das ebin ist, her zců margte komen unde hie schone want feyle habin ane geverde. Wann sy her zců margte komen, so sullen die handwergsmeistere das besehen, was sie denne bie on tuchere funden, de wandelbar weren, die sullen sie hie nicht lassen sniden.[e)] Ouch sullen die selben fremden gewantsnidere kein grauw nach wisz gewant sniden nach feile haben, das sie geben wuldin die elle undir zcwelff alden groschen, usgeslossen uff den jarmargten.

Ouch sal nymant hie keyne wergstat uffrichten nach tuch machin, er sie denne in der innunge des hantwergsz, bie eyme phunde wachsz gein deme hantwercke zců busse.

Ouch sal eyn iglicher meister sine wagen, unzcer unde gewichte habin als gewonlich ist nach erkentnisse eyns ratis, unde dii gesworne meistere sullen auch dii wagen unde gewichte besehn in deme jare, wanne das bequemlichen ist, unde hinder weme man das wandelbar funde, der sulde gebin von der wagen eyn halb phunt wachs unde von dem steyne 1 schilling denariorum, von dem halbin steyne 6 denariorum, von eyme verteile 4 denarios, von einem pfunde 2 denarios kein dem hantwercke zců busse unde keyn der stat zcwefache busse.

So sullen ouch thůn der virteil wefils drie eyn steyn, domite man wiget undir die spynnern unde nicht darubir unde das pfunt warfs, damit man wegit undir dii spynnern, sullen thůn funfe eyn steyn unde nicht darubir, unde hinder wen man das queme, der were der stat verfallin eyn halb phunt wachs unde deme hantwercke ore busse. Ouch sal keyn meister kouffen roufwullen [(f]nach phlugwullen unde davon tuch machen[f)] nach zců sinen tuchen vererbeiten; das[g)] sullen die gesworne meistere besehn; hinder wen man das queme[g)], [(f]der sal das tuch hie nicht sniden unde ist[f)] der stat zců busse verfallen [(h]eyn phunt denariorum[h)] unde dem hantwercke 5 ß denariorum.

Ouch sal keyn meister keyn fromde garn kouffen nach zců sinen tuchen vererbeiten lasse, anders wanne das hie gesponnen ist. Wer das mit warheit ubirkomen wirt, den sal eyn rath busse umbe 5 ß denariorum unde das hantwerg unde die hantwercsmeistere sullen on auch busse umbe 2 ß denariorum.

Were auch ergin eyne spynnerin, die da gesponnen hette phůnt adir virteil unde lisse sich beduncken, is were zců groisz, die solde das tragen vor die gesworne meistere; erkenten dii, das is zcu[i)] groisz were, so sulde der lonen der frauwen nach erkentnisse der gesworn meistere unde sal dii busse vorlisen kein der stat unde dem hantwercke, als obgeschrebin stehit. Es ensal auch nymant dem andern sin gesinde abespanne; hinder wen man das queme, der verlosze die busse gein dem hantwercke. Ouch sal nymant den andern vorkouffe an dem hantwercke; wer das tete, der vorlore dii selbe busse keyn dem hantwercke. Ouch wanne dii gesworne meistere eyn hantwerg bie sich vorbatten von gescheffenis wegen des hantwergsz; wer da nicht queme, der vorlore zcwene denarios, kein dem hantwercke. Ouch so sullen dii allir nůwelichsten meistere sint wurden, dii kerczin bestellin nach des hantwergs gewonde, wo man der hene bedarff. Wer des nicht entete, der vorlore dii vorgeschrebin busse, unde wellich meistir adir kumpan an deme hantwercke unfuge trebe mit worten adir wergken, da sie by eynandir weren, der vorlore des hantwergsz busse.

Item. Wellich meyster an dem hantwercke den gesworen meistern an oren eyd rette, der vorlore als manch phunt wachs unde als manchen schilling, als manch meyster am hantwergke ist, unde das stehit uff gnade. Were auch, ab der gesworne meistere keyner bruchig wurden an den vor adir nach geschrebin artikeln, der sulde zcweveldige busse liden keyn der stat unde dem hantwercke. Ouch was vordynt lon were an deme hantwergke, da suldin die gesworne meistere obirhelffen deme, der das begerlich were, unde hilde der des nicht, als dii meistere das geteidinget hatten, der were dem hantwercke die busse verfallin unde sulde darnach nicht sin hantwerg erbeiten, der were denn syns geldis bezcalt.

Wellich meister eynen lerknecht dinget adir setzcit uff sine wergstad, der sal das thůn mit der meister leube, unde derselbe knecht sal dem handwercke gebin drie ß denariorum unde eyn phunt wachsz.

Ouch so habin die gesworne meistere die werdekeit, das sie mogen zců den jarmargten umbe gehen undir den gewantboden unde da besehn, ab ich wandelbar tuchere da weren, unde was sie der anequemen, das do nicht koufmans gut were, das mogen sie phenden unde das tragen uf das rathusz; daran hette dii stat zcwene schillinge denariorum zců busse unde das hantwerg 1 ß denariorum unde von dem gange had das hantwerg ½ stobin wyns von der stat von dem stetegelde, das man stonnent. |

Were auch ymant under den kumpan des hantwer[g]sz, den man zcůspreche umbe busse unde der nicht liden wulde unde wiseten dii meistere vor eyn rath adir kore vor eyn sitzcenden rad und erkente der rad, das he gebrochen hette, der sulde dem hantwercke busse nach gewonde des hantwergsz unde nach uszproͤche des ratis, is trete an das hantwerg eddir die stat.

Wellicher meister wel machen brenge werg, der sal das eyme iglichen mache von siner habe, so he beste kan ane listen; hinder wen man das anders queme, der vorlore des hantwergs busse.

Wellich meister adir kůmpan des hantwergs had zcu wegene wullen adir andirs wasz, das das hantwerg anlanget als eyn kludir wulle adir darubir, das sal man uff der stat wagen unde gewichte lasse wegen. Wer des nicht tete, der were der stat verfallen 1 phunt wachs.

Ouch sal kein meister nymandes fromdes lassin spynnen; hinder wen das die gesworne meistere komen, die sullen die busse liden gein der stat 2 ß denariorum unde geyn dem hantwercke 1 ß denariorum.[k)]

Were auch, ab sich keynerleige eyntracht adir vorbuntnisse heymelichen hube in der stat, davon unserm gnedigen hern unde der stat mochte schaden bekeme, is were kleyne adir groisz, das dii meistere erfuren adir vernemen, das sulden die meistere nicht vorswigen, sundern das dem rate uffinbaren uff den eid, den sie uns[er]me gnedigen hern unde der stat getan haben, unde das nicht verhaldin umbe leib nach umbe leyt in keyne wisz.

Ouch sal nymant keyn wullen lasse spynnen, der do nicht mite in der innung ist der wullewebere; hinder wen das die gesworne meistere komen, der gebit zců busse der stat 2 ß denariorum unde dem hantwercke 1 ß denariorum.

Ouch[l)] had unser gnediger herre der lantgrave mid syme edeln erbarn rathe mid eyme rathe zcu Wymar irkand durch nucz, fromen unde beste des hantwergkes der wullinweber unde andir hantwergke also, daz keyn borger zcu Wymar keyne geschosshaft mid keynerleye haben sal andirst denne mid eyme andern ingeschessin borger zcu Wymar, keyn andir gewand snidin nach haben sal, sundern schone gewand unde andirleye gewand, dy alle sullen bessir sin, denne daz hantwergk hir kan unde phliet zcu machen, iz wor denne, daz [(m]dy tuch[m)] czu dem hantwergke gekoufft weren[n)] unde vore[o)] nicht vorsaczt, sundern grauwe, wicz; uswirdige tuch sal nymand snidin andirst denne zcu jarmarten.

Ouch had unser gnediger herre der lantgrave mid syme edeln erbarn rathe mid eyme rate zcu Wymar irkand durch nucz, fromen unde den erstin des hantwergkes der wullenwebir zcu Wymar, daz keyn burger nach hantwergmeister der wullenwebir noch keyn uswendig gewandsnider keyn wicz[q)], grauwe[r)] [(f]vorlendisch gewand[f)] snidin sal in der wochin zcu Wymar, ez sy denne zcu Wymar under deme hantwergke gemacht unde unvorsaczt, sundern schone, gud gewand icliche farwe magk eyn iclichir snidin in der wochin, her sy burger adir nicht, uff dy jarmarte magk eyn iclichir sniden von tuchin farwen, waz er gehaben magk unde daz haldin, als vore geschrebin sted.

Ouch sal keyner in dissin gerichtin Wymar [(f]unde hirumbe[f)] uff den dorffern keynirleye gewand furen, snidin nach haben widir die hantwergk noch zcu marte keyn Wymar brengen, er worde denne eyn ingesessin borger zcu Wymar unde habe innunge mid den hantwergkin[p)] unde haldin, als vorgeschrebin sted.

a) *folgt gestrichen:* das b-b) *Nachtrag von anderer Hand* c) *Abschnitt durchgestrichen, am linken Rand die Bemerkung:* fac stare d) *über der Zeile; darunter gestrichen:* sitzcender e) *folgt gestrichen:* usgeslossen uff frihen den jarmargten f-f) *über der Zeile* g) *korrigiert aus:* darczu h-h) *über der Zeile; darunter gestrichen:* ½ lotige marg i) *über der Zeile* k) *Abschnitt durchgestrichen* l) *Die folgenden Absätze sind Nachträge, wobei die Reihenfolge durch einen Randvermerk (*fac stare a b*) dahingehend verändert ist, dass die Position der beiden letzten Abschnitte der Vorlage zu tauschen sind. Diese Änderungen wurden bei dem vorliegenden Abdruck berücksichtigt.* m-m) *über der Zeile; darunter* *gestrichen:* daz ist n) *über der Zeile; darunter gestrichen:* hette o) *über der Zeile; darunter gestrichen:* were p) *folgt gestrichen:* kouffmanschafft tribin, habin, keyn q) *folgt gestrichen:* gewan[d] r) *folgt gestrichen:* gewand

1) *Vgl. H. EBERHARDT, Anfänge, S. 125.*

931. *ohne Datum* *(Hand C) Einband Innenseite vorn*

Nicolaus Mattstedt verpflichtet sich zur Rückzahlung einer Schuld.

Sexta post Lucie had gerett vor unsen hern Nicolaus Matstet, Clawsen zcu beczalne uf purificationis Marie bie sym schadin.

932. *1390 März 18* *(Hand C) Einband Innenseite hinten*

Albrecht verpfändet seinem Schwager Dietrich Phulsborn zwei Acker Land.

[(a]Anno lxxxx[a)] sexta post letare quam Ditherich Phulzborn, Olbrecht, sin swager, der vorgenant Olbrecht hat gesaczt Ditherichen Phulzborn 2 ackere minus vor ein phunt phenge, alze daz her dy ackere sal innehabe, dy wile her eder sine wertin das phunt phenge nicht ern Ditherichen Phulzborn wedergebit; och hat he sich dez schephen in hern Frederich von Kollede hofe, den her yn wol vorgolden hat.

a-a) *über dem Eintrag*

933. *1390 März 18* *(Hand C) Einband Innenseite hinten*

Der Rat bürgt für eine Schuld.

Item unse hern syn borgen keyn Haldeckin vor 8 schog von dez altin von Querfort wegin czu Tanrode; terminus Martini.[a)]

a) *Eintrag durchgestrichen; auf der Seite folgende Federproben:* in excellso [!], in nomine domini amen, homo quidam, benedicamus domino

2. Das Statutenbuch von 1433

1. *1433* *(Hand G) fol. 1r*

Vorrede.

Anno domini millesimo cccc° tricesimo tercio had der sitzcende rath lassen uszcehen der stat gesetzce unde der stat zcinse unde lassen bischriben in disz nuwe statbuch. Darnach sal sich eyn iglicher rath jerlichen schigken als hirnach geschreben stehit. Ratismeistere uff das jar Hans Houbt, Clauwes Buseloube. Unde disse gesetzce sint usgezcogen usz den alden statbuchern.[a)]

Druck: H. EBERHARDT, Anfänge, S. 89.

a) *die Versalie* B *von einer Hand des 16. Jahrhunderts am oberen Blattrand*

2. *1433* *(Hand G) fol. 1v*

Eid der Ratsherren.[1)]

Also sal man eyme nuwen rathe den eyt stabe als hirnach[a)] geschreben stehit[b)]: Das wir wullen den rath nicht melden unde wullen swige, was sich gebort zcuͦ swigene. Wir syͤn in deme rate adir komen usz deme rate unde wullen [(c]unsere gnedigen herren des herczogen[c)] bestis werben unde der stat zcuͦ Wymar unde eyner ganczen gemeyne, unde wullet des nicht lassen durch leib nach durch leit, durch hasz nach durch nyt, durch gifft nach durch gabe, das swere wir, das uns got helfe, das wir den eyt wol muͤssen halden.

a) *gestrichen, bei der Neufassung des Eides (Statutenbuch von 1433, Nr. 4) von einer Hand des 16. Jahrhunderts* hivor *über der Zeile* b) *folgt ein graphisches Zeichen und* ut supra c-c) *durchgestrichen, bei der Neufassung des Eides von einer Hand des 16. Jahrhunderts* unserer gnedigen herren von Sachsen *an den linken Rand geschrieben, außerdem mehrere Umstellungen vorgenommen*

1) *Eine ältere, wahrscheinlich 1381 aufgezeichnete Fassung des Eides, die als Vorlage für den Eintrag im Statutenbuch gedient haben dürfte, befindet sich im Stadtbuch von 1380, vgl. oben Nr. 14.*

3. *1433* *(Hand G) fol. 1v*

Eid der Bürger.

Also sal man eyme itzlichen, der da borger wirt, den eyt staben als hirnoch geschreben stedt: Das ir wullet getruwe und gewere sii unsern gnedigen herren den herczogen und der stad Wymar und der ganczen gemeyne, richen und armen, jung und alt, und wullit oͤren fromen werben, oren schaden wornen, ir siid in deme lande adir usz deme lande, wo ir mogit, und wullit gehorsam sie ratismeistern und rethen zcuͦ allen guden dingen, das swert ir, das uch god also helffe und die heilgen und alle heiligen. Amen.

4. *16. Jahrhundert* *(Hand I) fol. 1r*

Neufassung des Eides der Ratsherren.

Wir radtmanne geloben und sweren hiermit zw gothe [(a]und allen heiligen[a)] unsern gnedigsten und gnedigen herren von Sachszen und gemeiner stadt alhie zw Weymar getrewe und gewertig zcu sein, iren fromen und gemeinen nucz zcu fordern, betrachten, radten und helffen, schaden warnen und wenden, als vil wir verstehen und uns moglich ist. Darinnen nymants verschonen noch (aansehen, keinerlei fruntschafft, feintschafft, wedder muth, gabe noch schanck darumb nemen,[a)] was auch im radte gehandelt ader geradtschlagt wirdet, dasselbige nymants offnen noch darvor warnen, als helff uns got und alle heiligen.[b)]

a-a) *getilgt* b) von wegen der gemein *über dem Eintrag*

5. *16. Jahrhundert* *(Hand I) fol. 1v*

Neufassung des Eides der Bürger.

(aBurg[e]re eidt[a)]: Das ich wil getrewe und gewhertig sei, unsern gnedigsten und gnedigen[b)] herren, der stadt Weymar und ganczen gemein, reichen und armen, jungk und alt, und wil[c)] iren fromen werben, vor[d)] schaden warnen. Ich sei inne ader aus dem lande, who ich[e)] muge, und wil gehorsam sei ratismeistern[f)] und rethen, zw allen guthen dingen. Das swehr ich. Als mir got helffe (gund alle heiligen.[g)]

a-a) *über dem Eintrag* b) *folgt eckige Klammer; über der Zeile der Nachtrag:* die herczogen zu Sachssen, gebrudere c) *über der Zeile:* derselben d) *gestrichen; über der Zeile:* iren e) *über der Zeile:* kan f) *gestrichen; über der Zeile:* burgermeistern g-g) *gestrichen; korrigiert in:* durch Jhesum Christum, seynen sohn, unsern herrn*; diese Passage ebenfalls gestrichen, korrigiert in:* und sein heiliges wordt

6. *1348 Januar 24* *(Hand G) fol. 2r*

Einleitung zu den Statuten der Stadt Weimar von 1348.

Anno[a)] domini millesimo tricentesimo quadragesimo octavo nono Kalendas Februarii. Dise nachgeschrebene gesetzce unde beschribunge ist geschen, als man zcalte unde schreib tusent[b)] drihundert[b)] darnach in deme acht undevircigisten jare, unde sint usgesaczt mit rate unde wissen unser lieben gnedigen herren graven Frederichs unde graven Hermans von Orlamunde, biide in keynwertekeit, unde mit rate orer manne ern Gernodis unde ern Apecz von Obirwymar, er Heinrich von Lichtenhayn, er Ulrich cappelan, Clemens, schriber, Lodewig von Hersfelde, schultheise, unde mit rate der ratismeistere uff das jar Ditherich Beyger, Hans Pracias, Herman Schorapils, Hans Amberge unde mit rate der achtmanne Ditherich Altrud, Herman Dhume, Herman Ledirsnider, Frederich Matstete, Bertold Mewirsburg, Hans von Obirwymar, Concze Walters, Heinrich Drissigjar unde mit rate unde wissen eyner ganczen gemeyne.[1)] Mit sollichen nachgeschreben stat gesetzcen haben unser gnedigen herren von Orlamunde unde darnach unser gnediger herre marggrave Frederich lantgrave in Doringen unde marggrave zců Missen[c)] dise stat begnadt unde gewerdiget unde den ratismeistern unde dem rate folle macht gegeben, sulliche nachgeschrebene stat gesetzce jerlichen zců vorkundigen (deyner gancen gemeyne[d)] unde die redelichen zců halden, der stat unde der gancen gemeyne zců nůtzce unde fromen.[e)]

Druck: H. EBERHARDT, Anfänge, S. 89.

a) anno 1348 *am oberen Blattrand* b) *folgt gestrichen:* jar c) *am linken Rand:* und darnach unser gnedige herre dii herczogen d-d) *getilgt* e) *darunter von einer Hand des 16. Jahrhunderts:* und von einem herren zcum andern et cetera bestetigt und conformirt

1) *Es ist dies die erste Erwähnung eines Weimarer Rates. Zur Sache vgl. W. HUSCHKE, Ratslisten, S. 27.*

7. 1433 *(Hand G) fol. 2r-2v*

Vom Marktrecht und von der Abhaltung des Marktes.

[(a]Von gewichte, masz unde wagen unde von vorkouffen unde haken.[a)]

Zců dem ersten haben unser gnedigen herren von Orlamunde obgenant dise stat bewerdiget unde begnodt, das eyn iglicher sitzcender rath unde ratismeistere, die man kůset zců jaren, gegeben haben die gewalt[b)], das sie richten sullen ubir alle hande masz, ubir gewichte, ubir unrechte scheffele, uber unrechte ellen unde wellicherleige masz das sie, ubir allehande hafespise, wer brot zcu kleyne begket adir ungebe fleisz vorkouffit, ubir unrechte wage unde gewichte, uber die haken, ab sie keyne eynunge brauchen[c)] mit vorkoufe, wanne [(d]so sich der margkt erhebit, sal man den wusch uff stossen, under dem sal keyn hake, vorkouffer noch sust ymandes nichtes kauffen uff vorkouff, das er furder verkauffen ader enweg wulle furen lasse, sundern alsdann sal und mag eyn iclicher borger kauffen, was waher das sei, sovil als er zu syner huszhaldung unverlich bedorffende ist, usz geslossen alle getreidich als korn, gersten, haffern et cetera, das sal nymand, er sy borger ader uszwerdiger, vor ader in den thoren usser | des margkts uffkouffen ader besprechin, sundern das zuvore uff den margkt komen, nedersetczen und vorbunden bestehn lassen, bisz das dye margkmeister dii glogken luten lassen, und so dii glock uszgelutt ist, so mag eyn iclich borger sollichs getreidichs kouffen, was er des [(e]noch siner notdorfft zu siner huszhaldung und nicht uff vorkouff bedorffende ist, dii wile[f)] der wusch steht[e)] und so dann[d)] eyn iglicher borger unde borgerin gar gekoufft haben unde umbe mittag ist unde der wůsch nedir gelegit ist, so sal unde mag danne eẙn iglicher kouffen, was her weddir vorkouffen wel. Wer dise eynunge bricht, als hie geschreben stehit, unde bei weme unrechte masz, scheffele, wage, gewichte, ellen, adir wie das genant wehere, [(g]funden wirt[g)], unde auch umbe brot unde fleisz als obgeschreben stehit, uber wen man also kômpt mit der warheit, her sie inheyms adir uswerdig, ubir den unde ubir die sullen richten die ratismeistere zců hut und zců hare adir mit sechsundrissig schillingen zců losen, wanne sie der stat kôrmôel gebrůchen haben, das stehit zců den borgernmeistern, wellich sie nemen wullen, die phenninge adir hut adir har, zců desin dingen als hir vorgeschreben stehit, so sullen die borgermeistere sweren, das sie das rechtfertigen wullen, unde wullen das nicht lasse dorch lieb nach durch leit, dorch gifft nach durch gabe, so raten der stat nocz nach der stat ere unde fromen, so sie ore synne unde witzce allirbest bewisen mogen.

a-a) *über dem Eintrag* b) ge- *über der Zeile* c) *verbessert aus:* breichen d-d) *auf Rasur* e-e) *Ergänzung auf fol. 3r* f) *gestrichen; unter der Zeile von einer Hand des 16. Jahrhunderts:* weyle g-g) *von anderer Hand über der Zeile*

8. *1433* *(Hand G) fol. 2v*

Von Schelten und Ungehorsam gegenüber dem Rat.

[(a]Umbe[b)] ungehorsam und schiltworte gein eym rate[c)]. [a)]

Ouch haben[d)] unser[e)] gnedigen herren vorgenant[f)] dise stat begnadt unde bewerdiget, das drii rethe sien sullen, die sie bestetigit haben mit iren brifen, unde jerlichen bestetigen in eyn rat sechs[g)] man, unde deme sitzcenden rate die gewalt unde macht gegeben haben, [(h]wer sinen[h)] gehorsam bricht[i)], adir sich keyn eyme rate adir ratman frevelichen setczit mit afterrede adir mit bo̊ͤsen scheltwůͤrten, adir[k)] stroffende eyn rath unmogelichen [(h]adir wedir gesworn gehorsam thued[h)], wer das besaget wirt, mit der worheit, des busse ist vier wochen gerumt [(l]ader uff eyme thore gesessen, davon nicht zcůͤ komen, eyn rath der heisses in dann[l)] unde gebit an die stat eyne lotige marg, also digke also her das thuedt.

a-a) *über dem Eintrag* b) *darunter von einer Hand des 16. Jahrhunderts:* wher einen radt schilt c) *geändert in:* ratskumpan d) *darüber:* hat e) *darüber:* gnedigster herre f) *durchgestrichen* g) *korrigiert in:* 8 h-h) *getilgt* i) *am linken Rand von einer Hand des 16. Jahrhunderts:* des rats billichs gebot veracht k) *folgt gestrichen:* ist l-l) *in eckigen Klammern*

9. *1433* *(Hand G) fol. 3r*

Vom Kaufen und von der Abhaltung des Marktes.

Ouch[a)] ensal keyn hake noch vorkouffer an dem sonnabinde nach an der mitwochen nach sůͤst in der wochen vor den kerchen keynerleige kouffen, das sie weddir vorkouffen wullen. Wer das besehen unde obirkomen wirt, deme sal man nemen, das her gekouft had unde sal darcůͤ die busse liden nach der stat gewonheit.

[(b]Wolden aber dii fromden vorkouffere am margt[c)] ichts kouffen, das mogen su tůͤn noch dem wussche nedergeleit und alsdann von iclicher korbe, ingekoufft dinges 1 solidum geben der stad zcolnner bii [(d]der furdern busse[d)].[b)]

Ouch[e)] lassen uch unse herren sage unde vorkundigen, das eyn iglich[f)] man, der here zcůͤ margte ko̊ͤmpt unde feilen kouff had, wellicherley das sie nichtis usgeslossen, dem sal keyn hake nach vorkouffer den irsten tag keynerleig abekouffen, das her fort wedir vorkouffen wel, sundern her sal den man eyn tag lasse feile haben unde andere borgere lassen kouffin, die nicht forkouffere sint. Darnach uff den andern tag so alirst sal unde mag eyn iglicher vorkouffer unde hake wol kouffen anegeverde, was im ebyn ist unde fort vorkouffen wulde.[g)]

a) *am oberen Blattrand von einer Hand des 16. Jahrhunderts:* von den vorkeuffern an margktagen*; am linken Rand:* nota b-b) *Nachtrag* c) *gestrichen, über der Zeile:* montag d-d) *korrigiert in:* for gebusse e) *darüber von einer Hand des 16. Jahrhunderts:* ehe die hogken kouffen, sol die wahre zuvor vir tag feil gehabt*; am linken Rand:* lege f) *über der Zeile* g) *hinweisende Hand am linken Rand*

10. *1433* *(Hand G) fol. 3r*

Vom Einläuten und von der Dauer des Marktes.

Man[a)] vorbutet auch von unsers gnedigen herren wegin unde der stad, das keyn borger nach borgerin, wedir or gesinde nach[b)] uswerdigen, [(c]nach juden, nach nymant[c)] nicht keynerleige kouffen sal uff dem margte am martage[d)], sundern harren also lange, das man die margtglocke lutet uff dem rathuse.[e)] Wer das nicht lisse, den wel eyn rad busse umbe funf schillinge denariorum also digke her das thued. Wanne man abir die glocken gelutet, so sal unde mag eyn iglicher kouffe, was om fugsam ist, usgeslossen [(c]vorkouffere unde haken, die[f)] nicht koufe keynerleige bisz[c)] so lange, das der wůͤsch wirt nedir geleit, wellich vorkouffer adir hake, her were uswerdig adir in heyms, des nicht lisse, den sal eyn rad busse als obgeschrebin stehit, zcu huth unde zcu hare adir mit sechsundrissig schillingen zcuͤ losen unde das ist vorlorn, das her gekoufft had.

a) *darüber von einer Hand des 16. Jahrhunderts:* margtglocke und hacken ader vorkauffere betreffende; *am linken Rand:* lege b) *über der Zeile* c-c) *getilgt* d) *durchgestrichen, über der Zeile:* mitwoche und sonnabende e) *über der Zeile:* margtage f) *über der Zeile:* sullen

11. *nach 1433* *(Hand F) fol. 3v*

Von Maßen und Gewichten.

Item[a)] uff allen[b)] jar und wochen mergkten, so fromde[c)] kremer, gewandsnyder ader ander handwergksmeister mit wårczen, wachsze, gewande ader anders herkomen und hii zu margkte stehn[d)], sii sin inheymissche adir uswerdige, alsdann sullen die cemmerer mit den margktmeistern umbgehn, darbii der stad wagen, gewichte, elle und maß haben, wen sii darinne unrecht befinden, sollich gewichte, elle ader maß sullen sii uff das rathusz brengen, darumbe[e)] der rath dii selben noch der stad rechte und gewonheit bussen sal, als sii das biszher von alder[f)] fryheit[g)] gehabt haben.

Es[h)] sal ouch keyn kremer, er sii borger, inheymisch ader uszwerdige,[i)] mit keyner gewichte sunder wegen noch damit vorkouffen keynerleye phennigwerd, das gewichte sy dann recht geczeichend[k)] und mit keynen [(l]steyne, ysern ader andern[l)] [(m]ungeczeichentem gewichte[m)] nicht zu wegen. Bii[n)] wem[o)] das also[p)] befunden wurde, zu dem sal der rath richten zu hud und hår ader mit 36 schillinge zu losen [(m]also vor.[m)]

Ouch[h)] sullen die kemmerer und margktmeistere von der stad wegen innehaben alle masz, scheffil und virtil, dii do recht sin und vorczeichint mit der stad zceichen und darbii haben der stad zceichen, darmete[q)] sii alle scheffel, virtil und[g)] masz [(r]vorbornen und[r)] vorczeichen sullen uff dem rathusze, in der stad wagencammers und anders nergend. Und bii wem ein andere masz dann also funden werden, unverczeichind, den sal der rath bussen nach der stad rechte und gewonheit also vor.

a-a) *über dem Eintrag von einer Hand des 16. Jahrhunderts:* von unrechtem gewichte, ellen et cetera zu besichtigen; *am linken Rand:* lege b) *folgt gestrichen:* ableszen c) *am linken Rand:* auch einheimisch d) *folgt gestrichen:* ore cziit e) *folgt gestrichen:* so f) *folgt gestrichen:* her[komen] g) *über der Zeile* h) *am linken Rand:* lege i) *folgt gestrichen:* kremer k) *eingekästelt* l-l) *getilgt,* unrechtem gewichte *über der Zeile* m-m) *eingekästelt* n) *korrigiert in:* bei o) *korrigiert in:* dem p) *gestrichen;* anders *über der Zeile* q) *korrigiert in:* darmith r-r) *durchgestrichen*

12. *1433* *(Hand G) fol. 4r-4v*

Bäckerordnung.[1)]

[(a]Von beckern.[a)] Ouch ist unser gnediger herre grave Herman von Orlamunde eyn wurden mit allen sinen mannen, richen unde armen, unde auch eynes ratis, den her mechtig getan had diser dinge, die hirnach geschreben stehen, wann grosse kleide quemen vor unse gnedigen herren von richen[b)] unde armen, das die begkere zcuͤ grosz lon namen an offenbrote unde an fuͤrwergke unde griffen den luten in or mel unde werffen das uff der lute teige, wie viel sie wulden, das klayten die lute, das on das unebene were.

Ouch pflagen die beckere, das sie nach der uszwergkunge die troͤge schorren, das sal nicht meher sien. Ouch pflagen sie vor den surteig meher zců nemen, wann sie usgegeben hatten, das sal auch nicht meher sien. Deser kleide unde bruch sal nymme sien, sundern unser gnediger herre von Orlamunde obgenant ist[c)] eyn worden mit allen sinen mannen, edeln unde unedeln, unde auch mit rate des ratis, der do sasz uff das jar unde [(d]mit rate[d)] eyner ganczen gemeyne, das die beckere das furder also halden sullen bie eyner busse, die uch[e)] benant wert hirnach. Unde die beckere, die haben das gelobet mit hant unde mit munde, also stete unde ganczlichen zců halden ane argelist, als hirnach geschreben stehit:

Wanne eyns mannes gut vor den ofen kǒmpt, das sal man om uswergken uff die tuch nach des willen des das gut ist, ab hers haben wel groisz ader kleyne. Wanne das usgewǔrcht wirt, so sal man deme begkere lonen nach der zcal den nůnzcenden teigk. Were auch eyns teyges mynre adir mehir, da sal is nicht an legen, selbes sal her nicht nemen. Were auch, das der teige nůne adir zcehene weren, sal man dem beckere dach eyn halben teigk geben, nach dieser vorgeschrebin zcal sal man den beckern geben, is werde wenigk adir viel. Ouch umbe das ubirley furwerg, das die beckere nemen, das sal nymme sien. Eyn iclicher man sal geben sin fuerwerg adir vom scheffele zcwene phenninge, die sal der begker nemen, ab jhenir das fuerwergks nicht had, dis sal stehen alle jar von senct Mertins tag bisz uff den suntag[f)] achtage nach ostern. Von dem selben suntage furdir uf senct Mertins tag sal man geben von zcwen scheffiln drii phenninge. Ouch sal eynes mannes wertin oren teigk selbir bewerffen adir sien gesinde, ab sie wullen wennigk adir viel, unde die troge sullen sie auch selbis scherren. Auch sal eyns mannes wertyn adir or gesinde kneten, | ab sie wullen. Wer des nicht wel, der gebe ye von drein scheffeln eynen phenning. Ouch sullen die begkere eyme iglichen manne ore můlden brengen unde oren surteig unde ir gut holen unde wyddir heym brengen unde sullen butele lehn, alsie vor getan haben. Unde wellich begker diser artikel nicht hilde unde wert das besait mit der worheit, den sal eyn rat heyse, in sine huse sitzcen unde nicht weddir darusz kome, eyn rath heysis on danne vor ane argelist unde sal geben eyme rate funff schillinge phenninge an die stat.

Ouch sint die selben unse gnedigen herren unde ratsmeistere unde radlute mit den begkern obirkomen unde eyn worden, das sie bagken sullen eyn phenningbrot umbe eyn phenning, eynen zcweieling umbe zcwene phenninge, eyn drieling umbe drii phenninge. Dise brot sal man czeichene, eyn zcweieling mit zcwen stoppfen, eyn drieling mit dren stopphen, eyn virdeling sal man nicht molen, eyn ofenbrot mit fůnfen, umbe das man erkenne, wellich eyn zcweieling adir eyn drieling adir eyn virdeling adir eyn ofenbrot ist. Hirobir sal eyn rath zcwene meistere kisen zců iglichem jare, eyn usz deme hantwergke unde eyn us der gemeyne, die sullen darzců sweren, das sie das vertigen wullen als hievorgeschreben stehit unde das nicht lassen durch lieb nach durch leit, durch gifft nach durch gabe. Unde die andern begkere, die sullen den selben meistern geloben bie eyme gehorsam, dise artikel stete zců halden ane arglist. Unde die meistere sullen das brǒt besehyn. Ist is zců kleyne, so sullen sie is ufslahen unde davor phenden. Die busse ist drie schillinge phenninge, zcwene dem rate unde eynen den meistern.

[(g]Ouch wann die beckere nicht backen, also das brotis gebricht unde keyn brot feyle habin, so sal man iglichen becker pfenden vor 5 ß denariorum.[g)]

a) *über dem Eintrag* b) *über der Zeile* c) *durchgestrichen, über der Zeile:* sint d) *durchgestrichen* e) *korrigiert in:* auch f) *am linken Rand von einer Hand des 16. Jahrhunderts die Ergänzung:* quasimodogeniti g-g) *Nachtrag*
1) *Vgl. H. EBERHARDT, Anfänge, S. 125.*

13. *1522 September 26* *(Hand I) fol. 5r*

Ordnung über auswärtige Krämer.

[(a]Von den fremden cramern.[a)] Unserer gnedigsten herren von Sachsen rethe et cetera haben auff des radts vortragen, wie und nochdem eczliche frembde kramer alhie einkomen und gewonth gewesen, bei funff ader sechs wochen mit uffgeschlagenen offenen buden zcu stehen, welchs dem radte unleidenlich ist, erkant, das nhun forth mher kein kramer uber achtage ader 14 alhie feilh haben sal, doch uff eins iclichen gebure zcal, alzo das er sich dem radte zcuvor ansagen salh, ehe er außleget und einicherlei verkeufft. Actum freitags nach sant Matthien des heiligen apposteln tage anno domini xv^{c} xxii.[b)]

a-a) *über dem Eintrag* b) *folgt gestrichener und unleserlich gemachter Eintrag*

14. *1548 März 26* *(Hand I) fol. 5r*

Der Rat geht gegen den auswärtigen Krämer Jobst Schonhar von Korbach vor, der widerrechtlich seine Bude in der Stadt aufgeschlagen hat.

Montags nach palmarum anno et cetera [15]48ten hat sich Jobst Schonhar von Kuerbach dorumb das er sich hinder des raths wissen understanden eine buden an des Ritesels hause kegen dem neuen rathause uber ufgebauet, aldo dem rate zuwider uber drey monden feyle gehabt, ein stadtlich geldt geloͤst, und do ihn der rath solchs gewalts und frevels halb zu abtrag gefoddert, sich gesperrt und ufn schosser gelenet, in meinung der stadt ire gerechtigkeit zu entwenden. Ist durch drey rethe beschlossen, inen eintzutzihen. Er aber die sachen recht vermergkt, dem rathe zugeschigkt und den vertrag angeboten, ist also ime aus gutwilligkeit zu 4 gulden gelassen, welchs er erlegt, hat auch zusagen mussen, uber 14 tage lauts des stadtbuchs abtzubuden und furt meher sich des gewalts und frevels zu enthalten et cetera. Doch der 14 tag halber sonderlich sich mit dem rate vertragen mussen et cetera.

15. *1433* *(Hand G) fol. 5v*

Von Handwerken und Innungen.

[(a]Von den hantwergken.[a)] Ouch sint unse gnedigen herren von Orlamunde[b)] mit dem rathe und reten eyn worden und sunderlichin mit den hantwergsmeistern unde den hantwergken, wie die genant sien, unde haben uff der stat nuͤcz unde fromen erkant unde heissen sie, das sie keynen in ore innunge nemen sullen nach ir hantwerg erbeiten lasse, her sie denn vor unsers gnedigen herren unde der stat borger wurden unde was eyns iczlichen hantwergs recht unde gewonheit ist undir oͤn, da leit sich eyn radh nicht in unde ab den hantwergsmeistern keyn infal wurde unde on ymant weddirsetzcig wulde sien, das sal eyn rath unde rethe den meystern helfe fertigen

unde vorteidingen als ferre das es[c)] dem rate geuffinbart unde geclait wirt, uff das die hantwerg und hantwer[g]smeistere bie oren alden gewonheiden bliben.
Ouch[d)] sal keyn borger keynen hantwergsman keynerleige hantwerg in syme huse lassen erbeiten, her sie danne vor borger worden adir thů es mit des rates laube unde wissen eyns sitzcenden ratis, unde wer das nicht also hilde, des busse ist ½ marg.
Ouch[e)] sal nymant kein hantwerg alhie erbeiten, er sie denn vor borger wurden unde sal verschossen zcwo marg, had her darubir mehe, das sal her vorschossen uff sinen eyd.

a-a) *über dem Eintrag ; am linken Rand:* lege b) *gestrichen; über der Zeile:* Sachsen c) *über der Zeile* d) *darüber von einer Hand des 16. Jahrhunderts:* die burger sollten kein fremden handwergsman in iren heusern erbeiten lassen*; am linken Rand:* lege e) *darüber von einer Hand des 16. Jahrhunderts:* wer sein handwerg erbeiten wil, sol vor burger sein*; am linken Rand:* lege

16. *1433* *(Hand G) fol. 6r-6v*

Brauordnung.

(aVon bruwern.[a)] Ouch[b)] sint unser lieben[c)] herren ratismeistere unde rethe eynworden mit den eldisten unde mit den borgern, dii die grosten borden tragen als umbe das bruwen unde sint des eynworden, das ein iglicher bruwer sal bruwen des jars 2[d)] bier, je das bier von 4 (eader 5[e)] maldir malcz, die sal eyn iglicher bruwe alle[f)] selbander (eader selbdritte[e)] und sunst nicht[f)], unde sal nymant mehir bruwen, wann 4 maldir malcz. Bruwen abir zcwene burger miteynander, so sullen sie dach nicht mehir bruwen, denn 5 maldir malcz. (gDas maltcz sal messen der bruwermest[er], der darczu gelobt hat, und om von so eynen gebruwe 3 denarios geburn.[g)] Ouch sal keyn bruwer anders zců syme bere thůen, denn malcz unde hopphen, keyne steynworcz, nach harcz sal keyn man zců sime bire thůen, unde wellich borger des besagit wurde mit der worheit und diese obgeschrebin artikel nicht enhilde, des busse[h)] ist eyne lotige marg.
Ouch[i)] sal keyn borger in syme huse lasen bruwe nach schencke uswerd[ige] lute, die mit der stat nicht schossen, wer das besagit wirt mit der worheit, des busse ist eyne halbe lotige marg.
Ouch[i)] sal keyn borger fromden wyn nach bier (evon ussen holen[e)], schenken ader vorkouffen, unde wellicher das besait wurde, des busse ist ½ marg.
Ouch[k)] wellich borger alleyne bruwit, der gebit der stat eyn schilling, desglich zcwene (louch 1 solidus, ir das fuer usgezcogen wirt,[l)] wer des nicht thuet, der gebit funff schillinge, wer davor betit, der gebit eyn phunt an die stat.
Ouch ist eyn gesetcze der stad, wer da melczen,[f)] bruwen unde schencken wel, der sal vorschossen zcehn marg (luff husz unde erbe[l)] (mund habe[m)] sin[n)] erbe unde gut in der stat unde vor der stat legen, und darczů sinen harnasz nach uswisunge der stat gesetzce, als hirnach geschrebin stehit, habin.[o)]
Welch[p)] borger brůwet, der sal gebin eyme brůwmeistere zců lone zců iglichen gebruwe 8 alde groschin unde eyn zcőbir vol traben mit den zcobern, die dorczů gemacht sint unde dem stőerknecht 7 alde groschin unde or iglichem eyne schoffe vol schoeppfenn unde darubir nicht mehir, wer das nicht also hilde, den[q)] wullen unse hern busse vor 5 schillinge.

([r]Ouch[s]) so sal eyn iglicher, der sin erste mal hii bruwit, der stad gewen funffundverczig alde grotzen zcu bruwerrechte zuvor und ehr dann das fuer under gemacht werdit bii der furdern busze.[r]) |

Ouch[t]) sal keyn man bruwen vor den andern, vor sone nach vor tochtere, vor frunde nach vor moge unde wer des besait wirt mit der warheit, des busse ist eyne lotige marg, wel her sichs entschuldigen, das sal her thův̊n mit syme eyde.

Ouch[u]) ist eyn gesetzce, wer da bruwet, der sal haben ([e]synen vollen harnasch[e]), eyn ysenhoid[q]), eyn pafoisen[q]), eyn koller, eyn krebes[q]), eyne ([v]hantbuchszen adir gut armb[r]ust[v]). Wer des nicht enhad, der gebit eyne lotige marg.

Ouch[s]) wellich borger dem andern harnasch lege ([w]adir liet[w]), wann man umbe gehit unde das beseit, der gebit auch eyne lotige marg als digke her das tůet.

Ouch[x]) wer da nicht enbruwet unde eyn handwergk arbeit sal haben eyn isenhoid[q]), ([l]eyn panczer, eyn koller, brust und schorcz, eyn armb[r]ust adir buchszen.[l]) Wer des nicht enhad, des bosse ist ½ lotige marg.

Ouch[i]) wer eyn bruwehusz had, der sal haben zcwene fuerhaken unde zcwo leitern, icliche leitern sechzcen spaln lang, an syme huse hangen. Eyn iglicher borger, der hie bruwen wil, der[y]) sal auch haben eynen fuerhaken unde eyne leitern, sechzcen spaln lang an sime huse hangen, bie weme man das nicht funde, den sal man busse nach der stat gewonheid ([z]vor 5 schillinge.[z]) [1])

Ouch[aa]) sal keyn borger, borgerin nach or gesinde keynen wyn nach byr nach[bb]) ander fromde getrencke holen ([e]ader bruwen[e]) uff den dorffern nach in der erber luten hafen nach andern husern, die nicht mit der stat schossen nach wachin, sundern sie sullen das holen in der stat keller unde nyrgen anderswo. Wer des nicht lesse, unde also damit begriffen wurde, des busse ist funff schillinge denariorum, unde das gefessze ist vorlorn, do her das getrencke inne geholt had, ([cc]usgeslossen wyn, der vor der stat gewachsin ist unde die borgere uffinbarlichen feyle habin, das stehit eyme iclichen ane geverde.[cc])

([r]Is[dd]) sal ouch nymand kein uszwerdig getrengke ([e]uszen des statkellers[e]) als rei[n]fal, walschwyn, mete ader anders schengken, er thu dann das mit willen und wissen des rathes und thu darumbe dem rathe, so vil er bilichs phlichtig ist.[r])

a-a) *über dem Eintrag; daneben von Hand S:* ouch vom brawen ut infra, und frembden getrencke, wher das einlegt b) *Absatz angestrichen und die Vermerke* nota *und* halt *am linken Rand* c) *durchgestrichen und* gnedige *über der Zeile* d) *korrigiert aus:* dreii e-e) *über der Zeile* f) *über der Zeile* g-g) *auf Rasur und durchgestrichen* h) *unter der Zeile von Hand S:* hierinne i) *ein Kreuz und die Vermerke* nota *und* lege *am linken Rand* k) *Absatz angestrichen; am linken Rand:* lege l-l) *auf Rasur* m-m) *am linken Rand* n) *korrigiert aus:* ein o) *am Ende der Zeile nachgetragen* p) *am linken Rand:* nota, lege q) *auf Rasur* r-r) *Nachtrag* s) *am linken Rand:* lege t) *am oberen Blattrand von Hand S:* frembde getrencke; *am linken Rand:* lege u) *am linken Rand ein Kreuz und* lege v-v) *auf Rasur, die letzten drei Worte durchgestrichen* w) *links neben dem Absatz der Hinweis:* von harnaszche; *Absatz angestrichen, am linken Rand der durchgestrichene Vermerk:* lege x) *getilgt* y) *auf Rasur und getilgt* z-z) *unter dem Absatz nachgetragen* aa) *über dem Absatz von Hand S:* von fremdem getrencke; *Absatz angestrichen; am linken Rand die Vermerke* nota, lege *sowie von Hand S der Hinweis:* nota bene, das man denen, die an verbothenen ŏrtern wein ader bier hohlen die kannen nehme bb) *am linken Rand nachgetragen* cc-cc) *durchgestrichen* dd) *Absatz angestrichen und am linken Rand die Vermerke:* nota, lege

1) *Zu den Bestimmungen über den Feuerschutz vgl. O. FRANKE, Mittelalterliches Weimar, S. 27.*

17. *1433* *(Hand G) fol. 7r*

Von der Reinhaltung der Gassen.

[(a]Ouch[b)] sal in iclichem virtil eyn luttenmeistere sin, also das[a)] furder nymand keynerley unflat und von asschern uszkericht ader wo von er das habe usz synem huse in das wasser schoten sal[c)], sundern in synem hofe ader wisen behalde und den zu[d)] felde fure, wer des nicht also hilde und des besehen ader besagit worde [(e]durch dii[e)] luttenmeistere,[1)] syne nagkebur ader andere der borger,[f)] des busse ist 5 solidos ane vorbethe. Wer davor betit, sal ouch 5 solidos gebin. Is sal ouch nymand [(e]weder frauw noch mayt[e)] keynerley unflatt von garne, leygen, segken, tuchern, wyndeln waschen bii dem moelborne ader ander[g)] gemachten trengken.

Ouch[h)] sal eyn iglicher borgere, er habe hoff ader nicht, dii do kegen den gassen sitczen, keynen misthoff uff der gasse haben, noch den myst vor iren thoren von eynem sontage ober den andern legen lasse, wer des nicht also hilde und das besehen und von den [(e]luttenmeistern ader[e)] nagkeburen besagt wurde, des busse ist 5 solidos und wellich luttenmeister[i)] des nicht kund tete und das eynchen zu gute vorswege, des busse ist 10 solidos.

a-a) *getilgt, über der Zeile von Hand S:* es sal auch*; folgt am linken Rand die Ergänzung:* ouch sal b) *über dem Eintrag:* wher kericht ader unflat auff die gassen schot *und* von der lutten meistere*; am linken Rand:* lege c) *durchgestrichen* d) *folgt gestrichen:* sampne e) *korrigiert aus:* den f) *folgt gestrichen:* trengke g) *über dem Eintrag:* von miste*; am linken Rand:* lege h) *getilgt; über der Zeile:* nackbar
1) *Zu den Aufgaben der Lottenmeister vgl. H. EBERHARDT, Anfänge, S. 115.*

18. *1433* *(Hand G) fol. 7r*

Vom Mühlwasser der Bornmühle.

Ouch[a)] sal der bornmuller sin gerynne alle virtil jares recht fertigen, das wasser uff sin rad zufallen, nicht hoer dann als das vor alder gesaczt und der steyn steht in dem wasser bii der brugken und sich ouch in dem wederwage mit dem wasser recht halden. Daruff sullen dye louwer den wasserloufft furder recht von beyden siiten fassen und also wiid gnug machen und halden; und or leder von eynander in den wasserloufft hengen, also das davorn keyn geswelle in dem lederwage werde, der mullen zu schaden; und dii louwer sullen den wasserlaufft von der stoben an gehaben bisz an das thor rumen und recht halden, welche partige des nicht enhilde, sal der stad buszen 10 solidos.

a) *über dem Eintrag:* born mûhel*; am linken Rand:* nota *und* halt*; am rechten Rand:* littera

19. *1433* *(Hand G) fol. 7v*

Von Grundstücksverkäufen, Geschoss und Zoll.[1)]

[(a]Von zcolle unde von erbe.[a)] Ouch[b)] ist eyn gesetzce gemacht mit rathe drier rethe unde der eldestin unde haben erkant, das unserme gnedigen[c)] herren unde der stat nůtz sie unde lassen uch sage, das eyn iglicher, der hie in der stat ader vor der stat erbe unde gut koufft adir vorkeuft, der unde dii sullen miteynander komen vor eynen rath, unde sal om der, der das erbe und gut gekoufft had, das selbe erbe unde gut lasse zců schribe, das man wisse, wo das erbe blibe, das in myns herren geschosz gehort [(d]unde wann das swer jar ko̊mpt, so sal eyn iglicher zcu siner habe swere unde vorschosse die drie jar usz nach uswisunge sins eydes. Wann die swer jar usgehen, so mere und mynre menlich sine habe myt syme eyde.[d)]

Ouch sal keyn borger syn erbe unde gut vorkouffen pristern, erbern luten, [(d]nach juden[d)], die mit der stat nicht schossen, uff das unsers gnedigen herren unde der stat geschosz an erbe unde gute nicht gemynnert, geswecht nach gekrencket werde, unde wer des nicht hilde, als obgeschreben stehit, unde ubirkomen wurde mit der worheit, des busse ist 1 lotige marg.

Ouch[b)] sint unse herren eyn worden unde lassen uch sage, in wellichs borgers huse eynerleige kouf geschiet an pferden, an getreidich, an erbe, an gute, wellicherleige kouff das were unde gesche von [(e]und mit[e)] uswerdigen luten, den adir die sal eyn iglicher borger underrichten, das her davon zco̊lle sulle unde recht thů unserme gnedigen hern und der stat.

Ouch[f)] lassen uch unse herren sage, wellich borger gesellleschaft habin will mit uswerdigen luten, dii selben uswerdigen sal eyn iglicher darzců halden unde underrichten, das sie myme[g)] herren unde der stat rechtis thůn an zcolle unde an andir rechten, die on geboren zců thůne, unde hinder wen man das queme, der des nicht enhilde, des busse ist 1 lotige marg.

[(h]Ouch[i)] welche[k)] gewand snydere, kramer ader ander koufflute, dii hii in der wochen zu margte stehn, dii selbigen sullen je von eynem schogke der stad zu zcolle 2 denarios geben.[h)]

a-a) *über dem Eintrag* b) *am linken Rand:* lege c) *über der Zeile* d-d) *getilgt* e-e) *Ergänzung am rechten Rand* f) *Absatz angestrichen; am linken Rand die Vermerke:* lege *und* nota bene, die mit auslendischen handeln *(Hand S)* g) *über der Zeile:* unser h-h) *Nachtrag* i) *Absatz angestrichen; darüber:* zcolle; *am linken Rand die Vermerke:* lege *und* nota bene, die ihn der wochen handeln
1) *Vgl. Stadtbuch von 1380, Nr. 287.*

20. *1433* *(Hand G) fol. 8r*

Vom Verbot des Waffentragens.

[(a]Von langen messern und barten.[a)] Ouch en sal keyn borger nach gast keyne barten, nach lange messer, nach biel nach keyne mortwere hie in der stat nicht tragen zců byre nach zců strosse, denne wer die truge, deme sal man die were nemen unde sal funf schillinge zců busse geben, darzců so sal eyn iglicher wert[b)] sine geste vor warne, das sie sulliche mortwere nicht tragen sullen, sundern usgeslussen amptlute unde ratismeistere unde rethe, die zců dingen thůe sullen unde gebort zců thůne; unde wer vor die obgeschreben busse betit, der sal geben zcwefeldige busse.

a-a) *über dem Eintrag; Eintrag angestrichen, am linken Rand:* nota, lege b) *korrigiert in:* wirt

21. *1433* *(Hand G) fol. 8r*

Von der Pflicht den Stadtknechten zu helfen.

Ouch[a)] ab ymant den statknechten wedirsetzcig, wer es her were inheyms adir uswerdige, wellich borger des sege,[b)] der sullde den statknechten behulffen sien unde die stat helffen behalden bie werdin unde aldir gewonheit. Wer darczů nicht tete, den sal man busse nach der stat gewonheit.

a) *über dem Eintrag von einer Hand des 16. Jahrhunderts:* burgere soln in zeit der not den stadtknechten zu hulffe komen; *am linken Rand:* lege b) *korrigiert in:* sehe

22. 1433 *(Hand G) fol. 8v*

Vom Aufgebot der Bürger.

[(a]Von geschreige unde zcweitracht.[a)] Ouch sint unse[b)] herren mit den eldisten eyn worden und lassen uch sage unde vorkundigen ernstlichen, ab sich eynerleige zcweitracht adir ungelympff hube in der stat unde geschreige wurde adir ab eyn gebot queme von unserme gnedigen herren adir amptluten, also das man zcu storme lutte adir tutte, so sal eyn iglicher borger von stůnt komen mit siner besten were uff das rathusz adir uf den mar[g]t unde sal hoͤre unde vornemen, was das sie. Were das is[c)] unsern gnedigen herren an trete adir laut unde lute, also das man usz sulde und zcuͤ felde riten adir gehen, so sal eyn iglicher borger genczlichen gehorsam sien ratismeistern unde rethen unde amptluten unde das haldin nach orer anewisunge; were abir das es eynen borger an trete adir der statknechte, so sal eyn iglicher borger, der das sehit adir horet, darczů thůn mit hant unde mit munde unda sal eyn iclicher borger dem andern behulffen sie bii deme eyde; unde wellicher darczů nicht tete, der das sehe unde horte, des busse ist 1 lotige marg unde lidet darczů auch die busse nach der stat gewonheit.

a-a) *über dem Eintrag; am linken Rand:* item, lege b) *über der Zeile:* gnedigsten c) *gestrichen und* es *über der Zeile*

23. 1433 *(Hand G) fol. 8v*

Vom Verhalten bei Feuer.

[(a]Von fure.[a)] Ouch sal keyn man nach borger zcuͤ fure louffe ledig, ab sich das hube, da got vor sie, sundern [(b]eyn iclich bruwer, alle hantwergke sullen zuforderst ore gesaczten fuͤrhaken, leittern, wassereymer, schuffen, gelten brengen. Is sal eyn iclicher borger und inwoner gemeynlich mit exsden zulouffen,[b)] getruweclichin erbeite unde nymand[c)] nicht ledig stehen. Wer des nicht tete [(b]und also dan ledig und unnbekand besehn wurde, den fremden[d)] solde man angriffen und dii andern buszen vor 5 solidos.[b)]

Folgt eingeklebter Zettel (21 x 16 cm):

Ouch sal nymand zum fure ledig louffen, ab sich das erhube, da god vor sii, sundern eyn iclicher bruwer, alle hantwergke sullen zufurderst ire leittern und furhaken, wassereymer, schuffen und gelten, als on das vormals von den amptluten und dem rathe durch bevehlunge unsers gnedigen herren gesaczt und geboten ist zu haben, brengen. Is sal ouch eyn iclicher borger und inwoner gemeyntlich zu louffen mit exsden, schuffen, stutczen, gelten und getruwiglich arbeiten und nymand ledig darbii stehen, sundern wo man eynen ledigen und umbekanten darbii ersehe ledig stehnde, den solde man angriffen und den bestetigen.

Is sal ouch furder mer eyn iclicher huszwert, wertynne und eyn iclich huszgesinde achtunge haben, das dii nicht mit lichten adir wusschen in irer behusunge, in stelle ader schunen gehn bii tage ader nacht, (enoch mit wusschen uff der gaszsee). Und furder mer wissen[f], wem sii beherbergen, das darvon allis nicht schade geschee,[g] sundern von weme sich eynicher schade erhube ader usz[c] beqweme, zu dem wil[h] eyn rath gedengken, den bussen noch der sache gelegenheit.

a-a) *über dem Eintrag* b-b) *auf Rasur* c) *über der Zeile* d) *gestrichen und* frembden *unter der Zeile* e-e) *über der Zeile* f) *folgt gestrichen:* wen g) *folgt gestrichen:* Ouch das nymand mit wusschen uff der gasse geht weder frů noch spete. h) *über der Zeile, darunter gestrichen:* sal

24. *1433* *(Hand G) fol. 9r*

Von der Haltung der Waffen.

(aVon buchsen und armbrusten.a) Ouch had unser gnediger herre uns muntlichen geheisen, das alle die, den armbrust adir bůchsen geboten unde geheissen sien zců haben adir nach geboten unde geheiszen wurde (bzcu habinb), die sullen sie bie sich schigken unde haben, bie weme man die nicht funde, wann man das harnasz besehit, der lidet die busse nach der stat gewonheit.

a-a) *über dem Eintrag* b-b) *durchgestrichen*

25. *1433* *(Hand G) fol. 9r*

Von der Stadtwaage.

(aVon der wage.a) Eyn iglicher handwergsmeister, ire gewergken ader ander kouffere in ader uszwerdig, dii hirinne wollen, garn, fleisch, unsled ader ander kouffmanschatz kouffen wurden, das centener gud ist, sal eyn iclicher uff der stat wogen wegen unde nergend anders und sal von iclichem centener phlegen 5 denarios und also furder nach anczal des gewichts. Is sal ouch keyner keyne wollen, bech noch ander centener gud ussen der wogen wegen furder noch nicht dann eyn steyn.

Is sal ouch nymand keyn fleisch, unslet, smer, puttern ader anders furder noch mehr ussen der wagen wegen, dann 5 phund swer. Wer sollichs breche, des busse ist 5 solidos.

a-a) *über dem Eintrag; am linken Rand:* lege

26. *1433* *(Hand G) fol. 9r*

Vom Verbot des Spiels.

(aVon spele.a) Ouch lassen uch unse herren vorkundigen unde sagen, das unser gnediger herre geheisen had bie sinen hulden unde welch das gehat habe, das sie (ballerleye spel weren sullen und allerleie unfuge mit geschreige adir ander, wii sich dye begebin, und bii welchem das also funden, besehen adir gesehn wurde,b) des busse ist funf schillinge denariorum also digke her das besagit wirt mit der worheit. Wer davor betit, der gebit auch funf schillinge denariorum.

a-a) *über dem Eintrag; am linken Rand:* lege b-b) *auf Rasur*

27. *nach 1433* *(Hand F) fol. 9r*

Vom Verhalten im Weinkeller und in den Bierhäusern.[1)]

Ouch sal man furder in dem wynkeller, byrhusern noch sust im keyme huse, da man zu dem trangke und zcechen sitczit, keyne unfuge mit tringken zu ganczen ader halben trangken, ader sich darinne mit tringken ungeborlich halden, sunder wer des nicht also hilde und von wem sollichs besehn und besagit wurde, den borger sal eyn rath straffen umbe 5 solidos und dye andern nichtborger bestetigen bisz an dii amtlute.

Is sal ouch eyn iglicher, der zu byrhusern geht, uff den obent zum byre nicht lenger noch furder zcechen noch sitczen dann bisz dy glocke 7 gesleht und achter nicht erbeyten, wer des darober besagit wurde und der byrwert sollichs den byrgesten gestatte, den ader dye wil der rath bussen iclichen vor 5 solidos.

1) *Der gesamte Eintrag befindet sich auch auf der Rückseite eines vor Blatt 9 eingeklebten Zettels.*

28. *1433* *(Hand G) fol. 9v*

Vom Lehengeld.

Ouch[a)] sint unse hern ratismeistere unde rethe eyn worden mit den eldisten, das alle dii erbe gut adir husere adir haffe kouffen adir vorkouffen, das von unser stat zců lehen gehit, der adir die sullen nicht mehir geben unser stat zců lenrechte wann 1 ß[b)] denariorum, is trete wenig adir viel an das lehnrecht sal unser stat voit innemen unde davon rechenunge[c)] thůn unde sal ouch die lehn thů, da wisse sich eyn iglicher nach zců richten.

a) *über dem Eintrag von einer Hand des 16. Jahrhunderts:* lehengeldt; *am linken Rand die Vermerke* nota *und* lege b) *korrigiert aus:* 5 solidos c) *auf Rasur*

29. *1433* *(Hand G) fol. 9v*

Von der Bearbeitung von Getreide und Flachs.

([a)]Von flachse.[a)] Ouch sal nymant bie lichte breche, bluwe nach dresche, wer das thued, den sal eyn rath busse vor funff schillinge denariorum.

Ouch sal nymant syn flachsz usz der růsse heryn fure. Wer on[b)] had, der lassen on usse vor der stat erbeite also das unserm gnedigen herren unde der stat davon keyn schade komen.

a) *über dem Eintrag; am linken Rand:* lege b) derselbige *über der Zeile*

30. *1433* *(Hand G) fol. 10r*

Von der Ladung vor den Rat.

Ouch[a)] wann eyn sitzcender rath von des der stat wegin adir von eyns andern mannes adir borgers wegin eynen borger mit der statknechten lisset vorboten unde heischen zců dem irsten, kompt der vorheischene vorbotte borger nicht bie der busse, so sal on eyn rath phende vor sechs denarios.

Darnach uff eyn andire zciit, so sal man abir lassen andirweit vorboten unde heischen bie der busse. Kompt her dann abir nicht, so sal o̊n eyn rath aber pfenden vor sechs denarios.

Darnach uff das dritte mal, so sal man eyn iglichen heischen bie gehorsam. Kompt her denn unde bekennet, so sal her usrichtunge thůn bie virzcen tagen, das ist der stat gewonheit.
Bekennet her abir nicht unde spricht: neyn, so sal on eyn rath wise mit dem neyn vor unsers gnedigen herren gerichte, das nest darnach folgit.
Kompt aber der borger nicht, der vorbotet unde geheist ist, wissentlich mit den statknechten bie gehorsam unde vorheldit das frevelich unde achtit des gehorsams nicht, des busse ist vier wochen gerůmet, als vor von gehorsam geschrebin stehit, unde lidet darczů die busse nach der stat gewonheit.
Ouch wellich burger adir uszwerdiger eynen andern burger mit den stadknechten vor eyn rath vorbottet, der adir die sullen eyme knecht zcwene pfennige von deme gebote gebin. Is dann das der vorbotte bůrger die schůlt bekennet, so sal er deme, der on vorbotten had, syne gebotes pfennige auch wedir geben, als vel er der uszgegeben had.

a) *über dem Eintrag von einer Hand des 16. Jahrhunderts:* von vorbot der burger ader vorforderen ader vorheischung*; am linken Rand:* lege

31. *nach 1433* *(Hand F) fol. 10v*

Von den Maßregeln beim Bauen.[1)]

Item[a)] is sal ouch nymand keyne gasse, grosz ader kleyne, noch keyne egken inbawen noch oberhang, hoch ader neder, inbuwen ader machen lassen, das vor alder nicht gewest ist, er thu is dann mit wissen, gunst des gerichtis und rates. Der das nicht also hilde, dii hat das gerichte und rath zu straffen. Item is sal auch furder keyn man dem andern syne troiffe inbuwen ader schaden thun myt rynnen legen ader wasser uff on wiesen, das ym zu schaden komme mochte, noch keynen andern bedrang thun. Wem das nod wůrde, sal das an dii buwemeister brengen, dii sullen das vort an den rath brengen und der rath das gerichte darczu nemen und sii darusz entscheiden.

a) *über dem Eintrag von einer Hand des 16. Jahrhunderts:* wie ein iczlicher ane schaden seins nackbarn unde der gemeine bawen salh
1) *Vgl. H. EBERHARDT, Anfänge, S. 108.*

32. *nach 1433* *(Hand F) fol. 10v*

Von den Feldscheidern.[1)]

Item[a)] der rath mit gunst, willen und wissen des gerichtis sal zcwene feltscheider setczen, vor dii sal komen alle dii bruche, feyle adir irrithum, als von oberard, lenge, breyte von feltreynen, steynen zu setczen ader ober sneden ader was solche felt bruche zcwusschen den borgern anlangen weren, dii sal man[b)] iglicher vor dii feltscheider brengen, dii sii darusz entscheiden sullen. Wes sii des nicht getun kunne, do sal das[c)] eyn rad thun; mag der rad des nicht getun noch om gefellig sin wolden, sal der rath das gerichte zu hulffe nemen. Den feltscheidern vorgenant sal man zuschigken zcwene knechte, dii noch irem geheisze thun.

a) *von einer Hand des 16. Jahrhunderts über dem Eintrag:* feltrichtunge*; am linken Rand:* nota b) *über der Zeile:* ein c) *über der Zeile*
1) *Vgl. H. EBERHARDT, Anfänge, S. 123.*

33. *1431* *(Hand G) fol. 13r*

Von der Höhe des Schosses und den Pflichten der Bürger.[1)]

Als[a)] man schreib nach gotis geburt tusint virhundert darnach in deme eynunddrissigisten jare had der hochgeborne furste unde herre herre Frederich, lantgrave in Doringen unde marcgrave zců Missen, unser gnediger lieber herre, dii stat zců Wymar bewerdiget unde begnadit, das alle, die in unde vor der stat Wymar sitzcen unde gebruchin wullen wassir unde weide, kerchen unde strassen, die sullen borgere syn unde werdin unde sullen alle mit der stat geschosse unde wachen von alle orme erbe gute farnde habe unde fyhe, wo sy das haben, in adir ussewendig der stat ane geverde, unde alle rente unde pflichte mite tragen, iglicher nach syme vermogen wanne unde wie digke des noit ist unde das halden festeclichin in aller masse als in andern unsers gnedigen herren steten im lande zců Doringen gewonlichen ist, usgeschlossen die geistlichen lute, also pristere unde auch erber lute, dii uff oren eygen frihen hofen wanen, eigintlichen selbist daruffe sitzcen unde or frihe eygen erbe mit oren eygen knechten unde dinern erbeiten lassen.

Original: StadtA Weimar, Urkunden, Nr. 22, 23; Regest: C. A. H. BURKHARDT, Regesten, Nr. 22.

a) *über dem Eintrag von einer Hand des 16. Jahrhunderts:* wer burger werden solle, alle, die zcu Wymar in und vor der stat sitzen, sollen burger sin und werden*; am linken Rand:* lege

1) *Vgl. W. FLACH, Grundzüge, S. 158 f.*

34. *1431* *(Hand G) fol. 13r*

Vom Stadthirten.[1)]

Ouch[a)] had uns derselbe unser gnediger herre ernstlichen geheissen unde had das erkant mit syme ediln unde erber rate, das nymant, nach keyn borger, her sitzce in adir vor der stat Wymar, keynen eygen herten haben sal, sundern was her fyhes habe, is sie kleyne adir groisz, wenig adir viel, das sal her allis triben vor eynen gemeynen stat herten in die hute, als her gebort unde das vorlonen nach uswisunge des stat buchs unde gesetzcis als hirnach geschrebin stehit: Das lon eyns herten als das die ratismeistere unde ratlute uff der stat nucz unde fromen in dem besten erkant haben, wer das also nicht hilde, der sal dem herten glichewol syn volle lon gebin unde lidet darzců die busse als manch noisz, is sie kleyne adir groisz, als her vor eyn andirn tribit, also manche funff schillinge phenninge sal her der stat gebin, als digke her das thued unde mit warheit ubirkomen wirt.

[(b]Ouch sal nymand keyn swyn ader ander vihe, das hůtbar ist, usz syner husung triben ader vergebens uff der gasse louffen lassen und eynem andern schaden tun[c)]. Wer das besagit und anders funden wurde, des busse sin funff schilling.[b)]

a) *über dem Eintrag von einer Hand des 16. Jahrhunderts:* von den das nymand keinen eygen herten sol haben *sowie der Verweis:* hirten infra 6 folio b-b) *Nachtrag 15. Jahrhundert* c) *folgt gestrichen:* uff das

1) *Vgl. H. EBERHARDT, Anfänge, S. 123; Stadtbuch von 1380, Nr. 286; Statutenbuch von 1433, Nr. 46.*

35. *1433* *(Hand G) fol. 13v*

Von der Bestrafung von Verstößen gegen die städtische Freiheit.[1]

Ouch[a] sal eyn iglicher wissen, das unser gnediger herre obgenante unser stat rathusz, ([b]den wynkeller[b]) darundir, den winkeller under dem nuwen koufhusz, adir wo die stat sust in andern kellern schenckte, der stat zců nůtzce unde fromen geeygent gefrihet had unde ratismeistern unde ratluten gewalt, fullemacht unde fryheit geben, wer uff dem rathuse adir in oren winkellern unfuge trebe mit worten adir mit wergken und also die friheit breiche adir sust uff den gassen, in husern adir an andern unzcemelichen steten unfuge trebe, zcu den sullen sie gedencken sullich unfoge sturen unde weren, die in der stat zcůcht setzcen unde sie darumbe straffen als gewonlich ist, nach gelegenheit der sachen, kann hers mit syme gute nicht vorbussen, so sal hers busse mit syme lybe. Hirnach wisse sich eyn iglicher inne zců bewarene, das her der stat ire friheit nicht brechen.

a) *über dem Eintrag von einer Hand des 16. Jahrhunderts:* von unfuge in der stat zcu wehren*; am linken Rand die Vermerke:* infra lege *und* lege postea litteram lantgraff Fredrich in fine b-b) *durchgestrichen*
1) *Vgl. Statutenbuch von 1433, Nrr. 52, 53.*

36. *1433* *(Hand G) fol. 13v-14v*

Von Hochzeiten und Taufen.[1]

Unser[a] gnediger herre obgenant unde sin edeler unde erber rath sint des eyn worden unde haben mit den ratismeistern unde reten, den edilsten unde auch mit eyme sitzcenden rate erkant, das is der stat unde eyner ganczen gemeyne unde eyns iglichem borgere, borgeryn unde oren kyndern nucz unde fromen sie unde lassen uch sage unde vorkundigen unde ernstlich heissen unde gebiten bie der busse, die uch hirnach benant wirt, das eyn iglicher stete unde gancz haldin sal die gesetzce, artikel umbe hogzcite, toiffate, sechs wochen abintbrot, irsten drissigisten jargezciit unde bygrafft als hirnach geschreben stehit.

Nota: Eyn iglicher borger, borgerin, ire kindere, welliche zců der ehe griffen unde hogzcite haldin wullen, sie sitzcen in adir vor der stat Wymar, die sullen nicht meher fromder lute habin nach beten lasse zců orer wertschafft, wanne zcehn par volks, wonhafft in unde vor der stat. Welliche das also nicht hilden, der busse ist 1 lotige marg. | Hetten[b] abir der brutigam adir dii brut brudere, swestere adir anderne geborne frunde hie in der stat adir in andern steten adir dorffern, die mogen sie wol beten unde habin zcu orir wertschafft ubir die obgenante usgesaczten zcal, wie viel sii der hetten, ane geverde; unde eyn iclicher borger, der zců der wertschaft gebeten wirt, der sal dem brutigame nach brut nicht mehr geben an gelde, wanne sechs alde groischen were, auch das her darubir mehe geben wulde, so sal her nicht mynner gebin, wanne eynen gulden, usgeslossen dii des brutigams adir brut geborne frunde weren, den stunde ore gabe ane geverde. Unde wellich borger adir borgeryn das gesetzce also nicht hilde, den adir die sal eyn rath busse vor 15 schillinge phenninge. Wer davor bete, der gebit zcwefeldige busse.

Ouch als bisher eyne gewonheit gewest ist, das man zců den wertschaften unde bigrafften torwarten, wechtern, badern, husmannen unde besundern den frihen frauwen eyme iglichen drie adir vier gerichte mit getrengke gegeben haben, das sal nymme sien, nymant sal forder mehir keyns nicht phlegen nach gebin, wenig nach viel, man wulde danne eyme eyne suppen begissen, das sal stehen zcu eins iglichen willekoer, ab her die geben wulle adir nicht, unde sal des von eyme iglichen unvordacht unde umbeteidinget bliben unde sien ane geverde.

Is[c)] sal ouch keyn torwarte, wechter, herten ader ander der stad gesinde keyne hochcziit, abenbrot, der sechs wochen noch zcu den bigrafften durch keyne spise ader getrengke willen besuchen. Wer des besehen und besagit wurde, der sal[d)] sines dinstes ledig und entsaczt sii.

Als[e)] bisher auch gewonheit gewest ist, das der borger frauwen zcu oren toiffaten unde kintbetten viel frauwen gebeten unde sich daruff mit spise unde getrencke groisz vorkostiget haben, das sal nymme sien, sundern eyn iclicher borger unde borgerin sullen zců oren kinttoiffaten nicht mehr frauwen haben nach bete lassen, die mit dem kinde zců der kerchen gehen, wanne zwelffe unde wanne das kint getoufft wirt. Unde die frauwen das weddir zců huse bracht han, so sal danne keyn borger noch borgerin den frauwen uff den selbin tag, als das kint getoifft ist wurden, keynerleige spise nach keyn gerichte zců essen geben, wenig nach viel, in keynewisz, sundern getrencke, wyn adir bier,[f)] mag man den frauwen wol eyns adir zcweer trincken | geben unde das stehit eyme iclichen ane geverde unde wellich borger adir borgeryn das nicht also hilde, des busse ist ½ lotige marg.

Ouch[e)] als eyne gewonheit gewest ist, das man in den sechswochen zcwei adir drii abintbro̊t gemacht unde gehad haben unde zců iglicheme abintbrote viel frauwen gebeten unde sich daruff grobelich vorkostiget, das sal auch gancz abegetan sie. Sundern wellich frauwe in orme kintbette abintbrot haben wel, die sal das abintbrot eyns haben in den sechswochen, welliche zciit or das eben ist unde nicht mehir unde sal auch darzců nicht mehir frauwen beten lasse, wanne zcwolffe, als obgeschrebin stehit [(g]unde keynen man[g)] unde sal sich daruff keyns hoer vorko̊stigen unde den selbin nicht meher gerichte zců essen geben, wann vire, mynre mag her on wol geben ane geverde. Wellich borger das nicht bestelte, das das also von om unde siner wertin gehalden wurde, den wirt ein rath busse vor 1 lotige marg. [(h]Auch so sal eyn iglich person, es si man, wyb, knecht ader junckfrawe, der ader die zcu gevattern gebeten werden, deme kinde nicht mehir den fůnffczehen alde groschen geben, daruber sal nymandes keynen kettel, auch keyne hůner noch eygere in die sechswochen nicht[i)] geben nach tragen by vermydunge der obgenanten busze.[h)]

[(k]Ouch[e)] welche frauwe kerchgang haben wil, dii sal und mag zu solchem irem kerchgange beten sechs frauwen und darober nicht und mogeliche spise gebin, welche das nicht hilde, der busze ist 5 solidos.[k)]

a) *am linken Rand:* nota b) *am oberen Blattrand von einer Hand des 16. Jahrhunderts:* von hochzeithen, teufften, und anderm zu halden; *am linken Rand:* nota c) *Abschnitt angestrichen* d) *folgt gestrichen:* und e) *am linken Rand:* nota f) *folgt Rasur* g-g) *am linken Rand* h-h) *Nachtrag von einer Hand des 16. Jahrhunderts am Ende des Blattes* i) *über der Zeile* k-k) *Nachtrag*

1) *Vgl. H. EBERHARDT, Anfänge, S. 137 f.*

37. *nach 1433* *(Hand F) fol. 15r-15v*

Von der Durchführung von Hochzeiten, Begräbnissen und Kindstaufen sowie über das Verbot des Waffentragens und des Spiels.[1)]

Zcu erst, wer furdmer czu hochcziiten wil beten, der sal nicht mehr danne vier zcu yme haben, dy mit yme umbe gehen und darczu helffen beten.

[(a]Item zcu ersten messen, inseynungen, auch czu hochziiten, sal nymand mehr volcks beten, dann 30 par unde 12 jungfrauwen[b)] dii zcu yren jaren komen sind und 12 knechte, dii darczu dyne mogen.[a)]

Item, so sal auch nymand walczernachte halden nach haben, sundern dii jungfrauwe dii wirtschafft sal haben, mag bii or haben 6 jungfrauwen und nicht mehr.

Item, als man is nennit zcu dem eigerkuchen gegangen, den man wanne bisher am andern ader dritten tage nach der hochcziit had gehalden, sal auch absin[c)] unde man sal furdmer nymands darczu heissche ader beten.

Item, man sal auch czu dem bade nach der hochcziit nymandts bete nach heissche.

Item, man sal den spehilluten zcu hochcziiten keyn tranckgeld, furdmer nicht geben anders dann alsvil yn der brutegam geredt hat.

[(a]Item[d)] dii frauwen sullen auch czu thauffaten nicht mehr frauwen haben nach beten dann 12; und nach der thauffate keyn essen ader qwesserye nicht geben nach halden, sundern wanne sie frauwen[e)] wullen haben, darczu mogen sie beten 12 frauwen und nicht mehr zcu abindbrote das mahel alleyne, und sullen auch darnach keyn nachessen mit mannen ader frauwen nicht haben et cetera.[a)]

[(a]Item czu begengnissen sal eyn iglicher zcu dem essen nicht mehr volcks beten dann 10 par, arme lute mag er bete, alsvil er wil und den umb gotis willen zcu essen geben et cetera.[a)]

Item wer ader welche sollicher gebote und ordenunge nicht hilde und des hinderkomen wurde an welchen artickeln das were und alsdicke das geschie, so sal der man von stund uff eyn thor in gehorsam gehen und dii frauwe in yr husunge inne sitzcen und darusz nicht komen, sie haben dann der stad eyn halbschogk quarder zcu busse gegeben und geanttwert, wo man dii hin haben wil.

[(a]Item is sal auch nymandt in der stat keynerleye wurffelspel, karten, bretspil nach keynerley spil umbe geld spehiln adir in syner husung halden nach lieden, wer des darubir hinderkomen wurde, alsdicke das geschie, so sal der wirt, in des huse das geschie und der gespehlt hett, yr iglicher besundern unserm gnedigen herren und der stat eyn ald schogk zcu busse geben.[a)]

[(a]Item so sal in der stat nymand lengere messir trage, danne der stat masz ist, nach heymliche wehre, wer des nicht lisse, dem sullen dii statknechte dii langen messir nemen und von stund zcubrechen, dii heymlichen wehre auch nemen und dii, by den sie funden werden, furen in der stat beheltnisse, da sie hin gehoren et cetera.[a)] |

Auch sal der [(f]adir die[f)] gefatter dem kinde nicht mehir dann 15 alde groschen gebin; daruber[g)] sall er dacz kettel geben, auch huͤner unde eyger tragen in die sechs wochin gancz abe getaen syn.

a-a) *Abschnitt gestrichen* b) *folgt gestrichen:* und c) *durchgestrichen* d) *am rechten Rand:* lege e) *folgt gestrichen:* adir koppey f-f) *über der Zeile* g) *folgt gestrichen:* solbe wider ader h) *folgen*

Federproben: deme rate zcu Wymar unnsern lieben getruwen; liebe getruwen, wir begeren mit ernste, daz ir uns; anno et cetera xlvi[to]

1) *Vgl. H. EBERHARDT, Anfänge, S. 137 f.; eingeklebtes Blatt; Papier, Format: 28 x 16,5 cm.*

38. *nach 1433* *(Hand F) fol. 16r*

Von Seelmessen.

Ouch welche borger ader borgerin yre eldern kinder ader gesinde wullen begehen lassen czu dem ersten dii sullen bestellen mit dem pharrer und synem herren eyne gesungen selemesse uff dy hoemesse und darunder gelesen messe also vil als er gnade und andacht darczu hat. Und er mag dye also bestellen in der wochen uff dy hoemesse, uff welchen tag er das haben wil ader om fuglich ist, sundern uff den sontag. Darczu mag er beten dye geistlichen, dye messe halden, und dii spisen und presencien geben noch synem vormogen. Und ouch zu der vigilie und selmesse und zum essen mag er beten zcehn par folks siner frunde und nagkebur und nicht mehr, sundern armen lute mag er setczen, so vil on sine andacht vormand, und dii alles spisen noch synem vermogen ane geverde.

Wellich[b)] borger ader boergerin drissigisten ader jargecziit haben wullen, also vil der uff eyne wochen gefallen ader werden mogen, sal eyn iclicher bestellen mit dem pharrer und synem herren zu halden uff dy hoemesse ader zcu der frumesse und darunder dii andern messe gelesen, alsovil er andacht und gnade darczu hat, uff dinstag, mittewochen ader fritag uff der tage eynen in der wochen, welcher tag on aller beqwemlichst ist und vor heiligen tagen ges[i]n mag. Zu der vigilie und selemesse mogen sii yre nehsten nakgebur beten und nicht zum essen sundern dii geistlichin und armen lute, das stet eynem iclichem ane geverde.

a) *über dem Eintrag:* von den begengnisz; *Eintrag angestrichen, am linke Rand:* lege, halt b) *Eintrag angestrichen und am linken Rand:* lege, halt

39. *1433* *(Hand G) fol. 16v*

Vom Verbot des Handels auf dem Kirchhof.[1)]

Ouch[a)] sal furder nymand under der mesze, predigat ader vesper cziite uff dem kerchoffe stehn, rede und sache da zu handeln, sundern was sache ader handels ymands zu tun hat mit dem andern, das sullen sii an andern steten suchen, wann sollichs an solchen steten ungeborlich ist; und wer dorober besehen wordc, zu dem sal der rath gedengken, den straffen und bussen, als eynem ungehorsamen welcher ouch nicht borger were und also besehen und funden wurde und meynte, solches gebotes nicht zu halden, zu dem werden dii amptlute gedengken.

a) *Eintrag angestrichen; am linken Rand die Vermerke:* nota, lege *und* halt
1) *Vgl. H. EBERHARDT, Anfänge, S. 80.*

40. *nach 1433* *(Hand F) fol. 16v*

Vom Tanz.

Ouch[a)] sal furder keyn tantcz ober jar weder am sontage noch heiligen tage uff dem rathusze mehr sin, sundern zu ersten messen und hochcziiten noch mittage bisz uff vesper cziit, darober so sal furder uff dem rathusze weder tag noch nacht keyn tantcz geschen.

Is sal ouch nymand keyne unfuge, geschrey mit juchen[b] noch keynen ungeberden, am tancze uff ([c]dem rathusz[c]), der gasse, noch in eynichen husern ungeborlichen tun, sundern wer dorober funden, besehen und begriffen wurde, den sullen dii wachemeister und stadknechte in der stad zucht setczen, und welche, dii borger sind, werdit der rath straffen, und dii andern nichtborgere, den amtleuten antwurten.

a) *über dem Eintrag von einer Hand des 16. Jahrhunderts:* wen und wie man tanczen erleuben salh; *am linken Rand:* nota *und* lege b) *gestrichen und* juchczen *von einer Hand des 16. Jahrhunderts unter der Zeile* c-c) *auf Rasur*

41. *nach 1433* *(Hand F) fol. 16v*

Vom Verbot, vor dem Kirchhof an Sonn- und Feiertagen Markt zu halten.[1]

Is sal ouch keyn margkt uff den sontag noch uff andere heiligen tage vor dem kerchoffe gesessen ader gehalden werden.

1) *Vgl.* EBERHARD, *Anfänge, S. 80.*

42. *nach 1433* *(Hand F) fol. 16v*

Vom Verbot des Pferdeanspannens an Sonn- und hohen Festtagen.

Is sal ouch nymand uff den suntag adir uff dii[a] andern hoefeste keyn pherd bespannen, faren ader faren lassen, sundern erhafftige nod.

a) *über der Zeile*

43. *1433* *(Hand G) fol. 17r-17v*

Von der Schule und dem Schulmeister.[1]

([a]Uber die schůle.[a]) Das gesetzce unde das lon ubir dii schule eyme iclichen schulmeistere ubir die borger kint, das ist usgesaczt mit rate unde wissen er Ditherich Apels, pfarrers, unde mit rate drier rethe unde der gemeyne, als hirnach geschrebin stehit:

Wellich borger adir borgerin eyn kint, zcwei adir drii hette in die schule gehin, der adir dii gebin von eyme iglichen kinde des jares, es sii groisz adir kleyne, unde sitzce hoe adir nedir, dem obirmeistere achtehalben schillinge phenninge des jars zcu vier wichfasten; domite sal her sinen undirmeister auch halden unde keyn borger sal darubir keyns mehir pflegen, rechtemeistern nach undirmeistern unde sie sullen keyn kint vordir dringen mit keynerleige schulrechte, groisz nach kleyne, wenig nach viel, sundern 2 denarios zcu dem nuwen jare dem obirmeistere unde 2 denarios dem undirmeistere, damite sal eyn iglich borger unde ire kint von dem obirn unde undirn schulmeistern gancz enprochen sien.

Umb das brot adir brotgelt, da die meistere vor dii kint haben umbe gedrungen, das sal nymme sien, keyn meister sal die borger kynt forder dringen zcu brote nach zcu gelde, wenig nach viel, sundern was sie brengen mit guter willekor, da mag her sine abefindunge an haben.

Ouch wellich borger adir borgerin lesit lesen eynen salter, die sullen davon nicht mehir gebin denne funff schillinge denariorum.
Ouch wann eyn mensche gestorben ist unde [(b]die frunde[b)] betin umbe die schulere ubiral unde lessin den menschen hole unde vigilen unde selemesse singen unde lesen, der gebit dem obirmeistere eyn schilling denariorum.
Stirbit aber eyn mensche, is sie nûe riche adir arm, unde betit unde begert der armen schulere von dem meistere, der meister sal dii armen schuler lassen gehe unde keyns von dem menschin nemen. |
[(c]Ouch wer do drissigisten adir jargezciit begehn lessit, wers vormag, der gebit von der vigilie unde selemesse deme undirmeistere eyn brot adir eyn kese, das vier phenninge wert sie, adir eynhalb stobichen birs davor unde deme obirmeyster nicht.[c)]
[(d]Were aber der mensche also arm, das her nicht hette zcuͤ gebene, so sal der meister addir sien undirmeister vigilie halden unde den menschen durch gotis willen des vortragen.
Ouch[e)] sint unse herren die dry rethe mit rate und wissen der amptlute und eyns pfarrers [(f]eyn wurden[f)], daz eyn itzlich schulmeister, den man uff nempt, is sii eyn ober- adir eyn undermeister, wann und wie dicke dez noit sin wirt, sal sine sache welcherleye die were, die or mit den burgern gewynne, umbe sin lon adir waz daz were, anders nicht furder suche dann vor eyme rathe und eyn itzlicher sal furder beswerung von eyme schulmeister vertragen blibe. Dakegin sal ein rath dem schulmeistere adir sinen gesellen von den burgern geslunglichen helffen nach gelegenheit der sachin.[d)]
[(d]Is[g)] sal ouch eyn iclicher schulmeister dem rathe gereden mit der stad kindern keyne begengnisze ader patrocinia czu der frumesse zcu singen anders dann zcu der hoemesse, sundern[h)] dye frumden schuler mag er darzcu nutczen.[d)]

a-a) *über dem Eintrag; daneben von einer Hand des 16. Jahrhunderts:* was man dem schulmeistere vorhaltenn sal im auffnhemen*; am linken Rand:* nota b-b) *über der Zeile* c-c) *gestrichen* d-d) *Nachtrag 15. Jahrhundert* e) *am linken Rand:* lege f-f) *am linken Rand* g) *am linken Rand:* nota *und* halt h) *folgt gestrichen:* zcu
1) *Vgl. W. FLACH, Grundzüge, S. 162; H. EBERHARDT, Anfänge, S. 136; Statutenbuch von 1433, Nr. 56. Eine weitere Regelung über den Schulmeister zu Weimar aus dem Jahre 1433 findet sich in: J. MÜLLER, Vor- und frühreformatorische Schulordnungen und Schulverträge 2, S. 276, Nr. 10.*

44. *1433* *(Hand G) fol. 18r*

Vom Kirchner.

Das[a)] lon eyns kircheners zcuͤ senct Petere das stehit also: Eyn[b)] iglicher huswert gebit dem kirchener Walpurgis [(c]2 nuwe denarios unde Michahelis 2 denarios[c)] unde zcuͤ winachten sprengegelt drie genge, zcuͤ iglicheme gange [(c]1 denarium[c)].
Umb das messegeld, das stehit also vor: [(d]nemlichin von iclichem huswerte [(c]2 phennige[c)], von eynem par huszgenoszen ouch sovil und von eynem enczkeln [!] huszgenoszen 1 denarium in dem adventu iclich jaris.[d)]
Stirbet eyn mensche, des frunde geben deme kirchenere von eyme alden 6 denarios, von eyme jungen 4 denarios, von eyme pulsze lutegelt von den kleinsten drien glocken. Wer aber die grossin glockin wel gelutit habe, der sal [(e]bestelle zu lutene,

auch dem kirchenere darumbe sinen willen machen und 1 solidum geben.[e)]
[(d]Zu dem ersten begengnisze eynes iglichin huszwertis adir huszgenoszen, der sii jung ader ald, gebit man om eyn huszbrot, eyn schussel mit erweis unde 6 eyger daruffe.[f)]
Item[g)] von senct Jorgen messe gebit man om 30 groschen Walpurgis und Michaelis von den formunden der bruderschaft senct Jorgen. Item von unser liebin frauwen mesze gebet man om 30 groschen Walpurgis et Michaelis von den formunden.[h)] Item von der selmessen uff den montag gebit man om 1 sextercium von den alterluten Walpurgis und Michaelis. Idem von der mesze unser lieben frauwen in senct Johanne kore 1 sextercium von den alterluten. Exclusis 2 sextercium von styger nuwen muntze. Darober hat man om zugeleit dii huszgenoszen, das dii uff welche zciit om gebin sullen 1 denarium.[d)]
[(i]Sint drey rethe von eldesten uff heudt, dinstag nach Viti anno et cetera xx [*1520 Juni 19*] mit ime ubereinkommen, das er ihe von einem wetther uber das schogk, das ime zuvor gemacht, ein stobichen getrencks und ein virtel [(k]nicht uber[k)] 4 denarii guldigk, im burger keller entpfaen und[l)] salh darbei[m)] begnugick sein und vleissigk auffsehen habe uff die wetthere, schaden zu verhuthen.[i)]

a) *am oberen Blattrand von einer Hand des 16. Jahrhunderts:* umb den kirchner b) *am linken Rand:* lege c-c) *auf Rasur* d-d) *Nachtrag* e) *auf Rasur* f) *folgt:* und g) *der folgende Abschnitt eingekästelt* h) *auf Rasur* i-i) *Nachtrag 16. Jahrhundert auf fol. 17v, darüber der Vermerk:* dem kirchener vom wetterleuthen k-k) *über der Zeile* l) *über der Zeile* m) *folgt gestrichen:* sal er
1) *Vgl. Stadtbuch von 1380, Nr. 288; Statutenbuch von 1433, Nr. 49.*

45. *1433* *(Hand G) fol. 18v*

Vom Schützenmeister.[1)]

[(a]Das gesetcze eyns schutczenmeisters.[a)] Zum[b)] ersten sal eyn schutczemeister hii wonhafftig zu voran selbins personlich mit in dii herfart, so sich das begebit und geboten werdit usz zu zciihen, mit synem geczuge met cziihen und darinne den schutczen, von der stad wegen uszgeczogen, ire armb[r]uste fertigen, mit wyntfedernen und nůssen in zu bynden und was der zu fertigen ist mit stoͤnen und wergelinge anzulymen. Desglichen er ouch hirheyme den schutczen und schissegesellen ire armb[r]uste ouch fertigen und halden sal mit wyntfedernen nussen in zu binden.
Item darober so sal er der stad alle jar jerlichen eyn gud armbrust[c)] gebin, eynes nuwen schogks wert und dann dii andern der stad armb[r]uste in wesen halten, welche dii des bedorffen sin. Was er aber gebrechliche armbruste der stad fertigen und machen wurde, dys sal man on lonen. Dargegen sal er synes geschoszs und andere phlichte von der stad wegen fry sitczen uszgesloszen von huse, hofe und erbe gutern. Dii stad sal om gebin alle jar eyn hofegewand pro 2 schog. Item 2 malder korns, item 4 fuder holczs ader davor 1 ald[d)] schogk geldis.

a-a) *am oberen Blattrand* b) *am linken Rand:* lege c) *in der Vorlage:* armburst d) *über der Zeile*
1) *Vgl. Stadtbuch von 1380, Nr. 291; Statutenbuch von 1433, Nrr. 22, 24; H.* EBERHARDT, *Anfänge, S. 108 f.*

46. *1433* *(Hand G) fol. 19r-19v*

Vom Stadthirten.[1)]

[(a]Das gesetzce unde lon des herten.[a)] Zcůͤ[b)] irst sal eyn iglicher, der do fihe had unde weide unde wassir gebruchen wiel in der stat unde vor der stat, der sal triben sien vihe vor eynen gemeynen stat herten in die hute als her gehort unde das verlonen als hirnach geschrebin stehit. Wer sich daweddir setzcet unde des also nicht hilde, der sal deme herten glichewol sien volle lon geben.

Wer vor die herten tribet eyne kůͤe, zcwo adir drie unde darzců kleyne fihe, der gebit von iglicher kue bisundern [(c]7 a[lde] groschen eyn jar und 1 virtil korns, desglichen von 5 kleynen nossern der ků noch.[c)] Tribet aber eyner eyne [(d]ader zcwu[d)] kůͤe alleyne unde nicht kleyns fihes, der sal geben von der kůͤe 7 groschen unde 1 gang brotis.[e)]

Wer abir tribet eynen farren adir kalben, der sal die vor lonen glich den kouwen, die zcweiger jar alt weren, weren abir die kalben unde farren undir zcwen jarn, so sal man von iglicheme kalbe adir farren 6 denarios. Von eyme kleyne nosze alleyne 6 denarios unde nicht brotis.

Wer aber tribet sechs nossere unde mehir, so gebit her von den kleyn noszern von iglicheme bisundern 6 denarios[f)] als vorgeschrebin stehit. So sal eyn herte das fihe vor der stat teilen unde scheiden, die kuwe uff eyn hufen, die schoff, zcegen uff den andern, die swyn uff den dritten unde iglichs hufen bisundern huten, als sichs gebo̊rt.

Ouch sal keyn herte in deme hertestedil lenger legen wanne von senct Jacofs tage bisz uf unser liebin frauwen tage letzcern unde sullen dii melke kuwe zců mittage intribe unde wedir usztribe. |

Ouch sal eyn iglicher, der vor den herten tribet, gebin den herten uff Johannis unde uff Martini ore zceche brot, als von aldir herkomen ist, also das iglich brot eyns alden groschen wert sie. [(g]Umb der herten lon sin dii rethe eyns worden anno etc. lxxi^{o}, noch dem als dii herten clageten, sii mochten an dem furdern lone nicht zu komen und sullen on nu lonen, als hirnoch geschrebin steht: Eyn iglicher, der keyne ku, [(d]2 oder 3[d)] hat, sal gebin von iglicher 18[h)] nuwe denarios[i)] eyn jar und 1 virtel korns. Desglichen von 5 kleynen nossern der ku noch. Auch wer 1 ku [(d]ader 2 kuwe[d)] hette alleyne ader 5 nosser, dii sullen darczu den herren gebin 1 gang brotes. Wer ouch drii ader vier kuwe hetten, sullen gebin zcwene genge brotes. Hette ouch eyner zcwey, dry ader vier kleyne nosser, dii solden von iglichem nosse gebin [(k]6 nuwe[k)] denarios und keyn brot. Dii farren und kalben under zcweyen jaren, dii geben dem kleynen vihe glich. [(l]Darczu hat man om[m)] vom rathe zugesaget zu zulegen 2 alde schog nufurdern uff das zukunfftige jar anno etc. lxix^{o}.[l)] Idem 1 fuder holtzcs zu holen lasse.

An Hanns Jons, herten, in unszer lieben frauen trifft stad ist uffgenomen Curt Greffe uff sollich lon inmaszen Beyger.[g)]

a-a) *am oberen Blattrand; darüber von einer Hand des 16. Jahrhunderts:* vom hirthen und seinem loene b) *am linken Rand:* lege c-c) *auf Rasur* d-d) *über der Zeile* e) *am rechten Rand:* nota f) *folgt gestrichen:* unde am suntage brot unde von den kuwen, kalben, farren g-g) *auf einem nach fol. 18 eingeklebten, gefalteten Zettel 16 x 22 cm (Vorderseite beschrieben)* h) *über der Zeile, darunter gestrichen:* 15 i) *folgt gestrichen:* 7 alde groschen k-k) *über der Zeile, darunter gestrichen:* 6 l-l) *Abschnitt durchgestrichen* m) *über der Zeile der Nachtrag:* Beyger den herten

1) *Vgl. H. EBERHARDT, Anfänge, S. 123; Stadtbuch von 1380, Nr. 286; Statutenbuch von 1433, Nr. 34.*

47. 1433 *(Hand G) fol. 19v*

Von der Neujahrsgabe.

(aUmbe das nuwe jar.a) Ouch umbe das nuwe jar sie verboten eynem iglichen borger, er sii rich ader arm, bii der stad busze, wer das nuwe jar gebt wenig ader vil ymande anders dann den statknechten, dem landknechte und huszmann, den wil man busze umbe 5 schillinge, hinder wen man des komet.

a-a) *über dem Eintrag*

48. nach 1433 *(Hand F) fol. 19v*

Vom Umgang mit Ehebrüchigen, Verdächtigen und schlecht beleumundeten Frauen.

Ouch[a)] will unser gnediger herre gehabt habe und wir gebieten eynem iclichen von siner gnade und der amptlute wegen, wer an syner unee sesze, das der solche unee rume[b)] und sich der entslae. Wanne [und] von weme des nicht geschee, zu dem wullen dii amptlute und rath gedengken.

Is sal ouch nymand keyne versprochen lute weder mann noch frauwen bii sich haben, weder heymlich noch uffenbar, wer des besaget adir bii wem dii funden wurden, zu den sal der rath gedengken.

Es sal ouch keyne verlumunte frauwe furder uff dem rathusze an eynchen tancz gehe. Welche des nicht lisse, sundern daran besehen wurde, dii sal man zceichin mit dem smehreymer.

a) *von einer Hand des 16. Jahrhunderts über dem Eintrag:* wer an der unehe sitzt, den sal man nicht liden*; am linken Rand:* lege b) *durch Unterstreichung getilgt und von einer Hand des 16. Jahrhunderts durch* reume *am linken Rand ersetzt*

49. 1530 April 7 *(Hand I) fol. 20r*

Vom der Entlohnung des Kirchners und des Totengräbers bei Begräbnissen.

Nachdem sich vil clagens vom gemeinen man, als worden sie vom kyrchner mit dem leuthe gelde uberthewert, erhoben, sind die eltisten aus dreien rethen donnerstag nach Judica yhm dreissigsten jare zusamen komen und wie folget entschlossen: Stirbt eyn mensch, das zum sacrament gangen ist, darvon sal man dem kirchner zweên groschen geben; darvor sal er zum begrebnus ein zeichen mit der sontags ader ander glocken leuten. Und wan mans begrebet, mit dreien glocken zusamen schlahen. Er sal auch, ob mans begert, die priester mit zu gehen bestellen und dem totengreber aneweisung zum grabe geben. Von eym kinde aber sal man yhm ein groschen geben, wen er yhm mit den zweien klein glocken leut. Und wu sichs zutruge, das mehr dan eins sturbe und zugleich begraben wurde, ßo sal yhm das doch von eym jeclichen wie vorzeigt, (bman bestellet oder nicht,b) yn sonderheit verlonht werden. Auch wo ymandts solchs zu geben nicht vormocht, sollen das die geordenten des kastens erlegen. Actum ut supra. Desselbigen gleichen sal man dem totengreber ein groschen geben, von eym menschen, das zum sacrament gangen, von den andern sechs pfenninge. Actum ut supra.

a) *über dem Eintrag:* umb des kyrchners lohn*; darunter* umbe den b) *am linken Rand*

50. *1432 Dezember 3* *(Hand G) fol. 20v-22r*

Satzung für das Handwerk der Fleischhauer sowie Maßregeln für die auswärtigen Fleischhauer und die Abhaltung des Fleischmarkts.[1)]

[(a]Lex et littera carnificum.[a)] Also hiernoch geschrebin stehit von artikeln zců artikeln, also sullen is die meistere unde das gancze hantwerg der knochenhauwere addir fleiszhauwere zců Wymare[b)] gemeneclichen halden unde darnach sich richten nach unser stat gesetzce unde gewonheit unde dise innunge ist geholt zců Wissense nach Criste geburt virczenhundert jar darnach in dem zcweiundrissigisten jare an der mittewochen senct Barbaran abinde der heiligen jungfrauwen.

[I.] Zcům irsten male: Wer fromde gein Wymar kompt unde in das hantwerg der fleishouwere komen wel, der sal gute kuntschafft brengen mit brifen, das her unde sine wertyn elich geborn sint von vater und můter, unde usz wellicher stat adir flecke her kompt. Do danne sal er ouch brive brengen, das sich he unde sine eliche wertyn gehalden haben also frome lute unde sal borger werde unde der stat des jars or geschusz richten nach der stat gesetzce et cetera. Und sal darnach dem hantwergke geben eyn eymer birs unde eyn phunt wachs zců des hantwergks lichten unde derselbe sal ouch das hantwerg eyn jar usz alleyne erbeiten.

[II.] Darnach, wellich meisters son adir kynt eyne fleiszbangk bestehen wel, der sal gebin eyn phůnt wachsz zců des hantwergks kerzcin unde der stat des jaris oren zcinsz gutlichen richten unde wellicher des nicht tete, deme sullen die meistere sien hantwerg inlegen, bisz so lange das er der stat oren zcinsz gegebit.

[III.] Ouch wanne das fleisz sommerzciit nicht kan geweren, so mogen zcwene meistere hauwen eyn schőpcz zců den bencken, adir vire eyn rynt unde wanne das fleisz kan geweren, so mag eyn meister soviel hauwen unde or iglicher bisundern, so viel als er kan, also was her denn hauwen wel zců den bencken. Das fleisz sal fertig sie unde nicht wandelbar unde sal wol konnen gehen uff allen sinen vier beynen.

[IV.] Ouch wellich fleisz wandelbar wurde, das mag man feyle haben an dem margtage vor mittage unde sust nicht in der wochen nur. Darzců sullen die meistere des hantwergs thů eyn eit unde sweren, das sii das wullen bewarin, das das furder in der wochin nicht sal geschen. |

[V.] Ouch sullen dii meistere des hantwergs alle tage, wann man fleisz feyle had, gehn vor igliche bangk bisundern und iglichem sien fleisz besehn. Vinden sie denne eyne fynnen adir zcwo, domite sal er nicht vorlisen unde ist ane geverde; vinden sie abir drie fynnen, domite vorluset der, der das fleisz had, drii schillinge denariorum geyn der stat zců busse unde gein das hantwerg nicht. Adir der meister sal den bangk zců slissen unde das fleisz in den bencken nicht feyle haben, sundern her sal da mete stehen zců kouffe ussewendig den fleiszbencken adir das fleisz do heyme slahen in das salcz. Darczů sullen die meistere des hantwergs den eit thun unde sweren, das sie das also halden unde rechtfertigen wullen, unde das umbe lieb nach umbe leit nicht vorhalden noch vorswigen wullen.

[VI.] Ouch sullen sie die brotworste, lebirworste unde andir wurste or iglicher bisundern machen von reynem, friszchem fleiszche, das nicht fynnecht nach wandelbar ist, unde sullen daryn nicht hagken milzcen, herzce, nyren nach keyn ander ungeferte nach fro̊mde fleisz, das sich nicht darczů geburt. Hinder wen man das queme, der ist der stat zců busse vorfallin von iglicher wurst bisundern zcwene schillinge denariorum, also manche her der gemacht had, unde sal darczů der stat gehorsam halden, bisz so lange das dii meistere vor on beten unde deme hantwergke sine busse geben.

[VII.] Were ouch ab ergen keyn kompan adir meister des hantwergs ymande abeborgete, das do fleiszwerg anlangete unde das nicht bezcalte, queme kleyde ubir o̊n gein die meistere des mogen die meistere gein dem schuldigere im frist beten virzcen tage. Hilde her denn nicht, als her gelobit hette, also das furdere kleyde ubir on queme, so mogen im die hantwergsmeistere pfende eynen schopczbuch adir eyn halb swyn unde mogen das an stugke hauwen unde das den armen luten in das seichhusz geben. Unde ist das die hantwergsmeistere syme kompan gebiten bie gehorsam unde daruff nicht achtet, so beten die meistere den sitzcenden rad, das sie on den kompan gehorsam machen, so habin sie on zců wiesen uff eyn to̊er unde davon nicht zců komen, die hantwergsmeistere beten denne vor on unde sal denne also geben der stat funff schillinge denariorum unde dem hantwergke eyn phůnt wachs.

Ouch was fromde fleiszhauwere herkomen unde wullen mit fleiszwergke zců margte stehen, dii sullen das halde gein der stat unde dem hantwergke in allir masse als hirnach geschreben stehit, is sie winterzciit ader sommerzciit. |

Nota[c]: Also ist hir vor aldir der fleismargt usgesaczt umbe dii fromden fleiszhauwere, wie is dii halden sullen, dii hir zců margte stehen wullen.

[I.] Zců dem ersten mal sal man von senct Walpurgistage uff senct Michils tag lebende vihe her brenge unde hie slachten, was man hir zcům margte feyle habin wel, unde sullen keyn vihe slachten, dii meistere haben is denne vor besehn, ab is zců slachtene toge.

[II.] Ouch sal derselbin fromden fleiszhauwere keyner lenger zců margte stehen von senct Walpurgis tage bisz uff senct Michels tage, wanne also lange, das is eyn stunde geslet nach mittage, unde herbistzciit nach senct Michelstage bisz zců vesperzciit.

[III.] Ouch sal or keyner, der hie zců margte stehit, keyn fleisz zců margte brenge, anders denne an ganczen bachen adir an sieten adir eyn rindesfirteil keyn stucke, das vor zců margte gewest ist, sal man hier nicht feyle haben unde sullen alle ir fleisz, das sie hie zců margte brengen, die meistere lossen besehen, unde was den meistern vorhalden worde, das sullen sie nicht hauwen hie zců margte.

[IV.] Ouch[d] wellich fromder die juden lisse sniden, das sal er hie vorzcollen; tut er des nicht, so sal hers nicht feyle habin nach hauwen.

[V.] Ouch sullen sie hir nicht mehir fleisz veyle habin, wanne eyns in der wochen uff den mantag unde den jarmargt abint unde den jarmargt usz unde den ostirabint unde nicht mehir.

[VI.] Ouch was sie hie kouffen von lebendem vehe adir vorkouffin, das sullen sie allis vorzcollen unde sullen keynerleige kouffen undir wůszche.[e]

[VII.] Ouch welch fromde fleiszhauwer her kompt unde wel hie zců margte stehn, den dii meistere nicht en kennen, der sal gute kuntschafft unde orkunde brengen, das er eyn fromer knecht sie unde nicht scheffers slacht nach eyn schinder sii.

[VIII.] Ouch sal man sust uff dem margte keyn grůne fleisz nicht feyle habin, sundern schuncken unde broitwurste vor der ostirwochen. |
Ouch[f)] sal nymant zců den jarmargten gar syden, her kouff es denne den kumpan[g)] abe, darumbe das die stat unde die lute daran bewart werden. Unde were is, das der kumpan eyner wulde gar siden in den jarmargten, des fleisbangk sal die wile ledig stehn. So sal ouch nymant speg verkouffe bie pfůnden, her sie denn des hantwergs kůmpan. Unde wellicher der nůwiste meister an das hantwergk kompt, der sal des hantwergs licht warten, bisz so lange das eyn andir nach im kompt. Wer des nicht tete, der were dem hantwergke vorfallen drie schillinge phenninge zcu bůsse.
Bisundern umbe die fleiszhauwersbencke, wellich kompan die haben wil, der sal sii enphaen von der stad unde sinen zcinsz davon richen unde reichen des jars, darzců sal eyn iglicher kůmpan geben achzcen phenninge vor eyne schuldern uff Walpurgis ane geverde unde die nůesten meistere, die do gekorn werden, die sullen dem hantwergke geben or iglicher achzcen denarios vor eyne schuldern.
Were ouch, ab sich keynerleige eyntracht adir vorbuntenisz in der stat hube heymelichen, das unserme gnedigen herren der stat ader dem rate mochte schaden brenge, das sullen dii meistere des hantwergs dem sitzcenden rate uffenbaren unde nicht vorhalden, wo sie das vornemen uff oren gesworn eit.

a-a) *über dem Eintrag* b) *korrigiert aus:* Wissense c) *am oberen Blattrand:* extranei carnifices d) *am linken Rand:* nota e) *gestrichen und von einer Hand des 16. Jahrhunderts* sonnabent *darüber geschrieben; am linken Rand von der selben Hand:* wegverkauffen viehe sol verzolt werden f) *am oberen Blattrand von einer Hand des 16. Jahrhunderts:* garkőche, garkoch g) *am linken Rand eine durchgestrichene Einfügung, darüber von einer Hand des 16. Jahrhunderts:* nota, bengk
1) *Vgl. W. FLACH, Grundzüge, S. 159; H. EBERHARDT, Anfänge, S. 125.*

51. *1438 März 28* *(Hand F) fol. 22v-23r*
Waidhandelsordnung.[1)]

([a]Umbe weitkouff.[a)] Am fritage nach letare anno domini et cetera xxxviii° sint unser herren usz dren rethen mit den eldesten ratesmeistern und reten eyn wůrden mit gůnst, willen und wissen unsers gnedigen herren amptluten und haben erkant uff das beste, das unserme gnedigen herren der stad und der ganczen gemeyne nůcze sii und haben uszgesaczt und lassen uch sagen: Das eyn itzlicher uszwerdiger fromder kouffmann, wo dann der konnt, sal und mag mit[b)] unsern burgern hii in der stad kouffen balweyt, wie dicke und wie vil om das eben ist, unde sal nicht mehir davon unser stad czollen, wann ye von deme schogke weytes drissig alde groschen, also vel her des gekoufft had. Kouffe derselbe kouffman abir bereytten weyt uff deme lande und nicht hii in der stad zců unsern borgern, so sal derselbe den weyt verczollen als der zcol uszwiset et cetera.
Ouch wellich burger weyt kouffe, der sal verschossen von iglichem schogke weytes drissig alde groschen und das uff eyn mal und nicht mehir. Wie lange der weyt bii om lege, wann abir der weyt vorkoufft wert und das gelt aber anderweyt an weyt anleit, so sal her das abir also halden geyn der stad als vorgeschreben sted.
Ouch wellich uszwerdiger burger uff dem lande balweit bii sich inkoufft und den lesset bereiten, den sal eyn gesworn knecht bereyten und nymand anders; und

derselbe uszwerdige bůrger sal davor gud sii, das die, dii om den weyt verkouffen, der stad oren zcol und gerechtigkeit geben von deme ballen weyte, adir sal den zcol selbens geben vor dieselbin, die om verkouffen und dann synen inkouff auch vor sich selbes verczollen und von deme wedirverkouffe auch vorczollen noch uszwisunge des zcolles.

([c]Is sal[c]) auch derselbe uszwerdige burger noch nymand uff deme lande, der do weit inkoufft, mit keynen uszwerdigen adir fromden keyne gesellschafft nicht haben, er thu dann das mit rathe, wissen und willen der amptlute und der stad, uff das unserme herren und der stad ore gerechtekeyt icht hinderstellig blibe, sundern davon werden moͤge, was sich gebort.

Ouch welch bůrger hie in der stad mit eyme fromden geselschafft had, der sal das eyme rathe offenbaren bii sollicher obgeschrebin busse, als der stad buch uszwist. |

Ouch sal die stad eynen gesworenen knecht haben, den weyten or recht zcu thůne und das eyme alsvolkomelichen als deme andern unde welche weyte derselbe knecht uszbereyt had, so balde er die gesto̊rczt, sal er eyme iglichen syn weyt besůndern schriben lassen in der stad buch, wie vil des sii, uff das der stad ore gerechtekeit auch davon werde, als vor geschreben sted.

a-a) *über dem Eintrag* b) *gestrichen, korrigiert in:* zu c-c) *unterstrichen; am linken Rand:* nota bene

1) *Vgl. W. FLACH, Grundzüge, S. 159; H. EBERHARDT, Anfänge, S. 124; zum Waidhandel in Thüringen zuletzt: A. SCHMIDT-HÄNDEL, Erfurter Waidhandel.*

52. *1431 Juli 16* *(Hand H) fol. 24r-24v*

Friedrich, Landgraf in Thüringen und Markgraf zu Meißen, befreit Rat und Bürger der Stadt Weimar von dem Zins des Grundstücks, auf dem das neu erbaute Rathaus mit einem darunter liegenden Weinkeller steht, verleiht dem sitzenden Rat die Ausübung der niederen Gerichtsbarkeit im Rathaus, im Weinkeller und in der Stadt, trifft Bestimmungen über die Ausübung des Schankrechts und die ihm davon zu leistende Abgabe, erteilt dem Wirt des Weinkellers und dem Stadtknecht das Pfandrecht gegenüber den Gästen und bestätigt am Rathaus die Brot- und Fleischbänke und das Lederhaus sowie die Gültigkeit der Stadtgesetze an denselben.[1]

Wir[a] Friderich von gotis gnaden lantgrave in Doringen und marcgrave zcu Missen bekennen und tun kund[b] uffintlichin mit dieszem brive vor uns, unsir erben, erbnemen und nachkomen, als dy ersamen unser lieben getruwen rethe und borgere unser stad Wymar eyn nuwe rathusz uff dem margkte und eynen wynkeller darunder uff die hofstete, davor fleischbengke gewest sint, mit unsers lieben vater seliger gedechtnisze und unser gunst und willen gebuwit, darczu wir yn solliche zcinsze und gerechtigkeit, als wir vor an sollicher hofstat und fleischbengken gehad, yn gefryheit und gegebin haben, geben und fryhen sie der selbien zcinsze und gerechtickeit geinwerticlichin mit krafft dieszes briffs. Darczu wir dann derselben unser stad zu gute dasselbie nuwe rathusz und den nuwen wynkeller darunder gefryheit und eynen iglichem sitczenden rathe die macht gegebin haben und geben auch geinwerticlichin mit dissem brive, also das eyn iglicher sitczender rath gantcze volle macht haben sal zu straffen alle ufflouffte, frevel und unfuge, was sich des uff demselben rathusze ader in dem wynkeller und in der stad verliffe, und auch zu nemen und zu straffen, wer lange messer ader unczemeliche waffen ader wehre wedder der stad gesetcze und masse trage, also das sie dieselben, die solliche unfuge ader frevel uff dem vorgenanten rathusze, in dem wynkeller ader sust in der stad bii tage ader nacht treben ader in unczucht an unczemelichen steten und in unczemelichen sachen funden worden, uffheben und in yre zcucht setczen, die darumb bussen und straffen sullen nach gelegenheit der sachen, und auch dieselben, so sie darumb gestrafft und gnug getan haben, widder von dannen komen lassen, uszgeslossen das hals, hand und echtige wunden anlangete, das ober uns und unser amptluten von unszer wegen geburet zu richten, das wir uns zuvor uszbehalden; sie sullen und mogen auch yre schengkestete in dem vorgenanten yrem wynkeller ader sust in der stad, wo en das eben ist, nach der stad bestem nutcze und fromen halden und bestellen, mit welcherleye getrengke yn das eben und bequeme ist. Davon sie alles uns noch unsern erben ader amptluten nichtis phlegen nach reichen sullen, sundern von slechtem wyne und slechtem getrengke sullen sie uns und iclichen unsern amptluten zu Wymar von unser wegen von y[e] eyner kuffen ader fasse besundern, was sie des schengken, eyn halb stobichen, genand voitisrecht, desselbigen getrengks als gud, als sie das schengken, geben, uszgeslossen fromde kostliche wyne als rey[n]fal, walschweyne et cetera, davon sii nicht geben sullen als das vor von alder gewest und herkomen ist. [(c]Darczu wir yn solliche fryheit gegebin haben: Das or wynschengke, was der verborgit, adir yr stadknecht umb solche verborgete schult selbins pfenden mag eynen iglichen inwoner in und vor der stad, er sii borger ader nicht borger, ane allerleye inhald adir intrag.[c)] Ouch bestetigen wir yn an dem selbigen rathusze yre brotbengke, fleischbengke und lederhusz nach irer stad besten und fromen zu machen, | zcu halden und zu gebruchen und yre stadgesetcze darane macht zu haben, zu gebieten und zu verbieten, und wer[b)] da wider tete, das auch zu straffen noch solcher vorgeschrebener fryheit und des genczlichin zu gebruchen ouch ane allerleye intrag, argelist und geverde. Zcu solchen vorgeschrebin friheiten und artickeln dieszes brives heiszen wir alle unser amptlute und dyner, dii wir iczunt zu Wymar haben und in zukunfftigen zciiten da sin wurden, das sie den genanten unsern borgern darczu behulffen und beraten sin sullen, solliche yre fryheit zu stercken und zu beherten, wann und wie digke sy darumbe angeruffen und yn des nod wurde ane allerley inhald, argelist und geverde. Des zu urkunde und warem bekentnisze haben wir unser ingesigel wissentlich an dieszen briff lassen hengen. Hirbii sin gewest und geczugen dii edeln und gestrengen unsere lieben getruwen und heymlichin: her Bode, grave und herre zu Stalberg, unser hofemeister, er Busse Vicztum, er Friderich von Hophgarten, rittere, Bernd von der Assinborg und er Thomas von Bottilstete, unser oberschriber.[2)] Gebin nach Cristi geburt virczenhundert jar und darnach in dem xxxi jare am montage noch divisionis apostolorum.

Original: StadtA Weimar, Urkunden, Nr. 21; Regest: C. A. H. BURKHARDT, Regesten, Nr. 21.

a) *über den Eintrag von einer Hand des 16. Jahrhunderts:* copia des brieffs, das ein rath alle uffloûffte, unfuge, die uff dem rathuß, im statkeller und sust in der stat getreben werden, zcu straffen had et cetera
b) *über der Zeile* c-c) *getilgt*
1) *Vgl. W. FLACH, Grundzüge, S. 158 f.; H. EBERHARDT, Anfänge, S. 113.*
2) *Zu den Zeugen vgl. B. STREICH, Reiseherrschaft und Residenzbildung, S. 589-615.*

53. *1432 Juni 1* *(Hand H) fol. 24v-25r*

*Friedrich, Landgraf in Thüringen, Markgraf zu Meißen und Pfalzgraf zu Sachsen, belehnt die Stadt Weimar mit einer wüst liegenden Hofstatt (*Jegers hofestad*), zur Anlage eines Kaufhauses und befreit die darauf zu errichtenden Gebäude von allen Abgaben außer zehn Schilling Pfennigen Erbzins und bestimmt, dass Kaufhaus und Schankkeller die gleichen Freiheiten haben sollen wie das Rathaus.*[1)]

Wir[a)] Friderich von gots gnaden lantgrave in Doringen marcgrave zcu Missen und pfalczgrave zcu Sachszen bekennen und tun kund offintlich mit dieszem brive vor uns alle unszer erben, erbnemen und nochkomen. Als eyne wuste hofestad an dem margkte in unser stad Wymar gelegen, genand Jegers hofestad, lange cziit und vil jare wuste und ungebuwet geleget hat, und uns nu der rathe und borger gemeynlichin derselbien unser stad Wymar demutiglichen mit vliesze gebeten haben, yn dye selbige hofestad und den keller darunder zu lihen und zu vererben unser stad und der gantczen gemeyne zu gute und zu fromen, also haben wir angesehen yre demutigen vlissigen bete und uff das sye dy selbigen hofestad der selbigen unser stad zcu oren nutcze und fromen widir gebuwen und brengen mogen und haben yn dy selbien hofestad als wyet dy begriffen hat und vor gecziten eynes unsers borgers, genand Jeger seliger, gewest ist, mit dem keller darunder dem rathe und borgern gemeyniclichin unser stad Wymar | recht und redelichin zcu rechtem fryen erbe und zu czehen schillingen phenninge lantwere, dy sii uns jerlichen uff senct Michahels tag davon zu rechtem erbczinsze uff unser slosz Wymar reichen und geben sullen, gelihen und lihen geinwertiglichin mit und in krafft dieszes briffis, also das sie dy selbien hofestat und den keller darunder unser stad zu gute zu eyme kauffhuse und schengkekeller buwen sullen und darin machen und verthun mogen zu brotbengken, fleischbengken, schubengken, lederbengken, cramsteten und andern sachen, was sii des unser stad zu gute nach yrem besten nutcze und fromen erkennen und erdengken und haben ouch dasselbige kauffhusz und schengkekeller und dieselbien hofestad, wii sii dy noch den vorbenanten stugken nach unser stad fromen buwen uszsetzen, verthun, erdengken und uszrichten werden, dye stugke alle recht und redelichen gefryet und fryhen geynwerticlichen von unser furstlichen gewald mit krafft dieszes briffes aller bete, oberbete ader uffsetcze, wy man dy erdengken mochte, also das dye selbir unser stad Wymar dy selbigen hofestad, kouffhusz und schengkeller, was sy daruff buwen werden, mit allen vorberurten stugken von uns, unsern erben, nachkomen und amptluten gancz fry und umbeswerit von uns und unsern erben zu rechtem erbe ewigklichen haben sullen und keyns furder davon tun, sundern dy vorgeschrebin zcehn schillinge phennige, dii sii uns jerlichen uff unser slosz Wymar davon zu erbzcinsze reichen und gebin sullen als vorgeschrebin stet. Ouch so bestetigen wir yn darobir in dem selbigen kouffhuse und schengkekeller alle fryheit und werdigkeit zu habin und zu gebruchen, als sy uff irem rathusze und schengkeller darunder vor von uns vorschrebin und bestetigt haben ane allerleye intrag, argelist und geverde. Des zu orkunde und warer sicherheit haben wir unser grosz furstlich ingesigel an dieszen briff lassen hengen. Hii by sin gewest und geczugen der edel und dy gestrengen unser heymlichen und lieben getruwen er Bod, grave unde herre zu Stalberg, unser hofemeister, Busse Vicztum,

Friderich von Hophgarten, rittere, Bernd von der Assinborg, Heinrich von Husen, unser marschalk, Thomas von Bottilstet, unser oberschriber, und ander glaubwerdige lute gnug.[2)] Gebin zu Wissense nach Cristi gebort verczenhundert jar darnach in dem zcweyunddrissigisten jare am sontage exaudi.

Original: StadtA Weimar, Urkunden Nr. 26; Regest: C. A. H. BURKHARDT, Regesten, Nr. 26.

1) *Vgl. W. FLACH, Grundzüge, S. 158 f.*
2) *Zu den Zeugen vgl. B. STREICH, Reiseherrschaft und Residenzbildung, S. 589-615.*

54. *1461 Juni 19* *(Hand K) fol. 25v*

Vereinbarung zwischen dem Rat und dem Pfarrer Johann Koler über den ausgebesserten Steinweg am Pfarrhof.

Anno[a)] domini m cccc lxi am freytag nach Viti hatt er Johann Koler, pfarrer zu Weymar, den steinwegk under dem pfarhofe gemacht, gebessert wol mit 40 fuder stein 2½ ß tagelohns, hatte zwey creutze gesatzt. Batt der rhatt, das man die creutze wolde abstellen, sie wolden das widder den orden, woe mit sie solden verschulden, das also geschach, [Nickel] Lichtw[er]ger und [Peter] Filtz, ratismeyster, zu warzceychen blieben die sewlen der crewtze uff dem steinwege stehen, das der steinwegk dem hausze zu stehett.

55. *1437 Oktober 6* *(Hand H) fol. 29r-29v*

Der Rat zu Weimar bekennt, dass er Dr. Johann von Allenblumen aus Erfurt und dessen Sohn Wilhelm einen jährlichen Zins von 5 Mark Silber zu bezahlen schuldig ist, den Landgraf Friedrich wiederkäuflich erworben und zur Bezahlung an die Stadt Weimar überwiesen hat.

Wir[a)] Claus Doner, Curt Fleischauwer, ratesmeister, Jocuff Scherwist, Mattis Walthman, Herman Fache, Heintze Steynmecze, Heinrich Hafferkul, Hans Mencz, Otte Pegauwe, Hans Wacker, ratlute und rethe,[1)] dorczu die burger und stat zcuͤ Wymar semptlichen bekennen vor uns, alle unnser erben und nachkomen und thun kunt mit dieszem brieve. Als der hochgeborne furste und herre herre Friderich lantgrave in Doringen und margrave zcuͤ Miessen, unser gnediger lieber herre, an uns, unnserme rathuͤsze und aller zcugehorungen der genanten stat Wymar und an synen rechten jarrenthen, die er jerlichen an uns had, das wir oͤm, sinen erben und nachkomen bekentlich sien alle jar jerlichen zcu reichen und zcuͤ geben den erbarn Johann von Allenblumen, geistlichs rechtis doctori und viczthuͤm zcuͤ Erffurth, Wilhelme, sym sone, und weme der egenante Johann vitzthum, geistlichen adir wertlichen personen, diesze nochgeschreben zcinse eyn teil adir zcuͤ mole gebit, bescheidet, verkouffet adir dieszen brieff mit guͤter redelicher kuntschafft inne had, verkoufft, vorschreben und vorwiset had funff margke lotiges silbers Erffurthisch zceichens, gewichtis, wiis unde wehre jerlicher zcinse uff zcwu tageczIite, nemlichen uff den nesten zcukunfftigen senct Walpurgen tag dryttehalbe margke loͤtiges silbers, darnach uff den nehsten senct Michels tag allernehist darnoch folgende dryttehalbe margke lotiges silbers und also furder alle jar jerlichen zcu geben, vorschriben, verkoufft, verbriefft und verwist hat, als daz syn brieff genczlichen uszwiset und inheldet, und uns auch den zcinsz jerlichin zcu geben mit syme offen brieffe an die obgeschreben kouffer gewist und geheissen had zců reychin und zcu biczalen an geverde. Hirumbe bekennen wir alle obgeschreben burgermeister, ratlute, alt und jung, rich und arm, vor uns alle unser erben und nachkomen, daz wir sullen und wullen die genanten funff margke lotiges silbers dez vorgenanten gewichtis, wissz und wehre jerlicher zcinse dem genanten Johann von Allenblumen, Wilhelm, syme sone, den adir deme der genante Johann vitzthum den zcinsz gebit, bescheidet, vorkouffe adir der dieszen brieff inne hat, mit guter redelicher kuntschafft als obgeschriben stehit zců Erffurte in der stat adir drye myle weges darumb, wu die obgeschreben daz begern adir heischen, nemelichen drytthalbe margke lotiges silbers dez vorgenanten gewichtis, wiisz und were, | uff sendte Walpurgistag nest zců komende und darnoch uff den nesten sencte Michels tag auch dryttehalbe margke lotiges silbers des genanten gewichtis, zceichens, wiis und were, und also furtter alle jar jerlichin uff Walpurgis drittehalbe margke und uff Michaelis dryttehalbe margke gutlichen und an alle widerrede und verczog reichen gebin sullen und wůllen, usgeslossen alle geverde unde argelist, so lange bis daz der genante unnser gnediger herre, sine erben adir nachkomen den zcinsz wedir koůffe als der brieff uszwiset und inheldet, den er den genanten kouffern daruber gegeben had und sullen noch wullen des nicht lassen noch vorczihen durch keynerleye fursten, herren, richter adir personen, geistlicher adir werltlicher, waz wesins adir wirdekeit sii sint adir gesin mochten, geboth, vorboth, geheisze noch gesecze adir durch keynerleie fryheit adir privilegia willen, wie dii itzůndt gemacht sint adir hirnoch gesin adir geschen und komen mochten angeverde; und wir haben gereth und globet, reden und globen in guten waren truwen mit gesampter hand und ungesůndert, den vorgenanten Johann von Allenblumen, Wilhelme, sym sone, deme und den der obgeschreben Johann den zcinsz gebit, bescheidet, vorwiset adir dieszen brieff inne hat, als obgeschreben ist, auch das also genczlichin zců halden an alle geverde und argelist geginwertiglichen mit dieszem brieffe; und wůrdes sache, das wir adir unser nachkomen an der biczalunge sumig wirden und die genanten funff margke silbers jerliches zcinses alle jar zcu sullichen gecziiten, als obgeschreben ist, nicht biczalten, waz die obgenanten koůffer, der adir die, die dieszen brieff inne hetten, von bescheidunge, vorgebůnge adir verkouffunge wegin, als obgeschreben stet, mogeliches schaden davon nemen und was koste, schaden und zcerunge sie daruff teten, bii cristen luten ader bii joden an gesůche, an botelone, an nochreisze adir andern mogelichen schaden, wie der namen gehaben magk, den schaden, koste, zcerunge und gesuch sullen und wullen wir genczlichen mit den versessen zcinsen wedir koren und an alle wederrede richten und gutlichen biczalen angeverde. Wir reden und globen auch geginwertiglichen mit dieszem brieffe vor uns alle obgeschreben und vor alle unser nachkomelinge, wu wir an sollicher widerkorunge und biczalunge versessener zcinse, koste und schaden hinderstellig und sumigk wurden, wie uns dann | die obgeschreben kouffer adir die dieszen brieff inne hetten, als obgenant ist, darumbe manten, furderten mit geistlichin adir werltlichin gerichten, mit uffhaldunge, kummerbrieffen und wortten, des sullen wir uns nicht keyn on weren noch an nemen noch nymant von unser wegin, sundern sie sullen des von uns unverdacht und an alles wandel sien und blieben angeverde. Weres sache, das die dicke genanten kouffer, die adir der, die dieszen brieff inne hedte, als digke obgeschreben stet, den zcinsz eyn teil adir zcuͤ male geistlichen adir werltlichen personen vorgieben adir beschieden adir verkouͤfften, den sullen und wullen wir pflichtig sin zcuͤ thune und zcuͤ pflagin allirmosze wisze und forme, als wir den genanten kouffern itzund pflichtig sint zcu halden und zcu thune, noch luthe und inhaldunge dez brieffes ane uͤffczog und an widerrede; zcu der obgeschreben biczalunge sal die obgeschreben verkouͤffer noch die adir den der zcins gegeben, bescheiden adir verkoufft were adir unsers herrn adir ander herren, wer die weren, zcweytracht, bann, achte, geboth noch verboth, gesecze, fryheit, gnade, recht geistlichen und werltlichen adir keynerleie behelffunge adir widerrede, wie adir welcherleye die itzunt sint adir in czukunfftigen gecziiten gesin mochten, als obgeschreben stehit, nicht beschedigen noch hindern, sundern wir reden und globen in guten waren truwen vor uns, unnser erben und alle unnser nachkomen, alle obgeschreben rede, stucke, puͤncte und artigkel und iglichen bisundern mit gesampter handt stete, veste, gancz und unverbruchlichen zcu volczihen und zcu halden ane alle geverde, widerrede und argelist. Und dez zcuͤ warem bekentnisse und rechter sicherheit haben wir dieszen brieff darubir gegeben und mit unserme stat insegil williglichen und umbedrangit versigelt vor uns, unser erben und nachkomen. Datum anno domini et cetera m^{o} cccc^{o} xxx^{o} septimo dominica post Michaelis.

a) *über der Abschrift:* copia dez vitzthums et cetera 5 margk jarrenthe der 30 margke abzulosen *und* copie der stat uff jarrenthe und widderkauffe und libczucht
1) *Vgl. W. HUSCHKE, Ratslisten, S. 30.*

56. *1459 Juni 5* *(Hand K) fol. 30v-32r*

Wilhelm, Herzog zu Sachsen, Landgraf in Thüringen und Markgraf zu Meißen, bestätigt einen vom Amtmann Hans von Trebra zwischen der Stadt Weimar und Johann Koler, Pfarrer zu Weimar, aufgerichteten Vergleich zur Beilegung verschiedener Streitpunkte.

Wilhelm[a] von gotis herczog zcu Sachsen, landgrave in Doringen und marcgrave zu Missen. Zcu wissen, als der wirdiger unser lieber andechtiger der pferrer zcu Wymar etlicher gebrechen halben mit den ersamen und wiesen dem rath zcu Wymar had unde auch der rath widerumb zcu ym, solcher gebrechen vormals durch unsern amptmann Hansen von Trebra den rath und andern verteidingt sind und derselben gebrechen gutlich entscheiden, in massen hirnach volget also luttende. Hat sich der pferrer itzund mit uns den rethen und gemeyne vertragen uff eyn jar mit ym zcu versuchen, solche stuͤcke und artickel hirnach geschreben, ungeverlich zcu halden, als was eym rathe darinne bruch gein dem pferrer wurde, darvon sal der rath gutlich mit ym reden, deszglichen sal und mag der pferrer geyn dem rath wider thun.

Der pferrer had dem rath zcugesagt, wes sich der orden gein den kerchen und stat verschriben had, wolle er sinen gantzen fliesz dabie thun gehalden werde. Desselben glichen haben die rethe durch eid und von der gemeine wegen dem pferrer zcugesagt, wes sich die stadt gein dem orden ader eynen pferrer vorschreben had, das sulle auch also gehalden werden. Item als sich der orden einer tegelichen messe ewiglich zcu halden verschriben had uff dem altar Nicolai mit anbruche des tages, des ist der pferrer mit uns eins worden, die frůͤemesz disz jars zcu bestellen gehalden werde uff dem altar trium regum, es begebin sich dan uff demselben altar patrocinia, alsz dann so mag er die bestellen uff dem altar Barbare, also das doch die messe Nicolai nicht falle, sundern eyntzwar zcur fru- ader hoemesse gehalten werde und auch dieselben tegelichen und ewigen messe uff den altarien trium regum und Barbare tegelich bestellen gehalten als die vorschreben sind. Item als dann die tegelichen ewigen messe von unser frauwen kirchen herin in die pfarkirchen | gewand sind uff den altar in sanct Johans kor, die wil der pferrer also bestellen gehalden werde, nemlich uff iglichen tag durch die wochen ein gelesene messe und uff den sonnabind ein gesungen mesze de beata virgine. Item ein gesungen mesze pro defunctis uff den montag, dartzu der kerchener mit eym adiuvanten helffen sal singen uber dem altar Barbare, die wile noch nicht eygens altars zcu denselben ewigen messen herin geleyt gemacht ist. Item uff den dornstag sal ein messe gesungen werden de corpore Cristi durch die gelarten personen auch uber dem altar Barbare, dartzu der pferrer bestellen sal, das sacrament mit herusz getragen. Item umb dy wo̊ͤchlichen dry messe der vicarie sanct Jorgen bruderschaff, nemlich eine messe uff den sontag gesungen de trinitate durch den vicarien mitsampt dem schulmeister selbander und die gelarten personen und uff den dinstag und dornstag gelesene messe inmassen die vorschriben und bestetigt sind. Besundern umb die messe de beata virgine uff sonnabind sal gehalten und gesungen werden durch die fremden schuler und nicht die statkinder. Item befunden sich auch patrocinia uff die vorgehalten tage, nemlich uff sontag, dornstag ader sonnabind uff die zcuvor gesungen messe bestalt sin, also das der pferrer die patrocinia uff die tage wolde gehalden und gesungen haben, die selben patrocinia mag er also bestellen gesungen bisz uff das offertorium, alsz dann so sollen und mogen die gelarten personen, die gesungen messe uff sontag de trinitate und uff dornstag de corpore Cristi anheben und vorgang haben lassen. Besundern umb die patrocinia uff welchen tag sich die begeben, wil der pferrer in der frue messe gesungen und gehaltenn haben, die mag er bestellen durch die sinen, die fremden bachanten und nicht die statkinder gesungen werdenn, sundern zcu der hoemesz, vesper und metten, als das in andern unsers gnedigen [herrn] steten gemeynlich gewonheit ist.

Item ein iglicher burger ader burgerynn sal sin erste begengknis uff die hoemesz, uff welchen tag ym das bequeme ader fugsam sin wurde, gegen dem pferrer fordern und bitten zcu halten und ym alsz dann sin pfarrecht pflegen, das sal ym der pferrer also halten und nicht versagen.

Auch welch burger ader burgerynn pfleget ader wil | drissigsten jargetzyd begengnisz haben, die mag er uff die fru- ader hoemesse, wie ym die allerfugsamst ist, durch den pfarrer darumb zcu bitten bestellenn gehalden werde, nemlich uff dinstag, mitwochen ader fritag. So ist dem pferrer der mantag auch zcu geben zcu willen und welchen tag ein iglicher burger also bitet, den sal der pferrer also halten.

Umb eynen schulmeister mag der pferrer uffnemen also das der schulmeister mit wissen, willen und gunst des rats von dem pferrer uffgenomen mitsampt den alterluten ingefurt werden. Also das der schulmeister kome vor den rath und globe dem rath, yre kinder mit der lare mitsampt sinen gesellen gnuglich vorwesen[b] und was er schulde ader sache gein der statkindern gewůnne, das er die vor eym rath und niringen anderst suchen wolle. Diese vorgeschreben stůcke und artickel sind beteidingt von den ersamen Hansen von Treba, schosser, Heinrich Funcken und Hansen Brunsz zcwischen dem erberen ern Johann Koler, ytzund pferrer zcu Wymar, und deme rathe und gantz gemeyn und haben das von beydenn parthien mit gutem willen ingegangen und verwillet, also stet und gantz zcu halden. Actum feria secunda post Michaelis anno et cetera lviii^vo [*1458 Oktober 2*].[1]

Sprechen wir in einer gute, das es bie solchem schiede sol bliben und von beyden teilen gehalden und nachgegangen werden sal, uszgescheiden der artickel des begengnisz halben, das der pferrer meynt, zcu der frůmesz gescheen solt und der rath zcu der hoemesz, sol es damit also gehalden werden, das es eym iglichen menschen stehen sal, zcu siner andacht und begerunge und des pferrers bequemlichkeit, die begengnisz zcu halden zcu der frumesz ader zcu der hoemesz ane geverde. Und der rath sal darin keyn verboth legen noch thun. Es sal auch der pferrer dem rath an regirunge der stat und friheit ym nicht zcu eygen, so sal auch der rath gein[c] dem pferrer sich nicht anmaszen, regirungen geistlichkeit des pferrers uber yrer beyder vertracht und verschribunge intzulegen und was verschribung sind, der rath dem pferrer zcu thun und der pferrer dem rath nach aldem herkomen gebunge | der messen zcu halden ader anders, das sollen beyde parthie uffrichtiglich halden und gehalden nemen an intrag und an geverde. Zu urkunde haben wir diesen unsern gutlichen schied glichs luts gezwifacht iglicher parthien einen mit unserm hieruffgedrucktem insigel versigelt thun geben zcu Wymar uff dinstag Bonifacii anno domini millesimo quadringentesimo quinquagesimo nono.

a) *über dem Eintrag die Einleitung:* Disz ist die copie des schiedes und verteidunge zwuschen dem pfarrer und rethen etlicher gebrechen halben, die sie gegen einander gehabt haben, inmaszen der anlasz mit myns gnedigen lieben herren herzog Wilhelms von Sachsen uffgedrucktem insegel im gewelbe liegende inhelt. b) *am linken Rand der Nachtrag:* Nota im lxxxiiii jar, als er Nicolas Pruchiger pferrer was, meinte [*er*] alleine sinen schulmeister uffzcunemen unde sich der verschribung nicht wolt verstehen; als wart durch doctor Spigeln und ander unser gnedigen herrn rethen von irer gnaden wegen erkant, das kein pferrer fortmer allein sich understehen sol, einen schulmeister uffzunemen, sundern es sal in einer eintracht des pferrers und rates geschen. Das had der pferrer obgemelt den gewaltigen obgerurt fur sich und sine nachkomen geredt zu halten und keynen pferrer solchs fort mer hinder eym rath zcu thunde weder krafft noch mach haben sol. c) *über der Zeile*

1) *Vgl. Statutenbuch von 1433, Nr. 43.*

57. 1487 Oktober 12 (Hand K) fol. 34r

Kurfürst Friedrich von Sachsen und sein Bruder, Herzog Johann von Sachsen, weisen die Stadt Weimar an, den Landgrafen Wilhelm dem Älteren, Wilhelm dem Mittleren und Wilhelm dem Jüngeren von Hessen Erbhuldigung zu leisten.

Von[a] gots gnaden Friderich churfurst et cetera und Johanns, gebrudere, hertzogen zcu Sachsen et cetera. Lieben getruwen, ir mögt vernomen, wie die hochgebornnen fursten unser lieben oheimen her Wilhelm der elder, her Wilhelm der mitler, gebrudere, und her Wilhelm der jungst, yr vetter, alle landgraven zcu Hessen et cetera, auch unser vedter hertzog Albrecht und wir unser aller eldern seligen alle gehabte und herbrachte verbrůderunge wider vernuwet. Daruff die selbigen unser oheimen uns von allen yrenn graven, herrn, frien ritterschafften, amptluten, mannen und steten ein nuwe erbhuldung, dartzu auch den hochgebornen fursten, unsern lieben oheimen und swager, hern Johansen churfursten, herrn Friderichen und herrn Sigmunden, gebrudern, marcgraven zcu Brandemburg et cetera, und uns uff unser aller vernuwete erbeynung durch alle yre amptlute, eyde und glubde thun haben lassen, desglichen widerumb geschehen sal, dem nach ist unser begere, das ir zcwene uwers rats und zcwene von der gemeyne mit einem pergamenenn offen versigeltenn machtbrive hir inn gelegter copien luts uff zcyt und an stat, als ir ein zcedeln hirinnen finden werdet, schicket, von ern Gottzen vom Ende, unserm rath und lieben getruwen, an unser stat unser underrichtung umb die vernuweten verbruderung unser oheimen von Hessen und unser zcu empfaen und daruff yrer liebe gemechtigen und geschickten rethen zcu yren handen erbhuldunge zcu thunde, als sich geburet mit ubergebung des machtbrieffs unverhalten. Daran geschiet unsere meynung. Geben zcu Torgauw uff fritagk nach Dionisii anno et cetera lxxxvii.

a) *über dem Eintrag:* Disz ist die copie des brieffs unser gnedigsten und gnedigen lieben herren hertzog Friderichen und Johan, gebrudere, hertzogen zu Sachsen et cetera bevele und geheisse unsern gnedigen herren von Hessen erbhuldung zu thunde.

58. *1487 November 17* *(Hand K) fol. 34r-34v*

Der Rat der Stadt Weimar leistet auf Anweisung Kurfürst Friedrichs von Sachsen und seines Bruders, Herzog Johann von Sachsen, den Landgrafen Wilhelm dem Älteren, Wilhelm dem Mittleren und Wilhelm dem Jüngeren von Hessen Erbhuldigung.

Wir[a)] burgermeister, rath und gantz gemeyn der stat Wymar bekennen offentlich und thun kunth allermeniglich, das wir uff der irluchten hochgepornnen fursten und herrn hern Friderichs des heiligen romischen richs ertzmarschalks, churfurst, und hern Johansen, gebrudere, hertzogen zcu Sachsen, landgraven in Doringen und marcgraven zcu Missen unser gnedigsten und gnedigen lieben herrn geheisse und bevele die ersamen unser ratisfrunde mit namen | Johann Semig, Hans Beyer consules, Gunther Holtzhey und Michel Louwer von der gemeine zu den hochgebornen fursten und herrn herrn Wilhelms des eldern, herrn Wilhelms des mitlern, gebrudere, landgraven zu Hessen, graven zu Czigenhayn und zu Nyde, und herrn Wilhelms des jungsten ires vedtern auch landgraven zu Hessen, graven zu Kattzenelnbogen, zu Dietz, zu Czigenhayn und zu Nyde, unser genedigen herrn gemechtigten rethen geschickt und yn ganz unser macht und gewalt gegeben haben, mechtigen sie auch wie sich in recht geburt hie mit geinwertiglich derselben unser gnedigen herren von Hessen reten zu iren gnaden handen eine rechte erbhuldung uff die lange herbrachte verbruderunge zwischen den obgenanten unsern gnedigsten und gnedigen herren von Sachsen, auch irer gnaden vedtern, unserm gnedigen herrn herzogen Albrechten von Sachsen eins und den gnanten unsern gnedigen herrn von Hessen itzund wider vernuwet, von unser, unser erben und nachkomen wegen und an unser stat zu globen und darnach in unser und irer selen liplichen zu got und den heiligen zu sweren. Wir globen und sweren auch sollich erbhuldung in kraft disz brieffe, als ob geschee, das unser gnedigste und gnedige herrn von Sachsen alle ader irer gnaden libes mans erbe gar an elich libes manszerben mit tode vergingen und irer gnaden libes mans erbe des stammes von Sachsen, Doringen und Missen gar nicht mer sin wurden, das der almechtige got zu langwirdiger zyt geruche gnediglichen zu enthalden, so sollen und wollen wir, unser erben und nachkomen uns an die obgnanten unser gnedigen herren von Hessen ader an irer gnaden elich libs manszerben semptlich als an unser rechten naturlichen erbherrn halten und alles denen thun, das frome lute iren naturlichen rechten erbherrn zu thunde schuldig sind, nicht mynner dann als wi da alle personlich iren gnaden liplich mit hand in hand globt und darzu mit uffgerackten fingern zu got und den heiligen gesworn hetten getruwlich und an alles geverde. Und haben des zu warem bekentnisz, rechter urkunde und steter haldung unser stat insigel fur uns, unser erben und nachkomen wissentlich an diesen brieff lassen hengen. Geben am sonnabind nach Martini anno etc. lxxxvii.

a) *über der Abschrift:* copia des macht brieffs der rath von sich gegeben

59. *1487 September 12* *(Hand K) fol. 35r-35v*

Wilhelm der Ältere, Wilhelm der Mittlere und Wilhelm der Jüngere, Landgrafen von Hessen, beurkunden für den Fall ihrer Belehnung mit der Stadt Weimar, dass die althergebrachten Rechte der Stadt und der Bürger Bestand haben sollen.

Von[a)] gots gnaden wir Wilhelm der elder und Wilhelm der mittler, gebrudere, landgraven zcu Hessen, graven zcu Czigenhayn und zcu Nyde, und Wilhelm der jungste auch landgrave zcu Hessen, grave zcu Kattzenelbogen, zcu Dietz, zcu Czigenhayn und zcu Nide, gebrudere und gevedtern, nach dem die hochgepornnen fursten unser sweger, ohemen, die hertzogen zcu Sachsen, landgraven in Doringen und marcgrave zcu Missen eyns und unser elder veter und vedtern und vorfarn landgraven zcu Hessen anders teils aller seliger gedechtnisz sich umb nutz und frides willen yrer aller lande und lute und underthanen mit den selbigen yren landen durch romische keyserliche verwilligunge und reformacion lutt der briefe daruber gein einander uszgegangen zcu sampt der bruder und daruff iglicher teils von des andern teils graven, herren, ritterschafften, amptluten, mannen und steten, rechte erbhuldung genomen, den selben unsern vorfarn seligen fustapphen nach zcu volgen, wir uns nu mit den hochgebornnen fursten herrn Friderichen des heiligen romischen richs ertzmarschalk und kurfurst, herrn Albrechten und herrn Johansenn, gevedtern und gebruderen, hertzogen zcu Sachsen, landgraven in Doringen und marcgraven zcu Missen, unsern lieben oheimen fruntlich vertragen, die vorgehabte yrer und unser eldern und vorfarn seligen verbruderunge vernuwt und daruff sie uns und unsern erben an allen und iglichen yren graven, herren, ritterschafften, amptluten, mannen und[b)] steten, aller yrer furstenthumen, lande, grafschafften und herschafften, eine nuwe erbhuldung, des glichen wir widerumb den selben unsern oheimen und yren erben von allen und iglichen unsernn graven, herrn, ritterschafften, amptluten, mannen und steten auch ein nuw erbhuldung thun haben lassen, als sich geburet, dem nach und als dann sunderlich unsern lieben getruwen und besundern burgermeister, reten und gantz gemeyne der nach benumpten stete, nemlich Wymar, Nuwstadt an der[c] Orla, Salvelt, Kahel, Orlamunde, Jhene, Zcegenrucke, Nuwemarckt, Bottelstet, Buttstet, Raspenberg, Isenberg, Triptis, Beßnigk, Uhma, Roda, Lobeda und Saltza mitsampt andern steten an dem ort gelegen, und der obgenanten herrn Frederichenn kurfursten und herrn Johansen, gebrudere, hertzogen zu Sachsen et cetera unser oheimen sin und itzund von nuwem fur sich, yre erben | und nachkomen ein rechte erbhuldung gethan haben, so bekennen wir offentlich an diesem brieff vor uns und unser erben und thun kund allermeniglich, das wir uns gegen der gnanten unser oheimen von Sachsen herzogen Frederich kurfursten und herzogen Johansen obgnant steten recht und redelichen verschriben haben und verschreben geinwertiglich in krafft disz brieffs, also, ab geschee, das die vorgenanten unser oheimen von Sachsen, Doringen und Missen ader yre libesmanserben von todes wegen abgingen und ire lande, grafschefte und herschefte von solchen erbhuldunge wegen an uns qweme und gefiel, das got der almechtig verhalde, das wir alsdann die gemelten stete alle und igliche besundern, auch alle ire erben, mitwoͤner und nachkomen, sie sind geistlich ader werltlich, und alle die iren bie allen rechten, eren, wirden, friheiten und aldem herkomen, also sie bie den selben unsern lieben oheimen von Sachsen, Doringen und Missen, iren eldern und vorfarn seliger gedechtnis gehatt und herbracht haben, sollen und wollen bliben lassen an alles geverde. Was in auch dieselben unser lieben oheimen von Sachsen, Doringen und Missen brief gegeben ader inkouffs ader pfandes wise verkoufft ader versatzt hedten ader wissentlicher kuntlicher redlicher schulde schuldig bleben weren, das sollen und wollen wir yn gutlichen halten, uszrichten und bezalen. Und wo sie vor dieselben unser lieben oheimen selbgelt oder burger worden wern ader sich vor sie gerett, verschreben ader gelobt hetten, das sollen und wollen wir an allerleye intrag, argelist und geverde. Was yn auch dieselben unser lieben oheimen gesampter lehen, friheit, gnade gethan, ire toͤchter lehenswirdig gemacht und die belehent hetten, das wir yn solche lehen, friheit und gnade an solchen lehin gethan auch halten wollen, doch also, das ein iglicher den lehin recht volge thun sol, als gewonlichen ist ane geverde. Das alle dise vorgeschriben rede, stucke, punckte und artickel disz brieffs von uns und unsern erben stete und unvorbrochlichen gehalten werde. Des zu urkunde und warem bekentnisz haben wir obgenant Wilhelm, Wilhelm und Wilhelm landgraven zu Hessen et cetera unser iglicher sin eigen insigel wissentlich an diesen brieff thun hengen, der gegeben ist zu Erffurd uff mittwochin [nach] unser lieben frauwen tag nativitatis Marie virginis gloriosissime nach Cristi unsers herrn geburt tusend virhundert und darnach im syben und achtzigsten jaren.

a) *über dem Eintrag:* Copia des brieffs, den unser gnedigen herrn von Hessen den hirinn gemelten steten gegebin haben, sie bie alt yrem herkomen und privilegia zcu bliben lassen. Den selben yrer gnaden brieff haben die von Jhene bie yren privilegia. b) *über der Zeile* c) *folgt gestrichen:* Orlamuͤnde

60. *1520 Juni 12* *(Hand I) fol. 36r*

Kurfürst Friedrich von Sachsen und sein Bruder, Herzog Johann von Sachsen, weisen die Stadt Weimar an, dem Landgrafen Philipp von Hessen Erbhuldigung zu leisten.

Von[a)] gots gnaden Friederich des heiligen romischen reichs erczmarschach, churfurst und desselbigen reichs in den landen des sechsischen rechtens und an enden in unser vicariat gehorendt vicarien und Johans, gebrudere, herzcogen zw Sachsen et cetera. Lieben getrewen. Ir habt ane zweifel vernomen, wie die hochgeborne fursten unser lieber oheym her Philips lantgrave zw Hessen, auch unser liebe vettern, her Georg und her Heinrich, gebrudere, herzcogen zw Sachsen et cetera und wir unser eldern seligen und unser, die noch am leben seint, gehabte und hergebrachte verbruderunge widder vernewet, darauff der selb unser oheym von Hessen uns von allen seiner lieb grafen, herrn, freyen ritterschafften, mannen und stethen ein neuwe erbhuldunge, darzw auch den hochgebornen fursten unsern lieben oheimen, swegern und brudern, herren Joachim, churfurste et cetera, und herren Casimir von wegen seiner lieb und derselben bruder marggraffen zw Brandenborgk et cetera und uns auff unser aller vernewthe erbeinunge durch alle ire amptleute auch geburlich aide und pflicht thun lassen. Ist unser beger, das ir zwene[b)] ewer radtsfrunde und zwene von der gemeine mit einem pergamen offen vorsigilten machtbrieff hiranligender copien lauts auff zceit und an stadt, als ir hierin ein zcedel finden werdet, schicket von unsern rethen und lieben getrewen Ulrichen von Ende, ritter, und Burckardts Hundt, rentmeister, auff mitwoch unser lieben frauwen tag assumpcionis schirst gein Jhene zu erscheinen an unser stadt unterrichtunge umb die ernewte verbruderunge unsers oheymen von Hessen und unser zu entpfahen und darauff seiner lieb gemechtigten und geschickten rethen zw iren handen erbhuldunge zu thun als sich geburdt mit ubergebunge des machtbrives unverhalden. Daran geschieht unser meinunge. Datum dinstag nach unsers herren fronleichnams tagk anno domini xv hundert und xx.

a) *über der Abschrift:* erbholdunge zwuschen unsern gnedigsten und gnedigen herren von Sachsen et cetera und unserm gnedigen herren Philips lantgraven zw Hessen et cetera verneweth und wie volgt gescheen b) *folgt gestrichen:* unser

61. *1521 November 4* *(Hand I) fol. 38r*

Herzog Johann von Sachsen beurkundet, dass dem Rat der Stadt Weimar aus der auf seine Anweisung eingegangen Verpflichtung, einen jährlichen Zins von 150 Gulden an Dr. Matthias Meier, Domherr [zu Hildesheim], sowie Johann Fabri und Georg Sprentz, beide Vikare an der Marienkirche in Erfurt,[1)] zu bezahlen, kein wirtschaftlicher Schaden entstehen soll.

Von gots gnaden wir Johannes herzcog zu Sachsen et cetera thun kundt und bekennen offentlich vor uns und unser erben. Noch dem unsere lieben getrewen burgermeister, radt und gemeine unser stadt Weymar 1500 reinisch fl ann golde bei den wirdigen und hochgelarthen unsern lieben andechtigen Matthien Meyer, thumherrn et cetera, Johan Fabri und George Sprent, beide vicarien unser liben frauen kirchen zw Erffort ausbracht und sich verschriben, solche heuptsumma jherlich mit 75 reinische golt[b)] gulden zcu verzcinsen, alles nach vormuge der kauffverschreibunge daruber auffgericht sampt unser gegeben bewilligunge allenthalben am dato uff mantag nach allerheiligen tage im xv^{c} und xxi jare; und ab wir solche heuptsumma nemlich an 1500 fl in golde selbst entpfangen und in unsern kuntlichen nucz gewant haben, so gereden und versprechen wir vor uns und unser erben, die gedachten unser unthertanen zw Weymar solche verschreibunge, heuptsumma und jherlichen zcins halben genczlich schadlos zcu halden, auch die zcinse aus unser rentkamer ane abruch entrichten zcu lassen bis zcur zceit des widderkauffs ane allis geferde. Des zw urkunde geben wir inen diesen brieff mit unser anhangenden insigel wissentlich besigelt zw Weymar am mantage nach allerheiligen tage et cetera xxi.

Original: StadtA Weimar, Urkunden Nr. 77; Regest: C. A. H. BURKHARDT, Regesten, Nr. 77.

a) *über der Abschrift:* copien eins schadlos brives, szo unser gnediger herre dem radte gegeben uber die verschreibunge, welche der radte vor 1500 fl heuptgeldes mit 75 fl auff zweimal des jhares zu verzcinsen dem doctor Matthien Meyer zw Erffordt gethan b) *Nachtrag am rechten Rand*

1) *Zu den genannten Klerikern vgl. E. BÜNZ, Der niedere Klerus, Teil 3/2, S. 565 f. (Dr. Matthias Meier), 399 (Johann Fabri); Teil 3/1, S. 216 (Georg Sprentz).*

62. *1480 Mai 21* *(Hand K) vor fol. 37*

Letztwillige Verfügung des Hans Mattstedt.

Uff sontag pentecostes anno et cetera lxxx^{mo} had Hans Matstett in beiwesen Bastian Schottwurfels, ratismeisters,[1] Peter Kummers, Henntzchen Schutzen, Henntzchen Kummers und Symon Erharts seine sachen inmaszen hernach volget bestalt.

Item 40 gulden hat seine itzige huszfrauwe, als sie zcu ym komen ist, in bracht, die sal sie zu voran an seinen gutern haben. Item 20 alde schog sal das lame kind Otthie von seinen gutern haben, darzcu ein bette, eyn pfoͤl, czwey lilachen und kussen, das Heintzen dem moniche zcu seinem teile geboret, sal Ottigen dem lamen kinde zu seinem teil volgen. Item 10 alde schog, darzcu eyn bette, eyn pfol, zwey lilachen und kussen Jurgen seinem sone. Item 10 alde schog ern Borgharten, der had sein bette und ander ym gehorinde vorhin hynweg. Item 11 gulden ist er der Elsterbergen schuldig, die sie ym gelegen had. Item 8 gulden Wilkensteine, dem snider, fur ein pferd. Item 8 gulden eyme buhre zcu Suszeborn vor ochsen. Item 4 gulden und 4 alde schog Tilen Bertram, die had Tile ym gelegen. Zcu orkunde sollicher obgeschrebin stucke sint sollicher czedeln czwo glichs lutes, eyne usz der andern gesnetten, gemacht, eyne bei den rath gelegt und die ander der frauwen gebin.

Eingeklebtes Original; Chirograph, Papier, Format: 22 x 29,5 cm.

1) *W. HUSCHKE, Ratslisten, S. 31.*

III. Index (Personen – Orte – ausgewählte Sachen)

Vorbemerkung

Im Index sind alle in den Stadtbüchern vorkommenden Personen- und Ortsnamen unter Angabe der jeweiligen Editionsnummer berücksichtigt. Es wird dabei nach SB (Stadtbuch von 1380) und STB (Statutenbuch von 1433) unterschieden. Nur in den Anmerkungen vorkommende Betreffe sind kursiv gesetzt. Bei Personennamen wurde – wenn nötig – versucht, Leitnamen zu bilden, deren Schreibweise auch in die Regesten Eingang gefunden hat. Bei Ortsnamen erfolgt eine Lokalisierung entweder über die Angaben des heutigen Landkreises oder im Falle von Städten durch Angabe des jeweiligen Bundeslandes. Bei im Ausland liegenden Orten wird auf den betreffenden Staat verwiesen. Die Schreibweisen der Quelle sind kursiv gesetzt.
Von den Sachbetreffen ist im Index nur eine kleine Auswahl berücksichtigt, die dem Benutzer eine erste Orientierung ermöglichen soll. Alle Abkürzungen sind über das Abkürzungsverzeichnis (S. XXXVI) zu erschließen. Die Schreibweisen der Quelle sind kursiv gesetzt.

A

B (siehe auch P)

C (siehe auch K und Z)

D

E

F (siehe auch V)

G

I (siehe auch J und Y)

J (siehe auch I und Y)

K (siehe auch C)

L

M

N

O

P (siehe auch B)

Q

R

S

U

Y (siehe auch I und J)

Z (siehe auch C)